APRENDIZAGEM, CURRÍCULO E POLÍTICA DE VIDA

Dados Internacionais de Catalogação na Publicação (CIP)
(Câmara Brasileira do Livro, SP, Brasil)

Goodson, Ivor F.
 Aprendizagem, currículo e política de vida : obras selecionadas de Ivor F. Goodson / tradução Daniela Barbosa Henriques. – Petrópolis, RJ : Vozes, 2020.

 Título original: Learning, curriculum and life politics : the selected works of Ivor F. Goodson
 Bibliografia.
 ISBN 978-85-326-6440-2

 1. Aprendizagem – Avaliação 2. Currículos – Planejamentos 3. Educação – Currículos – Aspectos sociais 4. Pedagogia 5. Política e educação 6. Professores – Formação 7. Sala de aula I. Título.

20-32505   CDD-375.001

Índices para catálogo sistemático:
1. Políticas curriculares : Educação   375.001

Maria Alice Ferreira – Bibliotecária – CRB-8/7964

Ivor F. Goodson

APRENDIZAGEM, CURRÍCULO E POLÍTICA DE VIDA

Obras selecionadas
de Ivor F. Goodson

Tradução de Daniela Barbosa Henriques

EDITORA
VOZES

Petrópolis

© 2005 Ivor F. Goodson.
Tradução autorizada a partir da edição em língua inglesa publicada pela Routledge, membro do Grupo Taylor & Francis.

Título do original em inglês: *Learning, Curriculum and Life Politics – The selected works of Ivor F. Goodson*

Direitos de publicação em língua portuguesa – Brasil:
2020, Editora Vozes Ltda.
Rua Frei Luís, 100
25689-900 Petrópolis, RJ
www.vozes.com.br
Brasil

Todos os direitos reservados. Nenhuma parte desta obra poderá ser reproduzida ou transmitida por qualquer forma e/ou quaisquer meios (eletrônico ou mecânico, incluindo fotocópia e gravação) ou arquivada em qualquer sistema ou banco de dados sem permissão escrita da editora.

CONSELHO EDITORIAL

Diretor
Gilberto Gonçalves Garcia

Editores
Aline dos Santos Carneiro
Edrian Josué Pasini
Marilac Loraine Oleniki
Welder Lancieri Marchini

Conselheiros
Francisco Morás
Ludovico Garmus
Teobaldo Heidemann
Volney J. Berkenbrock

Secretário executivo
João Batista Kreuch

Editoração: Leonardo A.R.T. dos Santos
Diagramação: Raquel Nascimento
Revisão gráfica: Nilton Braz da Rocha
Capa: SG Design

ISBN 978-85-326-6440-2 (Brasil)
ISBN 978-0-4153-5220-8 (Inglaterra)

Editado conforme o novo acordo ortográfico.

Este livro foi composto e impresso pela Editora Vozes Ltda.

Para Andy
Pelos bons momentos,
com todo o meu amor.

Papai

Sumário

Prefácio à edição brasileira, 9

Agradecimentos, 13

Introdução – Aprendizagem, currículo e política de vida, 17

Parte I – Aprendizagem e currículo, 31

1 Aprendizagem e o momento pedagógico – Excerto de "o momento pedagógico", 33

2 Chegada ao currículo, 37

3 Rumo a uma pedagogia alternativa, 57

4 Carruagens de fogo – Etimologias, epistemologias e a emergência do currículo, 72

5 Tornando-se uma disciplina acadêmica, 87

6 Sobre a forma do currículo, 111

7 A criação do currículo, 128

8 Nações em risco e currículo nacional, 140

9 Ondas longas da reforma educacional – Excerto de "Relatório à Fundação Spencer", 160

Parte II – Métodos, 197

10 Rumo a uma perspectiva socioconstrucionista, 199

11 História, contexto e métodos qualitativos, 221

12 A estória da história de vida, 244

Parte III – Política de vida, 263

13 Preparando-se para a Pós-modernidade – Narrando a individualidade, 265

14 A estória até agora, 274

15 Pesquisa-ação e o projeto reflexivo das individualidades, 292

16 Escrutinando as estórias de vida, 308

17 Representando os professores – Trazendo os professores de volta, 322

18 Patrocinando a voz do professor, 335

19 A personalidade da mudança educacional, 349

Lista de obras recentes, 361

Índice analítico, 369

Índice geral, 383

Prefácio à edição brasileira

É sempre difícil saber como introduzir uma coletânea de artigos e esse é o caso ao apresentar estes artigos a um público brasileiro e português. Já que a maior parte dos meus melhores trabalhos envolve cooperação e colaboração com colegas estimados, optei por uma colaboração com amigos e colegas brasileiros, sobretudo na seção "Introdução", para responder uma das perguntas mais importantes que qualquer um de nós enfrenta: estamos do lado de quem?

Trabalhamos com aqueles que tentam ajudar todos, pobres e ricos, ou favorecemos quem está no poder – interesses particulares que representam os ricos e poderosos? Sabemos claramente quais políticos favorecem qual estratégia e quais políticos trabalham contra a harmonia social e a proteção ambiental. Saber do lado de quem estamos responde à pergunta: a quem servimos? Estou certo sobre a minha resposta e cito um político inglês, Michael Foot[1]:

> Não estamos aqui neste mundo para descobrir soluções elegantes prenhes de iniciativas ou servir aos modos e maneiras do progresso lucrativo. Não. Estamos aqui para prover a todos os que sejam mais fracos e famintos, mais agredidos e prejudicados do que nós. É esse o nosso único bem certo e grande objetivo na Terra e, se você me perguntar sobre aqueles problemas econômicos insolúveis que possam surgir se o topo for privado de iniciativa, eu responderia: que vão para o inferno! O topo é ganancioso e mesquinho e sempre dará um jeito de se cuidar. Eles sempre dão.

As palavras de Foot resumem a minha visão de mundo e se aplicam à situação política no Brasil. A seguir cito a visão que a minha colega brasileira Maria Inês Petrucci Rosa tem do meu trabalho.

---

1. Cf. https://en.wikiquote.org/wiki/Michael_Foot

Na segunda década do século XXI, imergimos no mar violento e bravio provocado pela ascensão da direita em âmbito mundial e especialmente em nosso país. Somos assolados por ataques constantes às agendas sociais voltadas às identidades étnicas, culturais, de gênero e sexualidade, à pobreza e aos mais desfavorecidos. No Brasil, diariamente, entramos em contato com práticas e notícias sobre o Governo Bolsonaro e seus *minions*, que salientam políticas de exclusão, silêncio e negação ao pensamento crítico, conhecimento científico e compromissos com pessoas de ideias afins que Walter Benjamin e também o professor inglês Ivor F. Goodson chamam de "sem nome".

Nesse cenário, Goodson representa uma voz importante originária da Nova Sociologia da Educação (NSE), que começou na década de 1970 na Inglaterra, liderada por Michael Young, entre outros. Primeiro, ao desenvolver os seus estudos históricos como estratégia essencial à matriz teórica da NSE, Goodson conseguiu avançar uma agenda de pesquisa do movimento, desnaturalizando o currículo, enunciando-o como um artefato social e histórico sujeito a mudanças, oscilações e condicionamento causados por fatores sociais e políticos. O currículo não está estabelecido *a priori* em algum ponto no passado, e sim mudando continuamente. Uma abordagem histórica ao currículo possibilita a captura de interrupções e permanências permitidas pelas tradições de diferentes arenas de combate. Goodson aponta que o processo de selecionar e organizar o conhecimento escolar não é uma epistemologia objetiva, e sim calculada em modos de feitura do currículo que não são exclusivamente lógicos, mas também usados socialmente por interesses e conflitos simbólicos e culturais e diferentes formas de legitimação e controle. Para Goodson, uma história do currículo é uma história social baseada numa epistemologia social e política do conhecimento escolar.

Nesse sentido, Goodson não somente denuncia, mas também aplica. É aí que reside o grande e sempre presente valor da mobilização. Ao perceber, a partir do fim da década de 1980, a emergência de uma nova ordem mundial, em que uma crise de legitimidade está sendo vivenciada, Goodson observa que cada vez mais gente está se voltando às próprias estórias de vida. Em seus projetos desenvolvidos no início dos anos de 2000 sob o *Profknown*, Goodson demonstrou como as pessoas projetam a própria vida em direção a uma missão, ideia ou sonho que desejam conquistar. Essa questão pode envolver um espectro de aspirações desde algo mais objetivo até o que pode ser considerado incrivelmente heroico. Ter sonhos e projetos parece favorecer estratégias para construir uma vida relevante e significativa, sem a qual tudo parece trivial, vulgar ou episódico. A dispersão de tais ideais de vida seria mais do que uma mudança da perspectiva moderna para uma bricolagem pós-moderna. Há décadas, como mencionei, Goodson pesquisa contextos históricos e sociais, contextualizando espaços educacionais e políticos, especialmente no serviço público, notadamente na educação ou mesmo na saúde. A ecologia dos serviços públicos mostra como as pessoas lidam com a própria vida e produzem significados para as suas missões profissionais e pessoais.

A coletânea de narrativas de estórias de vida desse conjunto de projetos finalmente culminou em algumas proposições teóricas relevantes para a área do currículo e da educação. Pensar num currículo narrativo que seja permeado por um tipo de aprendizagem baseada em experiências de vida é uma das proposições cativantes que este teórico educador desenvolve em seu trabalho. No despertar conceitual que pretende mobilizar a aprendizagem, noções como capital narrativo, aprendizagem narrativa e pedagogia narrativa são construtos importantes que vão além da crítica inicialmente apresentada pela NSE, avançando em direção ao pensamento sobre os processos educativos e curriculares como caminhos e possibilidades de alcançar justiça num futuro social.

Enquanto isso, Goodson ressalta que um número significativo de estudos tem enfatizado o que chama de "crise do significado pessoal e coletivo, objetivo público na vida ocidental". Para ele, a nova ordem mundial corre o risco de perder a batalha para corações e mentes dos seus cidadãos, que lutam para prover melhores serviços públicos como educação e saúde e assim uma vida pública revigorada.

No Brasil, começamos a regredir a partir de 2016, retrocedendo quatro décadas ou mais. Conquistas históricas relacionadas à valorização do conhecimento científico produzido nas universidades, a realização de diretrizes plurais relativas à diferença, a priorização da erradicação da fome e pobreza, o papel da mulher e de várias etnias, a preservação dos direitos dos trabalhadores, entre outros, foram agudamente subtraídos dia após dia. Portanto, precisamos do pensamento crítico e propositado de Ivor Goodson para nos fortalecer nessa luta e esperança de reconstruir um país melhor onde crianças, jovens e idosos ainda possam perseguir seus sonhos, propósitos e missões.

Agradecimentos

Aos meus colegas do Centro de Pesquisa Educacional da Universidade de Brighton e do Instituto Von Hugel, da Faculdade St. Edmunds, Universidade de Cambridge. Também gostaria de agradecer aos assistentes de pesquisa que trabalharam tão notavelmente comigo em vários projetos de pesquisa nos últimos dez anos: Martha Foote, Michael Baker, Dr. Marshall Mangan, Dra. Valerie Rea e Dr. Chris Anstead. Eles foram colaboradores e amigos inestimáveis no extenso trabalho realizado durante esse tempo, e o trabalho deles fundamenta muitos dos artigos deste volume.

Também gostaria de agradecer a minha secretária, Anna Winskill, pelo seu bom humor e paciência durante a compilação deste volume. É difícil e às vezes entediante compilar um volume tão grande de trabalhos reunidos, mas ela suportou a empreitada com ótimo senso de humor, tenacidade e competência.

Se os leitores desejarem mais informações sobre os trabalhos reunidos, visitem a minha página [www.ivorgoodson.com] ou entrem em contato comigo [I.F. Goodson@brighton.ac.uk; ivorgoodson@yahoo.co.uk].

Os seguintes artigos foram reproduzidos mediante permissão dos respectivos periódicos.

Tornando-se um sujeito acadêmico
British Journal of Sociology of Education, 2 (2), 1981, p. 163-180.

Chegada ao currículo – Excerto de "Reconstruindo aspectos da vida de um professor"
No prelo.

Aprendizagem e o momento pedagógico – Excerto de "O momento pedagógico"
No prelo.

Ondas longas da reforma educacional – Excerto de "Relatório à Fundação Spencer"
   Apresentado em setembro de 2003.

Nações em risco e currículo nacional
   Journal of Education Policy, 1991, seção em *Handbook of the American Politics of Education Association*, p. 219-232.

Sobre a forma do currículo
   Sociology of Education, 65 (1), 1992, p. 66-75.

Preparando-se para a Pós-modernidade: narrando o eu
   Educational Practice and Theory, 20 (1), 1998, p. 25-31.

Representando os professores: trazendo os professores de volta
   Teaching and Teacher Education: An International Journal of Research and Studies, 13 (1), 1997.

Patrocinando a voz do professor
   Cambridge Journal of Education, 21 (1), 1991, p. 35-45.

A estória da história de vida
   Identity: An International Journal of Theory and Research, 1 (2), 2001, p. 129-142.

A estória até agora
   The International Journal of Qualitative Studies in Education, 8 (1), 1995, p. 89-98.

Rumo a uma perspectiva socioconstrucionista
   Journal of Curriculum Studies, 1990, p. 299-312.

Os seguintes capítulos foram reproduzidos mediante permissão das respectivas editoras

Pesquisa-ação e o projeto reflexivo das individualidades
   "International Action Research: A Casebook for Education Reform". In: HOLLINGSWORTH, S. (org.). Action Research Reader. Londres: Falmer, 1997.

Carruagens de fogo – Etimologias, epistemologias e a emergência do currículo
   The Making of Curriculum. 2. ed. Londres: Falmer, 1995.

História, contexto e métodos qualitativos
   In: BURGESS, R.G. (org.). *Strategies for Education Research*. Londres: Falmer, 1985.

Escrutinando as estórias de vida

> In: BASCIA, N.; THIESSEN, D. & GOODSON, I. (orgs.). *Making a Difference about Difference*. Toronto: Garamond, 1996, p. 123-138.

A criação do currículo

> *The Making of Curriculum*. 2. ed. Londres: Falmer, 1995.

A personalidade da mudança educacional

> *Professional Knowledge, Professional Lives*: Studies in Education and Change. Maidenhead: Open University Press, 2003.

Rumo a uma pedagogia alternativa

> In: KINCHELOE, J. & STEINBERG, S. (orgs.). *Unauthorized Methods*: Strategies for Critical Teaching. Londres: Routledge, 1998.

Um menino pobre foi à frente responder, claudicando. Esfarrapado e corcunda, o seu rosto pálido e macilento era um conto escancarado da pobreza e suas consequências – mas ele imediatamente respondeu à pergunta que lhe fizeram com tanta lucidez e inteligência que despertou um senso de admiração pelos talentos da criança combinados com um sentido de vergonha de que mais informações sobre assuntos de interesse geral deveriam ser encontradas em algumas das nossas classes mais baixas do que naquelas de níveis muito superiores. Configura-se um Estado nocivo e vicioso se, numa sociedade, aqueles comparativamente desafortunados de dons da natureza forem geralmente melhores nas realizações intelectuais do que aqueles de classe superior.
Lord Wrottesley, 1860.

Nem todos acham que a verdadeira educação é um pedaço de papel que levam consigo ao deixar a escola. Nós, enquanto professores, ousamos admitir isso? Ousamos arriscar a nossa existência expressando forçosamente as nossas opiniões a respeito? Enquanto pausamos após a primeira fase da nossa aceitação, devemos confiar nas provas para todos como evidências de que somos dignos do olhar gentil do Estado? Ousamos nos permitir abandonar algumas das nossas cobranças que foram mais uma vez negligenciadas e comprimidas numa pilha de insignificância frustrante?
P.L. Quant, 1967.

As pessoas devem ser educadas mais uma vez para saber o seu lugar (funcionário público inglês falando sobre o novo currículo nacional).
John Pilger, *Heroes*, 1986.

Introdução

Aprendizagem, currículo e política de vida

A compilação de uma série de trabalhos reunidos gera o problema de desenvolvimento de critérios para a seleção. Quais linhas de pensamento devem ser favorecidas, subestimadas ou eliminadas? Após cerca de trinta anos escrevendo, a forma de pensar apenas emerge realmente em sua totalidade com essa vantagem da retrospectiva. Mas isso significa privilegiar a seleção retrospectiva quando comparada a toda a diversidade de desenvolvimento dos caminhos de investigação. Na verdade, os nossos estudos partem para muitas direções – alguns se mostram frutíferos, outros logo se tornam ruas sem saída; uns permanecem adormecidos e depois aceleram rapidamente, enquanto outros desabrocham cedo, mas depois fenecem gradualmente. Tudo isso apenas é esclarecido mais tarde.

Esta coletânea tende a funcionar para trás em algumas maneiras a partir do meu trabalho atual sobre histórias de vida, trabalho e vida profissional, e política de vida; mas, para compensar tal parcialidade, ela também tenta trabalhar na direção oposta, seguindo a cronologia de interesses de estudo sobre aprendizagem, pedagogia e currículo, chegando aos dias atuais.

O meu local de pesquisa recente é um tanto afortunado e muito inesperado. Após trabalhar cinco anos no projeto Mudança ao Longo do Tempo, da Fundação Spencer (1998-2003), concluí uma série de ensaios e livros que reúnem várias pesquisas sobre profissionalização e história de vida. Esse trabalho foi realizado enquanto eu estava na Universidade de Western Ontario, no Canadá, e a maior parte na Faculdade Warner de pós-graduação, da Universidade de Rochester, Estado de Nova York.

Ao retornar ao trabalho no meu país, além da considerável alegria por voltar para casa, eu estava planejando escrever vários livros que resumissem o meu pensamento educacional. No momento, isso foi adiado porque recebi duas grandes bolsas de pesquisa longitudinal. A primeira, parte do Programa de Ensino e Aprendizagem do Governo do Reino Unido, patrocinado pelo Conselho de Pesquisa Econômica e Social, é o projeto *Vidas de aprendizagem: aprendizagem, identidade e agência no decurso da vida*, que objetiva entender a aprendizagem numa variedade de ambientes no decurso da vida e emprega uma metodologia de história de vida em busca desses dados.

Além disso, a União Europeia financiou um projeto de cortesia com duração de quatro anos que estuda o conhecimento profissional em oito países europeus. Mais uma vez é utilizada uma abordagem que emprega histórias de vida.

Portanto, até 2008/2009, o trabalho sobre aprendizagem, currículo e política de vida será fundamentado dentro de dois programas de pesquisa altamente generativos. Espero que, a partir de então, esses temas conquistem mais foco e clareza, como resultado.

No âmago de boa parte da minha pesquisa existe a crença de que precisamos entender o pessoal e o biográfico se quisermos entender o social e o político. Essa ideia está longe de ser original, mas nos permite escrutinar o empreendimento educacional de um ponto de vista privilegiado e extremamente produtivo. Boa parte das obras recentes sobre mudança educacional e social e, igualmente, tantas iniciativas governamentais novas nas sociedades ocidentais continuaram negando ou ignorando as missões pessoais e trajetórias biográficas de profissionais fundamentais. Embora isso em geral evidencie uma "ação simbólica" para eleitorados ou públicos profissionais, as evidências no âmbito da prestação do serviço costumam ser bem menos impressionantes. Às vezes a consagração simbólica de metas, provas e tabelas, embora conquiste o apoio de um amplo eleitorado no início, depois revela efeitos muitas vezes insignificantes ou até contraditórios no momento da prestação do serviço. O ponto da contradição frequentemente é a ignorância ou a negação das missões pessoais e mandatos biográficos. Portanto, esse parece ser um bom lugar onde situar os nossos estudos (e, de fato, as nossas políticas), não com relutância no fim do processo, mas com entusiasmo no início.

Por esse motivo, sobretudo, tentei pôr em prática o que defendo, começando com alguns fragmentos autobiográficos. Talvez isso possa ajudar o leitor a ver, muitas vezes bem literalmente, "de onde estou vindo". Se funcionar, embora correndo o risco de parecer autoindulgente, isso poderá, contudo, validar a noção de que devemos começar entendendo e honrando as tendências e trajetórias biográficas das pessoas.

Os capítulos 1 e 2, portanto, concentram-se em excertos de artigos maiores que abrangem o meu interior pessoal. A minha formação norteou substancialmente o meu ângulo e abordagem de investigação social e, assim, alguns segmentos autobiográficos podem ser fontes de informações úteis a quem ler as obras selecionadas. As "vozes ancestrais" da região e da classe (alguns podem chamar de "tribo") sempre falaram alto em mim, o que não diminuiu diante da mobilidade social e geográfica. Tentei explicar essa modalidade de "apego" em outras obras (GOODSON, 1997).

Certamente o legado de Cobblers City descrito no capítulo 1 tem uma importância duradoura para mim. Crescer numa comunidade de trabalhadores independentes que existiam além do poder direto do fazendeiro e seus administradores gerou um senso firme de autonomia e um senso persuasivo da falta de autenticidade frequente das ordens sociais dominantes. Eu ainda vejo dessa perspectiva as ordens sociais, até as "novas ordens mundiais". Os meus julgamentos não permanecem predeterminados nem preordenados, mas ainda em aspiração, "independentes".

No capítulo 2, algumas das minhas primeiras experiências de ensino e aprendizagem são descritas. Como o capítulo sobre as "Ondas longas da reforma" esclarece, o período de 1968-1974 foi de grande inovação social em muitas partes do mundo ocidental. Foi um período especialmente interessante àqueles concentrados em explorar os parâmetros e a possibilidade das estratégias para a inclusão social. Na Inglaterra, as escolas de formação geral [*comprehensive schools*] haviam sido introduzidas na metade de 1960 e desenvolviam experiências sérias na ampliação da base social do sucesso educacional. Certamente as escolas onde ensinei levavam essa missão social a sério e sugeriam uma ampla gama de ideias direcionadas à ordem social da educação.

O capítulo 3 explora o tipo de terreno pedagógico que emergiu em muitas das escolas de formação geral mais experimentais. Essas iniciativas tentavam explorar os esforços educacionais como uma dialética ou um diálogo entre professor e aluno. Ao mesmo tempo, um processo mais personalizado de aprendizagem foi explorado, muitos desses novos modos de aprendizagem ofereciam estradas bastante promissoras de educação para clientelas escolares tradicionalmente menos favorecidas. No tempo devido, currículos centralizados mais prescritivos foram introduzidos, surtindo o efeito de fechar essas estradas de possíveis avanços e inclusão.

"Carruagens de fogo" analisa a história do currículo enquanto conceito. A origem da definição de currículo ligada à emergência da educação pública é investigada. O poder do currículo para designar e diferenciar, e a conexão com as disciplinas escolares, são vistos como uma invenção relativamente recente. Como argumenta Thompson, "toda educação que honre o próprio nome envolve uma relação de mutualidade, uma dialética" (1968, p. 16).

Ao chegar ao fim dos capítulos 2 e 3, o leitor talvez comece a ver como um projeto focado na história do currículo havia começado a emergir. O capítulo 4 foi escrito como um ensaio especulativo, tentando unir as origens da definição de currículo à emergência da educação pública. O trabalho foi escrito para um simpósio maravilhoso organizado na Universidade de British Columbia, no verão de 1985. Foi nesse momento que eu estava começando a pensar em deixar o meu país e alguma nostalgia incipiente sem dúvida é sentida no texto. Vale lembrar que foi uma época ruim na Inglaterra. A greve dos mineradores dividia o país de modo horrendo, a crescente desigualdade estava de volta, favorecida por uma série de políticas e práticas do governo, o currículo nacional estava sendo tramado, as universidades estavam sendo cortadas. Somente mais tarde esses fenômenos interligados emergiriam como parte de um claro movimento mundial direcionado a uma nova ordem econômica mundial, que estava sujeita, entretanto, a contínuas contestações.

Em "Carruagens de fogo", as relações entre currículos e ordem social são escrutinadas de maneira histórica. Através de estudos históricos, podemos começar a vislumbrar a importância não apenas da retórica da reforma, mas das continuidades do currículo e da estratificação social. Isso nunca ocorre de modo determinista, tampouco é parte de alguma conspiração bem planejada de representantes dos ricos e poderosos. Precisamos entender continuidade e mudança dentro de cada contexto histórico em que estão incorporadas e enraizadas.

"Tornando-se uma disciplina acadêmica" pretende mostrar como uma série de explicações sociológicas e filosóficas podem ser questionadas a partir do escrutínio historicamente detalhado da emergência de uma disciplina acadêmica – a Geografia. O processo que emerge é menos de dominação por grupos de interesse dominantes e mais de rendição solícita de grupos subordinados. É importante distinguir dominação/estrutura e mecanismo/mediação. O que nos apontam os estudos históricos é a complexidade desses processos e o fato de que as forças sociais precisam trabalhar e retrabalhar as configurações do currículo em cada época e lugar histórico. Como destaca o capítulo 9, podemos discernir as conjunturas históricas em determinados períodos, mas elas jamais são predeterminadas ou historicamente inevitáveis. "Tornando-se uma disciplina acadêmica" analisa lutas e protestos contínuos relacionados ao conhecimento escolar.

O interessante é que, mais ou menos no momento em que o artigo que norteia esse capítulo foi publicado, apareceu o meu primeiro livro, *School Subjects and Curriculum Change*. Por ser uma cria imprevista do livro, a Editora Falmer Press me procurou. O plano era definir uma série de livros sobre história curricular que seria chamada de Studies in Curriculum History. Assim começava um projeto intelectual que durou vinte anos e possibilitou não apenas a realização, mas também a publicação de uma ampla gama de estudos históricos. Se pudéssemos definir uma aula sobre contextos históricos, seria essa. Naquela época, nas faculdades de educação, estudos históricos de educação e até estudos filosóficos, psicológicos e sociológicos estavam sendo realizados e publicados. Esses estudos em geral desenvolviam a relação entre contexto social e histórico e possibilidades educacionais. Nos anos subsequentes, paradoxalmente, uma ênfase crescente no conhecimento prático, em especial disciplinar, veio a obscurecer essas relações – a nossa compreensão da construção social de educação e currículo começou a ser desconsiderada. A inclusão social passaria a ser uma retórica separada da investigação social sistemática ou elucidação histórica. O currículo tão inequivocamente comprometido com a exclusão social seria adotado sem problemas como parte do aparato que buscava a inclusão social. É isso que costuma acontecer quando a história é jogada na lata de lixo: um caso de reinvenção da roda.

O capítulo 7 analisa a importância do modo de construção social do currículo para a manutenção contínua da ordem social. De algum modo, esse capítulo apresenta perguntas que seriam relevantes para o questionamento de políticas educacionais atuais: por exemplo, "por que a forma dominante do currículo baseado em disciplinas é tratada pelos legisladores como 'certeza atemporal'?" De modo mais premente, "por que tantos teóricos contemporâneos da educação estão aceitando isso à medida que seguem a trajetória das políticas atuais?" Talvez o apelo seja parte do diagnóstico desse capítulo: "a internalização da diferenciação efetivamente mascara o processo social de promoção e privilégio".

Em "A criação do currículo", examino o processo sociopolítico pelo qual as disciplinas escolares se tornam "certezas atemporais" na gramática da educação. De fato, as "disciplinas tradicionais" acabam sendo exemplos da "invenção da tradição" assim como boa parte do nosso mundo social. As tradições que sobrevivem na arena da educação e currículo devem ter um apelo a "eleitorados" poderosos e, sem esse apoio, novos desafios nunca conseguirão engrenar. A tradição das disciplinas escolares, portanto, está amplamente harmonizada com os eleitorados externos do poder. As abordagens curriculares que tentem educar grupos mais desfavorecidos devem suportar a hostilidade de eleitorados externos poderosos. Sustentabilidade no mundo do currículo escolar, portanto, é quase igual à ressonância conquistada com os eleitorados externos.

Observei antes a distinção entre dominação e estrutura, mecanismo e mediação. Isso significa que qualquer afirmação sobre o currículo deve ser situada no período histórico em questão. Em certos pontos, novas estruturas são estabelecidas e definem novas "regras do jogo". Embora esse estabelecimento de estruturas novas possa ser encarado como dominação, o período que segue tal legislação é de mediação. Assim, como observamos em seções anteriores, o período da década de 1960 e início da década de 1970 foi de inovação social em boa parte do mundo ocidental. Nesse período existiram missões e movimentos sociais voltados para justiça e inclusão social. Essas missões e movimentos, mais uma vez conforme observamos nos capítulos anteriores, levaram a experiências pedagógicas e educacionais sérias para a ampliação da inclusão social. O meu objetivo ao incluir algumas dessas pedagogias alternativas não foi argumentar que elas representavam uma resposta ao projeto perenemente elusivo de inclusões sociais, mas delinear propósitos, pedagogias e práticas que foram desenvolvidos como parte desse movimento social. Em períodos posteriores, a "inclusão social" mais uma vez veio à tona, mas agora como uma retórica política desconectada, situada numa estratégia muito mais estratificadora de provisão educacional. Já que essa retórica mostrava pouco interesse nos movimentos sociais e experiências anteriores, era difícil acreditar que seu propósito era sério. As escolas são ponderadas com a inércia contextual e ignorar completamente a história dessa maneira é ser ingênuo ou enganoso, certamente é ser mal-informado ou carecer de um propósito estratégico.

Mas estou me adiantando porque, antes da chegada do novo milênio, muito havia mudado e os reveses do período após a eleição de Thatcher, em 1979, e Reagan, em 1980, foram bem documentados. O capítulo "Nações em risco e currículo nacional" analisa o revés na área do currículo. Por exemplo, na Inglaterra, a semelhança entre a estrutura da educação secundária de 1904 e o currículo nacional de 1988 é enfatizada. Observo que a estrutura de 1904 incorporava aquele currículo oferecido à clientela da escola de formação acadêmica [*grammar school*] ao contrário do currículo sendo desenvolvido nas escolas públicas [*board schools*] e o seu objetivo principal era a classe operária. Nesse momento, os grupos de interesse dominantes estavam agindo para privilegiar um segmento ou visão. Nos anos após a Segunda Guerra Mundial e culminando na década de 1960, mais forças igualitárias em ação num clima econômico diferente geraram escolas de formação geral onde crianças de todas as classes se reuniam. Como vimos antes, algumas iniciativas curriculares tentaram redefinir e desafiar a hegemonia do currículo da escola de formação acadêmica e o padrão associado de priorização social. Foi para derrotar esse desafio que algumas das políticas do governo Thatcher foram formuladas, notadamente o currículo nacional. Buscando, por sua vez, desafiar e redirecionar essas reformas e intenções, a direita defendia a reabilitação das disciplinas "tradicionais" (p. ex., da escola de formação acadêmica). O currículo nacional pode ser visto como uma declaração política da vitória das forças e intenções representando esses grupos políticos. Uma visão particular, um segmento preferido da nação foi, portanto, restaurado, priorizado e legislado como "nacional".

As mudanças na configuração do currículo nos fornecem um indicativo crucial e valioso das intenções e objetivos sociais e políticos. Como vemos, essas configurações mudam à medida que o equilíbrio das forças sociais e a paisagem econômica subjacente sofrem uma mudança cíclica. Em "Ondas longas da reforma", usando um arquivo extenso de dados gerados pelo projeto Mudança ao Longo do Tempo, da Fundação Spencer, tento delinear os ciclos longos da reforma educacional. Considerando os Estados Unidos e o Canadá, há uma semelhança notável nas principais "conjunturas" da mudança no currículo e na pedagogia. Um padrão de experimentação em busca de justiça social semelhante àquele testemunhado na Grã-Bretanha pode ser notado desde o final da década de 1960 até o início da década de 1970. Todas as escolas foram afetadas pelo desejo progressivo de construir uma "Grande Sociedade", caracterizada por inclusão e justiça social. Embora algumas escolas tenham buscado uma mudança revolucionária radical (assim como as escolas de formação geral mencionadas nos cap. 1 e 2), outras buscaram a inclusão social numa gramática educacional mais convencional.

O padrão de revés observado no capítulo anterior ficou similarmente evidente com a introdução de provas padronizadas e novos modelos de diferenciação de sistemas (p. ex., as escolas de formação específica [*magnet schools*]). Isso foi parte de um movimento mundial de transformação da educação, muitas vezes em formas que ressoavam a nova ordem econômica mundial emergente. Alguns comentaristas chamaram isso de "fundamentalismo do mercado", introduzindo um *ethos* comercial competitivo em torno de noções de eficiência e escolha escolar. Essa crescente mercadização da educação teve várias implicações, uma foi deixar de lado a importância da luta pelos tipos de currículo. A diferenciação das oportunidades de vida através do currículo foi progressivamente transferida para o trabalho do mercado no financiamento de acordo com determinados locais e sistemas escolares, cada vez mais estritamente relacionados a padrões de localização residencial.

As mudanças sísmicas sociopolíticas no fim do século XX, que ecoaram nas transformações educacionais observadas acima, representam um desafio àqueles empenhados em investigá-las. O posicionamento mutante do currículo enquanto distribuidor de oportunidades de vida e o destaque de provas, metas e tabelas deslocaram o foco da ação sociopolítica. Os nossos estudos, então, precisam refletir essa transformação e reconceituar tanto o foco substantivo da investigação quanto os métodos empregados.

Desde o início afirmo que precisamos entender o pessoal e o biográfico para entender o social e o político. Isso é mais do que verdadeiro na relevância da biografia pessoal na escolha do foco e método de pesquisa. Tentei mostrar "de onde venho" e isso ilumina uma predisposição clara a favor de estratégias para inclusão e justiça social. Mas também tentei propiciar um contexto histórico para o entendimento das possibilidades sociais. A era dourada do igualitarismo de Hobsbawm, que culminou nas décadas de 1960 e 1970, claramente passou e certa nostalgia pessoal fica patentemente óbvia em parte do meu relato (HOBSBAWM, 1994). Mas procuro evitar e advertir sobre reminiscências da época dourada porque, como lembra Lasch, a nostalgia é a abdicação da memória (LASCH, 1979). Portanto, devo notar alguns dos mitos da época dourada. Muitos serviços públicos, inclusive escolas, desenvolveram uma cultura que favorecia os prestadores de serviços e não os clientes e consumidores, e às vezes a ação dos sindicatos exacerbava o problema. Grupos públicos e profissionais podem apropriar-se de recursos em benefício próprio como quaisquer outros grupos. E práticas progressistas podem desenvolver áreas de frouxidão, irresponsabilidade e autoexaltação profissional se forem permitidas. De várias maneiras, a Grã-Bretanha da década de 1970 propiciou um estudo de caso a respeito, tornando-se um "inverno de descontentamento" entre trabalhadores e sindicatos que marcou o início do governo Thatcher.

A exumação dos conflitos da década de 1970, a atribuição de culpa e a delineação das causas é um trabalho contínuo dos historiadores. A sua importância para os argumentos neste livro é apontar que tudo aquilo não foi como deveria ter sido nos serviços públicos antes da reestruturação e das reformas mais recentes. Embora os melhores profissionais tenham adotado um "vocacionalismo cuidadoso" ao promoverem a inclusão social, muitos exemplos de profissionalismo egoísta podiam ser encontrados. A tarefa, como sempre, era tentar entender os movimentos sociais mais amplos de reforma, mas também a sua incorporação e enraizamento específicos nas biografias pessoais.

Este livro busca empregar esse foco desde o início e, nas últimas seções, defende o argumento metodológico e substantivo de um foco crescente na "política de vida": acredito que a nova ordem mundial torna isso ainda mais importante do que nos períodos mais antigos analisados acima. Isso ocorre em parte devido ao triunfo da "sociedade individualizada" – mais do que nunca, neste contexto, a política de vida individual se torna o ponto de contestação social. Antes o foco estava nos movimentos sociais coletivos, por exemplo, para a mudança curricular ou escolar. Agora uma estratégia principal para entender a mudança social deve se concentrar na política de vida dos indivíduos.

Como afirma Reeves:

> O indivíduo está substituindo firmemente o coletivo como o local de conflito, análise e ação política. A questão aqui não é que todos estejam se tornando mais egoístas, mas que a individualidade está se tornando uma unidade mais importante de política do que a classe ou o grupo. Em parte isso ocorre devido à maior escolha de estilo de vida em oferta e ao rompimento dos padrões de votação hereditários. O mais importante foi a erosão constante das filiações políticas estáveis, por isso o Partido Trabalhista foi mais votado pela classe média do que os conservadores em 1997. Não se trata de uma tendência progressista ou retrógrada, simplesmente é um fato.
> Uma das consequências foi o que um observador político maduro chama de "privatização da raiva". As pessoas sentem muita raiva, mas geralmente como indivíduos e não enquanto grupo. Antes tínhamos manifestantes da Marcha de Jarrow, agora temos a violência no trânsito. Antes tínhamos sindicatos, agora temos terapeutas. Muitas das grandes batalhas em curso – por exemplo, entre trabalho e vida, vida saudável e obesidade, maternidade/paternidade boa e abusiva – estão sendo travadas dentro de indivíduos, e não entre eles (REEVES, 2004, p. 24).

Nos capítulos seguintes, vários trabalhos buscam a relevância dos métodos de histórias de vida para a nossa compreensão do mundo social. A diferença vital entre narrativas/estórias de vida e histórias de vida totalmente desenvolvidas é que a estória ou narrativa está localizada no contexto histórico em que as vidas estão incorporadas e enraizadas. Os enredos e roteiros pelos quais recontamos a nossa vida se relacionam às condições e possibilidades atuais em determinados períodos históricos. Portanto, é importante desenvolver perspectivas socioconstrucionistas para entender e desenvolver contextos históricos dinâmicos.

O primeiro capítulo na seção sobre métodos, então, analisa uma tentativa anterior de definir perspectivas socioconstrucionistas para o estudo do currículo. Como observa Esland, "tentar focar a biografia individual no seu contexto histórico-social é, num sentido muito real, tentar penetrar no deslocamento simbólico do conhecimento escolar e nas consequências para os indivíduos que estão envolvidos nele, tentando construir a própria realidade através dele". Wright Mills alega que a ciência social idealmente lida com "problemas de biografia, história e suas interseções dentro das estruturas sociais". Logo, o capítulo pondera que o estudo socioconstrucionista deve concentrar-se na carreira e história de vida individual; no grupo ou coletivo; nas profissões, categorias, disciplinas escolares ou universitárias que evoquem movimentos sociais com o passar do tempo. Similarmente, escolas e salas de aula desenvolvem padrões de estabilidade e mudança; e, finalmente, as várias relações entre indivíduos e entre grupos e coletivos; e entre indivíduos, grupos e coletividades ao longo do tempo.

Essa abordagem continua a ser desenvolvida no capítulo seguinte sobre "História, contexto e métodos qualitativos". Grande parte do capítulo apresenta a história de vida de um professor e o faz porque "esse episódio na vida de um professor sujeito ilustra como a coleta de histórias de vida e a elucidação do contexto histórico podem combinar". Argumento que:

> Sobretudo, a força de começar a pesquisa curricular a partir de dados de história de vida é que desde o início o trabalho fica firmemente concentrado nas vidas de trabalho dos praticantes... Ao articularem a sua resposta aos fatores históricos e restrições estruturais, aqueles que contam a sua história de vida nos fornecem elementos sensibilizantes para a análise dessas restrições e a maneira pela qual elas são vivenciadas.

"A estória da história de vida" apresenta um breve resumo da emergência histórica da tradição de histórias de vida, especialmente na Universidade de Chicago na década de 1920. Na sua primeira encarnação, "a abordagem da história de vida perdeu prestígio e foi significativamente abandonada pelos cientistas sociais", em princípio devido à defesa cada vez mais poderosa dos métodos estatísticos, mas também porque a natureza qualitativa do método solapou a postura da sociologia como possuidora de *status* científico. Ademais, até mesmo entre os sociólogos inclinados à etnografia, mais ênfase passou a ser dada a situações interativas do que na biografia como a base para entender o comportamento humano.

Na década de 1970, uma nova emergência dos métodos de histórias de vida ganhou força e, com a nova "condição de Pós-modernidade", isso ocasionou uma reabilitação em larga escala dos estudos de histórias de vida. O atual interesse em entender identidade e subjetividade significa que, após serem reprovados nas "provas objetivas" sob a Modernidade, os trabalhos com histórias de vida agora estão de volta às pautas. Como veremos adiante na "sociedade individualizada", precisamos de estratégias novas para explorar a "política de vida" das pessoas e, de fato, as suas "carreiras morais". A seção seguinte deste volume aborda essas questões.

Em "Preparando-se para a Pós-modernidade", eu argumento que "a política de vida, a política de construção da identidade e a manutenção contínua da identidade" passarão a ser um ponto importante e crescente de contestação ideológica e intelectual com a privatização ou mercadização progressiva de tantos cenários institucionais. Isso significa que esses locais institucionais podem deixar de ser as arenas centrais e mais importantes para contestação, e também significa que os gêneros metodológicos que se concentrem unicamente na teorização e análise institucional podem diminuir de modo similar.

Mas, mesmo se a vida institucional estiver sendo penetrada pela mercadização e globalização, isso não significa que a política de vida dos indivíduos permaneça de algum modo fora da briga. O alcance desses movimentos mundiais desconhece fronteiras, assim como a luta em torno do Projeto Genoma destacou: o nosso próprio corpo e genes agora estão ao alcance. Em "A estória até agora", notamos como, na lógica cultural da regra corporativa, a estória de vida representa uma forma de aparato cultural para acompanhar uma nova e crescente ordem mundial. A estória, então, assume a posição de comentário em si mesmo, muitas vezes apartado de qualquer provisão de comentário contextual. Essa estratégia é cada vez mais evidente na mídia e esmagadoramente presente no que alguns comentaristas agora chamam de "política narrativa" da América. Na nova política, não são as diretrizes nem o programa que os eleitores reconhecem, mas a estória contada, por mais hiper-real que seja.

A relação do enredo com roteiros e contexto social é revista em "Escrutinando as estórias de vida". O capítulo afirma que "a coleta de estórias, principalmente as estórias convencionais que vivem um roteiro anterior, simplesmente fortalecerá padrões de dominação. Precisamos sair das estórias de vida e passar para as histórias de vida, de narrativas a genealogias do contexto, em direção a uma modalidade que abarque 'estórias de ação dentro de teorias do contexto'". O capítulo dá exemplos de narrativas sobre o progresso na meia-idade e estórias de garotos bolsistas que mostram "a relação íntima entre circunstâncias sociais e enredos culturais. Num sentido real, as estruturas sociais empurram os enredos para determinadas direções, e as estórias, então, legitimam as estruturas – e assim sucessivamente, num círculo autolegitimador". Mas acrescento que a relação entre estrutura social e estória "é frouxa e as estórias podem resistir, assim como enfatizar os imperativos da estrutura".

"Pesquisa-ação e o projeto reflexivo das individualidades" se origina de uma série de entrevistas sobre histórias de vida com defensores importantes do movimento educacional chamado de Pesquisa-Ação. O quadro que emerge agrega perspectivas novas sobre a forma pela qual os movimentos educacionais e sociais conquistam adeptos. Uma visão convencional pode afirmar que os novatos de um movimento social são convertidos ao lerem os textos em destaque ou ouvindo grandes palestras dos principais defensores. O que emerge das nossas entrevistas é um tanto mais extenso do que tais "convenções" prontas. Uma série pessoal de transições é vista em andamento, e a construção contínua de projetos de identidade e estilos de vida desempenha um papel importante.

Os três capítulos finais se concentram em modos de representar o mundo do professor. Em "Representando os professores", o gênero popular das narrativas e estórias de professores é descrito. O gênero está situado no período histórico da sua emergência. Argumenta-se que, com o fim da ideologia, o fim da Guerra Fria, vemos a emergência de um culto à personalidade e celebridade. Associado a isso, houve um movimento crescente voltado para estórias e narrativas pessoais, notadamente na área dos estudos educacionais. "Mais uma vez a narrativa pessoal, a estória prática, celebra o fim do trauma da Guerra Fria e a necessidade de um espaço humano longe da política, longe do poder. É um nirvana totalmente compreensível, mas isso supõe que o poder e a política de algum modo acabaram." No período após a Guerra Fria, logo passamos para a guerra contra o terrorismo. Num programa de televisão recente feito por Richard Curtis, chamado *The Power of the Nightmares* [O poder dos pesadelos], ele afirma que, ao não conseguirem realizar os nossos sonhos com o colapso das ideologias, os políticos agora se organizaram para nos proteger dos nossos pesadelos. É provável que o isolamento no domínio pessoal, portanto, continue acelerado, e os nossos paradigmas de estudos educacionais na busca de um antídoto forneçam formas novas de reconexão com a história coletiva e o contexto sociopolítico.

"Patrocinando a voz do professor" sugere uma série de diretrizes para a investigação das histórias de vida como forma de explorar a vida e o trabalho do professor. O desenvolvimento das histórias de vida do professor permite uma contextualização da prática do professor e das mudanças ao longo do tempo. Um espectro crescente de trabalho está construindo a nossa compreensão sobre a vida e o trabalho do professor:

> Boa parte dos trabalhos que estão surgindo sobre a vida dos professores traz à tona ideias estruturais que a situam no ambiente profundamente estruturado e enraizado da educação.

"A personalidade da mudança" apresenta outras evidências para essa alegação. O trabalho se origina da ampla gama de entrevistas sobre histórias de vida conduzidas no Projeto Spencer, nos Estados Unidos e Canadá, chamado de *Change over Time* [Mudança ao longo do tempo]. O estudo foi planejado para explorar a mudança escolar durante um período de 30 a 40 anos. As nossas entrevistas incluíram três coortes de professores (apesar de alguns professores abrangerem todos os três períodos): os professores das décadas de 1950 e 1960 (coorte 1); décadas de 1970 e 1980 (coorte 2) e os professores da década de 1990 em diante até o fim do projeto, em 2001.

Se você tiver sorte, a pesquisa terá momentos epifânicos – a maioria acontecendo em horas inesperadas e maneiras imprevistas! Para mim, nesse projeto eu estava experimentando alguns cronogramas de entrevista com os professores da coorte 3. Nós havíamos adicionado uma pergunta final para tentar entender onde o magistério estava situado no espectro completo das atividades de uma vida: "Existem projetos ou interesses fora do seu trabalho que você gostaria de nos contar?" Com algumas exceções, muitos professores das coortes 1 e 2 haviam apresentado estórias que situavam o seu ensino como um projeto de vida central, uma "paixão" ou "vocação", até um "chamado". O ensino era o "trabalho da sua vida e fonte de significado e compromisso duradouro de vida". Além disso, e isso muitas vezes foi declarado claramente, o ensino dava um sentido pessoal à sua vida dentro de um projeto coletivo ou vocação que expressava crenças e valores sólidos.

Nos professores da coorte 3, esse sentido raramente surgiu. Nos estágios anteriores da entrevista, eles várias vezes definiram o seu ensino como "um simples trabalho", "apenas um ganha-pão", "eu compareço e faço o que me dizem das 8 às 5", "sigo as regras". Outros ainda disseram que faziam um bom trabalho, e outros falaram que gostavam do trabalho, mas ninguém relacionou o próprio trabalho a uma visão social ou pública mais ampla. A minha epifania aconteceu quando falaram sobre "outros interesses ou projetos". Nesse ponto a mudança na linguagem corporal foi gritante; eles se inclinavam para a frente, os olhos brilhavam, os movimentos das mãos se animavam. Tinham outros interesses? "Ah, sim, estou planejando parar daqui a dois anos e abrir uma clínica de estética... Estou muito animada"; "Estou estudando à noite para ser terapeuta ocupacional, não vejo a hora de começar a minha vida", "Estou economizando para me aposentar aos 50 anos – só faltam cinco anos... aí a minha vida vai começar".

Para esses professores parecia que o trabalho e o seu significado estavam sendo transformados e não tinham conexão com visões coletivas e propósitos públicos maiores. Outra pesquisa, como o trabalho de Robert Putnam e Richard Sennett, aponta um padrão semelhante: uma série crescente de estudos ilustra uma crise de sentido pessoal e objetivo público e coletivo no coração da vida ocidental. Parece que a Nova Ordem Mundial está deixando de oferecer narrativas e sentidos pessoais ligados a propósitos públicos mais amplos. Está perdendo a batalha para corações e mentes dos seus próprios cidadãos no âmago íntimo das suas próprias estórias. Isso pode ser calamitoso para a prestação de serviços públicos melhores e uma vida pública revigorada. Nas histórias de vida de pessoas comuns, os efeitos ainda serão sentidos, porque ainda estamos vivendo os primeiros dias do aquecimento global dos enredos humanos. O nosso estudo contínuo das histórias de vida e da política de vida fornecerá evidências vitais para sabermos se esses padrões estão consolidados ou revertidos.

Referências

GOODSON, I.F. (1997). "Holding on together: conversations with Barry". In: SIKES, P. & RIZVI, F. (orgs.). *Researching Race and Social Justice Education* – Essays in Honour of Barry Troyna. Staffordshire: Trentham Books.

HOBSBAWM, E. (1994). *The Age of Extremes*. Londres: Michael Joseph.

LASCH, C. (1979). *The Culture of Narcissism*. Nova York: Norton.

REEVES, R. (2004). Big Ideas – the triumph of the "I". *New Statesman*, 26/jul., p. 23-24.

THOMPSON, E.P. (1968). *Education and Experience* – Fifth Mansbridge Memorial Lecture. Leeds: Leeds University Press.

Parte I

Aprendizagem e currículo

1
Aprendizagem e o momento pedagógico

Excerto de "o momento pedagógico"*

Desde pequeno sempre prestei atenção a determinadas frases ou incidentes que parecessem prometer revelações no significado ou na experiência. Sartre chamava isso de "momentos espontâneos", outros chamaram de "incidentes críticos" ou, na década de 1960, "acontecimentos" ou "momentos favoráveis ao ensino". Eu particularmente buscava esses momentos e os chamava nos meus diários e pensamentos de "momentos pedagógicos".

Quando comecei a ensinar numa escola de formação geral [*comprehensive school*] no interior da Inglaterra, em 1970, eu o fazia com um sentido forte de missão cultural. Eu estava me deslocando do vilarejo operário onde cresci para outra comunidade operária para ensinar crianças muito parecidas com aquelas que cresceram comigo. Naquela época, o sentido de estabilidade e continuidade na vida da classe operária inglesa era menos fragmentado e violado do que o mundo onde as pessoas comuns habitam hoje. Eu tinha (e ainda tenho) orgulho das pessoas perto de quem cresci e queria permanecer entre elas como professor. Alguns meses após iniciar a minha carreira de professor, voltei ao meu vilarejo natal e, numa sexta-feira à noite, fui aonde sempre ia, ao *pub* local, "The Bull and Chequers". Ali, nos últimos 14 anos, eu havia encontrado os(as) jovens com quem cresci, então imediatamente dei de cara com Brian Leeming, o menino que se sentava perto de mim na escola primária [*primary school*]. Ele tinha sido um verdadeiro companheiro, ajudando-me a aprender a ler naquela turma enorme onde o professor sempre parecia distraído e ocupado:

Eu: Oi, Brian! Como você tá, cara?

Brian: Mais ou menos – ainda dando duro na fábrica. E você? Não tenho visto você por aqui.

---

* No prelo.

Eu: Estou ensinando.

Brian: (Olhar confuso e desconfiado) Ensinando! Ensinando o quê?

Eu: Ensinando história.

Brian: Ensinando história, cara? Eu tô fazendo história.

Mais tarde pensei muito sobre a conversa. É claro que foi um encontro com uma carga emocional. O colega, que havia me ajudado a aprender a ler e com quem eu havia crescido, era um dos melhores e mais brilhantes da minha turma de amigos. A confusão dele era parte da ambivalência geral que todos nós sentíamos em relação aos professores. Mas o desafio que ele apresentou era mais substancial. Se ensinar história era totalmente diferente de fazer história, eu estava condenado a viver uma vida de operação instrumental, apartado das pessoas de quem eu gostava. Suponho que, ao procurar momentos pedagógicos, eu estava em busca de evidências de que a ruptura que Brian mencionou, essencialmente a ruptura entre ensinar como forma de viver e viver uma vida, não era inevitável. No momento pedagógico, a ruptura entre professores e alunos é sanada, e acontecem uma dialética, uma troca, afetando não apenas crenças, mas o próprio coração da questão sobre vida e experiência.

As raízes da pedagogia

Buscar raízes na Diáspora pós-moderna, embora esteja na moda, é um processo profundamente elusivo. De algum modo, porém, é uma busca natural para mim neste momento: a minha mãe tem 98 anos e, nos dois últimos natais, observei o meu filho bombardear a avó com perguntas sobre a história da família. No Ano-novo, ela desengavetou todos os álbuns de fotos da família e levou o assunto a sério.

À medida que o processo acontecia, comecei a perceber que cresci numa cultura profundamente oral. A minha mãe simplesmente é uma grande contadora de estórias. Ela e o meu pai não tinham muita facilidade para escrever, mas ela consegue "contar" estórias brilhantemente. A tradição de contar estórias é crucial para as raízes da pedagogia que eu pratico e entendo.

Um recorte de jornal que ela mostrou neste Natal era o obituário do meu avô, James. James foi pai de 13 filhos, mas aparece em todas as certidões de nascimento, exceto em duas, como "desempregado". Parece que ele cultivava verduras e as vendia na vila com seu triciclo, que tinha uma cesta grande na parte de trás (como o meu pai, meu filho e eu, ele não era um bom aluno em tecnologia do transporte, como a bicicleta!). Outro recorte dizia que James era um dos caras mais populares da vila. Na hospedaria local, era o contador de estórias favorito de todos.

Um dos outros documentos revelados pela minha mãe foi o *Contrato* do meu pai. Aqui, o menino de 13 anos é transferido como aprendiz para a Reading Gas Company. No fim da página, alguém rabiscou o nome do pai com lápis e, com mão trêmula, o menino assinou por cima com uma caneta (ele não sabia escrever). E assim ele foi admitido a um emprego que durou 52 anos. James precisou autorizar a "entrega" do seu filho. Isso foi feito com um "X" firme. (Ele havia saído de casa aos 11 anos e nunca aprendeu a ler nem escrever.)

A minha avó também foi uma contadora de estórias maravilhosa. Como ela viveu até os 98 anos, eu me lembro bem dela. Enquanto James vendia os seus legumes e contava as suas estórias no *pub*, ela era lavadeira. Aprendeu sozinha a ler e escrever e anotava as finanças da família num grande livro de contabilidade. Ela também fundou o lema da família. Engravidou pela 13ª vez aos 50 anos, após dar à luz 12 filhas. A parteira veio ajudar no parto, no quarto, e gritou: "Sra. Goodson, é um menino!" Contam que ela respondeu, calma: "Sim, eu sei... Somos uma família muito persistente". Somos mesmo, e o lema gravado nas estórias da família reflete isso.

No lado materno, é uma estória parecida. O meu avô, como James, era o filho caçula criado numa fazenda. Por não ser primogênito, não herdou nada e sobrevivia numa sucessão de comércios – a maioria açougues – e finalmente numa lanchonete de operários em Reading. Também foi um contador de estórias legendário e um homem de opiniões abertamente independentes. A combinação de cultura oral e opiniões independentes é algo que vim a entender recentemente. Um livro sobre o vilarejo onde cresci descreve Woodley no século XIX (*Woodley in the Nineteenth Century*). Originalmente, o vilarejo tinha várias casas que eram "pequenas habitações de proprietários" (p. 14), mas, com o passar do século XVIII, o "senhor" ou senhorio, James Wheble, começou a cercar o terreno e comprar as casas. "À medida que as casas eram adquiridas por Wheble, elas iam sendo alugadas aos trabalhadores" (p. 14). Wheble comprou Woodley Park e o terreno existente ao lado do seu, de Henry Addington, em 1801 (o ano em que Addington se tornou Primeiro-Ministro do país).

Uma área de Woodley, a "vila antiga", ficava além das fronteiras de Whebler, fora das suas terras. Na década de 1830, havia principalmente lavradores autônomos, mas o Reverendo James Sherman observa: "Quase todos os trabalhadores da vila costumavam invadir a propriedade alheia para caçar ou pescar" (p. 39). A vila a que ele se refere era o vilarejo do meu avô – as casas e habitações (e bares) ao longo da Crockhamwell Road, em Wheelers Green e em Cobblers City e Woodley Green. Considerando o controle de quase toda a terra pelo Senhor Wheble, "novas edificações tiveram de ser erguidas nos poucos locais restantes possuídos por proprietários em Cobblers City e Woodley Green, ou nas terras dos senhores, mediante aprovação deles" (p. 59).

Os espíritos independentes, então, gravitavam para Woodley Village, onde ficava a casa dos meus avós. Somente em Cobblers City havia um grupo bravamente independente de trabalhadores capaz de se manter longe da influência do Senhor e seus administradores:

> O aspecto mais fascinante da área era a concentração de tantas fases de desenvolvimento social e econômico, refletidas nas construções, até um cantinho de Liberty. Uma cidade de casas, cabanas e oficinas, criada pelos trabalhadores independentes de Woodley, que fizeram o que os seus antepassados haviam feito – sobreviveram dentro da estrutura social e econômica criada por outras mãos mais poderosas em torno deles (p. 76).

A sobrevivência independente diante de uma ordem socioeconômica que buscou controlar e possuir terras e direitos é uma parte significativa de Cobblers City. Também é, portanto, parte do meu direito inato e da minha postura educacional e pedagógica. Não parto do pressuposto de que novas ordens mundiais sejam bem-intencionadas e benignas, tampouco inevitavelmente malignas. Tenho profunda consciência, graças às minhas vozes ancestrais, de que certos grupos enfrentam desapropriações e deslocamentos quando novas ordens econômicas emergem. Certamente, quando o Senhor Wheble começou a cercar a terra ao redor de Woodley, os meus ancestrais precisaram reagir rapidamente. A maioria dos trabalhadores da vila aceitou a desapropriação envolvida: o fato de que a minha família optou por resistir a essa ordem econômica, fixando-se em Cobblers City, revela uma forte independência de espírito. Tomara que esse espírito oriente a vocação que escolhi e os meus momentos pedagógicos na nova era que David Harvey caracterizou como "acumulação pela desapropriação" (HARVEY, 2003). Padrões de desapropriação e deslocamento parecem durar. Já as reações independentes... Bem, veremos...

Referências

HARVEY, D. (2003). *The New Imperialism*. Nova York: Oxford University Press, p. 137-182.

LLOYD, F. (1977). *Woodley in the Nineteenth Century*. Reading Borough Council: Reading Libraries.

2
Chegada ao currículo*

Excertos de um diário, 1973

1) Por muitos anos tive um sonho recorrente:
Era festa dos funcionários e cada um tinha que apresentar um número de entretenimento de quinze minutos. As contribuições eram previsíveis – expor os vários talentos de uma comunidade profissional. O professor de música tocava uma pequena peça no violoncelo, o professor de inglês lia alguns dos seus poemas, um grupo de professores encenava uma pequena peça, enfatizando piadas e fofocas da sala dos professores, o diretor fazia um discurso de incentivo etc. – sombras dos meus dias de fala na escola. No meio disso, porém, as luzes se apagavam e uma banda de rock começava a tocar – saxofone pesado, letras subversivas – alguns dos alunos mais problemáticos tocavam bateria e guitarra – três das meninas mais bonitinhas cantavam em coro na lateral e, no vocal – ai, meu Deus! –, lá estava um professor.
Após duas músicas – uma de Little Richard, outra de Larry Williams – a cortina cai. Os funcionários da escola cochicham, constrangidos. É como se um alienígena tivesse estado ali; a tribo se apoia. A autenticidade e animação de uma cultura alternativa foram vislumbradas – depois rapidamente expurgadas da memória. A festa continua.

2) O que encontro nas escolas quando estou usando os meus chapéus da cultura operária ou da cultura jovem é um grupo de pessoas (professores) cujo estilo de vida contradiz ou ignora os critérios mais importantes da minha existência.
Desde que comecei a me unir a eles enquanto grupo e desde que mudei o meu estilo de vida a favor deles, sinto um anticlímax tão monumental que me deixa com uma existência que parece vazia e sem valor (*Diário pessoal*, 1973).

---

* Excerto de "Reconstruindo aspectos da vida de um professor", no prelo.

A vida antes de ensinar

Nasci em 1943, em Woodley, perto de Reading, em Berkshire. O meu pai era gasista e a minha mãe, naquela época, trabalhava numa fábrica de munição. O meu pai era o mais novo de 13 filhos, precedido por 12 irmãs. O pai dele consta na maioria das certidões de nascimento dos filhos como "desempregado", mas duas vezes, em momentos de sorte, como "assentador de trilhos". Ele morreu num asilo antes do meu nascimento. A mãe lavava roupa para fora e viveu até os 98 anos. No meu lado materno, eram sete filhos. A mãe e pai dela trabalharam em vários empregos e, em 1929, tinham um bar num distrito operário de Reading, onde meus pais se conheceram.

Quando entrei na escola, aos seis anos, não sabia ler. Mas achei a escola uma experiência fascinante e também perturbadora. No meu vilarejo, ninguém ia feliz para a escola. Eu ainda me lembro da longa caminhada até a escola no primeiro dia e ver um dos meus colegas, Paul Sharp, agarrado à coluna do portão de casa gritando absurdamente enquanto a sua mãe tentava tirá-lo dali e levá-lo para o seu primeiro dia de "edificação pública" (palavras de um tio!).

Alguns anos atrás, tentei resumir os meus "pontos pessoais de entrada" nos estudos sobre educação. Então quero continuar a estória com uma citação maior:

> Os meus pais viam a conquista do "seu" governo trabalhista após a guerra demonstrada da maneira mais clara pela nova educação, que foi oferecida a mim e outros jovens da classe operária. Aqui, assim me falavam, estava a chance de aprender, uma chance de começar a entender o mundo onde eu estava crescendo.
> Porém, desde o início eu experimentei estranhas contradições, porque, embora eu devesse aprender, a maioria das perguntas para as quais eu buscava resposta não estava na pauta da escola. Elas eram principalmente perguntas infantis, verdade seja dita, mas que despertavam a minha compreensão do mundo na época. Eram assuntos que conversávamos em casa: Por que o meu pai trabalhava tanto? Por que eu não o via de manhã ou até tarde da noite? Por que a minha mãe ia trabalhar para "me sustentar"? Por que todos os campos onde eu jogava estavam sendo desenvolvidos por "condomínios habitacionais" maiores e em maior número? Por que precisávamos caminhar (ou, mais tarde, pedalar) mais de 5km para a escola? Por que a escola ficava num vilarejo "elegante", e não no meu vilarejo? Por que as crianças do meu vilarejo eram tratadas de modo diferente das crianças da localidade próxima à escola?
> Eram aspectos do meu mundo, mas por que nunca falávamos sobre eles e muito menos aprendíamos sobre eles na escola?

Os meus interesses na educação cresceram quando ingressei na escola secundária [*secondary school*]. Fui aprovado na prova de admissão e enviado para uma escola de formação acadêmica [*grammar school*] (mais uma vez, a quilômetros de distância do meu vilarejo). Todos os meus amigos foram para a *nossa* escola no vilarejo: uma escola secundária moderna [*secondary modern*]. O longo trajeto até a minha nova escola, passando pelos condomínios habitacionais, usando *blazer* azul "veneziano" e chapéu com borla amarela, consolidou uma fascinação incurável pela educação. (A fascinação durou mais do que o *blazer* e o chapéu, que eu guardava na bolsa acoplada à minha bicicleta e vestia depois de guardar a bicicleta na escola.)

Na escola de formação acadêmica, o currículo fez o meu senso de dicotomia da escola primária [*primary school*] parecer tosco. Ali o conteúdo não era apenas estranho e enfadonho, mas a própria forma de transmissão e estrutura (a formação discursiva não menos) era completamente desconcertante. A minha experiência com a educação foi como aprender uma segunda língua. Um fator importante nesse deslocamento cultural foi o currículo da escola.

Eu definhava na escola: tentei nove vezes a prova de certificação e fui reprovado oito vezes. Aos quinze anos eu estava trabalhando numa fábrica de batatas fritas. Mais tarde, entretanto (graças à intervenção de um professor), voltei para a escola e, embora ainda atormentado com uma sensação de alienação dos assuntos, comecei a fazer as provas usando memorização e decoreba, que me permitiam ser aprovado. Uma graduação (em História Econômica) e um período de trabalho de doutorado (imigrantes irlandeses na Inglaterra vitoriana) seguiram, mas em 1968 a sensação insistente de dicotomia entre "vida" e "estudo" me levou a abandonar qualquer ideia de carreira acadêmica. Os pontos de partida foram dois artigos – um de Basil Bernstein na revista *New Society*, "Escolas Abertas, Sociedade Aberta"; o outro de Barry Sugarman, sobre as culturas dos alunos da escola secundária (*British Journal of Sociology*, 1967).

Esses artigos me mostraram que havia modos de estudo acadêmico em que as experiências cotidianas de alunos e pessoas comuns podem ser investigadas. Em suma, em que a minha experiência de vida e as minhas questões intelectuais sobre essa experiência poderiam ser finalmente reconectadas. Mas, assim como antes, precisei abandonar os meus interesses intelectuais para passar nas provas; agora, de novo, precisei abandonar uma carreira acadêmica para que individualidade e estudo pudessem ser reinvestidos com algum grau de autenticidade. A decisão de abandonar a minha carreira acadêmica essencialmente foi um redirecionamento positivo. Após identificar o tipo de trabalho exemplificado por Bernstein e Sugarman, enxerguei as novas escolas de formação geral [*comprehensive schools*] como o lugar onde eu desejava trabalhar. Ali as minhas origens e experiências de classe poderiam se conectar àquelas dos meus alunos numa "linguagem comum" de diálogo entre professor e aluno. Para a nova geração de alunos oriundos de lares operários, poderia haver algo além da alienação dominante que eu havia vivenciado na escola.

Eram essas as esperanças que me acompanharam quando deixei o meu lar operário num vilarejo de Berkshire para viver em outro vilarejo em Leicestershire e começar a ensinar numa "escola de formação geral" (GOODSON, 1988).

Uma questão que não foi suficientemente abordada nesse relato é o meu compromisso crescente com uma cultura jovem com foco num hedonismo geral e imersão na música *pop*. Esse compromisso – conforme observado no artigo de Sugarman – costumava andar de mãos dadas com a rejeição às escolas de formação acadêmica pelos alunos das classes operárias. Na época da minha adolescência, 1956-1962, o *rock 'n roll* era uma presença importante em Reading – o Rolling Stones era uma banda local (Marianne Faithful, namorada de Mick Jagger, frequentava uma escola local), The Who e The Animals tocavam lá regularmente. Eles e várias bandas locais começaram a desenvolver um tipo de *rock* nativo, que depois emergiu como uma força em boa parte do mundo ocidental. Quando fui para a universidade em Londres, o meu interesse continuou (por coincidência, Mick Jagger estava na Faculdade de Economia de Londres ao mesmo tempo e eu me lembro de várias noites agradáveis no *pub* Three Tuns com ele). Eu ia muito ao Marquee Club assistir a bandas como The Who aperfeiçoar a sua arte e passava fins de semana no Ricky Tick Club, em Windsor, onde Eric Clapton e Jimmy Page (na época com o Five Dimensions) tocavam.

Quando me mudei para Leicester, encontrei outra cena vigorosa do *rock*. O Il Rondo Club era incrível e muitas bandas locais e nacionais tocavam lá. Duas bandas locais, Family e Showaddywaddy, emergiram dessa cena e se tornaram amplamente populares. O *pub* local em Countesthorpe, Railway Tavern, tinha um *jukebox* com um acervo maravilhoso e ali, à noite, a cultura jovem da classe operária do tipo que eu conhecia desde os meus 13 anos roubava a cena.

Ensinando em Leicestershire

Então a estória chega a uma pequena vila nas planícies ao sul de Leicester. Eu havia visto um anúncio no *Times Educational Supplement* e me candidatei à vaga. Naquela época eu não sabia nada sobre a importância da escola. Eu me lembro de ir à entrevista em Leicester com a minha namorada da Faculdade de Economia de Londres, Anna Bicat. Fui entrevistado às 14:30h por Tim McMullen e Mike Armstrong. Obviamente eles haviam acabado de almoçar juntos em County Hall e a entrevista foi muito boa. Quando Anna e eu voltamos para o nosso apartamento em Hampstead, havia um telegrama à espera (eu ainda o tenho – fontes históricas, item 203!) que dizia "gostaria nomear você. Favor telefonar admissão". Adorei o estilo deles e imediatamente telefonei.

Quando os documentos da escola chegaram, comecei a perceber que se tratava de uma escola inusitada e altamente inovadora (McMULLEN, 1970).

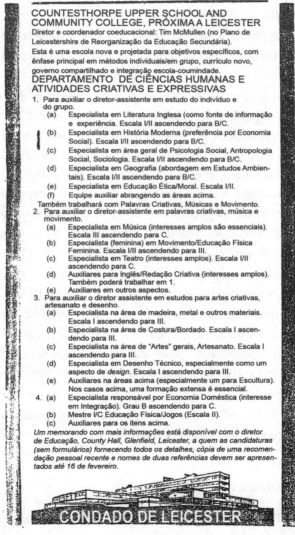

Anúncio no *Times Educational Supplement* (07/01/1970).

Colégio Countesthorpe
Objetivos principais

1) Para aqueles em idade escolar: proporcionar o conjunto mais amplo de habilidades, resultados e atitudes para que possam encontrar ações – intelectuais, emocionais, sociais – que gerem as maiores satisfações à sua vida de adultos, que será entre os anos de 1975-2025.

2) Para quem abandonou a escola: proporcionar oportunidades enquanto indivíduos e grupos para extrair maiores satisfações da vida que levam agora e levarão futuramente.

A interpretação plena desses objetivos gerais será tratada pela equipe, pelos alunos e pela comunidade ao longo dos anos; porém, certas considerações ficam claras desde o início:

i) Será necessário adequar as pessoas para participarem da "superestrutura" da sociedade – a parte econômica e política. A educação deve ser adequada aos padrões tecnológicos e sociais em rápida transformação, a um mundo onde indústria e comércio demandam tecnólogos de nível cada vez mais alto, técnicos de grau médio, executivos, planejadores e administradores em vez de trabalhadores capacitados, semicapacitados ou não capacitados; a uma demanda crescente por ocupações de "serviços" de todos os tipos, envolvendo principalmente as relações humanas; a um mundo onde, talvez para a maioria, o tempo gasto a serviço do "trabalho" declinará abruptamente.

ii) Também será necessário – ou até mais necessário – adequar as pessoas para uma vida individual e em grupo mais rica fora da "superestrutura" da sociedade, porque economicamente isso agora é possível e também porque as pressões mostram que estamos cada vez mais insatisfeitos com uma abordagem puramente "tecnocrática" à sociedade; menos pessoas estarão satisfeitas com o trabalho; e o trabalho ocupará uma parte menor e menos tempo em nossa vida.

Essas duas "orientações" sugerem um reexame e uma mudança do currículo, dos métodos, relações de autoridade e organização.

Linhas gerais de desenvolvimento

1) O desenvolvimento do colégio como uma comunidade onde os alunos mais avançados, os funcionários – profissionais e outros – e os adultos da comu-

nidade local trabalhem juntos, e não em compartimentos. Isso significa: tomar decisões "participativas" e não "autoritárias"; a atenuação das linhas que separam escola e comunidade; e uma mistura real de adultos e alunos num dia escolar e comunitário ampliado.

2) Uma nova reflexão e seleção do currículo em termos de relevância. Isso pode envolver: conteúdo diferente para certas disciplinas, como Matemática, Física; desenvolvimento de trabalho interdisciplinar focado em problemas e não em disciplinas em algumas áreas – especialmente em ciências humanas e artes criativas; a introdução de novas especialidades, talvez como partes de áreas interdisciplinares, como sociologia, Psicologia e o desaparecimento – ou considerável diminuição de importância – de outras.

3) Uma nova reflexão sobre a organização em termos de quem toma as decisões e em que grau, e uma nova organização acadêmica em "áreas", não em departamentos de disciplinas.

4) Uma nova reflexão sobre os métodos pelos quais os alunos aprendem e o tamanho dos grupos em que se organizam, com ênfase em aprendizagem mais individual ou em pequenos grupos, mais tempo "independente" disponível para atividades escolhidas pelos alunos, mais cooperação entre os professores e mais uso de novos meios.

5) Uma organização que permita o desenvolvimento de indivíduos e linhas personalizadas a uma velocidade apropriada e sem classificar os alunos além do essencial em grupos de "aptos" e "menos aptos".

6) Uma organização para acompanhamento pessoal que será o contato *principal* para os pais, através da qual um(a) mestre(mestra) responsável geral controla aproximadamente 200 alunos, ajudado(a) por uma equipe de tutores que também ensinam no mínimo uma disciplina aos alunos.

7) Desenvolvimento de uma forma de governo tanto no âmbito escolar quanto na comunidade mais ampla pela qual os participantes da vida do colégio determinam a *política* a ser adotada (McMULLEN, 1970).

À medida que o caráter da escola começou a emergir, consegui entender por que as referências dos meus tutores podem ter ajudado na minha indicação para a escola. As referências haviam sido claras a respeito de pontos fortes e fracos:

> O ponto forte do Sr. Goodson é a sua habilidade de se relacionar com os alunos individualmente. Ele trata os alunos com seriedade quando é importante fazê-lo; ouve o que dizem e os encoraja a falar muito, até mesmo quando normalmente ficariam relutantes. Tam-

bém é capaz de indicar que os padrões deles não são o que deveriam, mas sem despertar antagonismo. Tem um grande senso de humor e consegue brincar com os alunos sem perder o respeito.

Embora "tenha sido um aluno popular e muito charmoso":

> Às vezes pode parecer informal aos dogmáticos. Incomodou um ou dois professores em Hammersmith por isso. Mas vale ressaltar que as partes "ofendidas" se sentiram ameaçadas pelo sucesso dos métodos de ensino do Sr. Goodson, que haviam envolvido os alunos de uma forma jamais alcançada pelas técnicas de aula deles (*Tutor de educação*, 1970).

Essa pedagogia emergente foi exercida numa escola subvencionada em Hammersmith, Latymer Upper, onde fiz a minha "prática de ensino" para o Diploma de Educação do Instituto de Educação. Uma escola bem convencional e conservadora. Porém, os ingredientes de uma pedagogia que foi definida mais conscientemente em Countesthorpe estão bem claros, eu acho. Na verdade, fico surpreso com o tom profético da referência. Além disso, eu havia suposto que o meu estilo informal e uso do humor haviam, de certo modo, "emergido" em Countesthorpe. Claramente não foi o caso, embora o ambiente aberto dali e o *ethos* geral devam ter me estimulado a me "mostrar" mais. O estilo de vida e a pedagogia passaram a ser interdependentes.

Algum tempo antes, na escola, um pesquisador etnográfico passou um tempo observando alguns de nós ensinando. Ele captou a essência da minha pedagogia na época com grande economia. Ainda me espanto com a rapidez dele em ver aquilo que tantos alunos percebiam, mas tão poucos educadores conseguiam entender:

> Quando o observo ensinando, parece-me que há algo nele diferente dos outros professores, até dos brincalhões, como Liz. Ivor não parece *representar* a escola, como fazem os outros professores. Ele dá a impressão de simplesmente estar ali porque é um trabalho. De um modo sutil e indefinível, ele transmite um tipo de insolência que os alunos frequentemente transmitem, mas nunca os professores. Há algo confiante, arrogante e profundamente irreverente no seu modo de agir. Ele parece não assumir responsabilidade pelo *ethos* e pela cultura do ensino. Não é simplesmente porque ele xinga, a maioria dos professores da escola o faz, e outros muito mais. Não é porque ele brinca, porque outros professores também brincam. Não são as suas roupas ou a sua aparência, que são convencionais, como muitos

da equipe. É uma qualidade de presença, algo no seu estilo pessoal como um todo (WALKER, 1973).

Ele também captou o meu estilo de vida. Eu me lembro de que o coitado precisou dormir várias vezes num colchonete num quarto que depois descreveu no seu relatório à Fundação Ford (tudo pela vida "no campo"):

> Ivor divide o apartamento com outros dois (?) professores. O seu quarto é meio caótico. Um sistema *hi-fi* enorme (muito admirado pelos seus alunos, que gostam de usá-lo). Um acervo de colecionador de discos de *rock* (nada de jazz), dos quais 10 ou 11 LPs pareciam ser usados mais ou menos constantemente. Pilhas de revistas pelo quarto, a mais usada era a *Let it Rock*, que continha vários artigos de Ivor. Livros sobre história industrial local (Ivor era coautor de um), sobre a Rússia e uma miscelânea de sociologia (*Class, Codes and Control*, de N.K. Bernstein). A maior parte do espaço no chão era tomada por um colchonete velho, o resto por meias, uma raquete de tênis, tênis esportivos (algum dia tinham sido brancos?), um baú grande, cartas variadas (uma candidatando-se ao posto de "professor de Geografia"). No papel de parede desbotado, um pôster dos Beatles e um relatório escolar em nome de Ivor e assinado por um aluno ("Poderia ser melhor se fosse mais esforçado") (WALKER, 1973).

Mas como interagem estilo de vida pessoal e pedagogia? O que é transmitido da pessoa para o papel de professor? Aqui emerge o tema da indivisibilidade:

> Os professores costumam sentir as contradições entre si enquanto professores e enquanto pessoas. Assim, há o professor simpático no pátio ou no corredor, mas que congela na sala de aula, ou o professor que permite um ambiente relaxado em algumas partes da aula, mas sabe quando deve ser sério. Nós (nem aqueles que conhecem Ivor melhor do que nós) não detectamos nada disso nele. Ele parece o mesmo em quase todas as situações (WALKER, 1973).

Numa série de anotações e cartas escritas em 1973, tentei descrever por que eu preferia essa pedagogia e o que faltava nesse e em outros relatos etnográficos:

> Acho que você precisa descrever muito mais sobre a cultura jovem. É como se uma manobra fosse usada.
> Certamente o ponto importante é que para a minha geração inteira (e a sua!), a cultura jovem era o caminho para todo um estilo de vida alternativo radical. Ela realmente agiu para derrubar a classe e outros estereótipos.

Agora considere que é isso. Considere que sou adepto desse estilo de vida. Consequentemente, se os professores que tenham vivenciado a cultura jovem a carregarem para o seu ensino, então os estereótipos normais podem se dissolver.

A cultura jovem e a cultura da classe operária são amplamente similares em áreas inteiras. Isso é especialmente verdade, eu diria, em referência à autoridade. Assim, um professor que tenha vivenciado a cultura jovem *e* a carregue para o seu ensino (seja ele(a) um(a) *beatnik* de fim de semana ou um(a) adepto(a)!) deve se sentir em casa e em sintonia com os jovens da classe operária.

É interessante você mencionar Lennon e Best – eles tipificam uma tendência da cultura jovem e da cultura da classe operária – o *rebelde* (nesse caso, com causa, eu acho!).

Acho difícil acreditar que muitos jovens da classe operária levarão a sério os professores que levam a escola a sério. Quero dizer isso unicamente no sentido de "imagem". Algo que você não tenha tocado – e ainda assim seja parte do vocabulário de muitos jovens da classe operária.

As escolas são "objetos de ódio" na linguagem interna da classe operária. Você as frequenta com o mesmo espírito com que frequenta a fábrica – quando se é adolescente. Você aprende a odiar toda hipocrisia e falácia que elas representam. Um professor que se identifique totalmente com a escola, então, encontra uma reação similar (*Carta para Walker*, 1973).

Duas outras anotações que encontrei em papéis antigos de 1972 descrevem mais a abordagem e detalham os meus interesses predominantes nesta fase da minha vida de professor.

Para a criança da classe operária

1) A pessoa precede a função quando se decide aprender com um professor. A aprendizagem apenas continuará se a pessoa for acessível e aceitável. É o primeiro limiar.

2) A pessoa pode ser julgada em vários graus. Certos fatores parecem predispor os jovens na apreciação aos professores.

a) A habilidade de rir e ser objeto de riso – um mecanismo de "teste" clássico da classe operária (Schwartz chama isso de "sondagem" entre os jovens negros de Nova York).

b) Uma irreverência, uma rebeldia como as dos seus heróis.

c) Uma aceitação geral de risadas e diversão como ingredientes essenciais da vida.

Há outros símbolos que podem sugerir uma empatia com a cultura baseada em formas de caminhar e mover-se, e reconhecimentos de "distanciamento" em certas situações definidas (p. ex., o professor na matinê).

Como a função do professor está ligada ao produto que está oferecendo, muito depende do produto. A maioria encontra poucos pontos de referência ou relevância na sua "disciplina". Então, o único modo de a criança da classe operária entrar em acordo com a escola é através da pessoa do professor separada da sua função. Somente no relacionamento com o professor é que a criança pode explorar o mundo estranho da escola. O professor deve existir e definir um relacionamento e contexto social com os quais a criança simpatize. Isso significa que o professor deve estar suficientemente consciente da cultura da criança para incluir símbolos conhecidos que possam tornar o mundo da sala de aula conhecido o bastante pela criança.

1) Eu acho que querem dizer que o primeiro estágio no processo de aprendizagem é o estabelecimento de um relacionamento de "conhecimento". O limiar social e de acompanhamento pessoal precede o limiar acadêmico, embora para a maioria dos jovens da classe operária esse relacionamento esteja pressuposto, suspenso na expectativa de instrumentalidade.

2) Sem esse relacionamento, *não importam* a pedagogia, transmissão ou transformação, haverá números enormes de reprovações. Simplesmente porque eles nunca "entraram em acordo" com o que o professor era. Portanto, aquilo que ele evocar não terá nada a ver com o potencial da criança.

3) Mas o relacionamento não é apenas o pré-requisito para a transmissão. Ele deve, por meio do seu estabelecimento, afetar a natureza dessa transmissão. O ponto crítico é aquele em que a criança se ENVOLVE, a partir daí a exploração é cooperativa. A aprendizagem se torna uma possibilidade (*Anotações pessoais*, 1973-1974).

O ponto mais óbvio que emerge dos meus diários, anotações e conversas gravadas é o que podemos chamar de minha "*cronologia do interesse*" ou "*sequência do interesse*". Fica muito claro que, nos primeiros anos na escola, os meus interesses se concentravam principalmente na sala de aula – como envolvemos as crianças na aprendizagem, especialmente a maioria das crianças, que vinha de lares da classe operária, e também como ser seguro ao ensinar, como construir um "estilo", eram esses os primeiros interesses. No âmago do processo de me tornar professor estava a questão da orientação pedagógica. Mas acredito que a questão da orientação pedagógica carregava um amálgama implícito de outros valores e posições. Acho que boa parte da orientação pedagógica claramente derivava dos meus pontos fortes e fracos pessoais, assim como de questões cruciais de formação, como classe social e origens regionais. Mas acredito, sobretudo, que questões de orientação pedagógica antecipam e circunscrevem crucialmente julgamentos subsequentes sobre estilos de currículo, governança e organização escolar, até julgamentos políticos básicos, como quais tipos de escolas e de alunos devem ser escolhidos e patrocinados.

Vale observar que o meu interesse não é apresentar evidências da qualidade da minha prática em sala de aula: se fui um professor bom ou ruim. O meu interesse é caracterizar a minha *visão* evolutiva de estilo e orientação pedagógicos, e a justaposição de estilo pessoal e estilo pedagógico. O argumento que desejo apresentar é que essa orientação pedagógica e senso interdependente de estilo de vida pessoal são uma consideração extremamente importante nos estilos do currículo, da governança e da educação aos quais somos fiéis. Em suma, na interação entre estilo de vida pessoal e orientação pedagógica, existem muitas das origens das predisposições do professor. Predisposições que apoiam determinadas versões de disciplinas de ementas, projetos curriculares, procedimentos de avaliação, assim como decisões administrativas, decisões políticas e questões de interesse comunitário e acompanhamento pessoal.

Chegada ao currículo

Nos primeiros anos como professor, então, o meu maior interesse claramente era nas "questões da sala de aula" – em desenvolver um estilo e uma orientação pedagógica. Mas, ao desenvolver essa orientação pedagógica, eu estava implicitamente desenvolvendo e promovendo uma fidelidade a estilos de currículo, avaliação e educação.

Em parte, essa "chegada ao currículo", essa exigência de analisar e questionar os estilos de currículo existentes era parte de uma busca institucional que continuou em Countesthorpe nos primeiros anos. Para que pedagogias e relacionamentos radicais que foram pioneiros na escola sobrevivessem, novos estilos de currículo e avaliação eram necessários. Portanto, até mesmo os professores iniciantes, como eu, estavam empenhados em elaborar novas ementas para as provas do modo 3². Um interesse fundamental no desenvolvimento do currículo era a necessidade de *envolver* os alunos – como vimos, esse era o meu principal interesse na sala de aula, então era inevitável que permeasse o planejamento curricular. Na sala de aula de "habilidades mistas", tentávamos envolver *todos* os alunos – assim buscávamos um currículo que refletisse essa intenção "abrangente".

Quando escrevi em novembro de 1973, eu experimentava algumas das minhas ideias provisórias: por exemplo, a respeito da questão da autonomia dos alunos.

> Após essas justificativas proféticas generalizadas, uma justificativa final é que a autonomia dos alunos pode servir para resolver alguns dos problemas educacionais enfrentados pela educação contemporânea. Os problemas de ensinar grupos com habilidades mistas de origens diferentes são muitos e variados. A maioria desses problemas, contudo, se relaciona à falta de motivação dos alunos a aprender e, da mesma forma, à relevância questionável daquilo que eles são solicitados a aprender. Como vimos, mesmo após desenvolvimentos de currículos novos, os professores ainda consideram que devem controlar todos os aspectos da situação de aprendizagem dos alunos. Acredito que essa total monopolização feita pelos professores seja uma causa importante do senso de alienação e desinteresse entre os alunos. O monopólio deve ser quebrado para que o interesse dos alunos seja despertado. Por exemplo, os professores estão cada vez mais cientes de que "relevância" é um critério importante para consideração nos estudos escolares. Os professores estão separados dos seus alunos por um abismo geracional crescente e, normalmente, pelo enorme precipício das diferenças de classe. À luz disso, é certamente absurdo que o professor insista em decidir o que atrairá os alunos com base em relevância. Relevância é apenas um dos motivos para aprender, mas, assim como acontece com muitas outras coisas, os alunos estão numa posição melhor do que os professores para julgar. Não estou afirmando que os alunos devem ter o direito de decidir tudo sobre a situação de aprendizagem, mas que o atual monopólio dos professores para tais decisões deve ser quebrado. É necessária uma visão de aprendizagem como um exercício negociável e colaborativo entre professores e alunos. O currículo pode, então, ser visto como algo que se origina, por um lado, da demanda dos alunos por algo relevante, útil e interessante e, por outro lado, da demanda dos professores por algo que amplie os horizontes dos

---

2. As provas do modo 3 eram aquelas em que os professores exerciam uma função central na definição da ementa e na condução da avaliação.

alunos e ofereça entrada a novas formas de compreensão (GOODSON, 1973a, p. 8).

As demandas dos alunos por algo relevante, porém, levaram a grupos de interesse finitos e relativamente claros. Uma área foi o interesse deles por desenvolvimentos dentro da sua comunidade. Mudanças significativas estavam ocorrendo em Leicester e no interior adjacente naquela época, e os alunos estavam ansiosos por saber o que estava acontecendo e investigar as causas da mudança. Isso ocasionou uma série de pesquisas urbanas e comunitárias, que descrevi com alguns detalhes na época (GOODSON, 1973b).

A minha percepção dos assuntos na época estava evidente nos artigos que eu escrevia. Eram escolas de formação geral pioneiras – a nossa chance era definir currículos novos que envolvessem todos os alunos e pudessem se direcionar a uma "educação de todos". Eu acreditava apaixonadamente (e é claro que ainda acredito) no direito de *todas* as crianças a uma educação plena. Também acreditava na retórica da educação de formação geral, na provisão de oportunidades educacionais iguais para todas as habilidades e classes sociais. Considerando essa crença (ingênua, sem dúvida), o trabalho diante de nós estava claro. Precisávamos definir uma nova série de currículos escolares e novas ementas de provas que cobrissem conteúdo e temas que envolvessem todos os alunos. O meu próprio envolvimento na definição de currículos novos em estudos urbanos e comunitários era parte desse projeto otimista de redefinição.

Quando me mudei para assumir um novo posto como diretor da Faculdade de Ciências Humanas em Milton Keynes, passei muito tempo definindo currículos novos dessa maneira. Um novo nível "O" em Estudos Comunitários foi definido e aceito pela banca examinadora no primeiro ano. O esboço do meu plano para a Faculdade era razoavelmente explícito sobre os meus valores curriculares naquela época.

O pré-requisito para envolvimento no trabalho acadêmico da faculdade ou na comunidade dentro e fora da escola é um sentido de confiança e dignidade pessoal. Assim, situamos os alunos e as suas experiências no centro do processo de aprendizagem; reconhecemos que não podemos ensinar sem que os alunos aprendam, não podemos pensar em objetivos sem considerar a motivação deles.

A Faculdade de Ciências Humanas tem dois objetivos principais:

1) Proporcionar aos alunos um sentido da sua singularidade e dignidade para ajudar no seu autoconhecimento e autoconfiança, o que requer:

a) certa exploração sobre as experiências de vida dos alunos até o momento; e

b) o uso de estratégias de aprendizagem que permitam aos alunos certa autonomia no direcionamento da própria aprendizagem.

2) Envolver os alunos nas comunidades emergentes de Milton Keynes e da escola. Ajudá-los a se identificar com o seu novo ambiente e usar as instalações comunitárias.

Isso presume a exploração das comunidades de Milton Keynes e distrito em vários níveis.

As estratégias de aprendizagem associadas a esses objetivos amplos envolvem dois tipos de habilidades:

a) habilidades sociais, como a compreensão do conceito de "compartilhamento";

b) habilidades acadêmicas.

A Faculdade esperava assumir um papel importante no "treinamento para a vida" no *campus* e na comunidade emergente externa, e na atribuição de significado à filosofia subjacente do compartilhamento (GOODSON, 1974).

Mas em 1974-1975 ficava cada vez mais claro que os currículos novos definidos em busca da "educação para todos" estavam enfrentando grande oposição. Os *Black Papers*, publicados pela primeira vez em 1969, começaram a elaborar uma crítica às novas iniciativas e convocar o retorno ao ensino e às disciplinas tradicionais. É claro que as novas iniciativas curriculares pioneiras nessas escolas de formação geral novas tinham as suas falhas e inadequações, mas naquele momento era evidente que estávamos nos opondo a enormes barreiras estruturais.

De certa forma acredito que estávamos buscando a retórica da "educação abrangente", "educação para todos", até a sua conclusão lógica. Mas viríamos a aprender que lógica e política colidiam desde o início dos acontecimentos. Currículo e avaliação passaram a ser o território onde a "educação para todos" colidia com os níveis "O" para os 20% melhores. Em suma, quando a prática igualitária colidia com a intenção meritocrática tradicional. Em 1976, o Discurso de Ruskin proferido por um primeiro-ministro do Partido Trabalhista, James Callaghan, esclareceu conclusivamente que a experiência da formação geral não deveria ser levada a sério. Os eventos subsequentes confirmaram as suas palavras, é claro.

O meu sentido crescente de frustração pessoal diante dessa reestruturação política me levou, em 1975, a integrar um projeto na Universidade de Sussex dedicado à educação ambiental urbana e comunitária. Uma chance, em resumo, de explorar com mais profundidade o meu interesse crescente na promoção dos currículos novos que eu havia definido nas duas escolas de formação geral onde eu havia trabalhado. Mas o projeto me deu a oportunidade de fazer muito mais do que isso. Ele me permitiu estudar detalhadamente (para um Ph.D.) a política da mudança curricular. No primeiro ano, escrevi a respeito das minhas crenças sobre o currículo e a minha consciência emergente sobre as conexões entre conhecimento e controle. O meu primeiro trabalho derivou de um artigo que eu havia finalizado enquanto era professor, em 1974. Nele eu ainda parecia otimista com a mudança curricular e a formação geral (esse otimismo/ingenuidade foi uma característica forte em todos os meus registros em diários até meados de 1974).

> Nas escolas secundárias inglesas contemporâneas talvez a definição mais comum de currículo seja como aquele "pacote de disciplinas oferecido pela escola"; o currículo é algo "desenvolvido pela equipe". A definição do pacote que constitui o currículo é assumida pelo diretor, inicialmente influenciado por fatores variando desde ideologias, passando por provas até grupos de interesse. O professor individual é o receptor desse pacote curricular: o seu trabalho normalmente será ensinar apenas um aspecto do pacote. Ele recebe uma ementa, algumas turmas e é alocado em vários períodos do cronograma. Em resumo, o plano curricular é transmitido ao professor, que deve receber e executar as decisões tomadas sobre o currículo pelos seus superiores.
>
> Esse processo se repete no modo pelo qual as crianças recebem o currículo. O "pacote de disciplinas" é distribuído, dizem a elas o que farão, quando e com quem farão. Do mesmo modo, no âmbito da sala de aula, as crianças ouvem como cada disciplina será organizada, qual conteúdo precisará ser abrangido e através de qual método elas aprenderão. Na sala de aula, observamos o "currículo do professor" em ação: todas as decisões e definições sobre o currículo são tomadas e executadas pelos professores *antes* da transmissão direta para as crianças.
>
> Os pressupostos nos quais o currículo do professor se baseia estão cada vez mais em conflito com toda uma gama de desenvolvimentos na educação e sociedade contemporâneas. Em todos os níveis da sociedade, figuras tradicionais de autoridade são questionadas: pais, clérigos, políticos, gestores, mas nenhuma delas é tão questionada quanto os professores. "A reação dos alunos não depende mais de um relacionamento mutuamente aceitável entre professor e aluno." Mas, à medida que o sistema de formação geral se propaga, os problemas de autoridade dos professores se tornam mais do que

um simples aspecto de questionamento social geral. O currículo dos professores depende de um contrato social entre professor e aluno que reflita uma instrumentalidade mútua. As escolas de formação geral contêm populações de alunos que cobrem uma extensa gama de habilidades e inclinações que devem ser refletidas num espectro de potenciais relacionamentos instrumentais. Diante dessa diversidade, o currículo dos professores pareceria, até teoricamente, simplista demais; a instrumentalidade mútua, o contrato social único do qual depende o currículo dos professores, jamais existirá na escola de formação geral ainda que a intenção exista.

Fundamentalmente, o currículo dos professores parece totalmente dissonante dos padrões emergentes de autoridade e educação. Ademais, a própria natureza do conhecimento transmitido através do currículo dos professores é uma fonte de mais conflitos devido às suas características obsoletas e pautadas em classes. Nessa situação, a escolha pareceria estar entre usar métodos mais repressores na escola numa tentativa de reverter os padrões emergentes e testar novos modelos curriculares (GOODSON, 1975).

Em 1976, essa postura otimista havia sido redefinida, chegando a um tom muito mais defensivo – ruminando sobre "as forças substanciais que mantêm a transmissão como pedagogia dominante" (cf. cap. 3).

Fazendo conexões

O argumento deste trabalho começa fazendo conexões entre o meu envolvimento na reforma pedagógica e curricular, a minha frustração crescente com a obstrução mais geral dos esforços da reforma e uma compreensão emergente dos padrões de controle e organização social e política na sociedade britânica na metade da década de 1970. Esse sentido emergente da conexão entre conhecimento e controle derivou parcialmente, é claro, do trabalho atual na nova sociologia do conhecimento, mas também, como vimos, foi orientado por um forte senso de busca pessoal. Curiosamente, uma análise que fiz na época de *Society, State and Schooling*, de Whitty e Young, especulou sobre essa justaposição, comentando o seguinte sobre a sua contenda:

> Nem a antiga esquerda nem os sociais-democratas fabianistas parecem levar a sério a sugestão de que as políticas educacionais que apoiam meramente proveem meios mais eficientes de manter o *status quo*. Certamente nenhum grupo parece haver reconhecido que precisamos examinar "o que conta como educação" e, portanto, como as

definições dominantes simplesmente sustentam aquele tipo de sociedade que os esquerdistas, embora em vários níveis, desejam mudar.

Eu escrevi:

> Para qualquer pessoa da classe operária que tenha passado pela escola de formação acadêmica e pelo ensino superior (nesse caso, tanto como aluno quanto professor), essa contenda é tão arrebatadora quanto a declaração de algo óbvio. Como Williams observou há quase duas décadas, quando foram formadas as bancas examinadoras locais das universidades que conduziram às provas de nível "O" ou "A", elas foram chamadas de "provas da classe média". Significativamente, foi esse sistema de provas que sobreviveu e foi incorporado à educação secundária. A tradição alternativa desenvolvida pela classe operária nos institutos de mecânica e na educação de adultos enfatizou todas aquelas coisas que as provas da classe média, de conhecimento abstrato e clássico, subestimavam – a relação entre conhecimento escolar e vida contemporânea, o papel dos alunos na escolha e no direcionamento do estudo, igualdade entre discussão geral e aulas de especialistas.
>
> Qualquer pessoa que escrutine as escolas de formação geral contemporâneas encontrará essa tradição alternativa viva. Infelizmente um olhar mais detido mostrará que somente os alunos "menos aptos" do "CSE (Certificado de Educação Secundária) e que não fizeram a prova" é que recebem o currículo alternativo. As provas de nível "O" e "A" continuam a enfatizar precisamente aquelas visões tradicionais de conhecimento derivadas da escola de formação acadêmica. Então, se você gostar da visão de conhecimento alternativa da classe operária, assuma o seu lugar entre os defensores do CSE e da ausência de provas. Senão, siga a rota esquizofrênica que passa por notas "O" e "A", bacharelados e doutorados longe de casa e da família, longe das raízes e da classe (GOODSON, 1979).

O meu senso de biografia sem dúvida foi incrementado pelas aulas que ministrei na Universidade de Sussex, em 1975-1977. Pediram-me para lecionar um curso "contextual" sobre "estilos de vida da classe operária". O curso era optativo, mas atraiu um grande número de alunos, a maioria da classe operária. Os alunos eram incentivados a escrever sobre as suas reminiscências de vida e educação alinhadas à retórica do curso de "que o recurso mais importante serão as histórias de vida dos participantes da disciplina". As aulas me forçaram a pensar muito sobre classe, cultura e currículo e, como naquela época eu estava desenvolvendo um esquema para o meu doutorado, os dois trabalhos convergiram. Certamente percebi que as minhas visões sobre pedagogia e currículo eram projetadas através de um prisma de classe social que tinha muito em comum com as experiências de outras pessoas da classe operária. Encontrei um livro interessante de Albert Hunt sobre a sua experiência com a educação envolvendo a classe operária.

Hunt culpava sobretudo a pressuposição do professor de que, por estar profundamente envolvido em determinada disciplina, essa disciplina deve ser importante e interessante a todas as pessoas. Assim uma disciplina é situada no "centro de toda a educação" – e alguma falha em fazer essa disciplina ganhar vida se torna uma falha do professor. Mas, de acordo com a experiência de Hunt, e com a minha e a dos meus alunos de Sussex, inicialmente as próprias disciplinas é que não permitiam que nada ganhasse vida:

> Virtualmente nada em toda a minha experiência educacional formal conectou-se de forma envolvente a mim – enquanto pessoa. Eu tinha sentimentos, convicções, compromissos com ideias e pessoas. Nada disso parecia relacionar-se ao meu trabalho... Tudo existia para mim em fragmentos (HUNT, 1976).

Então comecei a desenvolver um sentido mais amplo da experiência curricular da classe operária. Mas a pungência dessas ideias pessoais emergentes na Grã-Bretanha em 1976-1977 era de muitas maneiras amarga demais para suportar. Assim como era perceptível todo o potencial alienante das disciplinas tradicionais para os alunos da classe operária, o pêndulo político começou a garantir a reabilitação dessas mesmas disciplinas.

Mais uma vez, por uma reviravolta do destino biográfico, pude assistir isso em primeira mão. Em 1976 fui chamado para ser presidente de um conselho disciplinar de uma das principais bancas examinadoras. Por acaso era a mesma banca que havia aceitado os meus estudos comunitários centrados nos alunos nível "O" no modo 3. Ainda assim, fui um observador numa reunião do conselho onde essa mesma prova do modo 3 foi encerrada – os motivos eram duplos: não era "financeiramente vantajoso" ter tantos Modos 3 e havia ocorrido uma "proliferação de títulos de disciplinas" (argumento que mais tarde foi usado para justificar os argumentos a favor de um currículo nacional). Portanto, com fundamento nesse aparente pragmatismo e conveniência, toda uma subcultura de pedagogia e currículo foi efetivamente expurgada.

O meu compromisso com o meu doutorado se aprofundou à medida que o meu trabalho sobre as origens das disciplinas escolares e sobre o destino dos estudos urbanos e ambientais enquanto uma área curricular nova e inovadora ganhou foco. E assim consegui reposicionar o foco das minhas investigações na política do currículo de modo a iluminar a minha própria experiência de educação e aquela da minha turma. Desde essa época tenho dedicado a maior parte da minha vida acadêmica a buscar uma compreensão mais minuciosa da história e política do currículo.

Mas o catalisador nessa exploração emergente do mundo da educação tem sido a experiência que vivo na escola. Sem essa experiência, acredito que o meu escolasticismo seria árido e improdutivo. Busco consistentemente conexões que remontem às estórias de vida de colegas e coortes e à minha experiência de educação enquanto criança e professor, pois foi lá que o processo de "vir a saber" começou.

Referências

Anotações pessoais de 1973-1974 c.

Cartas para Rob Walker, 03/03/1973.

Diário pessoal, 1973.

Education Tutor, Instituto de Educação, Universidade de Londres, 1970.

GOODSON, I.F. (1988). "Personal Points of Entry". In: GOODSON, I.F. *The Making of Curriculum*. Londres/Nova York/Filadélfia: Falmer.

_____ (1979). "Analysis of M. Young e G. Whitty (eds.), Society, State and Schooling". In: *Socialism and Education*, mar.

_____ (1975). The Teacher's Curriculum and The New Reformation. *Journal of Curriculum Studies*, nov., p. 150-161.

_____ (1974). *Man in Time and Place*. Outline Plan, *Campus* de Stantonbury.

_____ (1973a). Curriculum Development and Student Autonomy. *Transcript*, n. 2, nov.

_____ (1973b). Developing Contexts for Autonomous Learning. *Forum*, mai.

HUNT, A. (1976). *Hopes of Great Happenings* (Eyre Methuen). Cf. GOODSON, I.F. (1987). "Introduction". In: *School Subjects and Curriculum Change*. Londres/Nova York/Filadélfia: Falmer.

McMULLEN, T. [Provável autor] (1970). *Briefing papers*. Countesthorpe College.

Times Education Supplement, 07/01/1970.

WALKER, R. (1973). Teaching that's a Joke. *Safari Occasional Paper*, n. 4 [Universidade de East Anglia].

3
Rumo a uma pedagogia alternativa*

A prática atual em sala de aula deriva amplamente da crença de que o trabalho básico do professor é a "transmissão de conhecimento". Por um lado essa afirmativa obviamente é verdade – qualquer pedagogia trata da transmissão de valores e modos de conhecimento –, mas, pelo lado da retórica, "transmissão" veio a caracterizar determinada visão de prática e uma visão associada de conhecimento como mercadoria. A distinção entre transmissão como um aspecto da pedagogia e transmissão *como* pedagogia é crucial nesse sentido. O que talvez pareça uma confusão superficial na linguagem dos pedagogos pode marcar uma confusão mais profunda de importância considerável. Implícita na noção de transmissão está uma comunicação de uma via; é "passar, enviar" (*Concise Oxford Dictionary*) conhecimento *do* professor *para* o aluno. Neste artigo, considero "transmissão" como a caracterização de qualquer incidente educacional que determine como objetivo básico a aprendizagem de conhecimento *previamente* planejado ou definido pelo professor. Portanto, ao caracterizar *transmissão*, estou ecoando a prática derivada desse modelo em que os currículos e as aulas se centralizam na definição anterior de conhecimento *para* transmissão. O pedagogo que trabalha com transmissão tenta opor essa definição anterior à redefinição interativa.

Com essa definição, um espectro extenso de estilos de ensino – "fala e giz", "perguntas e respostas", "projetos de descoberta", "discussão", "planilhas individualizadas" – pode ser visto como seguidor do modelo de transmissão. Assim, na "fala e giz" o professor decide antes quais conteúdos, conceitos ou habilidades deseja transmitir; em "perguntas e respostas", decide quais são as respostas certas que está buscando; em "descoberta", sabe qual é o seu objetivo para ajudar o aluno a descobrir. Em todos os casos, o estilo do encontro e o resultado são prescritos previamente.

---

* In: KINCHELOE, J. & STEINBERG, S. (orgs.). *Unauthorized Methods*: Strategies for Critical Teaching. Londres: Routledge, 1998.

Este capítulo argumenta que, se a intenção do ensino é envolver *todos* os alunos na aprendizagem, então a transmissão, por depender da viabilidade dos incidentes e resultados educacionais pré-planejados, não é adequada. Ao argumentar dessa forma, não desejo sugerir que a interação aluno/professor deva acontecer sem o uso de ideias, estruturas conceituais e materiais definidos previamente, tampouco que as ideias e o conteúdo nunca devam ser transmitidos do professor para o aluno. Estou, entretanto, argumentando que é um equívoco definir a transmissão como a função básica do professor em sala de aula.

As forças substanciais que sustentam a transmissão como pedagogia dominante explicam apenas parcialmente por que o desenvolvimento de alternativas radicais falhou. Apesar da validade evidente dessa crítica do ensino via transmissão, o progressismo centrado no aluno permanece para a maioria como um credo negativo: é claro que transmitir a um aluno desinteressado não faz sentido, mas não se sabe o que fazer no lugar. Como resultado, a "falha" da sala de aula que usa a transmissão costuma se tornar o "problema" do professor progressista. Ao apenas reagir negativamente à pedagogia da transmissão, o progressismo corre o risco de se tornar uma extensão dela.

É hora de deixar a negatividade do progressismo e passar à definição de uma pedagogia alternativa positiva. Essa atitude pode transformar o debate educacional da atual "ausência de contestação" entre ideologias que reproduzem fielmente o sistema social numa dialética voltada às prioridades educacionais. Há muito a ganhar se os professores explorarem as possibilidades de mudar a sua prática em sala de aula, mas, para tanto, eles precisam ir além do pleito potente, porém frustrado: "Tudo bem, mas qual é a alternativa?" O objetivo deste artigo é tentar buscar uma resposta.

Aprendizagem na sala de aula

O pressuposto que norteia a pedagogia da transmissão é: aquilo que é decidido no contexto pré-ativo pode ser posto em prática no contexto interativo (JACKSON, 1968, p. 152; cf. tb. KEDDIE, 1971). Quero questionar esse pressuposto e argumentar que aquilo que é decidido no estágio pré-ativo do planejamento curricular é normalmente contradito e subvertido no estágio interativo.

O pressuposto de que as decisões pré-ativas podem e devem ser postas em prática no contexto interativo está inevitavelmente aliado à crença de que a aprendizagem consiste no aluno vir a aceitar e entender as exposições e definições do professor. Ao argumentar que as decisões pré-ativas raramente sobressaem no contexto interativo, estou sugerindo um novo modelo de aprendizagem em sala de aula. Estudos modernos da aprendizagem mostram como as informações são processadas de forma idiossincrática por cada aluno. O reconhecimento da singularidade do processamento individual e da variabilidade de interesses é o pré-requisito de qualquer compreensão da vida em sala de aula e de qualquer movimento para descrever uma pedagogia nova. A pedagogia nova buscaria definir uma estratégia que sensibilizasse o professor aos processos e interesses individuais e posicionasse a sua resposta a eles no centro do seu ensino: decisões e planos coletivos amplos seriam subordinados a essa resposta central.

De muitas maneiras, a pedagogia nova estaria buscando formalizar em âmbito teórico (pré-ativo) o que às vezes já acontece no âmbito (interativo) da sala de aula: como argumentamos, a transmissão normalmente é subvertida na sala de aula. Estudos da interação em sala de aula oferecem inúmeras evidências dessa subversão recorrente. Os estudos de Philip Jackson, em *Life in Classrooms*, são amplamente considerados pelo seu sabor autêntico:

> Quando conduzido tipicamente, o ensino é um processo oportunista. Em outras palavras, nem o professor nem os alunos podem prever com certeza exatamente o que acontecerá depois. Os planos vivem dando errado e oportunidades inesperadas para o alcance das metas educacionais constantemente emergem. O professor experiente aproveita essas oportunidades e as usa para proveito seu e dos seus alunos... na sala de aula e em qualquer lugar, os esquemas mais elaborados sofrem o seu destino usual (JACKSON, 1968, p. 166).

A imprevisibilidade da vida na sala de aula descrita por Jackson explica os fenômenos mais comuns na sala: um grupo de alunos trabalhando segundo os parâmetros que o professor definiu (p. ex., ouvindo, respondendo ou preenchendo uma planilha); outros apenas se deixando levar, copiando pequenas partes ou rabiscando, e outros, ainda, totalmente alienados, conversando, olhando pela janela, pensando na balada da noite passada.

Essa série de reações é o que a maioria dos professores reconhecerá prontamente como a "realidade" das suas salas de aula. Conta o mito da transmissão que somente a inadequação do professor explica por que mais alunos não estão trabalhando conforme linhas predeterminadas. Estou argumentando que a falha recorrente em envolver tantos alunos na aprendizagem em sala de aula pode ser explicada do modo mais convincente por defeitos fundamentais no modelo de transmissão. Uma pedagogia tão firmemente situada no vácuo pré-ativo pode prever apenas um sucesso parcial, dadas as variabilidades da realidade interativa; nenhuma pedagogia tão dependente de previsões poderia esperar abranger a diversidade da sala de aula.

O mais perturbador é que os defeitos fatais da pedagogia da transmissão significam que as expectativas dos professores inevitavelmente vêm a se enquadrar no sucesso parcial que é o resultado inevitável da transmissão:

> O aspecto mais destrutivo e desperdiçador do nosso sistema educacional atual é o conjunto de expectativas sobre a aprendizagem dos alunos que cada professor traz para o início de um novo curso ou período. O professor espera que um terço dos seus alunos aprenda o que é ensinado, um terço não aprenda tão bem e um terço fique reprovado ou simplesmente "sobreviva". Essas expectativas são transmitidas aos alunos através das políticas e práticas de avaliação escolar e através dos métodos e materiais de instrução. Os alunos aprendem rapidamente a agir de acordo com elas, e a distribuição final através do processo de avaliação se aproxima das expectativas originais do professor. Uma profecia autorrealizadora perniciosa foi criada (BLOOM, 1971, p. 47).

Se o nosso objetivo for o envolvimento de todos os alunos, e este artigo assume tal visão, então uma pedagogia firmemente situada na realidade interativa da sala de aula é necessária: uma pedagogia que aceite e trabalhe com os processos e interesses individuais que estão no centro da aprendizagem em sala de aula.

Prática e teorias alternativas

Ao discutir uma pedagogia alternativa, tenho consciência de que estou meramente apresentando uma pedagogia embrionária, mas trata-se de um embrião com uma história longa. Algo central numa teoria alternativa é o foco de investigação no processo de aprendizagem *individual*. Cada aluno demonstra a resposta mais positiva no processo de aprendizagem quando as informações tratadas de algum modo "se entrosam" com os seus interesses. "A educação (ao contrário de instrução) de um aluno somente pode ocorrer através da busca dos seus interesses, já que são somente eles que têm valor intrínseco" e "aquilo que lhe possibilite apreciar e entender o seu interesse mais plenamente e buscá-lo mais ativamente e efetivamente na educação" (WILSON, 1971, p. 67). Mais de um século atrás, Dewey também estava disposto a se concentrar nas experiências individuais do aluno. Ele via a necessidade de reinserir na experiência o assunto dos estudos, ou ramificações da aprendizagem. Isso deve ser devolvido à experiência a partir da qual tenha sido abstraído. Precisa ser psicologizado, analisado, traduzido para a vivência imediata e individual na qual tenha a sua origem e importância... (DEWEY, 1971, p. 22). Se o assunto das aulas ocupar um lugar apropriado dentro da consciência em expansão do aluno, se a sua origem forem os seus atos, pensamentos e sofrimentos passados, e se isso se transformar em aplicação em outros resultados e receptividades, então nenhum mecanismo, truque ou método precisa ser restaurado para despertar o "interesse". O que é psicologizado é interessante – ou seja, está situado no todo da vida consciente, compartilhando o trabalho dessa vida. Mas o material apresentado externamente, concebido e gerado em atitudes e pontos de vista distantes do aluno, e desenvolvido em motivos estranhos a ele, fica deslocado. E então recorre-se a influências adventícias para forçá-lo, a exercícios fictícios para encaixá-lo, a um suborno artificial para torná-lo uma isca (DEWEY, 1971, p. 27).

O reconhecimento do papel crucial dos interesses e da experiência de cada aluno no processo de aprendizagem é apenas um ponto de partida para explorar uma possível pedagogia nova. Certamente esse reconhecimento poderia ser, e muitas vezes é, usado na amplificação de pedagogias que usam o método da transmissão. "Esta consideração pelos interesses dos alunos no ensino tem mais relevância para o método de ensino do que para o seu conteúdo... Os interesses existentes dos alunos podem ser usados como um ponto de partida de onde possam ser conduzidos para se interessar em áreas cuja existência eles jamais imaginaram" (PETERS & HIRST, 1970, p. 37-38). De acordo com esse argumento, o interesse do aluno pode ser usado como método, mas tem pouca relevância para o conteúdo: o professor define o conteúdo e usa o interesse do aluno para transmiti-lo. O reconhecimento da importância dos interesses e da experiência do aluno *e* a aceitação deles como conteúdo de conhecimento válido na aprendizagem em sala de aula podem conduzir a duas pedagogias alternativas distintas. A primeira pedagogia, o progressismo centrado no aluno, estaria centralizada no interesse do aluno *e*, ao fazê-lo, conclui que a meta da pedagogia deve ser permitir que o aluno dirija pessoalmente a própria aprendizagem. As opiniões de W.H. Kilpatrick são as que mais se aproximam da defesa dessa pedagogia; para ele, a educação começa onde o aluno explora ao máximo a atividade dirigida pessoalmente por si mesmo e que é originária do seu interesse real:

> É aquilo que os próprios alunos fazem que gera os melhores resultados de aprendizagem, tanto na aprendizagem direta quanto em aprendizagens concomitantes. Portanto, podemos dizer, paradoxal-

mente, que o objetivo do professor é ajudar o mínimo possível, ou seja, conceder o mínimo de ajuda direta possível, em consonância com o melhor trabalho pessoal da parte dos alunos (KILPATRICK, 1951, p. 307).

Um estilo similar de pedagogia é descrito por Charity James:

> da maneira mais elementar, se um grupo de alunos estiver envolvido numa Pesquisa Interdisciplinar dentro da área de pesquisa (como algum aspecto da vida numa sociedade tecnológica ou do crescimento e desenvolvimento humano na infância e adolescência), os alunos formulam as perguntas que desejem responder, identificam os problemas que queiram resolver, criam hipóteses para as suas soluções, testam e revisam essas hipóteses (JAMES, 1968, p. 65-66).

Para James e Kilpatrick, o professor é visto "como um consultor dos alunos no seu empreendimento autodirigido" (JAMES, 1968, p. 65).

Embora simpatize com a ênfase de Kilpatrick e James, acho que a pedagogia que recomendam é excessivamente dependente (ou podemos dizer unicamente dependente) do "que os próprios alunos fazem" (KILPATRICK, 1951, p. 307). Tal ênfase parece não se adequar bem ao caráter interativo da aprendizagem em sala de aula por dois motivos:

1) Boa parte do raciocínio relativo à aprendizagem em sala de aula certamente deve destacar os aspectos que o aluno aprende em interação com os colegas e o professor. Essa dimensão interativa na aprendizagem pode auxiliar o desenvolvimento dos interesses e ideias do aluno em outras áreas que lhe possibilitem uma exploração independente. A aprendizagem associada ao tipo de pedagogia que Kilpatrick e James defendem parece desperdiçar a maior parte do potencial presente na interação em sala de aula.

2) Outro aspecto da interação em sala de aula é que os estudos independentes do aluno podem estar sujeitos a muitas interrupções. O modelo de Kilpatrick parece nunca aceitar a questão do "controle" na sala de aula. Qualquer pedagogia que negligencie essa questão certamente está condenada, não porque o professor seja um autoritário irremediável por natureza, mas porque parte da sua função deve ser garantir que o trabalho dos alunos possa prosseguir sem interrupções. Isso significa que ele deve ser mais do que um consultor na sua sala de aula. Uma pedagogia viável deve reconhecer que, na sala de aula, o "tumulto" acontece para chamar a atenção dos alunos e desviar a energia do professor (JACKSON, 1968, p. 111).

Uma segunda pedagogia baseada nos interesses e experiências individuais do aluno se direciona à realidade e potencial interativo da sala de aula. O reconhecimento da função suprema do processo individual é autossuficiente. A supremacia do processo individual na aprendizagem não impede a função da colaboração e desafio externo nesse processo; em vez disso, ela defende que tal função esteja no centro das ações do professor.

Rumo a uma pedagogia alternativa

Inúmeros relatos sobre a introdução de cursos de ensino inovador, além de destacarem as falhas dominantes da transmissão, também indicam como uma pedagogia alternativa poderia remediar tais falhas. A seguinte citação se refere a um curso de Ciências Humanas do quarto ano numa escola de formação geral [*comprehensive school*]:

> Um tema é escolhido, estratégias são desenvolvidas para relacioná-lo à experiência e ao interesse do aluno, materiais são preparados e recursos são mobilizados. O processo é intensamente empolgante, sobretudo. Acredito que o motivo seja o estímulo para que busquemos a nós mesmos no curso que estamos preparando para apresentar aos nossos alunos. Ironicamente, quando o programa está pronto para ser exibido aos alunos a quem se direciona, o nosso entusiasmo enquanto professores muitas vezes está desgastado ou então se tornou tão egocêntrico que não conseguimos avaliar que ele não será partilhado por todo mundo. Nós nos tornamos os alunos ideais do nosso próprio currículo; os nossos recursos estão lindamente planejados não para satisfazer as demandas intelectuais dos nossos alunos, mas as nossas! (ARMSTRONG, 1974, p. 51).

Um relato de um curso de graduação do primeiro ano de economia afirma o mesmo:

> Um fator intrigante na situação foi que, embora os alunos parecessem extrair muito pouco do Pacote de Teoria da Demanda, os membros da faculdade que o haviam preparado achavam que tinham aprendido muito. Ao prepararem o Pacote do Orçamento de Fatores, portanto, a nossa atenção começou a se voltar ao problema de fazer os alunos compartilharem a experiência que a faculdade havia tido. Ficou claro que o processo de "esclarecimento", tão importante e necessário para desenvolver os materiais de autoinstrução, é que era a solução para esse problema. Ao apresentar aos alunos uma análise completa, estávamos concentrando a atenção deles em soluções pre-

determinadas em vez de concentrá-la na natureza do problema ou no processo analítico propriamente dito (ERAUT et al., 1975).

Esses dois relatos evidenciam que o necessário é envolver o aluno no processo de "esclarecimento" – o que Dewey chamou de "necessidade de reinserir na experiência o assunto dos estudos". A necessidade é transferir o foco pedagógico da situação pré-ativa onde está separado dos alunos para a situação interativa onde os alunos estão envolvidos. Ao mudar o foco dessa forma, a aprendizagem se torna menos uma questão de dominar materiais apresentados externamente – e mais um caso de reconstruir ativamente o conhecimento.

Afirmamos antes que transferir o foco pedagógico da implementação do pré-ativo para a interpretação do interativo não implica ausência de planejamento (ou de avaliação). Como antes, o professor terá a preocupação de planejar as suas aulas, mas, na situação nova, buscará garantir que o previsível não se torne prescritivo. E.W. Eisner se aproxima do espírito de tal plano ao descrever objetivos expressivos: "Um objetivo expressivo descreve um encontro educacional: identifica uma situação em que os alunos devem trabalhar, um problema que devem enfrentar, uma tarefa da qual devem participar; mas não especifica qual situação, problema ou tarefa devem aprender nesse encontro" (POPHAM et al., 1969, p. 15-16). Em suma, o planejamento se relaciona ao processo de aprendizagem e não prescreve o que será produzido.

Vários exemplos de trabalhos baseados nesse tipo de ideal pedagógico já estão em funcionamento. Uma minoria importante de professores "progressistas" nas escolas primárias [*primary schools*] britânicas e um grupo crescente no segundo ciclo do ensino fundamental [*middle schools*] já trabalham uma pedagogia alternativa:

> Na melhor das hipóteses, a professora que trabalhe numa escola primária inglesa mais ou menos progressista talvez seja a única polímata contemporânea, ainda que para si mesma ela mais pareça "pau para toda obra". Ela é algo como uma especialista da psicologia da aprendizagem e da natureza da infância, apaixonadamente comprometida com a exploração intelectual nas áreas mais variadas de experiências, raramente temendo acessar, a convite dos seus alunos, novas disciplinas, e muitas vezes é a mestra de certa parte da experiência que ensina – Arte, Natureza ou Linguagem. Sem dúvida uma descrição tão ruim é idealizar, mas é uma idealização retirada da vida (ARMSTRONG, 1974, p. 56).

O princípio norteador dessa tradição da escola primária é a "exploração intelectual" – um plano de trabalho de princípios de procedimentos será necessário para facilitar tal exploração, associado a previsões referentes a atividades que valham a pena e recursos úteis.

O currículo americano de Ciências Sociais, *O homem: um curso*, em que Bruner trabalhou como consultor, de certa forma vem a definir princípios de procedimentos para uma pedagogia alternativa:

1) Iniciar e desenvolver nos jovens um processo de questionamento (método do questionamento).

2) Ensinar uma metodologia de pesquisa em que os alunos possam procurar informações para responder perguntas que tenham sugerido e usar a estrutura desenvolvida no curso (p. ex., o conceito do ciclo de vida) e aplicá-la a áreas novas.

3) Ajudar os jovens a desenvolver a habilidade de usar várias fontes diretas como evidências que possibilitem o desenvolvimento de hipóteses e conclusões.

4) Conduzir discussões em sala de aula em que os jovens aprendam a ouvir os outros e expressar a própria opinião.

5) Legitimar a busca, *i. e.*, dar sanção e suporte a discussões abertas em que respostas definitivas a muitas questões não são encontradas.

6) Incentivar os alunos a refletir sobre as próprias experiências (HANLEY et al., 1970, p. 5).

Embora eu não deseje recomendar todo o pacote curricular de Bruner como exemplo de pedagogia alternativa, essa definição de princípio oferece diretrizes úteis para um plano amplo de interação.

Além de princípios amplos de procedimentos, também é útil que os professores tenham uma lista de trabalho de critérios plausíveis para julgar as atividades em sala de aula. Raths recentemente tentou produzir uma lista assim que incluía, por exemplo: "Sendo todas as outras coisas iguais, uma atividade é mais interessante do que outra se permitir que as crianças façam escolhas abalizadas na execução da atividade e reflitam sobre as consequências das suas escolhas" (RATHS, 1971). Mas é evidente que listas de princípios procedimentais e atividades interessantes podem cair na armadilha pela qual a definição pré-ativa prescreve a interpretação interativa. Para evitar isso, é importante tentar "captar o espírito" em que tais listas devem ser usadas. "O problema é produzir uma especificação para a qual os professores possam trabalhar na sala de aula e, portanto, prover a base para uma nova tradição. Essa especificação precisa captar a implicação das ideias para a prática" (STENHOUSE, 1975).

"O que pode atender essa necessidade é uma descrição do tipo de encontro que melhor caracterize a tradição nova: um exemplar da pedagogia na interação. Peter Medway e eu tentamos definir um exemplar do que, na falta de uma expressão melhor, chamamos de aprendizagem cooperativa" (GOODSON & MEDWAY, 1975, p. 17) e que deriva das nossas experiências de ensino.

Métodos não autorizados

Imagine esta situação numa escola secundária [*secondary school*]. Um professor com um grupo na sua sala de aula. Ele passa duas manhãs e duas tardes com eles por semana. Organizou uma sala que reflete muitos dos seus interesses e previsões do que pode atrair os seus alunos. Há cartazes e pinturas nas paredes, um carrinho cheio de materiais sortidos no canto, alguns discos, filmes, tinta e pincéis etc. É um ambiente deliberadamente planejado para a aprendizagem.

Percebe-se que o professor está se relacionando de modo muito diferente com indivíduos e grupos distintos. Alguns ele deixa sozinhos; com outros ele se senta e olha o que fizeram, fazendo comentários situacionais vagos: "sim, está bom, continue"; com outros está envolvido em animadas discussões detalhadas, explicações, planejamento e divergências.

Essa situação exemplifica a aprendizagem cooperativa – cooperativa quer dizer entre professor e aluno. Também pode haver cooperação entre os alunos, mas queremos destacar aqui o tipo de relação entre o professor e cada aluno individualmente ou pequenos grupos de amigos. É cooperativa no sentido de que professor e aluno veem um tópico juntos, um apresentando ao outro a sua própria percepção, ambos usando o diálogo para uma percepção comum. Cooperação não é um eufemismo, um modo mais suave de fazer a mesma coisa de sempre usando persuasão, e não imposição. Levamos a igualdade implícita a sério, e a relação de aprendizagem, começando da parte do professor, com um compromisso com o princípio da reciprocidade, progride até o ponto em que a reciprocidade é vivenciada como realidade.

Um empreendimento de aprendizagem cooperativa que alcance o limiar crucial da aprendizagem pode passar por três estágios:

Primeiro estágio

O aluno diz: "Quero fazer algo sobre a Segunda Guerra Mundial" e ouve a resposta: "Tudo bem, pode começar. Tome estes livros e revistas, tem um filme que você pode ver". Nos momentos seguintes, o professor pode se sentir bem ansioso com o que está acontecendo: pode haver muita cópia de livros, desenhos, reunião de coisas e conhecimentos não relacionados – pode parecer conhecimento inútil, e talvez seja mesmo às vezes. Mas o que *pode* estar acontecendo é um processo de exploração em que o aluno, muitas vezes sem consciência, sonda o tópico para localizar a fonte real da sua atração – algum problema, incômodo, preocupação ou sentimento forte relacionados ao assunto.

Segundo estágio

O professor, após assistir a isso tudo e tentar detectar temas e interesses subjacentes nos afazeres dos alunos, enquanto os contém sutilmente e não faz críticas, e o aluno, que está começando a entender por que o tópico desperta o seu interesse, unem-se para se concentrar nesse tópico. "Então o que você está explorando é o assassinato inesperado e gratuito de pessoas de formas que não fazem sentido nenhum para elas – você vive toda uma vida, estuda, tem uma família, obtura os dentes e acaba numa vala por causa de uma briga idiota com um militar inimigo sem importância que ia sair de qualquer jeito um minuto depois." O professor sugere outras maneiras de explorar o interesse central.

Terceiro estágio

O aluno agora está sentindo a satisfação de pesquisar com sucesso um tópico sozinho e ter controle sobre ele. O aluno desenvolveu tenacidade e perseverança, faz afirmativas que sabe justificar, cria hipóteses com confiança e consegue improvisar partindo dos conhecimentos. O projeto saiu da unidade de tratamento intensivo e o professor pode dar a sua opinião sem temer aniquilá-lo ou depreciar o aluno. A relação se tornou robusta e estimulante para ambos os lados. O aluno aprecia a companhia do professor e a acha desafiante. O professor ficou interessado no aluno *e* no tópico – sobre o qual agora sabe muito mais. O professor leva a sério os desafios e sugestões do aluno e agora sente a cooperação que começou como um ideal abstrato.

É o estágio da síntese. O aluno tem uma perspectiva sobre o tópico inteiro que pode ser expressa num trabalho escrito que integre generalizações, fatos, atitudes e a visão integral de mundo do aluno. O trabalho ou apresentação final expressará o vigor dinâmico da reconstrução do conhecimento que aconteceu.

Se, como é a minha intenção, essa descrição for considerada a caracterização de uma nova pedagogia em ação, várias implicações importantes precisam ser enunciadas claramente. Primeiro, a aprendizagem frequentemente envolverá negociações *individuais* entre aluno e professor: o professor aprende com os alunos, um aprendiz adulto entre aprendizes jovens, embora tenha mais responsabilidades do que aqueles que orienta. O professor ajuda o aluno a isolar um problema que o desafie (o exemplo dado relativo à Segunda Guerra Mundial), juntos elaboram um plano para pesquisar os problemas, a pesquisa promove várias hipóteses que são trabalhadas e reformuladas, e, juntos, professor e aluno discutem e definem uma solução mutuamente aceitável. Nesse caso, energia, preparação de recursos, reserva de bom-senso e conhecimentos específicos do professor são usados para facilitar a investigação do aluno sobre algo que despertou o seu interesse. (Na transmissão, o professor emprega boa parte da sua energia e recursos na preparação *antes* de confrontar a variedade de interesses dos alunos – um jogo fatigante que raramente vale a pena.)

Segundo, a pedagogia implica uma reorganização radical do modo pelo qual o conhecimento é definido. A retórica das escolas de transmissão afirma que o aluno segue uma "dieta" balanceada de "disciplinas" que abrange as principais disciplinas do conhecimento. Mas isso precisa ser reconhecido como retórica: o conhecimento que os professores transmitem *nunca* foi "recebido" pela maioria dos alunos. É por isso que há 2 milhões de adultos declaradamente analfabetos, que não sabem matemática e não falam outros idiomas (nem latim), que em muitas escolas apenas a minoria *recebe* a transmissão da disciplina enquanto o restante faz curso de "pré-natal", "desenvolvimento pessoal" e "manutenção de motocicletas". O conhecimento transmitido nas escolas foi descrito por Barnes: "Conhecimento escolar que outra pessoa nos apresenta. Entendemos parcialmente, o suficiente para responder as perguntas das provas, mas ele permanece o conhecimento de outra pessoa, não nosso. Se nunca usarmos esse conhecimento, provavelmente nos esqueceremos dele" (BARNES, 1976, p. 81).

Embora otimista (Quantos alunos chegam a fazer provas? E quantos respondem as perguntas corretamente?), essa descrição capta a essência do conhecimento escolar, e Barnes ainda argumenta a favor de uma nova visão de conhecimento conhecida como "conhecimento-ação":

> Na medida em que usamos o conhecimento para os nossos objetivos... começamos a incorporá-lo à nossa visão de mundo e a recrutar partes dele para lidar com as exigências da vida. Quando o conhecimento passa a estar incorporado à nossa visão de mundo na qual as

nossas atitudes se pautam, eu diria que ele se tornou um "conhecimento-ação" (BARNES, 1976, p. 81).

Somente se o professor der ao aluno acesso ao "conhecimento-ação" é que a aprendizagem poderá ocorrer. Uma pedagogia alternativa buscaria oferecer ao aluno uma oportunidade assim, enquanto a pedagogia da transmissão se apropria dela. Ao situar o aluno individual nessa posição central de definir a abordagem ao conhecimento, há não somente motivos psicológicos (o que alguns tradicionalistas admitem), mas motivos lógicos também. Toda disciplina começa com uma tentativa original de resolver problemas e é esse processo unitário de criação do conhecimento que deve ser o foco da pedagogia, não a transmissão dos seus produtos diferenciados. Somente envolvendo-se nesse processo é que o aluno pode começar a exploração das áreas e formas mais amplas de conhecimento: aquela ampliação e aprofundamento sucessivos do conhecimento que são o único caminho para um "currículo balanceado" para cada aluno.

Algumas restrições e problemas

A restrição mais óbvia à centralização de uma pedagogia ao redor da pesquisa do aluno em cooperação com o professor é que os alunos precisam frequentar a escola e o professor é responsável por essa frequência. Porém, essa é a restrição que qualquer estilo de aprendizagem em sala de aula precisa gerenciar; não é uma restrição que represente a defesa de um modelo de transmissão, e sim que uma pedagogia alternativa acomodaria melhor esse fato da vida em sala de aula.

Um problema mais específico se relaciona à natureza da vida em sala de aula, "o tumulto acontece para chamar a atenção dos alunos e desviar a energia do professor". Há dois problemas associados a uma pedagogia alternativa: (a) uma "negociação individual" é possível na confusão da sala de aula? (b) O papel de também ser um aprendiz interfere na capacidade de controle do professor? Indubitavelmente a maioria responderia "sim" neste estágio e concluiria que somente a transmissão é capaz de enfrentar as realidades em sala de aula. Vários fatos indicam que essa percepção pode estar ultrapassada. Em diversas salas de aula da escola primária com 40 ou 45 alunos, muitas vezes tendendo ao barulho e à movimentação, uma pedagogia alternativa funciona muito bem. Professores excepcionais, talvez, mas e o professor comum? Na escola secundária avançada [*upper secondary school*], o professor comum trabalha numa organização que maximiza a sua oportunidade de sessões curtas e especializadas de transmissão. Como já foi amplamente descrito, é nesse nível que o "controle" é mais difícil: quando a transmissão é maximizada, os problemas de "controle" são maiores. Até mesmo como uma "técnica de sobrevivência", parece que a transmissão está antiquada: a pedagogia e a estrutura organizacional associada atrapalham o estabelecimento daquelas relações individuais e pessoais que, além de aliviarem os problemas de "controle", podem servir para aumentar o potencial educacional do professor.

As contradições na pedagogia da transmissão já encorajaram desenvolvimentos novos em nossas salas de aula. É claro que o desenvolvimento de uma pedagogia alternativa somente pode ser parte de um esquema muito maior de transformação, mas o reconhecimento da enormidade da empreitada não deve inibir os desenvolvimentos, porque poderiam ser um ponto de partida importante. Ao explorarem uma pedagogia alternativa nas suas salas de aula, os professores podem esclarecer o que é possível nas escolas, a quais propósitos as escolas servem em nossa sociedade e talvez tragam novos entendimentos sobre a retórica da transmissão. Isso está longe de aceitar que a transmissão *é* o ensino.

Para modelos "progressistas" de educação, o desenvolvimento de uma pedagogia alternativa propiciaria aquela visão coerente e positiva do envolvimento do professor que parece faltar até agora. O fato de desafiar e colaborar ativamente com o aluno pode ser visto como critério para uma pedagogia bem-sucedida, e não um padrão obsoleto de dominação do professor. Além disso, uma pedagogia alternativa deve ir além das negociações individuais nas quais este capítulo se concentrou; aspectos coletivos e de grupo precisam ser desenvolvidos. A partir de um conhecimento individual e relacionamento com cada aluno, o professor pode então, e somente então, ampliar o seu currículo e envolvimento do grupo. E, a partir de uma definição clara de pedagogia, definições novas de escola e sala de aula podem surgir.

Referências

ARMSTRONG, M. (1974). "The Role of the Teacher". In: BUCKMAN, P. (org.). *Education Without Schools*. Londres: Souvenir.

BARNES, D. (1976). *From Communication to Curriculum*. Harmondsworth: Penguin.

BLOOM, B.S. (1971). "Mastery Learning". In: BLOCK, J.H. (org.). *Mastering Learning: Theory and Practice*. Nova York: Holt, Rinehart and Winston.

Concise Oxford Dictionary [Oxford: Oxford University Press, 2011].

DEWEY, J. (1971). *The Child and the Curriculum*. Chicago: University of Chicago Press. [compartilho reservas severas sobre Dewey, expressas mais recentemente na obra de Clarence Karier].

ERAUT, M.; MACKENZIE, N. & PAPPS, I. (1975). The Mythology of Educational Development. *British Journal of Educational Technology*, 6 (3), out.

GOODSON, I. & MEDWAY, P. (1975). The Feeling is Mutual. *Times Educational Supplement*, 20/jun.

HANLEY, J.P.; WHITLA, D.K.; MOO, E.W. & WALTER, A.S. (1970). *Curiosity, Competence and Community* – Man: A Course of Study. Cambridge: Education Development Center.

JACKSON, P.W. (1968). *Life in Classrooms*. Nova York: Holt, Rinehart and Winston.

JAMES, C. (1968). *Young Lives at Stake*. Londres: Collins.

KEDDIE, N. (1971). "Classroom Knowledge". In: YOUNG, M.F.D. (org.). *Knowledge and Control*. Londres: Collier-MacMillan.

Usando a distinção de Jackson, o que o professor faz antes da aula na sala de aula vazia é pré-ativo; quando os alunos entram na sala de aula, é interativo. Nell Keddie chama atenção para uma dicotomia similar entre "contexto educacional" e "contexto do professor".

KILPATRICK, W.H. (1951). *Philosophy of Education*. Nova York: MacMillan.

KINCHELOE, J. & STEINBERG, S. (orgs.). (1998). *Unauthorized Methods*: Strategies for Critical Teaching. Nova York/Londres: Routledge, p. 35-37.

PETERS, R. & HIRST, P. (1970). *The Logic of Education*. Londres: Routledge/Kegan Paul.

POPHAM, W.J.; EISNER, E.W.; SULLIVAN, H.J. & TYLER, L.L. (1969). *Instructional Objectives*. Chicago: Rand McNally.

RATHS, J.D. (1971). Teaching Without Specific Objectives. *Educational Leadership*, abr., p. 714-720.

STENHOUSE, L. (1975). Defining the Curriculum Problem. *Cambridge Journal of Education*, 5 (2), Easter.

WILSON, P.S. (1971). *Interest and Discipline in Education*. Londres: Routledge/Kegan Paul.

4
Carruagens de fogo

Etimologias, epistemologias e a emergência do currículo*

O problema de reconceituar o nosso estudo da educação pode ser parcialmente ilustrado na etimologia básica de currículo. A palavra "currículo" deriva da palavra latina *currere*, que significa "correr" e se refere a um curso (ou corrida de carruagens). As implicações da etimologia são que o currículo é, portanto, definido como um curso a seguir ou, sobretudo, a apresentar. Como observa Barrow, "de acordo com a etimologia, o currículo deve ser entendido como 'o conteúdo apresentado' para estudo" (BARROW, 1984, p. 3). A construção e o contexto social, segundo essa visão, são relativamente sem problemas porque, pela implicação etimológica, o poder de "definição da realidade" está firmemente nas mãos daqueles que "elaboram" e definem o curso. O elo entre currículo e prescrição foi forjado cedo, sobreviveu e se fortaleceu com o tempo. Parte do fortalecimento desse elo foi a emergência de padrões sequenciais de aprendizagem para definir e operacionalizar o currículo enquanto prescrição.

A partir das suas origens latinas, é importante traçar a emergência do currículo como um conceito que começou a ser usado na educação. De acordo com Hamilton e Gibbons, "as palavras *classe* e *currículo* parecem haver entrado no discurso educacional numa época em que a educação estava sendo transformada em atividade de massa" (HAMILTON & GIBBONS, 1986, p. 15). Mas as origens da justaposição entre classe/currículo podem ser encontradas antes e no âmbito do ensino superior. A análise de Mir sobre as origens das "classes", conforme descritas pela primeira vez nos estatutos da Faculdade de Montaign, mostra que:

---

* *The Making of Curriculum*. 2. ed. Londres: Falmer, 1995.

É no programa de 1509 da Montaign que vemos pela primeira vez em Paris uma divisão precisa e clara de alunos em *classes*... Ou seja, divisões graduadas por estágios ou níveis de complexidade crescente de acordo com a idade e o conhecimento exigidos pelos alunos (HAMILTON & GIBBONS, 1986, p. 7).

Mir alega que a Faculdade de Montaign na verdade inaugurou o sistema de classes do Renascimento, mas a conexão vital a estabelecer, entretanto, é como a organização em classes estava associada ao currículo prescrito e sequenciado para estágios ou níveis.

Hamilton fornece mais evidências de Glasgow, onde o *Oxford English Dictionary* situa a fonte mais antiga de "currículo" em 1633. A anexação do termo latino para uma pista de corrida claramente se relaciona à emergência do sequenciamento na educação, mas permanece a pergunta "Por que Glasgow?" Hamilton acredita que "o sentido de disciplina ou ordem estrutural que foi absorvido pelo currículo não veio tanto de fontes clássicas, mas das ideias de João Calvino (1509-1564)":

> À medida que os seguidores de Calvino ganhavam ascendência política e teológica no fim do século XVI na Suíça, Escócia e Holanda, a ideia de disciplina – "a própria essência do calvinismo" – começou a denotar os princípios internos e o maquinário externo do governo civil e conduta pessoal. A partir dessa perspectiva, há uma relação homóloga entre currículo e disciplina: o currículo era para a prática educacional calvinista o que a disciplina era para a prática social calvinista (HAMILTON & GIBBONS, 1986, p. 14).

Temos, então, uma instância anterior, se essas especulações estiverem certas, da relação entre conhecimento e controle. Isso funciona em dois níveis a respeito de definição de currículo. Primeiro, há o contexto social em que o conhecimento é concebido e produzido. Segundo, há a maneira na qual esse conhecimento é "traduzido" para uso em determinado ambiente educacional, nesse caso aulas, mas depois salas de aula. O contexto social da construção do currículo deve levar em consideração os dois níveis.

A evidência de Paris e Glasgow nos séculos XVI e XVII pode ser resumida da maneira seguinte e faz uma afirmativa bem clara sobre a natureza interligada do modo emergente do currículo e padrões de controle e organização social:

> a noção de classes ganhou proeminência com a ascensão de programas sequenciais de estudo que, por sua vez, estavam em consonância com vários sentimentos do Renascimento e da Reforma de

mobilidade ascendente. Em países calvinistas (como a Escócia), essas visões encontraram a sua expressão teologicamente na doutrina de predestinação (a crença de que apenas uma minoria preordenada poderia conseguir a salvação espiritual) e educacionalmente, na emergência de sistemas educacionais nacionais, mas bipartidos, em que os "eleitos" (*i. e.*, predominantemente aqueles capazes de pagar) tinham a chance de receber uma educação avançada, enquanto o restante (predominantemente os camponeses pobres) era enquadrado num currículo mais conservador (apreciação do conhecimento religioso e da virtude secular) (HAMILTON, 1980, p. 286).

Essa citação define a importância singular do currículo à medida que se desenvolvia. Logo depois, quando o seu poder de designar o que deveria acontecer na sala de aula foi realizado, outro poder foi descoberto. Além do poder de *designar*, existia o poder de *diferenciar*. Isso significava que até as crianças que fossem para a mesma escola poderiam ter acesso ao que equivalia a "mundos" diferentes através do currículo que lhes era ensinado.

Hamilton argumenta que "as pedagogias de 'classe' pioneiras na Universidade de Glasgow tiveram uma influência direta naquelas adotadas em escolas do ensino fundamental do século XIX" (HAMILTON, 1980, p. 282). A conexão geral entre pedagogias de "classe" e um currículo baseado em sequência e prescrição é clara, mas passar à dualidade "moderna" de pedagogia e currículo envolve a transição de sistema de classe para sistema de sala de aula.

Ao analisar a transição histórica de sistema de "classe" para sistema de sala de aula, a mudança nos estágios iniciais da Revolução Industrial no fim do século XVIII e início do século XIX "foi tão importante para a administração da educação quanto a mudança simultânea de produção doméstica para produção fabril foi para a gestão da indústria". De fato, como mostra Smelser, as duas estavam intimamente relacionadas:

> na família pré-industrial de um artesão, os próprios pais são responsáveis por ensinar ao filho habilidades ocupacionais mínimas e também pela sua formação emocional na infância. Quando uma economia crescente demanda maior letramento e mais conhecimentos técnicos, a pressão é para que essa família multifuncional abra espaço para uma série nova e mais complexa de arranjos sociais. Instituições educacionais estruturalmente distintas aparecem e a família começa a transferir algumas das suas funções prévias de treinamento a essas novas instituições. Ao perder essas funções, portanto, a família fica mais especializada, focando relativamente

mais no condicionamento emocional na primeira infância e relativamente menos nas suas funções econômicas e educacionais anteriores (1968, p. 79).

No sistema "doméstico/de subcontratação", então, a unidade familiar permanecia em casa, e a educação, embora mais voltada ao treinamento e aprendizagem, poderia acontecer em casa. Com o triunfo do sistema fabril, a cisão associada da família abriu essas funções para a subsequente penetração da educação pública e para a sua substituição pelo sistema de sala de aula, em que grupos grandes poderiam ser supervisionados e controlados adequadamente. A partir daí, "a mudança de classe para sala de aula refletiu uma reviravolta mais geral na educação – a vitória final de pedagogias baseadas em grupos sobre as formas mais individualizadas de ensino e aprendizagem" (HAMILTON, 1980, p. 282).

Se observarmos especificamente o desenvolvimento da educação na Inglaterra nesse estágio, a interseção entre pedagogia e currículo começa a se parecer com padrões mais "modernos". Como aponta Bernstein, pedagogia, currículo e avaliação considerados juntos constituem os três sistemas de mensagem através dos quais o conhecimento educacional formal pode ser realizado, nesse sentido constituem uma epistemologia moderna (BERNSTEIN, 1971, p. 47). Na década de 1850, o terceiro ramo surgiu com a fundação das primeiras bancas examinadoras universitárias. O relatório centenário da banca examinadora Local da Universidade de Cambridge declara:

> O estabelecimento dessas provas foi a resposta das universidades a petições de que elas deveriam ajudar o desenvolvimento de "escolas para a classe média" (UNIVERSIDADE DE CAMBRIDGE, 1958).

Também nessa época estavam sendo institucionalizadas as características do currículo já mencionadas, o poder de diferenciar. O nascimento das *provas* secundárias e a institucionalização da *diferenciação* curricular foram quase contemporâneos. Por exemplo, o Relatório de Taunton, em 1868, classificava a educação secundária em três séries, dependendo do tempo de permanência na escola. Taunton afirma:

> A distinção no tempo empregado faz certa diferença na natureza da própria educação; se um garoto não puder ficar na escola após os 14 anos, é inútil começar a lhe ensinar disciplinas que exijam mais tempo para o seu estudo adequado; se ele puder continuar até 18 ou 19 anos, pode ser conveniente adiar alguns estudos que do contrário começariam mais cedo.

Taunton observa que "essas instruções correspondem aproximadamente, mas de forma alguma exatamente, às gradações da sociedade". (Essa afirmativa poderia ser aplicada, como já veremos, ao Relatório de Norwood, quase um século depois.) Em 1868, a educação até os 18 ou 19 anos era para os filhos de homens com renda considerável, sem depender do próprio desempenho, ou homens profissionais e homens de negócios cujo lucro os posicionasse no mesmo nível. Eles recebiam um currículo principalmente clássico. A segunda série, até os 16 anos, era para os filhos das "classes mercantis". O seu currículo era menos clássico em orientação e tinha certa orientação prática. A terceira série, até os 14 anos, era para os filhos dos "arrendatários menores, pequenos comerciantes, (e) artesãos superiores". O seu currículo se baseava nos três conhecimentos básicos (leitura, redação e aritmética), mas era executado num nível muito bom. Essas gradações abrangiam a escola secundária [*secondary school*]. Enquanto isso, a maioria da classe operária permanecia em escolas elementares onde aprendia habilidades rudimentares nos três conhecimentos básicos (leitura, redação e aritmética). Nessa época o currículo funcionava como um importante identificador e mecanismo de diferenciação social. Esse poder de designação e diferenciação estabeleceu um lugar conclusivo para o currículo na epistemologia da educação.

Na virada do século, a epistemologia, com a qual estamos familiarizados, estava emergindo. Portanto:

> No século XX, a retórica da produção em lotes do "sistema de sala de aula" (p. ex., aulas, disciplinas, cronogramas, avaliações, padronização, distribuição) tornou-se tão dominante que conseguiu galgar um *status* normativo – criando os padrões segundo os quais todas as inovações educacionais subsequentes passaram a ser julgadas (HAMILTON, 1980, p. 282).

A epistemologia dominante, que caracterizou a educação pública no início do século XX, combinava a trilogia da pedagogia, currículo e avaliação. A última das partes da trilogia foi o estabelecimento de bancas examinadoras universitárias e aqui os efeitos colaterais sobre o currículo seriam dominantes e duradouros. O sistema de sala de aula inaugurou um mundo de cronogramas e aulas compartimentalizadas; a manifestação curricular dessa mudança sistêmica foi a disciplina escolar. Se "classe e currículo" entraram no discurso educacional quando a educação foi transformada numa atividade em massa na Inglaterra, "o sistema de sala de aula e a disciplina escolar" emergiram no estágio em que essa atividade em massa se tornou um sistema subsidiado pelo Estado com um setor secundário. E apesar dos muitos modos alternativos de conceituar e organizar o currículo, a convenção da disciplina mantém a sua supremacia. Na era moderna, na educação secundária, estamos lidando essencialmente com o *currículo como disciplina*.

Embora tenha sido inaugurado nos anos de 1850, esse sistema foi estabelecido nas bases atuais com a definição das Regulamentações Secundárias em 1904 que listam as principais disciplinas, seguidas do estabelecimento de um "certificado escolar" pautado em disciplinas, em 1917. A partir dessa data, o conflito curricular começou a parecer a situação existente ao focar na definição e apreciação de conhecimento *passível de avaliação*. Daí em diante as disciplinas do certificado escolar rapidamente passaram a ser o interesse primordial das escolas de formação acadêmica [*grammar schools*], e as disciplinas acadêmicas que ele avaliava logo definiram uma ascendência nesses cronogramas escolares. Em 1941, Norwood descreveu o seguinte:

> uma certa mesmice no currículo das escolas resultou da necessidade dupla de encontrar um lugar para as várias disciplinas que disputavam o tempo no currículo e de ensinar essas disciplinas de modo tal e num padrão tal que assegurassem o sucesso na prova do certificado escolar.

O caráter normativo do sistema é claro e, como resultado "dessas necessidades", o currículo havia "se assentado num equilíbrio desconfortável, sendo as demandas de especialistas e disciplinas amplamente ajustadas e compensadas" (Relatório de Norwood, 1943, p. 61). É evidente o alcance da influência exercida pelas bancas examinadoras universitárias no currículo através de disciplinas voltadas para provas. O currículo acadêmico centrado em disciplinas foi de fato fortalecido no período após a Lei da Educação, de 1944. Em 1951, a introdução do Certificado Geral de Educação permitiu que as disciplinas fossem cursadas separadamente em nível "O" (no certificado escolar, era necessária aprovação nos blocos de disciplinas "principais"); e a introdução do nível Avançado aumentou a especialização disciplinar e acentuou a ligação entre provas "acadêmicas" e "disciplinas" universitárias. As disciplinas acadêmicas que dominavam as provas "O" e especialmente "A" estavam intimamente ligadas às definições universitárias; mas, de modo ainda mais crucial, estavam ligadas a padrões de alocação de recursos. As "disciplinas" acadêmicas que alegassem uma conexão íntima com as "disciplinas" universitárias se destinavam aos alunos "aptos". Desde o início supôs-se que esses alunos exigiam "mais profissionais, profissionais mais bem remunerados e mais dinheiro para equipamentos e livros" (BYRNE, 1974, p. 29). A linha crucial e constante entre disciplinas "acadêmicas" e *status* e recursos preferenciais foi, então, estabelecida.

Mas se esse sistema predominou em relação a profissionais e recursos para as disciplinas acadêmicas nas escolas de formação acadêmica, as implicações para as outras escolas (e estilos de currículo) não devem ser esquecidas. Lembrando Taunton, Norwood em 1943 descobriu que a educação havia criado grupos distintos de alunos, sendo que cada grupo precisava ser tratado "de modo individualmente apropriado". Nessa época, a base de diferenciação social e de classes permanecia a mesma, mas os motivos e o mecanismo da diferenciação eram significativamente diferentes. Antes, o foco do argumento era o tempo de permanência na escola e agora a ênfase era em "mentalidades" diferentes, cada uma reconhecendo um currículo diferente. Primeiro, "o aluno que está interessado na aprendizagem propriamente dita, que consegue entender um argumento ou acompanhar um raciocínio vinculado". Tais alunos "educados pelo currículo comumente associado às escolas de formação acadêmica ingressaram em profissões cultas ou assumiram postos superiores de administração ou comércio". O segundo grupo cujos interesses estão na área de ciência aplicada ou artes aplicadas iria para as escolas técnicas (que nunca chegaram muito longe). Terceiro, os alunos que lidam "mais facilmente com coisas concretas do que com ideias". O currículo "apelaria diretamente aos interesses, que despertaria por meio de um toque prático nos assuntos". Um currículo prático, portanto, para um futuro ocupacional manual.

Então vemos a emergência de um padrão definitivo de *priorização* de alunos através do currículo; já chamei o que emerge de "tríplice aliança entre disciplinas acadêmicas, provas acadêmicas e alunos aptos". Analisando padrões de alocação de recursos, isso significa que um processo de "flutuação acadêmica" dominante aflige subgrupos que promovem as disciplinas escolares. Daí em diante, disciplinas diversas como Marcenaria e Metalurgia, Educação Física, Estudos Técnicos da Arte, Biblioteconomia, Bordado e Ciência Doméstica buscaram uma melhora de *status*, defendendo qualificações e provas acadêmicas aprimoradas. Do mesmo modo, escolas consideradas diferentes das escolas de formação acadêmica, como as escolas técnicas e as escolas secundárias modernas [*secondary modern schools*], também acabaram sendo arrastadas para o processo de flutuação acadêmica, ambas competindo pelo sucesso através de estilos de provas baseadas em disciplinas acadêmicas.

A maneira pela qual essa estrutura leva a cabo a definição do currículo escolar à medida que as disciplinas são definidas, promovidas e redefinidas é analisada detalhadamente nos últimos capítulos. De certa forma, a evolução de cada disciplina reflete no microcosmo uma luta por alternativas com o passar do tempo, o que não difere do padrão geral discernido, à medida que a educação pública é estabelecida e definida. Layton, então, vê o estágio inicial como aquele onde "os alunos são atraídos pelas disciplinas porque elas se concentram em questões que lhes interessam. Nesse ponto, os professores raramente são treinados como especialistas nas disciplinas, mas "trazem o entusiasmo missionário de pioneiros no seu trabalho". Significativamente neste estágio "o critério dominante é a relevância das necessidades e interesses dos alunos". Porém, à medida que a disciplina "avança" (uma disciplina a qualquer momento parecendo uma coalizão que oculta um subgrupo de facções beligerantes), a função das universidades se torna cada vez mais importante, notadamente porque os grupos de disciplinas empregam um *discurso* em que solicitam cada vez mais que a sua disciplina seja vista como uma "disciplina acadêmica" (reivindicando os recursos financeiros e oportunidades de carreira pertinentes). O corolário dessa reivindicação é que os acadêmicos devem ter o controle da definição da "disciplina" (a aspiração à retórica da "disciplina" se relaciona à aceitação desse padrão hierárquico de definição, então, nesse sentido, a formação discursiva é crítica). Jenkins observa que:

> detecta-se certo embaraço nos professores que não forçosamente sentem que a diferença entre formas, disciplinas e matérias são em parte diferenças de *status* (JENKINS & SHIPMAN, 1976, p. 102).

Com efeito, as diferenças são a respeito de *quem* pode definir "disciplinas" – essencialmente isso é apresentado como a atividade característica dos acadêmicos.

O refinamento progressivo de uma epistemologia adequada à educação pública, então, abarca a trilogia da pedagogia, currículo e avaliação. Até pouco tempo atrás, a "tríplice aliança" de disciplinas acadêmicas, provas acadêmicas e alunos aptos conseguiu gozar de uma clara hierarquia de *status* e recursos. Portanto, o nosso entendimento de currículo deve se concentrar principalmente em analisar a convenção dominante da disciplina escolar e a prova associada realizada pelas bancas universitárias. A ligação de recursos com disciplinas "acadêmicas" prioriza disciplinas que podem ser apresentadas como "disciplinas acadêmicas" e isso concentra mais poder nas mãos das universidades. Não que o poder das universidades sobre o currículo não seja desafiado, os desafios são recorrentes. Reid observa que uma grande área de conflito fica entre as restrições externas oriundas das exigências universitárias e as pressões internas cujas origens estão na escola:

As escolas estão, contudo, pouco preparadas para resistir às pressões das universidades. Em grande parte permitem a legitimidade das demandas das universidades e desenvolveram uma estrutura de autoridade que está ligada a elas (REID, 1972, p. 106).

É claro que esse conflito recorrente é provável à medida que o progresso das disciplinas escolares as "distancie" do estágio inicial de Layton em que "o critério dominante é a relevância às necessidades e interesses dos alunos". Mas, como vimos, uma epistemologia foi institucionalizada e recrutada, e situa a "disciplina" acadêmica no ápice do currículo. Não surpreende que o estágio culminante no estabelecimento de uma disciplina "acadêmica" celebre o poder dos acadêmicos de definir a área disciplinar. Nesse estágio culminante, porém, Layton argumenta que, de modo relacionado a essa mudança em quem define o conhecimento escolar, "os alunos são iniciados numa tradição, as suas atitudes beiram a passividade e a resignação, um prelúdio de desencanto" (LAYTON, 1972).

O último estágio do modelo de Layton resume (e comenta) o tipo de "assentamento" político relativo a currículo, pedagogia e avaliação na operação. Entretanto, é claro que existem conflitos recorrentes e a "conquista" desse "assentamento" tem sido um processo minucioso e profundamente contestado. É importante, ao mensurar a contribuição dos acadêmicos da educação, estabelecer como o trabalho deles está em consonância com a natureza contestada da educação em geral e do currículo especificamente. Como sempre, corre-se o risco de aceitar aquilo que foi trabalhado e conquistado como óbvio, como fato consumado. Nada poderia estar mais longe da verdade.

Antecedentes e alternativas

A epistemologia e o sistema institucionalizado da educação pública brevemente descritos contrastavam enormemente de formas anteriores de educação e do envolvimento do Estado na educação nesse estágio anterior. Rothblatt, por exemplo, descreve a educação na Inglaterra georgiana da seguinte forma:

O Estado não estava interessado na "educação nacional" – de fato a ideia ainda não havia ocorrido. A Igreja, que estava interessada na educação devido à sua constante rivalidade com a dissidência, ainda não tinha uma política firme e deixava a direção dos estudos a iniciativas locais ou pessoais, ou às forças do mercado. A demanda por educação e a demanda por determinados níveis de educação variavam radicalmente a cada período e de acordo com o grupo, dependendo das circunstâncias sociais e econômicas, distribuições ocupacionais e valores culturais. Inúmeras pessoas – leigos e clérigos – abriam escolas, realizavam várias experiências e testavam diversos programas educacionais no esforço de reter uma clientela instável ou incerta. E as aulas em casa, onde ajustes nos currículos podiam ser efetuados rapidamente e facilmente de acordo com a habilidade de aprendizagem do aluno, certamente permaneceram um dos meios mais importantes de educação elementar e secundária no século XIX (ROTHBLATT, 1976, p. 45).

Tal modo pessoal e local de educar poderia haver possibilitado uma resposta à experiência e cultura dos alunos até em situações menos ideais do que as aulas em casa, "onde ajustes nos currículos podiam ser efetuados rapidamente e facilmente de acordo com a habilidade de aprendizagem do aluno". Mas, entre os grupos da classe operária, certamente na esfera da educação para adultos esse respeito pela experiência de vida no currículo foi uma característica dessa época e das épocas seguintes. Essa contribuição pode ser resumida como "a escolha da disciplina pelos alunos. A relação das disciplinas com a vida contemporânea real e a paridade da discussão geral com a instrução de especialistas" (WILLIAMS, 1975, p. 165). Sobretudo existe a ideia de currículo como uma *conversa* de duas vias, e não uma *transmissão* de via única.

Do mesmo modo, padrões diferentes de educação e presença caracterizaram a escola particular da classe operária e prosperaram na primeira metade do século XIX, continuando até a segunda metade em vários lugares até mesmo após a lei de 1870. Harrison descreveu essas escolas e as opiniões que os inspetores estatais tinham a respeito:

> A inspeção governamental e os reformistas da classe média condenaram essas escolas como meros estabelecimentos para *baby-sitting*. Observaram com forte desaprovação a falta de uma assiduidade definida ou regular. Os alunos entravam e saíam o tempo todo durante o dia. A carga horária escolar era nominal e adaptada às necessidades da família – por isso crianças de dois e três anos eram enviadas para "não atrapalharem" ou "ficarem seguras". As instalações eram superlotadas e às vezes abafadas, sujas e insalubres. Os alunos não eram divididos em classes e o(a) professor(a) era um(a) operário(a)...

Além de não ser organizado em classes, o currículo muitas vezes era individualizado, e não sequencial. Harrison descreve a "Old Betty W's School", onde: "em dias bons, os pequenos eram levados para fora da casa dela e colocados sob a janela. As crianças liam ou tricotavam, e a velha senhora, sem parar de tricotar, marchava para lá e para cá tomando as lições e vigiando o trabalho" (HARRISON, 1984, p. 290).

Essas escolas da classe operária foram efetivamente varridas pela versão da educação pública após a lei de 1870. Thompson argumenta que o divisor de águas para essas escolas, certamente para esses estilos de educação da classe operária, foram os temores gerados pela Revolução Francesa. A partir daí o Estado exerceu uma função crescente na organização da educação e do currículo:

> atitudes direcionadas à classe social, cultura e educação popular "estabeleceram-se" como consequência da Revolução Francesa. Por mais de um século a maioria dos educadores da classe média não conseguia distinguir o trabalho da educação daquele do controle social: e isso envolvia muitas vezes uma repressão ou uma negação da experiência de vida dos seus alunos expressa em dialetos incultos ou formas culturais tradicionais. Assim, a educação e a experiência recebida estavam em desacordo. E os operários que pelos próprios esforços invadiam a cultura educada imediatamente se viam no mesmo local de tensão onde a educação trazia consigo o risco de rejeição pelos companheiros e desconfiança de si mesmo. A tensão obviamente continua (THOMPSON, 1968, p. 16).

O desenvolvimento da disjunção entre a experiência cultural comum e o currículo pode ser estimado, para as clientelas da classe operária, após o pânico moral associado à Revolução Francesa. A partir dessa data, o currículo escolar muitas vezes foi revestido de interesses de controle social para a população operária comum.

Para outras classes na época, esse revestimento do currículo estritamente estruturado, sequenciado e apresentado nem sempre era considerado necessário. Sabemos que as escolas públicas "não seguiam um padrão comum de educação, embora concordassem em considerar Latim e Grego o componente principal do currículo. Cada uma desenvolveu as suas formas únicas de organização com vocabulários idiossincráticos para descrevê-las" (REID, 1985). Tendo em vista que o currículo dependia da aprendizagem de textos, não era julgado essencial que o professor ensinasse o texto – uma forma de currículo altamente individualizada. Ademais, "quando os alunos eram divididos em 'séries' (termo que se referia originalmente aos bancos onde eles se sentavam), isso era feito de maneira improvisada para a conveniência do ensino e não com a ideia de se estabelecer uma hierarquia de habilidade ou uma sequência de aprendizagem" (REID, 1985, p. 296).

Daí em diante, formas alternativas coerentes de educação e currículo desenvolvidas numa ampla gama de escolas para todas as classes antes da Revolução Industrial e até mesmo depois da transformação industrial foram mantidas nas escolas públicas para as "classes melhores" (e de fato para a classe operária foram mantidas e defendidas em focos como "educação para adultos"). O modelo de currículo e epistemologia associado à educação pública colonizou progressivamente todos os ambientes educacionais e estabeleceu-se em algum momento do fim do século XIX como o padrão dominante.

A ligação subsequente dessa epistemologia com a distribuição de recursos e a atribuição associada de *status* e carreiras estão no centro da consolidação desse padrão. A ideia de que o currículo deve ser primariamente acadêmico e associado às disciplinas universitárias foi minuciosamente buscada e remunerada. Devemos estar atentos a quaisquer relatos que apresentem tal situação como "normal" ou "consumada".

Em suas origens, esse sistema hierárquico é visto muitas vezes como negação à dialética da educação, à noção de diálogo e flexibilidade que alguns viam (e veem) como cruciais ao modo em que aprendemos. Se "o assunto é largamente definido pelos julgamentos e pela prática dos acadêmicos especialistas" e "os alunos são iniciados numa tradição", as suas atitudes beiram a passividade e a "resignação", essa mutualidade é deliberadamente negada. A retórica da "disciplina" e da matéria acadêmica pode, então, ser vista como caracterizadora de um modo particular de relações sociais.

Os educadores interessados em estabelecer um currículo e uma prática mais igualitários são levados a enfatizar constantemente a necessidade de diálogo e mutualidade e assim defender a "reconstrução do conhecimento e do currículo". Se as opiniões citadas estiverem certas, a própria trama e forma do currículo (assim como o conteúdo) assumem e estabelecem um modo particular de relações sociais e hierarquia social. Dessa perspectiva, defender somente mudanças no método de ensino ou na organização escolar é aceitar uma mistificação central da estrutura hierárquica através do currículo que contradiria ativamente outras aspirações e ideais. Portanto, onde existem focos de práticas alternativas, eles apresentam um caso similar para a prática igualitária: na educação liberal para adultos, o seguinte argumento é apresentado:

> Toda educação que honre o próprio nome envolve um relacionamento de mutualidade, uma dialética: e nenhum educador digno considera o seu material uma classe de recipientes inertes de instrução, e nenhuma classe provavelmente permanecerá no curso se ele

estiver dominado pelo equívoco de que a função da classe é passiva. O que é diferente no aluno adulto é a experiência que ele traz para o relacionamento. Essa experiência modifica, às vezes sutilmente, e às vezes mais radicalmente, todo o processo educacional: ela influencia os métodos de ensino, a seleção e maturação dos professores, a ementa; pode até revelar pontos fracos ou lacunas nas disciplinas acadêmicas recebidas e conduzir à elaboração de áreas novas de estudo (THOMPSON, 1968, p. 9).

De acordo com essa visão, portanto, as disciplinas não podem ser ensinadas como "destilações" finais de conhecimento indiscutível e imutável e não devem ser ensinadas como textos e estruturas incontestáveis e fundamentais. Isso originaria uma epistemologia profundamente falha, pedagogicamente enferma e intelectualmente dúbia, pois nos estudos humanos "destilações finais" e verdades "fundamentais" são conceitos elusivos. Voltamos à face dual do conhecimento socialmente contextualizado – porque conhecimento e currículo são pedagogicamente realizados num contexto social e são originalmente concebidos e construídos em tal contexto.

As alternativas a essa visão dominante continuam a vir à tona. Em debates anteriores, encontramos certos professores radicais buscando o ideal da formação geral com seriedade e argumentando que, em tal ambiente, conhecimento e currículos devem ser apresentados como provisórios e *sujeitos a reconstrução*. Armstrong afirma que o seu "argumento é que o processo de educação deve significar um relacionamento dinâmico entre professor, aluno e tarefa, a partir do qual o conhecimento é reconstruído, tanto para o professor quanto para o aluno, à luz da experiência compartilhada" (ARMSTRONG, 1977, p. 86).

Conclusão

Neste capítulo, algumas das origens do currículo foram escrutinadas especulativamente. Vimos especialmente que a noção de currículo como "disciplina" ou sequência estruturada derivou muito da ascendência política do calvinismo. Partindo dessas origens, houve uma "relação homóloga entre currículo e disciplina". O currículo enquanto disciplina aliou-se a uma ordem social em que os "eleitos" tinham a chance de uma educação avançada e o restante recebia um currículo mais conservador.

Essas origens nos possibilitam observar como esse conceito de currículo foi anexado a uma noção nova de disciplina. Nesse momento (assim acreditamos), disciplinas "fundamentais" "da mente". A justaposição do currículo com a "disciplina" (recém-definida) atravessa uma configuração social notavelmente similar. Agora os "eleitos" são recrutados pela sua capacidade de demonstrar uma facilidade nas "matérias" acadêmicas aliadas às "disciplinas"; a sua "eleição" adquire importância pela continuidade do estudo das "disciplinas" nas universidades onde são definidas e institucionalizadas.

Referências

ARMSTRONG, M. (1977). "Reconstructing Knowledge: An Example". In: WATTS, J. (org.). *The Countesthorpe Experience*. Londres: George Allen and Unwin.

BARROW, R. (1984). *Giving Teaching Back to Teachers*: A Critical Introduction to Curriculum Theory. Brighton: Wheatsheaf and Althouse.

BERNSTEIN, B. (1971). "On the Classification and Framing of Educational Knowledge". In: YOUNG, M.F.D. (org.). *Knowledge and Control*. Londres: Collier Macmillan.

BYRNE, E.M. (1974). *Planning and Educational Inequality*. Slough: NFER.

HAMILTON, D. (1980). Adam Smith and the Moral Economy of the Classroom System. *Journal of Curriculum Studies*, vol. 12 (4), out.-dez.

HAMILTON, D. & GIBBONS, M. (1986). Notes on the Origins of the Educational Terms Class and Curriculum. *Annual Convention of the American Educational Research Association*, Boston, abr.

HARRISON, J.F.C. (1984). *The Common People*. Londres: Flamingo.

JENKINS, D. & SHIPMAN, M. (1976). *Curriculum*: An Introduction. Londres: Open Books.

LAYTON, D. (1972). Science as General Education. *Trends in Education* (Londres: HMSO).

REID, W.A. (1985). "Curriculum Change and the Evolution of Educational Constituencies: The English Sixth Form in the Nineteenth Century". In: GOODSON, I. (org.). *Social Histories of the Secondary Curriculum: Subjects for Study*. Lewes: Falmer.

_____ (1972). *The University and the Sixth Form Curriculum*. Londres: Macmillan.

ROTHBLATT, S. (1976). *Tradition and Change I English Liberal Education*: An Essay in History and Culture. Londres: Faber and Faber.

SMELSER, N. (1968). *Essays in Sociological Explanation*. Nova Jersey: Prentice Hall.

THE NORWOOD REPORT (1943). *Curriculum and Examinations in Secondary Schools*. Londres: HMSO [Relatório do comitê da banca examinadora de escolas secundárias, indicado pelo presidente do conselho de educação em 1941].

THOMPSON, E.P. (1968). *Education and Experience* – Fifth Mansbridge Memorial Lecture. Leeds: Leeds University Press.

UNIVERSIDADE DE CAMBRIDGE [Banca examinadora local] (1958). *One Hundredth Annual Report to University*, 29/mai.

WILLIAMS, R. (1975). *The Long Revolution*. Londres: Penguin.

5
Tornando-se uma disciplina acadêmica*

Perspectivas sociológicas e históricas

Relatos contemporâneos sobre disciplinas escolares surgem de duas grandes perspectivas – a sociológica e a filosófica. Os relatos sociológicos seguiram uma sugestão feita em 1968 por Musgrove de que os pesquisadores deveriam:

> analisar as disciplinas tanto na escola quanto na nação como um todo na qualidade de sistemas sociais sustentados por redes de comunicação, doações materiais e ideologias. Numa escola e numa sociedade maior, disciplinas como comunidades de pessoas, competindo e colaborando entre si, definindo e defendendo as suas fronteiras, exigindo aliança dos seus membros e conferindo um sentido de identidade a elas... até mesmo inovações que pareçam ser essencialmente de caráter intelectual podem ser analisadas proveitosamente como resultado da interação social (MUSGROVE, 1968, p. 101).

Musgrove comenta que "estudos de disciplinas nesses termos praticamente ainda não começaram pelo menos no âmbito escolar".

Um trabalho mais influente na área da sociologia do conhecimento foi a coletânea de trabalhos sobre conhecimento e controle publicada por M.F.D. Young em 1971. Os trabalhos refletem a alegação de Bernstein de que "o modo pelo qual uma sociedade seleciona, classifica, distribui, transmite e avalia o conhecimento educacional que considera público reflete tanto a distribuição de poder quanto os princípios de controle social" (BERNSTEIN, 1971, p. 47). Young também sugere que "a consideração dos pressupostos que subjazem à seleção e organização do conhecimento por aqueles em posição de poder pode ser uma perspectiva frutífera

---
* *British Journal of Sociology of Education*, 2 (2), 1981, p. 163-180.

para suscitar questões sociológicas sobre os currículos" (YOUNG, 1971, p. 31). A ênfase leva a afirmativas gerais como esta:

> Os currículos acadêmicos neste país envolvem pressupostos de que alguns tipos e áreas do conhecimento "valem muito mais a pena" do que outros; que, assim que for possível, todo o conhecimento deverá se tornar especializado e com ênfase explícita mínima nas relações entre as disciplinas especializadas e entre os professores especialistas envolvidos. Pode ser útil, então, ver as mudanças curriculares como algo que envolve a mudança das definições de conhecimento com uma ou mais das dimensões para uma organização do conhecimento mais ou menos estratificada, especializada e aberta. Além disso, se assumirmos alguns padrões de relações sociais associados a qualquer currículo, essas mudanças enfrentarão resistência na medida em que são percebidas como algo que solapa valores, poder relativo e privilégios dos grupos dominantes envolvidos (YOUNG, 1971, p. 34).

O processo pelo qual os "grupos dominantes" inespecíficos exercem controle sobre outros grupos presumivelmente subordinados não é escrutinado, embora certas pistas sejam oferecidas. Sabemos que a autonomia de uma escola em questões curriculares "na prática é extremamente limitada pelo controle dos currículos do ensino médio (e das primeiras séries da escola secundária) pelas universidades, através das suas exigências de admissão e da sua dominação sobre todas as bancas examinadoras escolares, exceto uma". Numa nota de rodapé, Young garante que nenhum controle direto é sugerido aqui, e sim um processo pelo qual os professores legitimam os seus currículos através dos próprios pressupostos compartilhados sobre "o que todos nós sabemos que as universidades querem" (YOUNG, 1971, p. 22). Essa concentração na socialização dos professores como agência principal de controle é captada em outros lugares. Sabemos que:

> O sistema educacional britânico contemporâneo é dominado por currículos acadêmicos com uma estratificação rígida do conhecimento. Consequentemente, se professores e alunos forem socializados numa estrutura institucionalizada que legitime tais pressupostos, para os professores um *status* elevado (e recompensas) estará associado às áreas do currículo que são (1) avaliadas formalmente; (2) ensinadas aos alunos "mais aptos"; (3) ensinadas a grupos de crianças com habilidades homogêneas que se mostrem mais bem-sucedidas nesses currículos (YOUNG, 1971, p. 36).

Young ainda observa que "deve ser frutífero explorar os profissionais da construção de conhecimento da ementa em termos dos seus esforços para aumentar ou manter a sua legitimidade acadêmica".

Dois artigos de Bourdieu em *Knowledge and Control* resumem a sua influência considerável sobre os sociólogos do conhecimento ingleses (BOURDIEU, 1971). Ao contrário de muitos dos outros colaboradores de *Knowledge and Control*, Bourdieu prosseguiu realizando trabalhos empíricos para testar as suas assertivas teóricas. O seu trabalho recente – embora concentrado em âmbito universitário, não escolar – analisa o tema da reprodução através da educação e inclui uma seção importante sobre "a prova dentro da estrutura e história do sistema educacional" (BOURDIEU & PASSERON, 1977). Young também veio a sentir a necessidade de abordagens históricas para testar teorias de conhecimento e controle. Escreveu recentemente: "uma forma crucial de reformular e transcender os limites dentro dos quais trabalhamos é ver... como esses limites não são determinados ou fixos, mas produzidos através das ações e interesses conflitantes dos homens na história" (YOUNG, 1977, p. 248-249).

Certamente o aspecto menos desenvolvido de *Knowledge and Control* a respeito das disciplinas escolares é o escrutínio do processo pelo qual grupos dominantes inespecíficos exercem controle sobre grupos presumivelmente subordinados na definição de conhecimento escolar. Ademais, se os grupos dominantes em questão se relacionarem com a economia, seria esperado que o conhecimento de *status* elevado fosse o tipo que Apple menciona: "a economia corporativa requer a produção de níveis altos de conhecimento técnico para manter o aparato econômico funcionando eficazmente e tornar-se mais sofisticada na maximização de oportunidades para a expansão econômica" (APPLE, 1978, p. 380). De fato grupos de *status* elevado tendem a receber conhecimento "acadêmico", não "técnico" – um ponto que talvez contribua para a disfuncionalidade contínua da economia do Reino Unido. Precisamos explorar como essa contradição aparente se desenvolveu e se mantém no currículo escolar. O trabalho de Young, carecendo de evidências empíricas, desenvolve-se horizontalmente nessa exploração, partindo de teorias de estrutura social e ordem social para evidenciar a sua aplicação. Essa teorização macrossociológica é muito diferente (mas longe de ser nociva) de estudar grupos sociais ativos em determinadas instâncias históricas. Nesse sentido, a análise do processo de "tornar-se uma disciplina escolar" deve gerar ideias históricas úteis.

A segunda escola da explicação, que quase pode ser chamada de "visão do estabelecimento", é essencialmente filosófica, tendo precedido e contradito perspectivas sociológicas. A visão filosófica foi atacada por Young porque ele argumenta que "uma concepção absolutista de uma série de formas distintas de conhecimento que correspondem intimamente às áreas tradicionais do currículo acadêmico e, portanto, justificam, em vez de examinarem, o que não passa de construtos histórico-sociais de certa época" (YOUNG, 1977, p. 23). Ainda que aceitemos a crítica de Young, porém, é importante saber que de fato as disciplinas escolares representam grupos de interesse substanciais. Ver as disciplinas como algo "que não passa de construtos histórico-sociais de certa época", embora correto por um lado, pouco serve para esclarecer o papel desempenhado pelos grupos envolvidos na sua continuação e promoção ao longo do tempo.

A perspectiva filosófica é bem resumida pelo trabalho de Hirst e Peters, e também Phenix. A posição de Hirst começa a partir de uma série de convicções que ele definiu em 1967 num Artigo de Trabalho do Conselho Escolar:

> Não importa qual seja a habilidade do aluno, afirmo que o núcleo de todo o seu desenvolvimento enquanto um ser racional é intelectual. Talvez precisemos de métodos muito especiais para alcançar esse desenvolvimento em alguns casos. Talvez ainda precisemos encontrar os melhores métodos para a maioria das pessoas. Mas jamais devemos perder de vista o objetivo intelectual do qual tantas outras coisas, praticamente todas as outras coisas, dependem. Segundo, parece-me que devemos abandonar completamente a ideia de que formas linguísticas e abstratas de pensamento não são para algumas pessoas (HIRST, 1967).

Hirst e Peters afirmam que "os objetivos centrais da educação são desenvolvimentos da mente" e que tais objetivos são mais buscados pelo desenvolvimento de "formas de conhecimento" (definição ampliada mais tarde, incluindo "áreas" de conhecimento). As disciplinas escolares podem derivar e se organizar a partir dessas formas e áreas de conhecimento definidas assim. Portanto, é sugerido que a disciplina intelectual é criada e definida sistematicamente por uma comunidade de acadêmicos, normalmente trabalhando num departamento de uma universidade, e depois "traduzida" para uso como disciplina escolar.

Essa interpretação do trabalho de Hirst e Peters é normalmente apresentada, embora não pelos próprios autores. Outros filósofos são mais explícitos. Phenix, por exemplo, afirma que: "o teste geral para uma disciplina é que ela deve ser a atividade característica de uma tradição organizada identificável de homens do conhecimento, *i. e.*, de pessoas hábeis em certas funções específicas que são capazes de justificar por uma série de padrões inteligíveis" (PHENIX, 1964, p. 317). A visão subsequente de disciplinas escolares derivadas dos melhores trabalhos de acadêmicos especialistas, que agem como iniciadores nas tradições acadêmicas, é geralmente aceita por educadores e leigos. É uma visão avalizada por porta-vozes de agências governamentais e educacionais, associações disciplinares e, talvez de modo mais significativo, pela mídia.

Ao questionarmos a visão consensual de que as disciplinas escolares derivam de formas de conhecimento ou disciplinas intelectuais, mais uma vez é importante focar no processo histórico através do qual as disciplinas escolares surgem. Essa investigação pode prover evidências de uma considerável disparidade entre as mensagens políticas e filosóficas que tentam explicar e legitimar a "tradição acadêmica" das disciplinas escolares e o processo histórico detalhado através do qual as disciplinas escolares são definidas e estabelecidas. Quando uma disciplina estabelece uma base acadêmica, é persuasivamente autossatisfatório afirmar que há uma área de conhecimento da qual uma disciplina escolar "acadêmica" pode receber contribuições e direcionamento geral. Essa versão de eventos simplesmente celebra um fato consumado na evolução de uma disciplina e disciplina escolar associada. O que permanece sem explicação são os estágios de evolução até essa posição e as forças que impulsionam disciplinas acadêmicas aspirantes a seguirem rotas similares. Para entender a progressão ao longo da rota até o *status* acadêmico é necessário examinar as histórias sociais das disciplinas escolares e analisar as estratégias empregadas na sua construção e promoção.

Uma análise mais atenta das disciplinas escolares revela inúmeros paradoxos não explicados. Primeiro, o contexto escolar é, de várias maneiras, extremamente distinto do contexto universitário – problemas maiores com motivação, habilidade e controle dos alunos exigem consideração. A tradução de disciplina universitária para disciplina escolar, portanto, demanda uma adaptação considerável e, como resultado, "muitas disciplinas escolares praticamente não são disciplinas universitárias, muito menos formas de pensamento. Muitas não são claras a respeito dos seus conceitos mais frutíferos, formas de explicações e metodologia característica" (JENKINS & SHIPMAN, 1976, p. 107). Segundo, as disciplinas escolares muitas vezes estão separadas da sua base disciplinar universitária ou não têm uma base disciplinar universitária. Assim, muitas disciplinas escolares representam comunidades autônomas. Esland e Dale observam:

> Os professores, na qualidade de porta-vozes das comunidades disciplinares, estão envolvidos numa organização elaborada do conhecimento. A comunidade tem uma história e, através dela, um corpo de conhecimento respeitado. Tem regras para reconhecer matérias "indesejadas" ou espúrias e formas de evitar a contaminação cognitiva. Tem uma filosofia e uma série de autoridades, todas legitimando enfaticamente as atividades que são aceitáveis à comunidade. Alguns

membros são credenciados com o poder de fazer "declarações oficiais" – por exemplo, editores de jornais, presidentes, examinadores e inspetores. Eles são importantes como "parceiros" que proveem aos membros novos ou indecisos modelos apropriados de crença e conduta (ESLAND & DALE, 1972, p. 70-71).

O grau de isolamento ou autonomia da disciplina escolar pode ser visto, numa análise mais atenta, como algo relacionado aos estágios de evolução das disciplinas. Longe de derivarem de disciplinas acadêmicas, muitas disciplinas escolares cronologicamente *precedem* as suas disciplinas matrizes: nessas circunstâncias, a disciplina escolar em desenvolvimento na verdade provoca a criação de uma base universitária para a "disciplina universitária" de modo que os professores da disciplina escolar possam ser treinados.

Layton analisou o desenvolvimento da ciência na Inglaterra desde o século XIX, sugerindo um modelo rudimentar para a emergência de uma disciplina escolar no currículo da escola secundária [*secondary school*]. Ele define três estágios nesse processo. No primeiro estágio:

> a intrusa imatura crava um lugar no programa, justificando a sua presença com motivos de pertinência e utilidade. Neste estágio, os alunos são atraídos pela disciplina porque ela se pauta em assuntos do seu interesse. Os professores raramente são especialistas treinados, mas trazem o entusiasmo missionário de pioneiros em ação. O critério dominante é a relevância aos interesses e necessidades dos alunos.

No segundo estágio intermediário:

> uma tradição de trabalho acadêmico na disciplina vai emergindo com um corpo de especialistas treinados de onde os professores podem ser recrutados. Os alunos ainda estão atraídos pelo estudo, mas tanto pela sua reputação e *status* acadêmico crescente quanto pela relevância aos seus próprios problemas e interesses. A ordem e lógica interna da disciplina vão se tornando cada vez mais influentes sobre a seleção e organização da matéria.

No estágio final:

> os professores agora constituem um corpo profissional com regras e valores consolidados. A seleção da matéria é determinada largamente pelos julgamentos e práticas dos acadêmicos especialistas que conduzem pesquisas na área. Os alunos são iniciados numa tradição, as suas atitudes beiram a passividade e resignação, um prelúdio de desencanto (LAYTON, 1972).

O modelo de Layton adverte a respeito de qualquer explicação monolítica sobre disciplinas escolares e disciplinas acadêmicas. Parece que, longe de serem declarações atemporais de conteúdo intrinsecamente interessante, disciplinas escolares e disciplinas acadêmicas estão num fluxo constante. Portanto, o estudo do conhecimento em nossa sociedade deve ir além do processo não histórico de análise filosófica, direcionando-se a uma investigação histórica detalhada sobre os motivos e ações por trás da apresentação e promoção de disciplinas escolares e disciplinas acadêmicas.

Ao analisar o processo histórico de vir a ser uma disciplina escolar, a próxima seção apresenta um breve estudo de caso de Geografia. O desenvolvimento da disciplina é traçado amplamente através das publicações da Associação Geográfica, significando que o foco do estudo é em um aspecto da "retórica" da promoção da disciplina, e não na "realidade" da prática curricular. A elucidação da relação entre "retórica" e "realidade" permanece como um dos mais profundos desafios para futuras histórias curriculares. (De certa forma isso se relaciona ao problema maior da dependência dos historiadores de fontes documentais escritas e publicadas.) O argumento é que estudos subsequentes são necessários para analisar o quanto a atividade promocional afeta os "detalhes" das ementas de provas, o conteúdo e a prática das salas de aula. Acredito que trabalhos anteriores evidenciaram que a retórica promocional empregada por estudos rurais para validar as suas assertivas de ser uma disciplina acadêmica modificou substancialmente os detalhes de uma ementa nível "A".

Estabelecimento e promoção da Geografia

No fim do século XIX, a Geografia estava começando a consolidar seu lugar nos currículos das escolas públicas, de formação acadêmica [*grammar schools*] e elementares. A disciplina nascia após as primeiras contrações do parto quando parecia não passar de um conjunto chato de números e fatos geográficos que Mackinder alega "acrescentar uma quantidade cada vez maior para ser memorizada" (MACKINDER, 1887). Essa abordagem antiga (que claramente antecede a versão um tanto idealizada do primeiro estágio de Layton) foi chamada de período da "decoreba". Porém, a disciplina logo começou a atrair professores mais inspirados, como recorda um ex-aluno: "Depois, entretanto, numa escola secundária de Londres, a 'decoreba' foi significativamente substituída por uma abordagem mais interpretativa e um mundo novo se abriu para nós através do nosso 'professor especialista' não graduado" (GARNETT, 1969, p. 36).

O rótulo de não graduado era inevitável naquela época, já que a Geografia permanecia fora das universidades. Foi parcialmente para responder a esse problema que um dos fundadores da Geografia, H.T. Mackinder, questionou em 1887: "Como a Geografia pode ser considerada uma disciplina?" Mackinder sabia que a demanda para uma Geografia acadêmica ser ministrada nas universidades apenas poderia ser engendrada pelo estabelecimento de uma posição mais confiável nas escolas. Essencialmente, foi nas escolas públicas e de formação acadêmica que a Geografia precisou consolidar a sua credibilidade intelectual e pedagógica.

Nessas escolas, sem um *status* acadêmico maduro, a posição da disciplina como parte estabelecida do currículo permanecia incerta. Como observou o diretor de Rochester, "o excesso na programação escolar impossibilita que demos mais de uma e, no máximo, duas aulas de Geografia por semana" (BIRD, 1901). Nas escolas elementares, a Geografia foi vista rapidamente como propulsora de possibilidades utilitárias e pedagógicas na educação dos filhos dos operários. Assim, a adoção da disciplina cresceu consideravelmente no período seguinte à Lei da Educação, em 1870. Em 1875, a "Geografia elementar" foi incluída na lista principal de disciplinas de classe examinada nas escolas elementares.

Em vista da base limitada no setor das escolas elementares e secundárias, os promotores da Geografia começaram a fazer planos para uma associação disciplinar. Então, em 1893, a Associação Geográfica foi fundada "para ampliar os conhecimentos de Geografia e o ensino de Geografia em todas as categorias das instituições educacionais, desde a escola preparatória até a universidade no Reino Unido e no exterior" (manifesto). A formação da associação em 1893 foi extremamente oportuna e logo começou a funcionar como um *lobby* de reivindicação da disciplina. Dois anos depois, a Comissão Bryce se manifestou e as suas recomendações foram incorporadas à Lei da Educação, em 1902. Depois, as Regulamentações Secundárias, em 1904, efetivamente definiram as disciplinas tradicionais a serem oferecidas nas escolas secundárias; a inclusão de Geografia nas regulamentações foi um marco importante na sua aceitação e reconhecimento e na adoção em grande escala de provas externas de Geografia nas escolas secundárias. A emergência das provas externas como um fator de definição nos currículos secundários aproximadamente em 1917 está claramente refletida no aumento acentuado nos membros da associação por volta dessa data. Nesse estágio, a Geografia foi incluída em muitas regulamentações de bancas examinadoras, tanto para o certificado escolar quanto para o certificado escolar superior, como disciplina fundamental. Certas bancas, porém, incluíram a Geografia apenas como "disciplina subsidiária".

Para os professores envolvidos na promoção da Geografia, a fundação de uma associação disciplinar foi somente um primeiro estágio no lançamento da disciplina. Também era exigido um plano geral com o objetivo de estabelecer a disciplina nos vários setores educacionais mencionados na constituição. Numa discussão sobre educação geográfica na Associação Britânica, em setembro de 1903, Mackinder descreve uma estratégia de quatro pontos para consolidar a disciplina:

> Primeiro, devemos encorajar faculdades de Geografia onde geógrafos possam ser formados...
> Segundo, devemos persuadir de qualquer forma algumas escolas secundárias a colocar o ensino geográfico de toda a escola nas mãos de um professor geograficamente treinado...
> Terceiro, devemos discutir a fundo e experimentar qual é o melhor método progressista para a aceitação comum e devemos basear o nosso esquema de provas nesse método.
> Por último, as provas devem ser definidas por professores práticos de Geografia (MACKINDER, 1903).

Essa estratégia parece muito um pleito por direitos de monopólio ou direitos exclusivos. O professor de Geografia deve definir e escolher as provas que atendam os critérios de "aceitação" ampla da disciplina (não existe sequer a fachada de que o interesse dos alunos deve ser o critério central). O ensino de Geografia deve estar exclusivamente nas mãos de geógrafos treinados e as universidades devem ser encorajadas a estabelecer faculdades de Geografia "onde geógrafos possam ser formados".

No período imediatamente após esse pronunciamento, o Conselho da Associação Geográfica continuou a retórica anterior sobre a utilidade da disciplina; uma mudança foi implementada vagarosamente. Portanto, em 1919, sabemos que: "Ao ensinar Geografia nas escolas, buscamos treinar futuros cidadãos para imaginarem corretamente a interação das atividades humanas com as suas condições topográficas... A mente do cidadão deve ter uma formação topográfica se ele desejar manter a ordem na massa de informações que acumule durante a vida e, nestes dias, a formação deve se estender ao mundo todo" (*The Geographical Teacher*). Oito anos depois, sabemos que "as viagens e as correspondências agora se tornaram gerais; os domínios britânicos são encontrados em todos os climas e esses fatos já são suficientes para garantir que a disciplina ocupe um lugar importante no programa escolar" (CONSELHO DE EDUCAÇÃO, 1927).

Além das alegações utilitárias e pedagógicas, como veremos, a Associação Geográfica começou a expor argumentos mais "acadêmicos". Mas os problemas das ênfases mais utilitárias e pedagógicas já tinham vindo à tona. Então, na década de 1930, o Comitê de Norwood estava preocupado com o modo pelo qual a Geografia parecia facilmente mudar de direção e definição, assim invadindo o território de outras disciplinas escolares e universitárias. O comitê estava sobretudo preocupado com a tentação possibilitada pelo que chamou de "expansividade da Geografia", pois "ambiente é um termo facilmente expandido para incluir todas as condições e fases da atividade que compõe a experiência cotidiana normal". Logo, "os entusiastas da Geografia podem tender às vezes a estender o seu alcance tão amplamente a ponto de engolir outras disciplinas; ao agirem assim, ampliam as suas fronteiras tão vagamente que a definição do objetivo se perde, e as virtudes distintivas inerentes a outros estudos específicos são ignoradas numa estimativa geral de horizontes largos" (*The Norwood Report*, 1943, p. 101-102).

Os resultados de tal "expansão" na Geografia escolar foram descritos mais tarde por Honeybone, argumentando que na década de 1930 a Geografia "veio a se tornar cada vez mais uma disciplina 'de cidadania mundial' com cidadãos separados do seu ambiente físico". Ele justifica isso em parte pela difusão "sob influência americana" de "uma metodologia, proclamando que toda a educação deve se relacionar à experiência cotidiana das crianças". Assim, "em termos de Geografia, eles insistiam que a abordagem sempre deve ser através da vida e do trabalho dos homens. É uma premissa com a qual muitos professores de Geografia concordarão, mas, quando colocada nas mãos de pessoas sem formação em Geografia ou formadas sem um sentido adequado de síntese geográfica, frequentemente significava que a Geografia na escola começou com a vida e o trabalho dos homens sem tentar realmente examinar o seu ambiente". Portanto, através do trabalho desses professores não formados ou malformados na disciplina, "em 1939 a Geografia havia se desequilibrado gravemente; a síntese geográfica havia sido abandonada; e o valor educacional único da disciplina se perdeu numa enxurrada de generalizações sociais e econômicas" (*The Norwood Report*, 1943, p. 87).

O problema central, portanto, continuava sendo o estabelecimento de departamentos nas universidades onde geógrafos pudessem ser formados e houvesse controle parcial de mudanças gradativas em busca de utilidade e relevância para os alunos. Para promover esse objetivo, a Associação Geográfica começou a promover argumentos mais acadêmicos para a disciplina. Essa apresentação cada vez mais acadêmica da disciplina escolar pressionou mais as universidades para uma resposta à demanda pela formação de especialistas em Geografia. Como observa uma presidente recente da Associação Geográfica, "o reconhecimento do *status* da nossa disciplina entre as disciplinas universitárias... jamais poderia ter sido conquistado sem o estímulo e a demanda notáveis injetados pelas escolas" (GARNETT, 1969, p. 387). O argumento, embora correto, contém as origens dos problemas de *status* que a Geografia enfrentou nas universidades. Como observa David Walker, "alguns membros mais velhos das nossas universidades antigas ainda não a consideram uma disciplina escolar" (WALKER, 1975, p. 6). Como resultado, até recentemente os geógrafos permaneciam uma profissão universitária frustrada devido ao que Wooldridge descreve como "a crença difundida entre os nossos colegas e associados de que não temos *status* acadêmico e respeitabilidade intelectual. A ideia transmitida é que a Geografia tem uso limitado nos seus escopos inferiores. O que é implicitamente negado por tantos é que ela teve alguma defesa válida como disciplina superior" (DAVID, 1973, p. 12-13).

Wooldridge alude, porém, que a aceitação no nível inferior é o limiar principal a cruzar: "Acreditava-se que, se a Geografia deve ser ensinada nas escolas, deve ser aprendida nas universidades" (DAVID, 1973, p. 12-13). A relevância da "base" escolar para a Geografia universitária é bem-ilustrada pela St. Catherine's College, Cambridge. Essa faculdade produziu tantos professores de Geografia para as universidades do país que uma conspiração pode ser alegada. David Walker discorda: "De fato, para dissipar a conspiração, os motivos para essa configuração acadêmica são realistas. A St. Catherine's foi uma das primeiras faculdades a oferecer prêmios de Geografia: estabeleceu uma rede de contatos com professores do ensino médio, muitos dos quais depois se formaram nela, e com escolas particulares como a Royal Grammar, Newcastle". Walker aponta a natureza pessoal da indução à disciplina. "Desde a Segunda Guerra Mundial, ademais, muitos dos geógrafos da St. Catherine's que prosseguiram e se tornaram professores, leitores e palestrantes foram ensinados por um homem, Sr. A.A.L. Caeser, agora o professor veterano" (WALKER, 1975, p. 6).

O período após 1945 parece haver sido crítico na aceitação e consolidação da Geografia no setor universitário. A Professora Alice Garnett explicou em 1968 por que esse período foi tão importante: "Apenas depois da Segunda Guerra Mundial tornou-se comum que os departamentos fossem dirigidos por geógrafos que haviam recebido uma formação formal na disciplina, momento em que a maioria dos contrastes e diferenças iniciais marcados na personalidade da disciplina havia sido diluída ou obliterada" (GARNETT, 1969, p. 387). Nesse momento, departamentos de Geografia foram estabelecidos na maioria das universidades e a disciplina obteve um núcleo reconhecível de identidade. Em 1954, Honeybone escreveu um resumo da aceitação e do estabelecimento final da Geografia como disciplina universitária:

Nas universidades houve um avanço incomparável no número de profissionais e no escopo de trabalho nos departamentos de Geografia. Apenas na Universidade de Londres agora há seis cadeiras, quatro delas criadas recentemente. O número de alunos, tanto da pós-graduação quanto da graduação, cresceu como nunca. Muitas das faculdades e departamentos universitários de educação estão participando intensamente do progresso; os empregadores estão percebendo o valor da amplitude de uma formação universitária em Geografia; e o serviço público recentemente elevou o *status* da Geografia nas suas provas superiores. De fato, em todos os lados, podemos ver sinais de que, finalmente, a Geografia está forçando a sua completa aceitação como disciplina importante nas universidades, e que os geógrafos são bem-vindos ao comércio, indústria e profissões porque são homens e mulheres bem educados (HONEYBONE, 1954).

Portanto, na metade de 1950, a Geografia havia atingido o terceiro estágio de Layton na aceitação de uma disciplina. A seleção da matéria era "determinada largamente pelos julgamentos e práticas dos acadêmicos especialistas que conduzem pesquisas na área", a definição da disciplina estava cada vez mais nas mãos de acadêmicos especialistas. O contexto no qual esses acadêmicos operavam estava substancialmente apartado das escolas, as suas atividades e motivações pessoais, o seu *status* e interesses profissionais se situavam no contexto universitário. Os interesses dos alunos das escolas, sem representação, foram considerados cada vez menos na definição dessa disciplina acadêmica bem-estabelecida. A situação nas próprias escolas logo ficou clara. Em 1967, o relatório sobre a *Sociedade e o aluno jovem concluinte* observava que o jovem se sentia "na melhor das hipóteses apático, na pior das hipóteses ressentido e rebelde em relação à Geografia... que lhe parece em nada se relacionar com o mundo adulto que ele está prestes a integrar" (p. 3). O relatório acrescenta:

> Uma causa frequente de reprovação é que o curso muitas vezes se baseia na crença tradicional de que existe um corpo de conteúdo para cada disciplina individual que todo aluno concluinte deveria saber. Nos cursos com menos sucesso, esse corpo de conhecimento é escrito no currículo sem qualquer consideração real pelas necessidades dos meninos e meninas e sem qualquer questão da sua relevância (*Society and the Young School Leaver*, 1967).

A ameaça à Geografia começou a ser apreciada em âmbito superior. Um membro da Secretaria Executiva e Honorária da Associação Geográfica recorda: "As coisas foram longe demais e a Geografia se tornou algo localmente baseado e regional demais... ao mesmo tempo, a disciplina começou a perder o contato com a realidade... a Geografia adquiriu uma reputação ruim" (Entrevista, 30/06/1976). Um professor, David Gowing, viu o mesmo problema enfrentado pela disciplina e afirmou:

> Deve-se reconhecer a necessidade de um olhar novo para os nossos objetivos e uma análise do papel e da natureza da Geografia na escola. Não é difícil identificar as causas da insatisfação crescente. Os alunos acham que os currículos atuais têm pouca relevância às suas necessidades, logo o seu grau de motivação e compreensão é baixo. Os professores estão preocupados que o aumento da idade de saída da escola e algumas formas de reorganização geral exacerbem os problemas (GOWING, 1973, p. 153).

A definição crescente da Geografia pelos especialistas universitários claramente representou problemas para a disciplina nas escolas. Para recapturar esse senso de utilidade e relevância de antes, a disciplina precisaria ter se concentrado mais nas necessidades do aluno escolar médio e abaixo da média. Contudo, a Geografia ainda enfrentava problemas de *status* acadêmico em algumas universidades e também entre as camadas de *status* elevado do setor secundário.

Os avanços na Geografia universitária após a Segunda Guerra Mundial auxiliaram em parte a sua aceitação como disciplina adequada às crianças mais aptas, mas os problemas continuaram. Em 1967, Marchant observa: "A Geografia está finalmente conquistando respeitabilidade intelectual nas correntes acadêmicas das nossas escolas secundárias. Mas a batalha ainda não acabou". Ele ilustra o problema contínuo: "Posso citar apenas dois relatórios escritos em 1964, um de uma escola de formação acadêmica para meninas e outro de uma conhecida escola independente para meninos". Primeiro, "a Geografia atualmente... é uma alternativa ao latim, o que significa que várias meninas deixam de estudá-la no fim do terceiro ano... não há trabalho disponível em nível 'A'". Ou, segundo, talvez uma situação mais intrigante: "Nas séries de nível 'O', a disciplina é estudada somente por aqueles que não são classicistas, linguistas modernos nem cientistas. O ensino médio sai desse grupo um tanto restrito, com o acréscimo de alguns cientistas que não corresponderam às expectativas" (MARCHANT, 1965, p. 133).

Para selar a sua aceitação pelas universidades e escolas de ensino médio de *status* elevado, a geografia precisou abraçar novos paradigmas e uma retórica associada. O paradoxo supremo é que a crise na Geografia escolar no fim da década de 1960 não levou a uma mudança que poderia haver envolvido mais alunos escolares, e sim mudanças na direção oposta em busca da aceitação acadêmica total.

Essa pressão em busca de *status* universitário se concentrou em torno da "Nova Geografia", que se distanciava da Geografia regional, direcionando-se a dados mais quantitativos e construção de modelos. A batalha pela Nova Geografia representou um grande conflito entre as tradições da Geografia que representavam vertentes mais pedagógicas e utilitárias (notadamente os geógrafos de campo e alguns regionalistas) e aqueles que pressionavam por uma aceitação acadêmica total.

"Nova Geografia" como disciplina acadêmica

Nas aulas de Madingley, em 1963, que efetivamente inauguraram a era da "Nova Geografia", E.A. Wrigley comenta: "O que vimos é um conceito ultrapassado pelo curso das mudanças históricas. A Geografia 'regional' em termos amplos foi tão vítima da Revolução Industrial quanto o camponês, a sociedade feudal, o cavalo e os povoados, e pelo mesmo motivo" (WRIGLEY, 1967, p. 13). Para esse problema, Chorley e Haggett propuseram uma "solução imediata" através da "construção da face geométrica negligenciada da disciplina". Eles observam o seguinte:

> A pesquisa já vem oscilando fortemente na abordagem dessa área e o problema da implementação pode ser mais agudo nas escolas do que nas universidades. Aqui estamos continuamente impressionados com o vigor e zelo reformista de "grupos de pressão" como a Associação de Matemática Escolar, que compartilharam uma análise fundamental do ensino de Matemática nas escolas. Lá os problemas de inércia – ementas, provas e livros conhecidos – estão sendo resolvidos e uma nova onda de interesse está varrendo as escolas. A necessidade em Geografia é grande também e não vemos por que as mudanças aqui não gerariam resultados igualmente recompensadores (CHORLEY & HAGGETT, 1960, p. 377).

A natureza messiânica do seu apelo é percebida quando argumentam:

> É melhor a Geografia explodir num excesso de reforma do que repousar no ocaso lacrimejante das suas antigas glórias; numa era de padrões ascendentes na escola e na universidade, manter os padrões atuais não basta – ficar parado é recuar, prosseguir com hesitação é confiar na fronteira. Se nos movermos com a fronteira, novos horizontes emergirão à nossa frente e descobriremos novos territórios a explorar que são excitantes e exigentes como os continentes escuros que acenavam para qualquer geração anterior de geógrafos. Essa é a fronteira de ensino da Geografia.

As aulas de Madingley foram um divisor de águas na emergência da disciplina. Dois anos antes, E.E. Gilbert, num artigo sobre "A Ideia da Região", havia declarado que considerava a Nova Geografia nas universidades como um "culto esotérico" (GILBERT, 1961). Depois de Madingley, isso deixou de ser o caso, como recorda um professor que foi secretário da sua Associação Geográfica local: "Depois de Madingley, as minhas ideias viraram de cabeça para baixo... Foi ali que a mudança de pensamento em Geografia realmente começou" (Entrevista pessoal, 05/01/1977). Mas, como Walford observa mais tarde, Madingley foi "inebriante para alguns, mas uma infusão intragável para outros" (WALFORD, 1973, p. 95). Após a segunda Conferência de Madingley, em 1968, Chorley e Haggett tentaram consolidar as mudanças que defendiam, com um livro novo intitulado *Models in Geography* (CHORLEY & HAGGETT, 1967). Naquele momento, as opiniões sobre a "Nova Geografia" estavam se tornando progressivamente polarizadas. Slaymaker apoia o livro:

> Em retrospecto, um ponto de virada no desenvolvimento da metodologia geográfica na Grã-Bretanha. Após os conteúdos exploratórios e moderadamente iconoclastas das primeiras aulas de Madingley, registrados em *Frontiers in Geographical Teaching*, era necessária uma afirmação mais substancial da base metodológica e dos objetivos da chamada "Nova Geografia"... com a publicação desse livro [está demonstrado que] o paradigma classificatório tradicional é inadequado e que, no contexto da "Nova Geografia", um passo irreversível foi dado para nos empurrar de volta para a tendência dominante da atividade científica pelo processo de construção de modelo. A discussão sobre a relevância de novos modelos conceituais na pesquisa e no ensino geográficos deve servir como estímulo à participação no debate metodológico para o qual, com notáveis exceções, os geógrafos britânicos fizeram uma contribuição desproporcionalmente pequena. Portanto, é uma grande publicação tanto em seu feito quanto em seu potencial (SLAYMAKER, 1960).

Os professores da disciplina receberam conselhos menos entusiasmados do seu jornal, *Geography*, e seu crítico anônimo, "PRC":

> Qual... é o seu objetivo e a quem se dirige? Essas perguntas são evitadas com uma habilidade perversa e, na falta de orientação, enraíza-se gradualmente a convicção de que os autores estão escrevendo uns para os outros! Isso pode explicar, embora não perdoar, o uso em alguns artigos de um jargão bárbaro e repulsivo. Seria uma profissão de fé coletiva da parte dos Novos Geógrafos? Isso teria sido bem-vindo, mas uma nova fé dificilmente será conquistada por uma

busca frenética por geringonças que possam ser transformadas em finalidades geográficas. A natureza dessas finalidades requer um pensamento sólido, trabalho que não pode ser delegado a computadores (Crítica em *Geography*, 1968).

Um ano depois, a presidente da Associação Geográfica buscou uma oposição similar com uma declaração mais explícita sobre os temores que a Nova Geografia provocava. A Nova Geografia sistemática, diz ela, estava:

> criando um problema cuja gravidade aumentará com o passar das décadas, porque leva à fragmentação da disciplina, já que especialidades alternativas nas áreas sistemáticas proliferam e são buscadas independentemente, negligenciando o núcleo da nossa disciplina – um núcleo que justificava amplamente a sua existência. A Geografia em nossas universidades de fato está se tornando tão sofisticada, e as suas numerosas ramificações em diversas áreas às vezes especificadas tão estreitamente que, mais cedo ou mais tarde, deveremos questionar por quanto tempo mais a disciplina poderá se manter uma só efetivamente (GARNETT, 1969, p. 388-389).

As implicações dessa análise são claras:

> Portanto, o meu primeiro pedido aos professores acadêmicos que serão os líderes de amanhã deve ser: jamais deixem que haja dúvidas (a não ser em cursos de pós-graduação e pesquisa avançada) sobre a coexistência de duas geografias, física e social, considerada uma sem referência à outra. Os departamentos universitários têm o dever de garantir que, ao menos no primeiro grau, o núcleo da nossa disciplina não seja esquecido nem negligenciado, e que a síntese das áreas especialistas e a sua relevância ao núcleo sejam claramente apreciadas pelos nossos alunos da graduação. Acho que é somente na fundação de uma estrutura de curso de primeiro grau que um geógrafo está basicamente qualificado para ensinar em nossas escolas ou estender os seus estudos em âmbito de pesquisa de pós-graduação (GARNETT, 1969, p. 389).

A imensa preocupação refletida nessa citação é que o mito da disciplina fosse exposto. A Geografia supostamente era uma disciplina acadêmica unificada na qual o professor escolar iniciava os jovens alunos. Se não houvesse uma ligação óbvia entre a Geografia universitária e a escolar, essa versão de eventos – a visão hirstiana de disciplinas escolares – ficaria exposta. Os próprios professores ficaram muito preocupados: "A Geografia estava numa situação de fermento... caminhava rapidamente demais... Nem mesmo muitas das universidades, muito menos as escolas, tinham a Nova Geografia"; e "Esta nova abordagem, não importa o que se achava dela, causou uma espécie de cisma... tanto em âmbito universitário quanto escolar" (Entrevista, 30/06/1976).

Os temores desse cisma foram expressos em vários livros contemporâneos. A lacuna entre escolas e universidades, que é bastante evidenciada em períodos anteriores, era considerada especialmente preocupante:

> As técnicas de estudo estão mudando mais rapidamente na Geografia moderna do que em qualquer outro momento da história da disciplina. Como resultado, há uma grande necessidade de diálogo entre pesquisadores e aqueles que estão ingressando nos mistérios da disciplina. Os professores propiciam a ligação necessária; e é perigoso para a vitalidade e a saúde futura da Geografia que alguns professores julguem incompreensíveis ou inaceitáveis os desenvolvimentos atuais (COOKE & JOHNSON, 1969, p. 8).

Rex Walford chegou a um diagnóstico parecido: "A necessidade de unidade dentro da disciplina é mais do que uma questão prática de preparar os alunos do ensino médio para as primeiras aulas no *campus*; eu diria que é um requisito básico para a existência contínua da disciplina" (WALFORD, 1973, p. 97).

Apesar da oposição entre professores e acadêmicos, muitos dos quais viam a Geografia regional como a "verdadeira Geografia", havia fortes pressões a favor dos defensores da Nova Geografia. Além dos problemas nas escolas, os acadêmicos das universidades que controlavam as definições novas da disciplina estavam interessados em atingir o primeiro escalão das disciplinas acadêmicas universitárias. (Os seus interesses obviamente estariam refletidos no *status* superior do ensino médio.) A Nova Geografia foi concebida e promovida para atingir essa meta. A aliança entre *status* universitário e *status* escolar garantia que finalmente a Associação Geográfica acolheria a "Nova Geografia".

Os problemas visíveis enfrentados pela Geografia escolar foram usados como argumento para a mudança. A mudança, então, moveu-se em direções mais prováveis de satisfazer a aspiração da Geografia à plena aceitação como disciplina acadêmica de primeiro escalão nas universidades e no ensino médio. As mudanças oriundas das universidades foram parcialmente mediadas para as escolas através da Associação Geográfica. Em estágios nos quais a lacuna entre as duas crescia, a associação estava sempre pronta para advertir a respeito de uma redefinição rápida demais e exortar os professores a mudar e encorajar a sua reciclagem. Nos últimos anos, os temores sobre a "Nova Geografia" parecem haver diminuído e um período de consolidação se estabeleceu. Em Cambridge, base de Chorley e Haggett, David Walker – ele próprio um protagonista – recentemente escreveu: "A revolução acadêmica da quantificação que atacou o academicismo tradicional em áreas como linguística e história econômica cobrou o seu preço da Geografia nos últimos anos, mas o departamento de Cambridge que o Professor Darby assumiu em 1966 permanece de pé. O sistema de provas de dignidade acadêmica continua a oferecer um bom equilíbrio entre especialização e educação liberal" (WALKER, 1975, p. 6).

As percepções da disciplina em crise suavizaram-se consideravelmente. Um professor do Comitê Executivo que já ocupou vários cargos na Associação Geográfica declarou: "Vejo a Geografia tradicionalmente como um núcleo para entendermos por que os lugares são como são", mas comentou sobre a condição atual da Geografia: "Não está em fluxo... não há fim para a disciplina... é claro que as técnicas pelas quais avançamos a disciplina mudarão... como a ênfase atual nas técnicas quantitativas ajuda a nossa precisão, quem poderia negar que é um avanço dentro da disciplina?" (Entrevista, 14/12/1978).

Finalmente a reconciliação com a Nova Geografia se relacionou estreitamente à longa aspiração da Geografia a ser vista como disciplina científica. Numa década anterior, o Professor Wooldridge havia escrito um livro chamado *The Geographer as Scientist* (1956), mas em 1970, Fitzgerald, analisando as implicações da Nova Geografia para o ensino, escreveu: "A mudança que muitos julgam estar no coração da Geografia é aquela direcionada ao uso do método científico na abordagem de problemas" (WALFORD, 1973, p. 85). Similarmente, M. Yeates escreveu: "A Geografia pode ser considerada uma ciência interessada no desenvolvimento racional e nos testes de teorias que explicam e preveem a localização e distribuição espacial de várias características na superfície da terra" (YEATES, 1968, p. 1).

No 21º Congresso Geográfico Internacional em Nova Délhi, em 1968, o Professor Norton Ginsburg identificou ciência *social* como a "fraternidade" a que se deveria aspirar. Ele via "os primórdios de uma nova era para a Geografia humana como um membro qualificado da fraternidade da ciência social... acredito que o futuro da Geografia como importante disciplina de pesquisa será determinado nos campos de batalha intelectuais das universidades, onde a competição e o conflito são intensos; e onde as ideias são a marca da conquista" (GINSBURG, 1969, p. 403-404). Ele considerava: "a pesquisa moveu-se rapidamente, embora erraticamente, para a formulação de proposições gerais e teorias de organização e comportamento, e distanciou-se da preocupação com padrões propriamente ditos. Nesse sentido, o aparato intelectual e a organização interna da Geografia tornaram-se semelhantes àqueles das ciências sociais, ao passo que, anteriormente, diferiam notadamente deles". Logo, em 1970, a Geografia havia finalizado a sua "longa marcha" em busca de aceitação como disciplina acadêmica; a partir de então, o seu futuro de fato seria determinado não na sala de aula escolar, mas nos "campos de batalha intelectuais das universidades".

Conclusão

O estabelecimento da Geografia – de que modo a Geografia foi considerada uma disciplina – foi um processo demorado, minucioso e intensamente controverso. Não é a tradução de uma disciplina acadêmica inventada por grupos ("dominantes") de acadêmicos nas universidades numa versão pedagógica a ser usada como disciplina escolar. Ao contrário, a estória se desenvolve em ordem inversa e pode ser vista como o movimento progressivo de grupos de *status* inferior em âmbito escolar para colonizar áreas dentro do setor universitário – assim conquistando o direito de acadêmicos da nova área definirem o conhecimento que poderia ser visto como disciplina. O processo de desenvolvimento para as disciplinas escolares pode ser visto não como um padrão de disciplinas "traduzido" *para baixo* ou de "dominação" *descendente*, e sim como um processo de "aspiração" *ascendente*.

Resumindo os estágios na emergência da Geografia: nos primeiros estágios, o ensino era tudo, menos "messiânico", pois a disciplina era ministrada por não especialistas e incluía um "conjunto chato de números e fatos geográficos". O limiar para a decolagem na rota para o estabelecimento acadêmico começou com a receita notavelmente bem-sucedida de Mackinder para a promoção da disciplina elaborada em 1903. No manifesto de Mackinder, o professor de Geografia deve definir e escolher as provas que sejam melhores para a "aceitação comum" da disciplina, o ensino de Geografia deve estar exclusivamente nas mãos de geógrafos treinados e as universidades devem ser encorajadas a estabelecer faculdades de Geografia "onde geógrafos possam ser formados".

A estratégia oferece soluções para os principais problemas enfrentados pela Geografia no seu desenvolvimento. O mais notável deles era a natureza idiossincrática e baseada em informações da Geografia escolar. Inicialmente, a disciplina enfatizava argumentos pessoais, pedagógicos e vocacionais para a sua inclusão nos currículos: "buscamos treinar futuros cidadãos" e, ademais, um cidadão "deve ter uma formação topográfica se desejar manter a ordem na massa de informações que acumule durante a vida" (1919). Mais tarde, a disciplina foi defendida porque "as viagens e as correspondências agora se tornaram gerais" (1927). Mas o resultado dessas ênfases utilitárias e pedagógicas foi o surgimento de comentários sobre a "expansividade" da disciplina e o fato de se tornar cada vez mais uma disciplina "de cidadania mundial" (década de 1930).

O problema foi tal como aquele identificado por Mackinder em 1903: os geógrafos precisavam ser "formados" nas universidades, então quaisquer mudanças gradativas em busca de relevância ou utilidade escolar poderiam ser controladas e direcionadas. O crescimento da disciplina nas escolas representou um argumento imenso para que fosse ensinada nas universidades. Como Wooldridge observou mais tarde, "acreditava-se que, se a Geografia deve ser ensinada nas escolas, deve ser aprendida nas universidades". Vagarosamente, portanto, uma uniformidade na disciplina foi estabelecida para responder àqueles que observavam a natureza camaleônica da sua estrutura de conhecimento. Alice Garnett notou que somente após 1945 a maioria dos departamentos escolares de Geografia foi dirigida por geógrafos especialistas formados, mas, como resultado dessa formação, "a maioria dos contrastes e diferenças iniciais marcados na personalidade da disciplina havia sido diluída ou obliterada" (poderíamos dizer "mascarada e mistificada").

A definição de Geografia nas universidades substituiu rapidamente qualquer tendência promocional pedagógica ou utilitária por argumentos de rigor acadêmico: e em 1927 Hadlow havia afirmado que "o principal objetivo no bom ensino geográfico é desenvolver, como no caso de História, uma atitude mental e modo de pensamento característicos da disciplina". Entretanto, por várias décadas a Geografia universitária foi atormentada pela imagem da disciplina como algo essencialmente para crianças de escola e pelas interpretações idiossincráticas dos vários departamentos universitários, especialmente a respeito do trabalho de campo. Assim, embora o estabelecimento nas universidades resolvesse os problemas de *status* da disciplina nas escolas, dentro das universidades o *status* da disciplina ainda permanecia baixo. O lançamento da "Nova Geografia" com aspirações ao rigor científico ou científico-social, portanto, deve ser parcialmente entendido como uma estratégia para finalmente estabelecer o *status* da Geografia no nível mais alto. A esse respeito, a posição atual da disciplina nas universidades parece confirmar o sucesso do impulso da Nova Geografia em busca de paridade de estima com outras disciplinas universitárias.

A aspiração a se tornar uma disciplina acadêmica e a promoção bem-sucedida empregada por educadores e professores de Geografia, especialmente no trabalho da Associação Geográfica, foram claramente evidenciadas. Sabemos o que aconteceu na história da Geografia: foram apresentadas menos evidências que explicassem por que deveria ser assim. Uma pista é encontrada no pronunciamento presidencial de Garnett à Associação Geográfica em 1968; uma ligação clara é apresentada entre "o reconhecimento do *status* da nossa disciplina entre as disciplinas universitárias" e "a provisão custosa disponibilizada para o seu estudo". Claramente, o movimento em direção a um *status* superior é acompanhado de oportunidades para solicitar mais financiamento e recursos.

A relação estreita entre recursos e *status* acadêmico é um elemento fundamental do nosso sistema educacional. A origem dessa relação é o sistema de provas criado pelas universidades a partir do fim da década de 1850 e culminando no sistema de certificados escolares fundado em 1917. Como resultado, as disciplinas chamadas "acadêmicas" proveem provas adequadas para alunos "aptos", ao contrário de outras disciplinas.

O trabalho de Byrne forneceu dados sobre a alocação de recursos nas escolas. Ela pondera: "dois pressupostos que podem ser questionados foram consistentemente considerados a base do planejamento educacional e a consequente alocação de recursos para os alunos mais aptos. Primeiro, que eles necessariamente precisam de mais tempo na escola do que os alunos que não são das escolas de formação acadêmica e, segundo, que necessariamente precisam de mais profissionais, profissionais mais bem remunerados e mais dinheiro para equipamentos e livros" (BYRNE, 1974, p. 29). As implicações do tratamento preferencial das disciplinas acadêmicas para o interesse material próprio dos professores são claras: melhores proporções de profissionais, salários mais altos, gratificações individuais mais altas, mais postos graduados, melhores perspectivas profissionais. A ligação entre *status* acadêmico e alocação de recursos propicia a principal estrutura explicativa para entendermos o imperativo ambicioso de se tornar uma disciplina acadêmica. Basicamente, já que mais recursos são dados à disciplina de provas acadêmicas ensinada a alunos aptos, o conflito sobre o *status* do conhecimento sob análise é sobretudo uma batalha por recursos materiais e perspectivas profissionais de cada professor da disciplina ou de cada comunidade da disciplina.

O perfil histórico provisoriamente discernido para Geografia expõe certas omissões, em alguns casos concepções erradas, nos principais relatos filosóficos e sociológicos. A perspectiva filosófica serviu de base para a visão de que as disciplinas escolares derivam de formas ou áreas de conhecimento ou "disciplinas acadêmicas". É óbvio que, se uma disciplina escolar ocasionou o estabelecimento de uma base de disciplina acadêmica, é persuasivamente autossatisfatório argumentar que a disciplina escolar recebe direção e estímulos intelectuais de acadêmicos. Essa versão dos eventos simplesmente celebra um fato consumado na história da disciplina escolar e disciplinas acadêmicas associadas. O que permanece sem explicação e registro são os estágios de evolução em direção ao padrão culminante e as forças que empurram as disciplinas acadêmicas aspirantes para seguir rotas similares. Ao começarem com o produto histórico final, os estudos filosóficos se abstêm da oportunidade de analisar plenamente as disciplinas escolares.

De certo modo, os relatos sociológicos também celebram o fato consumado e afirmam que o controle universitário das disciplinas escolares reflete um padrão contínuo de dominação. Como vimos, os principais agentes ativamente envolvidos na construção desse padrão foram os próprios professores das disciplinas escolares – não tanto uma dominação exercida por forças dominantes, e sim a rendição mais solícita de grupos subordinados. O destaque da dominação leva a uma ênfase nos professores "sendo socializados dentro de estruturas institucionalizadas" que legitimam os padrões de alto *status* das disciplinas acadêmicas. Essa socialização nas instituições dominantes estava longe de ser o fator principal na criação do padrão que analisamos, e sim as considerações de interesse material próprio dos professores na sua vida de trabalho. Como o conceito errado é provido pelos sociólogos, que muitas vezes nos exortam a "entender o mundo real dos professores", eles deveriam ser mais atentos. O conhecimento acadêmico de *status* elevado ganha adeptos e aspirantes menos pelo controle dos currículos que socializam do que através de uma conexão bem-estabelecida com padrões de alocação de recursos e o trabalho e as perspectivas profissionais associados que eles garantem. O estudo histórico de disciplinas escolares direciona a nossa atenção ao desenvolvimento de padrões de alocação de recursos e acredito que mostra o quanto essa abordagem pode ser generativa ao substituir noções cruas de dominação por padrões de controle em que grupos subordinados podem ser vistos ativamente em ação.

Referências

APPLE, M.W. (1978). Ideology, Reproduction and Educational Reform. *Comparative Education Review*, 22.

BERNSTEIN, B. (1971). "On the Classification and Framing of Educational Knowledge". In: YOUNG, M. (org.). *Knowledge and Control*. Londres: Collier/Macmillan.

BIRD, C. (1901). Limitations and Possibilities of Geographical Teaching in Day Schools. *The Geographical Teacher*, 1.

BOARD OF EDUCATION (1927). *Report of the Consultative Committee*: The Education of the Adolescent, Hadlow Report. Londres: HMSO.

BOURDIEU, P. (1971). "Systems of Education and Systems of Thought, and Intellectual Field and Creative Project". In: YOUNG, M. (org.). *Reproduction in Education, Society and Culture*. Londres: Sage.

BOURDIEU, P. & PASSERON, J.C. (1977). *Reproduction in Education, Society and Culture*. Londres: Sage.

BYRNE, E.M. (1974). *Planning and Educational Inequality*. Slough: NFER.

CHORLEY, R. & HAGGETT, P. (1967). *Models in Geography*. Londres: Methuen.

_____ (1960). *Frontier Movements and The Geographical Tradition*.

COOKE, R. & JOHNSON, J.M. (1969). *Trends in Geography*. Londres: Methuen.

COUNCIL OF THE GEOGRAPHICAL ASSOCIATION (1919). The Position of Geography. *The Geographical Teacher*, 10.

DAVID, T. (1973). "Against Geography". In: BALE, D.; GRAVES, N. & WALFORD, R. (orgs.). *Perspectives in Geographical Education*. Edimburgo: Oliver and Boyd.

Entrevista (30/07/1976).

Entrevista pessoal palestrante da Faculdade de Educação (05/01/1977).

Entrevista professor de Geografia (14/12/1978).

ESLAND, G.M. & DALE, R. (orgs.) (1972). *School and Society*. Open University, Milton Keynes [Curso E282, unidade 2].

FITZGERALD, B.P. (1970). "Scientific Method, Quantitative Techniques and the Teaching of Geography". In: WALFORD, R. (org.) 1973.

GARNETT, A. (1969). Teaching Geography: Some Reflections, *Geography*, 54, nov.

GILBERT, E.W. (1961). The Idea of the Region. *Geography*, 45 (1).

GINSBURG, N. (1969). Tasks of Geography. *Geography*, 54.

GOWING, D. (1973). "A Fresh Look at Objectives". In: WATFORD, R. (org.). *New Directions in Geography Teaching*. Londres: Longmans.

HIRST, P. (1967). *The Educational Implications of Social and Economic Change*. Londres: HMSO [*Schools Council Working Paper*, n. 12].

HONEYBONE, R.C. (1954). Balance in Geography and Education. *Geography*, 34 (184).

JENKINS, D. & SHIPMAN, M.P. (1976). *Curriculum*: An Introduction. Londres: Open Books.

LAYTON, D. (1972). Science as General Education. *Trends in Education*, jan.

MACKINDER, H.J. (1903). Report of the Discussion on Geographical Education. *Geographical Teacher*, 2, p. 95-101 [na assembleia da Associação Britânica, set.].

_____ (1887). On the Scope and Methods of Geography. *Proceedings of the Royal Geographical Society*, IX.

Manifesto da Associação Geográfica impresso na contracapa de todas as cópias de *Geography*.

MARCHANT, E.C. (1965). Some Responsibilities of the Teacher of Geography. *Geography*, 3.

MUSGROVE, F. (1968). "The Contribution of Sociology to the Study of the Curriculum". In: KERR, J.F. (org.). *Changing the Curriculum*. Londres: University of London Press.

PHENIX, P.M. (1964). *The Realms of Meaning*. Nova York: McGraw-Hill.

PRC (1968). Review. *Geography*, 53/4, nov.

SLAYMAKER, O. (1960). Review. *Geographical Journal*, 134/2, set.

Society and the Young School Leaver (1967). Londres: HMSO [Working Paper, n. 11].

THE NORWOOD REPORT (1943). *Curriculum and Examinations in Secondary Schools*. Londres: HMSO.

WALFORD, R. (1973). "Models, Simulations and Games". In: BALE, D.; GRAVES, N. & WALFORD, R. (orgs.). *Perspectives in Geographical Education*. Edimburgo: Oliver and Boyd.

WALKER, D. (1975). The Well-rounded Geographers. *The Times Educational Supplement*, 28/nov., p. 6.

WOOLDRIDGE, S.W. (1956). *The Geographer as Scientist*. Londres: Nelson.

WRIGLEY, E.A. (1967). "Changes in the Philosophy of Geography". In: CHORLEY, R. & HAGGETT, P. (orgs.). *Frontiers in Geographical Teaching*. Londres: Methuen.

YEATES, M.H. (1968). *An Introduction to Quantitative Analysis in Economic Geography*. Nova York: McGraw-Hill.

YOUNG, M. (1977). "Curriculum Change: Limits and Possibilities". In: YOUNG, M. & WHITTY, G. (orgs.). *Society State and Schooling*. Brighton: Falmer.

_____ (1971). "An Approach to the Study of Curricula as Socially Organised Knowledge". In: YOUNG, M. (org.). *Reproduction in Education, Society and Culture*. Londres: Sage.

6
Sobre a forma do currículo*

Os sociólogos da educação interessados no currículo escolar há muito tempo enfrentam um paradoxo. O currículo é reconhecidamente e manifestamente uma construção social. Por que, então, em tantos dos nossos estudos de educação, esse construto social central é tratado como uma certeza eterna? Em especial, por que os cientistas sociais, tradicionalmente mais conscientes do que a maioria das lutas ideológicas e políticas que sustentam a vida social, aceitam largamente a "certeza" do currículo escolar? Essa sempre foi uma omissão peculiar, mas, já que as guerras curriculares assolam a educação superior americana devido à escolha do "cânone", parece ser um bom momento para reiniciar a teorização sobre o currículo escolar.

Neste momento, em vários países ocidentais, o "currículo" escolar voltou à pauta política. Nos Estados Unidos, após o Holmes Group e a Carnegie Task Force, além de publicações como a "Nation at Risk", isso ficou evidente; na Grã-Bretanha, a certeza do currículo está sendo literalmente reverenciada pela legislação parlamentar na forma de um "currículo nacional"; na Austrália, as províncias estão "mapeando" o seu currículo para discernir semelhanças, o que seria, segundo alguns acadêmicos, algo precursor para a definição de políticas curriculares mais "nacionais".

Nessas circunstâncias, é importante analisar o estado do conhecimento sociológico relativo ao currículo. O nosso conhecimento do currículo escolar permanece gravemente subestimado em termos teóricos. Boa parte dos trabalhos desse território foi realizada por sociólogos do conhecimento, mas os trabalhos pioneiros nessa área permanecem parciais e falhos se o nosso interesse for desenvolver a nossa compreensão teórica do currículo. Como Apple (1979, p. 17) argumenta, muitos dos trabalhos importantes nessa área foram conduzidos na Europa: os trabalhos de Émile Durkheim e Karl Mannheim ainda são importantes, assim como

---
* *Sociology of Education*, 65 (1), 1992, p. 66-75.

o trabalho do falecido Raymond Williams e, nas décadas de 1960 e 1970, os trabalhos de Pierre Bourdieu e Basil Bernstein. No trabalho de Williams, a maior parte do foco teórico era no *conteúdo* do currículo. Bernstein, por sua vez, apontou princípios subjacentes para a classificação e estruturação do currículo, mas enfatizou a relação *entre* conteúdos disciplinares (BERNSTEIN, 1971). Curiosamente a obsessão com o conteúdo disciplinar continua no trabalho de Lee Shulman sobre a base de conhecimento necessária para o ensino. Na sua parte principal sobre "academicismo em disciplinas de conteúdo", vemos que "a primeira fonte da base de conhecimento é o *conteúdo*" (SHULMAN, 1987, p. 8).

O tema das relações *dentro* da disciplina permanece inexplorado e não teorizado. Neste capítulo, a questão das relações internas do currículo – a forma do currículo – é analisada: como afirma Apple, "por motivos metodológicos, não se considera uma certeza de que o conhecimento curricular seja neutro. Em vez disso, buscamos interesses sociais embutidos na própria forma de conhecimento" (APPLE, 1979, p. 17). O conflito social dentro da disciplina é crucial para a compreensão da própria disciplina (e, logo, as relações entre as disciplinas). A disciplina não é uma entidade monolítica, portanto, análises que consideram as disciplinas e as relações entre as disciplinas dessa forma mistificam um conflito social central e contínuo. Nesta análise, a compreensão das relações internas do currículo seria uma importante precursora do tipo de trabalho que Bernstein exemplificou nas modalidades e relações externas do currículo.

Uma justificativa menos teórica para análises da forma do currículo é o domínio do que Connell chamou de "currículo acadêmico competitivo". Essa forma de currículo define a pauta e o discurso da educação em vários países. Os resultados são razoavelmente generalizáveis:

> Dizer que é hegemônico não é dizer que é o único currículo nessas escolas. É dizer que esse padrão ocupa o primeiro lugar nessas escolas; ele domina as ideias da maioria das pessoas sobre o que é uma verdadeira aprendizagem. A sua lógica tem a influência mais forte na organização da escola e do sistema educacional em geral; e também é para marginalizar ou subordinar os outros currículos que estão presentes. Sobretudo o currículo acadêmico competitivo torna a classificação e o endurecimento de corações uma realidade central da vida escolar contemporânea (CONNELL, 1985, p. 87).

Porém, a progressiva dominação do currículo acadêmico competitivo resulta de um conflito contínuo dentro das disciplinas escolares.

Conceitos de "mentalidades"

Para exemplificar um conceito mais amplo para o estudo das disciplinas escolares, analisarei a emergência de certos conceitos de "mentalidades", já que eles fornecem pressupostos antecedentes para a nossa construção social contemporânea de conhecimento escolar. Ao fazer isso, estou me pautando no trabalho de outros e não estou seguindo uma linha regular de desenvolvimento. Por isso posso ser justificadamente acusado de saquear a história, de mergulhar em períodos sem conhecimento ou descrição plenos da complexidade do contexto. Mas o meu objetivo não é tanto uma explanação histórica abalizada, e sim mostrar como fatores antecedentes poderiam ser um fator na construção e consciência contemporâneas. O objetivo é mostrar como podemos buscar uma perspectiva de prazo mais longo sobre eventos atuais e como, ao fazermos isso, podemos prover uma reconceituação do modo de estudo do currículo que nos permita conectar atos específicos de construção social a impulsos sociais mais amplos.

A noção de "mentalidade" deve muito ao trabalho da Escola dos Annales de historiadores. Depois deles, a minha opinião é que, ao estudar períodos históricos, é importante gerar ideias sobre as visões de mundo defendidas por grupos culturais e subculturais distintos. Nesse sentido, a mentalidade se relaciona ao microconceito de "*habitus*" desenvolvido por Bourdieu e Passeron (1977) ou "resistência" como uma visão distinta defendida pelos "rapazes" da classe operária britânica no trabalho de Paul Willis (1977).

No seu trabalho sobre a reforma escolar australiana, que deriva da Escola dos Annales, Pitman alega que "em determinada civilização há múltiplas culturas relativas a localização, classe, ocupação, gênero e qualquer outro critério relevante":

> As relações dialéticas dos vários grupos com os seus mundos materiais e entre si permitem o desenvolvimento de visões de mundo ou mentalidades dentro desses grupos que são distintas entre si. Por exemplo, na divisão de trabalho e na permuta de classes de trabalho para organizadores do trabalho e proprietários dos meios de produção, os participantes nas permutas assimétricas interagem de forma diferente com os seus mundos materiais, ao menos em relação à natureza do trabalho (PITMAN, 1986, p. 60).

Shapin e Barnes analisaram uma seleção de textos educacionais sobre pedagogia na Grã-Bretanha no período de 1770 a 1850. Ao analisarem a "retórica" da pedagogia, encontraram "uma anuência notável sobre a mentalidade das disciplinas daqueles programas" (SHAPIN & BARNES, 1976, p. 231). Mentalidades diferentes foram atribuídas, dependendo de as pessoas em questão terem vindo das "camadas superiores" ou dos "escalões inferiores".

Três dicotomias

Três dicotomias fundamentais foram distinguidas. A primeira situa o caráter *sensual* e *concreto* do pensamento das camadas inferiores contra as qualidades *intelectuais*, *verbais* e *abstratas* dos pensamentos da classe superior. A segunda situa a *simplicidade* do pensamento das camadas inferiores contra a *complexidade* e a *sofisticação* das camadas superiores.

Em *Wealth of Nations*, Adam Smith apresenta a ligação crucial entre divisão de trabalho e divisão de mentalidades (e, é claro, currículo). Em padrões de exploração e dominação, é essa a racionalização crucial que deve ser venerada. Afirma Smith, portanto:

> No progresso da divisão de trabalho, o emprego da parte bem maior daqueles que vivem do trabalho fica confinado a algumas operações muito simples, frequentemente uma ou duas. Mas os entendimentos da maior parte dos homens são necessariamente formados pelos seus empregos comuns. O homem cuja vida inteira é gasta na realização de algumas operações simples, cujos efeitos talvez também sejam os mesmos ou quase os mesmos, não tem a oportunidade de exercer o seu entendimento ou exercitar a sua invenção... Ele naturalmente... torna-se tão estúpido e ignorante quanto uma criatura humana pode vir a ser (apud SHAPIN & BARNES, 1976, p. 231).

No que tange à elite, Smith é similarmente assertivo:

> Também os empregos onde as pessoas com alguma posição ou fortuna passam a vida não são, como os empregos das pessoas comuns, simples ou uniformes. Quase todos eles são extremamente complicados e exercitam mais a cabeça do que as mãos (apud SHAPIN & BARNES, 1976, p. 231).

A terceira dicotomia fundamental se refere à resposta *passiva* das camadas inferiores à experiência e ao conhecimento comparadas ao uso *ativo* dos escalões superiores. Esse espectro que vai desde a passividade até a atividade talvez seja a parte mais crucial do enigma das mentalidades quando relacionado à evolução do conhecimento escolar. Portanto:

> Os pensamentos sensuais, superficiais e simples das camadas inferiores não lhes permitiam produzir respostas mediadas às expe-

riências nem fazer conexões profundas entre diferentes informações que lhes permitiriam ser generalizadas para uso como recursos em vários contextos (SMITH, apud SHAPIN & BARNES, 1976, p. 231).

Nesses primeiros estágios, forjou-se o elo entre as camadas inferiores e o conhecimento específico e contextualizado. Essa necessidade de conhecimento contextualizado imediato proveu o diagnóstico "que justificou a caracterização do seu processo de aprendizagem como passivo e mecânico" (SHAPIN & BARNES, 1976, p. 234). O conhecimento era apresentado e aceito sem que as conexões fossem feitas entre fatos específicos e contextualizados, as camadas inferiores não agiam segundo o conhecimento nem faziam generalizações a partir dos dados. Um pacto diabólico emerge: a camada inferior aprendia "fatos" específicos e contextualizados mecanicamente – a capacidade de generalizar através dos contextos não era apresentada nem estimulada. O conhecimento descontextualizado era para outros – para as camadas inferiores tornou-se uma forma de conhecimento profundamente estranha e intocável. No seu devido tempo, também gerou passividade.

As camadas superiores, ao contrário, podiam incorporar as suas percepções, intuições, informações e conhecimentos aos sistemas coerentes de pensamento e inferência:

> Ao fazerem isso, podiam, por um lado, estender a sua gama de aplicabilidade e, por outro, trazer uma gama de princípios abstratos e operações simbólicas para lhes servir de base. Logo podiam, ao contrário das camadas inferiores, fazer *uso ativo* do conhecimento e da experiência. Não importa o que tenha sido, serviu para ampliar as possibilidades de pensamento deles.

Portanto:

> Na sociedade, assim como no corpo, a cabeça era reflexiva, manipuladora e controladora; a mão era irreflexiva, mecânica, determinada por instruções (SMITH, apud SHAPIN & BARNES, 1976, p. 235).

Shapin e Barnes julgam, portanto, que "quando alguém ascendia aos escalões superiores da sociedade, cada vez mais encontrava modelos de pensamento mais abstratos, refinados e complexos, e corpos de 'conhecimento' mais extensos, bem-estruturados e profundos". Mas, além disso, exigia-se que o conhecimento fosse "adequadamente distribuído", não "graduado impropriamente" ou ensinado "de modo deslocado". Assim:

> Propriamente distribuído, poderia funcionar como uma demonstração simbólica de posição social, permitindo que as várias camadas reconhecessem melhor a hierarquia e os setores aos quais era devida deferência. E também poderia servir como um meio que permitisse a comunicação entre o topo e a base da sociedade, um veículo através do qual a cabeça pudesse controlar a mão. Incorretamente distribuído, o conhecimento poderia estimular as massas a ambicionar a ascensão e lhes dar os recursos para tanto. Embora talvez a sua inferioridade natural condenasse essas ambições a uma derrota no final, a turbulência temporária seria problemática e inconveniente (SHAPIN & BARNES, 1976, p. 236).

As duas mentalidades distintas definidas para as camadas superiores e inferiores foram recursos essencialmente culturais empregados em toda uma série de debates e discursos:

> São um tributo à habilidade e infinita criatividade do homem na construção de racionalizações e adaptação de recursos culturais às exigências de situações concretas. E é como respostas situadas a determinadas exigências polêmicas e não necessariamente como as filosofias coerentes de indivíduos que devemos tratar esses indivíduos (SHAPIN & BARNES, 1976, p. 237).

No processo de favorecer "a cabeça mais do que as mãos", novos padrões de diferenciação e análise estavam emergindo na educação secundária inglesa na metade do século XIX. Na década de 1850, a educação estava desenvolvendo ligações com as universidades através da fundação das primeiras bancas examinadoras. Foi uma resposta estrutural aos privilégios das camadas superiores e seu conhecimento abstrato da cabeça, por associação. Obviamente as universidades eram a favor de "mentes boas" e desenvolveram currículos para "treinar a mente". Elas inequivocamente defendiam "a cabeça mais do que as mãos", de fato "treinar a mente" era domínio exclusivo delas.

As ligações com a ordem social eram claras e muitas vezes explicitamente declaradas à medida que as bancas examinadoras das universidades eram criadas. Por exemplo, a banca examinadora local da Universidade de Cambridge foi fundada em 1858: "O estabelecimento destas provas foi a resposta das universidades aos pedidos para que ajudassem no desenvolvimento de 'escolas para as classes médias'" (UNIVERSIDADE DE CAMBRIDGE, 1958). Quando as bancas examinadoras universitárias passaram a existir, uma hierarquia de camadas sociais e currículos associados estava, com efeito, sendo estabelecida e conectada a um sistema e estrutura de educação. No topo, as escolas eram para "treinar a mente" e desenvolviam ligações no âmbito das provas (e às vezes destinos futuros), com as universidades e seu currículo clássico. Em níveis de educação considerados inferiores, constatava-se que o currículo se tornava progressivamente mais rudimentar, era ensinado mecanicamente e tinha uma "orientação" prática.

O conflito sobre a ciência

Nas décadas seguintes, é claro que houve desafios a esse "assentamento político" nos níveis do currículo que correspondiam tão bem às gradações da sociedade. O mais notável foi a batalha pela inclusão da ciência. O que se percebia como perigo social da ciência, especialmente da ciência aplicada, era em parte que a educação pudesse ser relacionada à experiência cultural das camadas inferiores. Existia um conhecimento que poderia ser contextualizado – não um conhecimento abstrato ou clássico, tampouco quintessencialmente descontextualizado, mas o conhecimento oposto cuja relevância e interesse poderiam ser assegurados para as camadas inferiores. Para as massas, um meio educacional possível estava ao alcance. Era uma prova de fogo para o interesse ou desinteresse do conhecimento escolar. No início do século XIX, as opiniões sobre a ciência haviam sido claras. Em 1825, um "fazendeiro" pensava assim:

> se ensinarem ciências para as classes operárias, o que as classes médias e altas aprenderão, para preservar a devida proporção? A resposta é óbvia o bastante. Não há nada que possam lhes ensinar capaz de manter a sua superioridade (apud SHAPIN & BARNES, 1976, p. 239).

No início dos seus trabalhos, Mannheim julgava a ciência um "conhecimento desinteressado", mas a ciência como conhecimento escolar era um assunto completamente diferente, muito mais um caso de "conhecimento interessado".

Os problemas suscitados por "fazendeiros" cresceram no período após 1825, já que algumas experiências bem-sucedidas estavam sendo desenvolvidas para o ensino da ciência às classes operárias nas escolas elementares. Por exemplo, o Reverendo Richard Dawes abriu uma National Society School em King's Somborne, na Inglaterra, em 1842. Ali começou a ensinar ciência aplicada à "compreensão das coisas comuns". Em suma, ensinava ciência contextualizada, mas com o objetivo de desenvolver a compreensão acadêmica dos seus alunos das camadas inferiores. O conhecimento científico, portanto, era contextualizado de acordo com a cultura e experiência dos filhos das pessoas comuns, mas ensinado de um modo que pudesse abrir as portas para a compreensão e o exercício do pensamento. Isso era o ensino como educação – e, mais ainda, para os trabalhadores pobres. Mas o currículo se limitava a escolas elementares com alunos predominantemente da classe operária. Existem evidências claras em relatórios governamentais contemporâneos de que a ciência das coisas comuns possibilitou um sucesso prático considerável nas salas de aula. Seria errado, porém, supor que o problema estava resolvido e que a ciência das coisas comuns funcionou como base para a definição de ciência escolar. Longe disso. Outras definições de ciência escolar eram defendidas por interesses poderosos. Lord Wrottesley presidiu um Comitê Parlamentar da Associação Britânica para o Avanço da Ciência sobre o tipo mais apropriado de educação científica para as classes superiores. Hodson afirma que o relatório:

> refletia uma consciência crescente de um problema sério: que a educação científica em grau elementar estava se mostrando altamente bem-sucedida, especialmente no que se referia ao desenvolvimento de habilidades de pensamento, e a hierarquia social estava sob ameaça porque não havia um desenvolvimento correspondente para a camada superior (1987, p. 139).

Wrottesley dá um exemplo que confirma os seus piores temores:

> um menino pobre foi à frente responder, claudicando. Esfarrapado e corcunda, o seu rosto pálido e macilento era um conto escancarado da pobreza e suas consequências... mas ele imediatamente respondeu à pergunta que lhe fizeram com tanta lucidez e inteligência que despertou um senso de admiração pelos talentos da criança combinados com um sentido de vergonha de que mais informações sobre assuntos de interesse geral deveriam ser encontradas em algumas das nossas classes mais baixas do que naquelas de níveis muito superiores.

E conclui:

> Configura-se um Estado nocivo e vicioso se, numa sociedade, aqueles comparativamente desafortunados de dons da natureza forem geralmente melhores nas realizações intelectuais do que aqueles de classe superior (apud HODSON, 1987, p. 139).

Logo depois dos comentários de Wrottesley, em 1860, a ciência foi retirada do currículo elementar. Quando acabou voltando ao currículo das escolas elementares uns 20 anos depois, foi de uma forma bem diferente da ciência das coisas comuns. Uma versão diluída de pura ciência de laboratório havia se tornado aceita como a visão *correta* de ciência, visão que persistiu praticamente sem encontrar resistência até hoje. A ciência enquanto disciplina escolar foi poderosamente redefinida para se tornar similar em sua forma a muitas outras coisas no currículo secundário – pura, abstrata, um corpo de conhecimento venerado em ementas e livros (GOODSON, 1988).

A ideia fundamental é que, até mesmo com uma disciplina concebida como um desafio ao currículo acadêmico tradicional, a incorporação pode acontecer. Logo, a ciência, pensada como algo prático e pedagógico, acabou se tornando "pura ciência de laboratório".

Continuidades e complexidades

O padrão do início do século XIX de "mentalidades" diferentes e currículos diferentes que Shapin e Barnes observaram durou consideravelmente. É claro que as continuidades que podem ser discernidas devem se relacionar totalmente à complexidade de cada período histórico. Nesse sentido, estou apenas indicando uma pauta para futuros trabalhos históricos.

As aparentes continuidades são suficientemente claras, porém, para garantir outros estudos históricos substanciais. Por exemplo, quase um século depois, o Relatório de Norwood, de 1943, defendia a noção de mentalidades diferentes e currículos diferentes e, de fato, escolas diferentes para atender essas mentalidades. Esse relatório ocasionou na Grã-Bretanha a Lei da Educação de 1944, que pode ser vista como a institucionalização de uma ordem política e social para a educação fundamentada numa hierarquia de mentalidades.

O Relatório de Norwood alega que em toda a Europa "a evolução da educação" havia "trazido à tona certos grupos, cada um podendo e devendo ser tratado de maneira adequada". Na Inglaterra, três grupos claros podiam ser discernidos. Primeiro:

> o aluno interessado no simples fato de aprender, que consegue captar um argumento ou acompanhar um raciocínio conectado, que se interessa pelas causas, seja no âmbito da volição humana ou do mundo material, que se preocupa em entender a origem e a forma das coisas, que é sensível à linguagem como expressão do pensamento, a uma prova como demonstração precisa, a uma série de experiências que justifiquem um princípio; ele está interessado na conexão das coisas relacionadas, no desenvolvimento, na estrutura, num corpo coerente de conhecimento (RELATÓRIO DE NORWOOD, 1943, p. 2).

Esses alunos formam a clientela contínua do currículo tradicional baseado em disciplinas, pois, como declara Norwood: "tais alunos, educados pelo currículo comumente associado à escola de formação acadêmica [*grammar school*], ingressaram em profissões cultas ou assumiram postos superiores de administração ou comércio" (p. 2). Segundo, as necessidades da categoria intermediária, "o aluno cujos interesses e habilidades se destaquem na área de ciência aplicada ou arte aplicada", deveriam ser atendidas pelas escolas técnicas. Terceiro, Norwood afirma com uma visão muito parcial da história educacional: "Houve reconhecimento dos últimos anos, expresso na estruturação de currículos e de ainda outro conjunto de profissões" (p. 4). Esse terceiro grupo proveria a clientela para as novas escolas secundárias modernas [*secondary modern schools*].

> O aluno deste grupo lida mais facilmente com coisas concretas do que com ideias. Ele pode ter muita habilidade, mas será no domínio dos fatos. Interessa-se pelas coisas como são; sente pouca atração pelo passado ou pelo desenrolar vagaroso de causas ou movimentos. A sua mente deve voltar o seu conhecimento ou curiosidade a testes imediatos; e o seu teste é essencialmente prático (Relatório de Norwood, 1943, p. 4).

Esse currículo, embora excluísse certos futuros profissionais, certamente facilitava aqueles destinados ao trabalho manual. "Não seria uma preparação para determinado emprego ou profissão, e o seu tratamento faria um apelo direto aos interesses, os quais seriam despertos por uma lida prática com as coisas" (p. 4).

O Relatório de Norwood resume os padrões de diferenciação curricular que haviam emergido através da "evolução da educação" no último século, aproximadamente. A aliança estreita entre padrões de diferenciação curricular e estrutura social foi muitas vezes admitida (como no Relatório de Taunton, em 1868): currículos diferentes estão explicitamente ligados a categorias profissionais diferentes. A tradição acadêmica era para o aluno da escola de formação acadêmica destinado às profissões cultas e postos superiores de administração ou comércio. O currículo mais utilitário nas escolas técnicas era para o aluno destinado a trabalhar com "ciência aplicada ou arte aplicada". Embora para o futuro trabalhador manual na escola secundária moderna a ênfase fosse em currículos utilitários e pedagógicos, esses estudos fariam "um apelo direto aos interesses que seriam despertos por uma lida prática com as coisas" (p. 4). A identidade estreita entre diferentes tradições curriculares, destinos profissionais (e classes sociais) e diferentes setores educacionais foi confirmada na Lei da Educação, de 1944, que organizou as escolas em escolas de formação acadêmica para os alunos acadêmicos, escolas técnicas para os alunos "aplicados" e escolas secundárias modernas para os alunos "práticos".

A lei de 1944, portanto, produziu um padrão organizacional em consonância com as configurações sociais presentes na tradição estabelecida pelo Relatório de Taunton. Em 1945, contudo, a eleição de um governo socialista do Partido Trabalhista iniciou um período em que a organização educacional arraigada e explicitamente pautada em classes sofreu um ataque substancial. Na Grã-Bretanha, a batalha por uma escola comum foi travada tarde – sintoma da estrutura arraigada de classes do país. A escola de formação geral [comprehensive school], portanto, somente foi "conquistada" em 1965. A circular de 1965 buscava "eliminar o separatismo na educação secundária" (DES [Department of Education and Science], 1965, p. 1). Mas uma leitura atenta da circular sugere que a principal preocupação, talvez compreensível na época, era eliminar o separatismo na forma de diferentes edifícios e tipos de escolas.

De fato havia indicações claras de que, longe de se esperar uma nova síntese dos currículos, a principal preocupação em 1965 era defender e ampliar a educação de formação acadêmica antes confinada na maior parte das vezes à classe profissional e média. A moção da Câmara dos Comuns, que levou à Circular 10/65, era razoavelmente específica:

> Esta Casa, ciente da necessidade de elevar os padrões educacionais em todos os níveis, e lamentando que a realização desse objetivo seja impedida pela separação das crianças em tipos diferentes de escolas secundárias, observa com aprovação os esforços das autoridades locais em reorganizar a educação secundária em linhas gerais que preservem tudo o que é valioso na educação das escolas de formação acadêmica para aquelas crianças que agora o recebem e que o disponibilizem a mais crianças (DES, 1965, p. 1).

O que não ficou claro nem foi dito foi se a lógica de prover uma educação geral para todos na escola comum também seria buscada na provisão de um currículo comum.

Pode parecer que a escola de formação geral havia sido assim conquistada, mas uma análise histórica mais sistemática dos padrões internos curriculares mostra outra coisa. De certo modo, a transferência para a escola comum representa uma mudança somente no eixo geométrico da diferenciação. Portanto, na Tabela 6.1, a diferenciação de 1944 é vertical, baseando-se em setores escolares separados.

Tabela 6.1 – Educação tripartida: sistema educacional após a Lei de 1944

Escola de formação acadêmica	Escola técnica	Escola secundária moderna
Acadêmica: rota para as universidades	Conhecimento técnico	Prática/manual

Tabela 6.2 – "Correntes" da escola de formação geral

Disciplinas acadêmicas
Disciplinas técnicas
Disciplinas manuais/práticas

A educação geral limitava todos esses tipos separados de educação "sob o mesmo teto". O recrutamento baseado em classes aos três tipos de escola foi desafiado para que todas as crianças tivessem oportunidades "iguais" para frequentar a mesma escola de formação geral (não obstante os "filhos de pais ricos" que continuavam a frequentar escolas particulares). Mas os resultados dessa reforma foram menos substanciais quando padrões internos foram estabelecidos, pois *dentro* da escola de formação geral o antigo sistema tripartido foi restabelecido com um padrão de diferenciação horizontal (Tabela 6.2).

Em muitos casos, as duas últimas categorias efetivamente se mesclaram: a distinção crucial era entre disciplinas acadêmicas e não acadêmicas. Os alunos eram categorizados muito claramente nessas linhas como "acadêmicos" e "não acadêmicos". Estudos minuciosos sobre a reforma da educação (de tripartida para geral) oferecem a oportunidade aos estudiosos da história curricular de reconceituar a reforma curricular. A reforma, portanto, provê uma "matriz de possibilidade" quando ocorre o conflito sobre uma redefinição ou simples renegociação da diferenciação.

Nessa matriz, uma série de possíveis combinações curriculares pode ser discernida. Por exemplo, a opção A na figura 6.1 representa uma situação que prevaleceu por muito tempo na Grã-Bretanha, na qual somente a elite recebia educação de natureza acadêmica. A combinação de A e B provê a educação acadêmica recontextualizada para as camadas superiores e o treinamento prático contextualizado para as camadas inferiores – com efeito, um "currículo de castas" hierárquico e estratificado.

As tentativas de reforma dos currículos podem ser descendentes (A a C) ou ascendentes (B a D). No modelo descendente, o conhecimento acadêmico descontextualizado é destilado e disponibilizado para um público mais amplo (muitas das reformas curriculares da década de 1960 foram assim). No modelo ascendente, o conhecimento contextualizado é usado como veículo para uma educação teórica mais geral (como foi o caso da Ciência das Coisas Comuns).

Um padrão de estruturação

A matriz das formas curriculares ilustra uma série de potenciais padrões para programação, desenvolvimento e reforma dos currículos. Mas, por trás da aparente flexibilidade, há padrões estabelecidos de finanças e recursos. Na Grã-Bretanha, esses padrões foram estabelecidos em sua maior parte no período de 1904-1917. O seu estabelecimento e continuação até o fim do século XX nos propiciam uma instância histórica dos processos sociais e políticos que subjazem às disciplinas escolares.

A Regulamentação Secundária de 1904 lista e prioriza as disciplinas que são adequadas à educação nas escolas secundárias de formação acadêmica. As disciplinas eram, em sua maioria, aquelas que passaram a ser vistas como "acadêmicas", visão confirmada e consolidada pela sua veneração nas provas do certificado escolar lançadas em 1917.

A partir de 1917, as disciplinas das provas, as disciplinas "acadêmicas", herdaram um tratamento preferencial em finanças e recursos direcionados às escolas de formação acadêmica. Deve-se notar que o sistema de provas havia sido desenvolvido para uma clientela comparável. A fundação dessas provas em 1858 "foi a resposta das universidades aos pedidos para que ajudassem no desenvolvimento de 'escolas para as classes médias'" (UNIVERSIDADE DE CAMBRIDGE, 1958, p. 1). (A gênese das provas e a sua subsequente centralidade na estrutura dos sistemas educacionais são um exemplo especialmente bom da importância dos fatores históricos para quem desenvolve teorias sobre currículo e educação.)

A estrutura de recursos conectados às provas efetivamente sobreviveu às mudanças subsequentes no sistema educacional (embora atualmente elas estejam sujeitas a desafios). Byrne, por exemplo, declara "que mais recursos são dados a alunos aptos e, logo, às disciplinas acadêmicas", os dois ainda são sinônimos, "já que se considera que necessariamente precisam de mais profissionais, profissionais mais bem remunerados e mais dinheiro para equipamentos e livros" (BYRNE, 1974, p. 29).

Os interesses materiais dos professores – pagamento, promoção e condições – estão intimamente interligados ao destino das suas disciplinas especialistas. Nas escolas, as disciplinas escolares são organizadas em departamentos. A carreira do professor de uma disciplina é desenvolvida dentro de um departamento, e o *status* do departamento depende do *status* da disciplina. A disciplina "acadêmica" é situada no topo da hierarquia de disciplinas porque a alocação de recursos acontece com base em suposições de que tais disciplinas são melhores para os alunos "aptos" (e *vice-versa*, é claro) que, ainda se supõe, devem receber um tratamento favorável.

Figura 6.1 – Forma do currículo

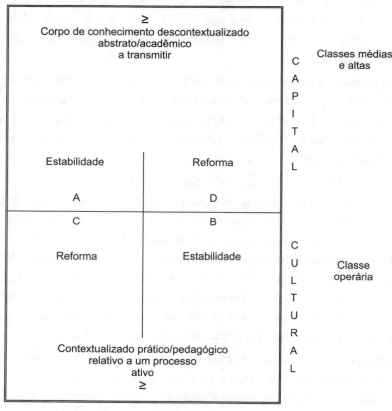

A – Currículo da elite individual.
A + B – Currículo de castas. Hierárquico, estratificado.
AΔC – Reforma descendente. Exversão.
BΔD – Reforma ascendente. Inversão.

Portanto, nas escolas secundárias, o interesse material e o interesse próprio dos professores das disciplinas estão interligados ao *status* da disciplina, julgado em termos do seu *status* de prova. Disciplinas acadêmicas propiciam ao professor uma estrutura de carreira caracterizada por melhores perspectivas de promoção e remuneração do que disciplinas menos acadêmicas.

O padrão de finanças e recursos que emergiu no período de 1904 a 1917 mostrou-se durável e somente há pouco tempo esteve sujeito a desafios substanciais. Como resultado, um processo comum de desenvolvimento e promoção de disciplinas escolares começou a emergir em resposta às "regras do jogo" definidas dessa maneira para quem está buscando finanças, recursos e *status* (GOODSON, 1987; 1988).

Conclusão

Este capítulo observa que um padrão polarizado de mentalidades emergiu na Grã-Bretanha no período de 1770 a 1850. Para a "camada superior", as mentalidades eram julgadas intelectuais, abstratas e ativas, já as "camadas inferiores" eram consideradas sensuais, concretas e passivas. No devido tempo, essas mentalidades polarizadas foram incorporadas nas estruturas profundas do currículo – digamos que elas foram internalizadas. Assim, o processo de "produção" de mentalidades se estendeu, já que as próprias disciplinas escolares se tornaram, por sua vez, as formadoras de subjetividades. Um círculo de autoconfirmação foi traçado ao redor de diferentes agrupamentos sociais. Dada a ressonância com padrões de capital cultural, isso se mostrou um assentamento resiliente.

Na época em que essas constelações de mentalidades, currículo e capital cultural começaram a se reunir, um sistema educacional público começava a emergir. No devido tempo, esses padrões foram institucionalizados – inicialmente num sistema de escolas separadas para mentalidades e currículos distintos. Depois, à medida que a educação comum foi "desenvolvida" (ou "concedida", dependendo da sua localização), o padrão de mentalidades e currículos distintos permaneceu como mecanismo de diferenciação *dentro* daquele que era ostensivamente unificado e comum. É como se a "divisão de trabalho" mental/manual fosse institucionalizada numa "divisão do currículo". Certamente a respeito da política atual associada ao novo "currículo nacional", os padrões emergentes do tradicionalismo demarcados a partir de um novo vocacionalismo parecem prontos para continuar e fortalecer essa divisão (BATES, 1989).

No período histórico aqui considerado, pode-se discernir claramente a estruturação deliberada de uma educação pública na qual a cabeça, e não as mãos, era preferida. A forma acadêmica do currículo foi favorecida deliberadamente e sistematicamente pela estrutura dos recursos e finanças. Logo, um padrão de priorização de certos grupos sociais foi substituído por um processo ostensivamente neutro de priorização de certas formas de currículo. Mas apesar de o nome haver mudado, o jogo continuou o mesmo. Por isso não surpreende que grupos sociais similares tenham continuado a se beneficiar do mesmo modo que outros grupos sociais, como antes, tenham sido desfavorecidos. Mas a internalização da diferenciação efetivamente mascarou esse processo social de preferência e privilégio.

Portanto, o foco em conflitos *dentro* do currículo responde a essa internalização da diferenciação social. Em resumo, para entendermos plenamente o processo que é a educação, precisamos observar o *interior* do currículo. Parte do enigma complexo da educação deve ser entendida pela captura do processo interno de estabilidade e mudança no currículo.

Referências

APPLE, M. (1979). *Ideology and Curriculum.* Londres/Boston/Henley: Routledge/Kegan Paul.

BATES, I. (1989). Versions of Vocationalism: An Analysis of some Social and Political Influences on Curriculum Policy and Practice. *British Journal of Sociology of Education*, 10 (2), p. 215-231.

BERNSTEIN, B. (1971). "On the Classification and Framing of Educational Knowledge". In: YOUNG, M.F.D. (org.). *Knowledge and Control*: New Directions for the Sociology of Education. Londres: Collier-Macmillan, p. 47-69.

BOURDIEU, P. & PASSERON, J.C. (1977). *Reproduction in Education, Society and Culture.* Londres/Beverly Hills: Sage.

BYRNE, E.M. (1974). *Planning and Inequality.* Slough: NFER.

CONNELL, R.W. (1985). *Teachers Work.* Sydney/Londres/Boston: George Allen and Unwin.

DES [Department of Education and Science] (1965). *Organisation of Secondary Education.* Londres: HMSO [Circular 10/65].

GOODSON, I.F. (1988). *The Making of Curriculum*: Collected Essays. Londres/Nova York/Filadélfia: Falmer.

_____ (1987). *School Subjects and Curriculum Change.* Londres/Nova York/Filadélfia: Falmer.

HODSON, D. (1987). "Science Curriculum Change in Victorian England: A Case Study of the Science of Common Things". In: GOODSON, I.F. (org.). *International Perspectives in Curriculum History.* Londres: Croom Helm, p. 139-178.

PITMAN, A.J. (1986). *A Study of School Reform from the Perspective of the Annaliste School of French Historiography*: Restructuring Victorian Schooling [Tese de doutorado não publicada, Universidade de Wisconsin-Madison].

SHAPIN, S. & BARNES, B. (1976). Head and Hand: Rhetorical Resources in British Pedagogical Writing, 1770-1850. *Oxford Review of Education*, 2 (3), p. 231-254.

SHULMAN, L. (1987). Knowledge and Teaching Foundations of the New Reform. *Harvard Educational Review*, 57 (1), p. 1-22.

THE NORWOOD REPORT (1943). *Curriculum and Examinations in Secondary Schools*. Londres: HMSO [Relatório do Comitê do Conselho de Provas da Escola Secundária, indicado pelo presidente do Conselho de Educação em 1941].

UNIVERSITY OF CAMBRIDGE LOCAL EXAMINATIONS SYNDICATE (1958). *One Hundredth Annual Report to University*, 29/mai.

WILLIS, P. (1977). *Learning to Labour*. Westmead: Saxon House.

7
A criação do currículo*

C. Wright Mills afirma que "a produção dos historiadores pode ser considerada um grande arquivo indispensável a toda a ciência social" e que "todas as ciências sociais – melhor, todos os estudos sociais bem-conceituados – requerem escopo histórico e uso pleno de materiais históricos" (WRIGHT MILLS, 1977, p. 161-162). Se usarmos esses critérios, é óbvio que a maioria dos nossos estudos sobre as escolas, certamente em relação ao currículo, não será "bem-conceituada"; o grande arquivo indispensável a todas as ciências sociais mostra-se eminentemente dispensável.

Quando estudos sobre a produção curricular são realizados, alega-se que a pesquisa histórica de fato deve ser vista como indispensável. Três níveis de estudo histórico foram distinguidos: (a) a história de vida individual; (b) o nível do grupo ou coletivo: por profissões ou comunidades que criam disciplinas escolares e universitárias; (c) o nível relacional: as várias permutas de relações entre grupos e entre indivíduos e grupos.

Embora boa parte dos estudos curriculares tenha sido prescritiva ou não histórica, o trabalho de alguns sociólogos do conhecimento direcionou a nossa atenção ao currículo como produto histórico-social. Nesse sentido, o trabalho deles busca empregar perspectiva e dados históricos para elucidar a nossa compreensão de currículo e a sua relação com a educação. Mas o uso de dados históricos está a certa distância do uso de métodos históricos. Corre-se o risco de "saquear" a história, já que os estudos abrangem séculos de mudança em todos os níveis de conteúdo e contexto. É necessária, portanto, uma compreensão *evolucionária* mais sistemática (embora não em algum sentido darwiniano ou inconteste) de como o currículo é negociado. Existe a preocupação de se garan-

---

* *The Making of Curriculum*. 2. ed. Londres: Falmer, 1995.

tir que as histórias façam conexões evolucionárias parcialmente para se proteger de um "saque", porém, mais construtivamente, para facilitar o uso de tais histórias no desenvolvimento de estruturas teóricas. Não se pode supor uma tese de continuidade, mas sim estabelecê-la (ou refutá-la) com o passar do tempo. O que decididamente está no centro do projeto sociológico e histórico é a análise da transformação e reprodução do currículo em ação com o passar do tempo. Mas esses empreendimentos complexos não podem ser totalmente elucidados por "instantâneos" de eventos únicos, o que pode ser inteiramente aberrante e sem importância geral.

De acordo com essa visão, tentar buscar subsídios nas teorias de educação e currículo em nível macro sem estudos empíricos relacionados sobre como o currículo é negociado em nível médio e micro com o passar do tempo é uma sequência de procedimento totalmente perigosa. Por outro lado, desenvolver estudos sobre a complexidade da ação e negociação do currículo com o passar do tempo é uma sequência significativa através da qual podemos abordar a teoria. Além de servir como "canteiro" para a teoria, tal trabalho é um complemento vital para a teorização em nível macro.

Modos de estudo histórico

Ao argumentar-se que o currículo é uma fonte central na investigação da educação e na justaposição de estudo histórico e curricular, há um problema evidente e básico. A história não é, antes de tudo, um modo teórico de estudo. O interesse é sobretudo em determinadas situações históricas únicas em sua natureza. O processo de explicação, generalização e teorização é secundário quando comparado à busca por compreensão nesse nível. Ricoeur assim afirma: "A explicação em história não é um fim em si mesmo: ela serve para mediar a compreensão histórica que está unida, por sua vez, à narratividade do texto histórico" (RICOEUR, 1981, p. 17).

Porém, aceitar a primazia da busca pela compreensão de situações e eventos históricos únicos não nega o potencial explicativo da história. Nesse sentido, a citação de Ricoeur é exata: há um lugar para a explicação, ainda que não seja o primeiro lugar. Ademais, a *recorrência* de fatores e eventos numa série de locais únicos pode ajudar a discernir estruturas explicativas, testar e contribuir para a teoria.

Os historiadores do currículo precisam assegurar que a sua capacidade de desenvolver o seu "grande arquivo indispensável a todas as ciências sociais" faça conexões ótimas com estratégias de explicação e teoria. O debate atual sobre *realismo* na filosofia da ciência é um exemplo instrutivo.

Roy Bhaskar alega que explicações realistas desenvolvem a distinção entre as regularidades observadas e aquelas subjacentes a "mecanismos" que consideram tais regularidades. Bhaskar discerne três níveis de realidade: primeiro, "mecanismos", processos causalmente eficazes; segundo, "eventos", aquelas consequências ou efeitos dos mecanismos; e, terceiro, "experiências", aspectos subjetivamente percebidos dos eventos. Bhaskar afirma:

> depois de considerar-se que mecanismos e estruturas podem ser ditos reais, podemos prover uma interpretação da independência das leis causais a partir do padrão de eventos e *a fortiori* dos motivos da atividade experimental. A base real dessa independência está na independência dos mecanismos gerativos da natureza a partir dos eventos que geram. Tais mecanismos resistem quando não estão em ação...

Alguns desses mecanismos:

> agem através do fluxo das condições que determinam se são ativos e codeterminam o resultado manifesto da sua atividade. Ou seja, isso requer que os mecanismos gerativos resistam quando estão inativos e ajam mesmo se, como acontece nos sistemas abertos, não houver uma relação individual entre a lei causal representando o modo característico de operação do mecanismo e a sequência particular de eventos que ocorra (BHASKAR, 1978).

Inspirado em Bhaskar, Olin Wright vê assim um processo realista de procedimento de explicação:

> 1) As regularidades são identificadas (dentro de uma área conceitual que possibilita tais regularidades observacionais).
> 2) Um mecanismo é postulado na imaginação: é *inventado* pela atividade criativa do cientista, que se pauta em explicações e teorias existentes.
> 3) A realidade das entidades e processos postulados no mecanismo é, então, verificada por meio de uma investigação empírica (experimento, quase experimento ou outro procedimento).

É óbvio que a sequência ou postura em relação à teoria é extremamente diferente para o historiador. Mas, ao mesmo tempo, deve ficar evidente que o estudo histórico pode ser um modo útil para as investigações que possam testar ou contribuir para tais teorias. "Regularidades" ou "mecanismos" podem ser, então, identificados ou escrutinados como operantes em determinados sítios históricos: o seu *status* ou existência podem ser, portanto, esclarecidos, elaborados ou modificados.

Embora os estudos históricos de fato possam discernir "regularidades", estas precisam se relacionar consistentemente à mudança de contextos históricos. As regularidades não podem ser consideradas atemporais e invariáveis. O historiador começa, digamos, a partir da outra ponta. Um exemplo: na próxima seção, algumas estruturas explicativas são apresentadas tentativamente, determinadas regularidades, de certa forma. Mas elas são historicamente específicas, referem-se a um período de certa estabilidade na história do currículo quando uma estrutura integrada de provas e alocações de recursos associadas era fundamental. Nem sempre foi assim e, tendo em vista as intenções do atual governo britânico, definitivamente não continuará assim. Os próprios "sistemas" educacionais estão sujeitos ao fluxo histórico. Porém, como já se viu em instâncias anteriores, tendemos a não valorizar o atual sistema, a considerar que ao menos alguns dos elementos salientes são dominantes e contínuos.

Desenvolvendo estudos do contexto: uma instância histórica da educação inglesa no século XX

Os estudos realizados sobre histórias de vida e histórias do currículo apontam a importância dos aspectos da estrutura do sistema educacional na compreensão das ações em âmbito individual, coletivo e relacional. Essas estruturas, que podem ser vistas do ponto de vista dos atores como as "regras do jogo", surgem num ponto determinado da história por motivos particulares: até mudarem, elas agem como um legado estrutural que restringe, mas também capacita os atores contemporâneos. A dominação dessas estruturas e graus de similaridade de resposta em todos os níveis permite que alguns estudos ou estruturas explicativos do contexto sejam desenvolvidos como acho que a próxima instância indica. Não estou alegando que as estruturas são atemporais ou invariáveis; é uma instância estritamente relacionada a determinado período da história do currículo. Há muitas indicações de que essa estrutura curricular atualmente vem se desgastando, e novos modos de controle e operação podem ser discernidos. A mudança pode ser tão fundamental que grupos atualmente "fora" do sistema educacional – como a Comissão de Serviços de Mão de Obra – podem ser vistos entrando na área.

Sobretudo, o estudo histórico sobre as histórias de vida dos professores e as histórias das disciplinas escolares nas últimas décadas direciona a nossa atenção à estruturação de interesses materiais – e à estruturação associada do discurso interno sobre o currículo escolar – especialmente a maneira pela qual os recursos e as oportunidades profissionais são distribuídos e o *status* é atribuído. Aqui estamos nos concentrando na economia política do currículo, principalmente na "convenção" da disciplina escolar. O principal período histórico para a emergência dessa estrutura saliente foi 1904-1917. As Regulamentações Secundárias de 1904 (em que Morant desempenhou uma função de definição crucial) listam e priorizam as disciplinas adequadas para a educação nas escolas de formação acadêmica secundárias [*grammar schools*]. Boa parte dessas disciplinas veio a ser considerada como disciplinas "acadêmicas", visão confirmada e consolidada pela sua veneração nas provas do Certificado Escolar lançadas em 1917 (cap. 6). Disciplinas "acadêmicas" são aquelas que atraem os alunos "aptos", por isso "a necessidade de uma disciplina acadêmica" caracteriza o modo pelo qual o discurso sobre currículo é estruturado e estreitado. A localização dos nossos estudos nesses pontos garante que o foco da exploração seja nas relações entre aspectos de estrutura e ação.

Estrutura e mediação: fatores internos e externos

Estudos de contexto sobre comunidades e professores das disciplinas nos fornecem um "mapa cognitivo da influência curricular" (ou, mais basicamente, as "regras do jogo"). Essencialmente, as "regras do jogo" discernidas no número limitado de estudos conduzidos até agora são aquelas "internas" no sistema educacional. Já que os fatores externos também têm importância eminente, teorias mais extensas do contexto precisarão ser elaboradas para que modelos mais gerais de mudança sejam imaginados. Na seção seguinte, portanto, os "assuntos internos" do currículo são ligados às "relações externas".

Assuntos internos

1) "Invenção"

    i) Num modelo de evolução disciplinar, os primeiros estágios se concentram em funções pedagógicas e utilitárias, mas obviamente há estágios que antecedem a formação de grupos disciplinares. Nessa situação, as "ideias necessárias para a criação estão normalmente disponíveis por um período relativamente prolongado em vários locais" (BEN-DAVID & COLLINS, 1966).

ii) Westbury contextualizou esse estágio inicial como "invenção". Essas invenções podem se originar com os próprios educadores experimentando novas ideias ou práticas; ou às vezes podem resultar das demandas ou resistência dos alunos às formas existentes, ou podem surgir em reação a novos "climas de opinião". Também podem advir de "invenções no mundo externo", como papel milimetrado, livros, computadores (WESTBURY, 1984).

iii) Internamente há um motivo fundamental para a captação das "invenções" pelos grupos disciplinares. As "invenções" normalmente existem em vários lugares por um longo período, mas "somente alguns desses potenciais inícios levam a mais crescimento"; "tal crescimento ocorre onde e quando as pessoas passam a se interessar na ideia nova, não apenas como conteúdo intelectual, mas também como um potencial meio de estabelecer uma nova identidade intelectual e, em especial, uma nova função ocupacional" (BEN-DAVID & COLLINS, 1966)[3].

2) Disciplinas como "coalizões"

i) O modelo de processo desenvolvido por Bucher e Strauss para o estudo das profissões apresenta diretrizes valiosas para quem estuda as disciplinas escolares. Numa profissão, assim eles alegam, há várias identidades, valores e interesses.

Portanto, as profissões devem ser vistas como "um amálgama solto de segmentos em busca de objetivos diferentes de maneira diferente e mais ou menos delicadamente unidos sob um nome comum em determinados períodos na história" (BUCHER & STRAUSS, 1976, p. 19). Os conflitos mais frequentes surgem a respeito do ganho de bases institucionais, do recrutamento e das relações externas com clientes e outras instituições. Às vezes, quando conflitos como esses se tornam intensos, associações profissionais podem ser criadas ou, se já existirem, podem se tornar mais fortemente institucionalizadas.

ii) O modelo de profissão de Bucher e Strauss sugere que talvez a "comunidade disciplinar" não deva ser vista como um grupo homogêneo cujos membros compartilham definições e valores similares de função, interesses comuns e identidade. Ao contrário, a comunidade disciplinar deve ser vista como algo que abrange uma série de grupos, segmentos ou facções conflitantes (aludidos como subgrupos disciplinares). A importância desses grupos pode variar consi-

---

3. É instrutivo notar que, após essa alegação, Ben-David e Collins especulam sobre "as condições sob as quais tal interesse pode ser identificado e usado como base para finalmente construir uma teoria preditiva".

deravelmente com o tempo. Assim como as profissões, as associações de disciplinas escolares (como a Associação Geográfica) muitas vezes se desenvolvem em determinados pontos do tempo quando há uma intensificação do conflito sobre currículo e recursos escolares e sobre recrutamento e treinamento.

3) Estabelecimento: coalizões em ação

i) Inicialmente uma disciplina muitas vezes é uma coalizão muito solta de subgrupos e versões menos coerentes, até idiossincráticas, com foco em interesses pedagógicos e utilitários.

ii) Um subgrupo emerge, alegando que a disciplina deve se tornar uma "disciplina acadêmica" para que possa reivindicar recursos e *status*.

iii) No ponto de conflito entre subgrupos mais antigos e o subgrupo "acadêmico" prosélito, uma associação disciplinar muitas vezes é formada. A associação cada vez mais age para unificar os subgrupos com uma *coalizão dominante* promovendo uma visão acadêmica. A coalizão dominante promove a disciplina como "disciplina acadêmica" ou "ciência real", definida pelos acadêmicos.

iv) Para o estabelecimento bem-sucedido de uma disciplina "acadêmica" a fase culminante é a criação da base de "disciplinas universitárias". As fronteiras da disciplina agora são cada vez mais definidas pelos acadêmicos e é para a estrutura dos seus interesses materiais e aspirações resultantes que devemos olhar para explicar a mudança curricular.

Relações externas

Como observamos, algumas das "invenções" que iniciam a mudança curricular interna começam externamente. Mas as "relações externas" são mais importantes do que a função de iniciadoras de mudanças neste nível. Há evidências consideráveis de que para muitas disciplinas, especialmente as mais aplicáveis, a influência de interesses industriais e comerciais pode ser substancial. Deve-se notar que a intenção não é defender uma tese de "correspondência" direta, nem de existência de uma "tradição seletiva" em que todo o conteúdo oposto ao capitalismo é absolutamente "purgado" das categorias curriculares aspirantes.

Boa parte dos recentes trabalhos se concentra nos livros. Anyon, por exemplo, mostra convincentemente como os textos sobre Estudos Sociais dos Estados Unidos omitem muito da história trabalhista (ANYON, 1979). É claro que os livros são um fator "externo" importante, mas eles dependem de uma aceitação interna e podem ser suplementados internamente. Por fim voltamos à questão de quais modelos de currículo interno podem ser sustentados: nesse ato de sustentação, as relações externas são vitais.

No que se refere à sustentação de modelos internos de currículo, a função de agentes externos à escola é crucial. Herbert Blumer elaborou o conceito de "público" para caracterizar os grupos que usam ou veem coletivamente determinado serviço e, assim, contribuem para o "debate público" sobre ele (BLUMER, 1986). Mas, como destaca C. Wright Mills:

> O problema do "público" nas sociedades ocidentais provém da transformação do consenso tradicional e convencional de sociedade medieval; ele alcança o seu clímax atual na ideia de uma sociedade de massa. O que era chamado de "públicos" nos séculos XVIII e XIX está sendo transformado numa sociedade de "massas". Ademais, a relevância estrutural dos públicos está declinando, já que os homens em grande parte se tornam "homens da massa", cada um aprisionado num ambiente bastante fraco (WRIGHT MILLS, 1977, p. 62).

Devido ao poder de determinados "públicos", as ideologias de "públicos" dominantes se relacionam a certas visões de educação e certa "retórica da legitimação" ou "discursos". Esland começa a conceituar uma série de perguntas que cercam esse assunto:

> A pergunta que se faria sobre esses públicos é: o que caracteriza o seu pensamento sobre a educação? Como são os limiares conceituais dinâmicos para a definição da experiência escolar válida comunicada e tornada plausível para o professor e outros públicos? Como é o diálogo entre os consumidores da educação e os seus expoentes profissionais indicativo de conceitos dinâmicos de ordem e controle? Os correlatos institucionais desses processos serão manifestados no fluxo profissional do professor e do aluno, e nas definições ligadas a determinados estados mentais e experiências.

A retórica e as ideologias dos "públicos" obviamente estão localizadas nos processos socioculturais que apoiam e rotulam certos tipos de projetos como educacionalmente vantajosos (ESLAND, 1971, p. 109).

O trabalho de John Meyer é valioso ao nos permitir conceituar as relações externas (MEYER, 1980). O seu trabalho, relacionado aos Estados Unidos, foi modificado por Reid, tendo em vista o sistema do Reino Unido. Nessa abordagem, "estruturas e forças externas não emergem meramente como fontes de ideias, estímulos, induções e restrições, mas como definidoras e portadoras das categorias de conteúdo, função e atividade das quais a prática das escolas deve se aproximar para atrair apoio e legitimação". Em suma, essas constituições externas são elementos vitais na formação discursiva, o modo pelo qual o debate sobre currículo escolar é construído e organizado. As relações externas, portanto, são menos vistas em termos de grupos formais ou convencionais, como pais, empregadores, sindicatos e universidades, e sim em termos de "públicos" ou "constituições" concebidos mais amplamente que incluem todas essas pessoas, mas ainda abrangem, de forma mais ampla, acadêmicos, políticos, administradores e outros:

> Estes públicos interessados que pagam pela educação e a apoiam prestam o seu serviço aos profissionais somente num sentido limitado e inesperado. Embora possa parecer que os profissionais têm o poder de determinar o que é ensinado (em âmbito escolar, distrital ou nacional, dependendo do país em questão), o seu escopo é limitado pelo fato de que apenas as formas e atividades que tenham importância para os públicos externos podem, a longo prazo, sobreviver (REID, 1984, p. 68).

Ao conquistarem o apoio dos "públicos" ou "constituições" cruciais, retórica ou categorias adequadas precisam ser definidas. Reid construiu meticulosamente a evolução de uma categoria assim, o "ensino médio" (*sixth form*) e a evolução associada da constituição de apoio. Reid afirma que precisamos levar a sério a lógica dessas categorias e aceitar que, "segundo os termos de tal lógica, a retórica bem-sucedida *são* as realidades". Embora professores e administradores

> precisem cuidar para que disfunções entre prática e crença não cresçam a ponto de um colapso da credibilidade, porém continua sendo verdade que o mais importante para o sucesso das disciplinas escolares não é a entrega de "mercadorias" que possam ser avaliadas publicamente, mas o desenvolvimento e a manutenção de uma retórica legitimadora que propicie apoio automático para a atividade rotulada corretamente.

Logo, Reid conclui:

> A escolha de rótulos apropriados e a associação deles na mente pública à retórica plausível da justificativa podem ser vistas como a missão central de quem trabalha para avançar ou defender as disciplinas do currículo (REID, 1984, p. 75).

Mudança no currículo enquanto processo político: um exemplo do processo de estabelecimento acadêmico

Os assuntos internos e as relações externas da mudança do currículo apontam um processo histórico-social ou, mais especificamente, um processo político em ação. Unir o interno e o externo leva a modelos evolutivos ou históricos de ação política que medeiam aspectos da estrutura do sistema educacional. Assim, num desses modelos de mudança, as disciplinas escolares podem ser consideradas em progresso através de vários estágios, buscando estabelecimento acadêmico (depois do estabelecimento, é claro que novas regras básicas podem funcionar).

1) *Invenção* – A invenção pode surgir das atividades ou ideias dos educadores; às vezes em reação a "climas de opinião" ou demandas ou resistência dos alunos ou de invenções no "mundo externo":

> As ideias necessárias para a criação... geralmente estão disponíveis por um período relativamente prolongado em vários locais. Apenas algumas dessas invenções conduzirão a outras ações (BEN-DAVID & COLLINS, 1966).

2) *Promoção (ou "agitação")* – Promoção por grupos de educadores internos do sistema educacional. As invenções serão aceitas "onde e quando as pessoas se interessarem na nova ideia, não somente como conteúdo intelectual, mas também como meio de estabelecer uma nova identidade intelectual e especialmente uma nova função ocupacional".

Logo, as disciplinas com *status* baixo, padrões profissionais pobres e até com problemas reais de sobrevivência podem acolher e promover prontamente invenções novas, como estudos ambientais. Por outro lado, disciplinas de *status* alto podem ignorar grandes oportunidades, porque já têm recursos satisfatórios e permitem carreiras desejáveis existentes. As respostas de grupos de Ciências à "tecnologia" ou de grupos de Matemática (possivelmente) contemporâneos aos "estudos no computador" são bons exemplos.

A promoção da invenção vem de uma percepção da possibilidade de melhorias básicas no *status* e função ocupacional.

3) *Legislação* – A promoção de novas invenções, se for bem-sucedida, conduz ao estabelecimento de novas categorias ou disciplinas. Embora a promoção seja gerada internamente em princípio, ela precisa desenvolver relações externas com as "constituições" sustentadoras. Isso será um estágio importante para garantir que novas categorias ou disciplinas sejam totalmente aceitas, estabelecidas e ins-

titucionalizadas. E, após terem sido estabelecidas, que possam ser sustentadas e apoiadas com o passar do tempo. A legislação se associa ao desenvolvimento e manutenção dos discursos ou a uma retórica legitimadora que propicie um apoio automático para a atividade rotulada corretamente.

4) *Mitificação* – Depois que o apoio automático tiver sido conquistado para uma disciplina ou categoria, uma gama razoavelmente ampla de atividades poderá ser empreendida. Os limites são quaisquer atividades que ameacem a retórica legitimadora e, consequentemente, o apoio à constituição. A disciplina, neste ponto, é mítica. Representa essencialmente uma licença que foi outorgada (ou talvez uma "patente" ou "direitos de monopólio"), com toda a força da lei e do estabelecimento subjacentes a si. Neste ponto, a tradição foi "inventada" com sucesso, o processo de invenção e estabelecimento está completo.

As histórias dos currículos indicam a natureza evolutiva das disciplinas como coalizões "unidas mais ou menos delicadamente sob um nome comum em determinados períodos". A natureza dessas coalizões responde à estruturação de interesses materiais e do discurso e aos "climas dinâmicos" para a ação. Devido à maneira pela qual os recursos (e perspectivas profissionais associadas) são distribuídos, e o *status* é atribuído, grupos de disciplinas "acadêmicas" na maior parte das vezes se desenvolvem como "coalizões dominantes". O conflito sobre o *status* de conhecimento examinável, portanto, torna-se a arena de conflito crucial onde as coalizões disciplinares (e as suas associações representativas) contestam o direito a recursos materiais e perspectivas profissionais. A dominação do "academicismo" pode ser mostrada durante o último século ou mais. Mas os estudos históricos questionam: essa dominação prevalece para atender os interesses de quem? De grupos profissionais, grupos culturalmente dominantes ou capital industrial ou financeiro? O academicismo pode ser a consequência cultural passada da dominação anterior, e não uma garantia de dominação futura.

De fato, os estudos nesta coletânea nos conduziriam a reconceituar o conflito e a mudança do currículo. Por exemplo, no Reino Unido, as iniciativas atuais do governo parecem um ataque a um sistema (e à burocracia associada) que foi concebido em resposta à pressão da classe média e moldado por uma burocracia estatal imbuída de valores da escola pública. Definitivamente, isso já serviu a grupos de interesses dominantes. Mas desde então o sistema e a burocracia desenvolveram uma autonomia progressiva e seu interesse adquirido (ou, numa visão alternativa da direita radical, tornaram-se flatulentos, envelhecidos e obsoletos). As estratégias estatais recentes desafiam esse modelo, defendendo conexões mais diretas com os interesses econômicos e financeiros. Atualmente parece que o conflito curricular se assemelha menos a uma colisão entre grupos dominantes e subservientes do que a uma colisão entre burocracias *outrora* dominantes e *atualmente* dominantes.

Referências

ANYON, J. (1979). Ideology and United States History Textbooks, *Harvard Educational Review*, 41, p. 361-386.

BEN-DAVID, T. & COLLINS, R. (1966). Social Factors in the Origins of a New Science: The Case of Psychology. *American Sociological Review*, 31, (4), ago.

BHASKAR, R. (1978). *A Realist Theory of Science*. Brighton: Harvester.

BLUMER, H. (1986). *Symbolic Interactionism* – Perspective and Method. Berkeley/Los Angeles: University of California Press, p. 195-208.

BUCHER, R. & STRAUSS, A. (1976). "Professions in Process". In: HAMMERSLEY, M. & WOODS, P. (orgs.). *The Process of Schooling*. Londres: Routledge/Kegan Paul.

ESLAND, G.M. (1971). "Teaching and Learning as the Organisation of Knowledge". In: YOUNG, M.F.D. (org.). *Knowledge and Control*: New Directions for the Sociology of Education. Londres: Collier Macmillan.

MEYER, J.W. (1977). "The Structure of Educational Organization". In: MEYER, J.W. & MARSHALL, W. et al. (orgs.). *Environments and Organizations*. São Francisco: Jossey Bass.

MEYER, J.W. (1980). "Levels of the Educational System and Schooling Effects". In: BIDWELL, C.E. & WINDHAM, D.M. (orgs.). *The Analysis of Educational Productivity*. 2 vols. Cambridge: Ballinger.

OLIN WRIGHT, E. Artigos não publicados.

REID, W.A. (1984). "Curriculum Topics as Institutional Categories: Implications for Theory and Research in the History and Sociology of School Subjects". In: GOODSON, I.F. & BALL, S.J. (orgs.). *Defining the Curriculum*: Histories and Ethnographies. Brighton: Falmer.

RICOEUR, P. (1981). *Hermeneutics and the Human Sciences*. Cambridge: Cambridge University Press.

WESTBURY, I. (1984). *"Invention" of Curricula*. New Orleans: Mimeo [notas para a abertura de um tema para o artigo de discussão em Aera, abril].

WRIGHT MILLS, C. (1977). *The Sociological Imagination*. Londres: Pelican.

8
Nações em risco e currículo nacional*

Ideologia e identidade

Embora boa parte do nosso estudo sobre currículo deva ser conduzida em âmbito escolar e local, outros trabalhos históricos são necessários para analisar iniciativas mais amplas de um escopo nacional e até global. Aqui o meu foco é no fenômeno do "currículo nacional" emergente em vários países. A minha primeira evidência é da emergência do currículo nacional no Reino Unido[4]: o meu foco é nos antecedentes do currículo nacional e nos argumentos e grupos através dos quais ele foi promovido, as estruturas retóricas, financeiras e políticas que foram estabelecidas para apoiá-lo e finalmente conteúdo, forma e considerações pedagógicas incorporadas nele.

Assim como em outros países, o debate sobre o currículo nacional no Reino Unido foi precipitado por uma percepção difundida e muito correta de que a nação está ameaçada pelo declínio econômico. Retoricamente, então, o currículo nacional é apresentado como parte do projeto de regeneração econômica. Por trás desse objetivo amplo, contudo, dois outros projetos podem ser discernidos. Primeiro, a reconstituição das disciplinas tradicionais britânicas mais antigas baseadas em classes[5] e, segundo, uma reafirmação da ideologia e controle do Estado-nação.

---

* *Journal of Education Policy*, 1991 [seção em: *Handbook of the American Politics of Education Association*, p. 219-232].

4. Empreguei o termo "Reino Unido" como afirmativa de determinada aspiração governamental à identidade nacional. De vários modos, isso se conecta a um projeto mais amplo de se privilegiar certa forma de "inglesidade" (forma essa pela qual particularmente não nutro empatia nem simpatia). Da maneira pela qual está procedendo, o currículo nacional está levando a uma resposta fragmentada nos diferentes "reinos" – a Escócia, por exemplo, conseguiu modificar as exigências de avaliação para o currículo "nacional".

5. Aqui as disciplinas podem ser lidas nos dois sentidos, como veremos, a disciplina escolar institucionalizada e as subjetividades que essas disciplinas institucionalizadas tentam implantar e patrulhar.

Boa parte dos trabalhos históricos recentes complementou a nossa compreensão sobre as origens do currículo e da educação pública. O elemento comum unindo o amplo espectro de inciativas dos estados para financiar e gerir a educação em massa foi – assim argumentam esses estudiosos – o esforço de construir uma política nacional; julgava-se que o poder do Estado-nação seria unificado pela participação das disciplinas estatais em projetos nacionais. Um ponto central nessa socialização na identidade nacional era o projeto de educação pública em massa. A sequência seguida por esses estados, promovendo esse projeto nacional de educação em massa, era notavelmente similar. No início havia a promulgação de um interesse nacional na educação em massa. Depois, surgia a legislação para tornar a educação obrigatória a todos. Para organizar o sistema das escolas em massa foram formados departamentos de Estado ou ministérios da educação. A autoridade estatal foi, então, exercida em todas as escolas – tanto as escolas "autônomas" já existentes quanto as novas escolas em expansão, organizadas ou abertas especificamente pelo Estado.

Se o projeto central por trás da iniciação da educação pública e do currículo prescrito pelo Estado era a construção da nação, isso pode explicar em parte a resposta a certo pânico moral atualmente evidente, sobretudo o novo sentido de pânico a respeito da "Nação em risco", título escolhido para o importante relatório norte-americano sobre educação em 1983. A percepção de crise nacional é comum entre os estados-nações ocidentais. Muitas vezes a questão é apresentada como essencialmente econômica: certas nações (como os Estados Unidos) estão em desvantagem quando comparadas com outras nações (como o Japão) em termos de prosperidade econômica. Mas por trás desse raciocínio econômico específico há uma série de outras questões mais fundamentais que deixam as "nações em risco" e desenvolvem crises gerais de legitimação. A globalização da vida econômica, e mais especialmente das comunicações, informações e tecnologia, apresenta desafios enormes aos modos existentes de controle e operação dos estados-nações. Nesse sentido, a busca por um novo currículo nacional centralizado pode ser vista como a resposta das espécies mais ameaçadas economicamente entre as nações. A Grã-Bretanha é um caso interessante desse tipo de resposta.

Por trás dos mitos projetados pelo atual governo do Reino Unido e ecoados pela mídia e alguns dos jornais mais simpatizantes, a economia do Reino Unido permanece subcapitalizada e, em muitas instâncias, totalmente não competitiva. É o fim da base econômica da "nação em risco". Mas talvez mais importantes ainda sejam as tendências para a globalização da vida econômica e social. No caso do Reino Unido, isso é considerado especialmente agudo pela iminente integração em grande escala na Comunidade Europeia. Simbolicamente, o Eurotúnel conectará a vida do Reino Unido à vida da Europa. A "nação insular" será literalmente aberta à entrada subterrânea. O temor de que a nação esteja em risco sem dúvida explica a histeria por trás de boa parte da resposta do governo Thatcher à integração europeia[6]. O que permeia essa resposta é o sentido de perda de controle, perda de destino e identidade nacional. O currículo escolar representa um território para reafirmar o controle e restabelecer a identidade nacional.

A origem do movimento para um currículo nacional no Reino Unido remonta ao fim da década de 1970. A data fundamental na história educacional pós-guerra do Reino Unido foi o Discurso em Ruskin College [Oxford] do Primeiro-Ministro James Callaghan, em 1976. O declínio econômico e um sentido acelerado de sucumbência nacional (o Reino Unido havia integrado a CEE em 1973) estavam conectados ao declínio nos padrões educacionais que havia sido estimulado nas escolas de formação geral [*comprehensive schools*] pelo uso de métodos mais "progressistas", assim afirmavam. O discurso de Callaghan clamava por um "grande debate" sobre as políticas educacionais do Reino Unido. Após essa iniciativa, em 1977, foi emitida uma proposta, *Education in Schools: A Consultative Document*. Os argumentos a favor de um "núcleo" comum ou um elemento "protegido" emergiram. Os principais pontos de interesse parecem ser os seguintes:

1) o currículo ficou superpopuloso; o programa está sobrecarregado e o que é básico corre risco;
2) as variações na abordagem ao currículo em escolas diferentes podem penalizar um aluno simplesmente por ele ter se mudado de uma área para outra;
3) ainda que o aluno não se mude, as variações de uma escola para outra podem causar desigualdade de oportunidades;
4) o currículo em muitas escolas não corresponde suficientemente à vida numa sociedade industrial moderna.

Pode ser que nem todos esses comentários sejam igualmente válidos, mas é claro que já é hora de tentar estabelecer princípios geralmente aceitos para a composição do currículo secundário para todos os alunos. Isso não pressupõe respostas uniformes: escolas, alunos e seus professores são diferentes, e o currículo deve ser flexível o bastante para refletir essas diferenças. Mas há a necessidade de investigar a função que pode ser desempenhada por um elemento

---

6. Esta seção foi escrita antes da saída da libra esterlina do mecanismo da taxa de câmbio europeia e da efetiva desvalorização da libra e, obviamente, antes da substituição de Thatcher por Major.

"protegido" ou "nuclear" do currículo comum a todas as escolas. Há várias maneiras de defini-lo. Se for adequadamente compreendido, poderá oferecer garantias a empregadores, pais e aos próprios professores, assim como uma verdadeira igualdade de oportunidades para os alunos (FOWLER, 1988, p. 38).

O "consenso" emergente de que deveria haver um currículo "nuclear" também foi promovido no período após a eleição de um Governo Conservador sob o comando de Margaret Thatcher em 1979. O documento consultivo de 1980, *A Framework for the School Curriculum*, declara:

> Durante o debate público e profissional sobre o currículo escolar observa-se muito apoio à ideia de identificar um "núcleo" ou uma parte essencial do currículo que deve ser seguido(a) por todos os alunos, de acordo com a sua aptidão. Espera-se que tal núcleo assegure que todos os alunos, independentemente do que mais fizerem, ao menos obtenham uma base suficiente no conhecimento e nas habilidades que, mediante consenso, devem formar parte do equipamento de um adulto educado.
>
> Assim expressa, a ideia pode parecer desconcertantemente simples, mas, tão logo examinada criticamente, várias questões suplementares surgem. Por exemplo, o núcleo deve ser definido da maneira mais estreita possível ou deve, ao menos no período de educação obrigatória, abranger uma parte ampla do currículo individual? Deve ser expresso em termos de disciplinas escolares tradicionais ou de objetivos educacionais que possam ser alcançados através de várias disciplinas ensinadas apropriadamente? As dificuldades e incertezas inerentes à aplicação do conceito de núcleo não significam, porém, que ele não possa ser útil à continuidade do debate público sobre o currículo de modo que os resultados tenham um benefício prático para as escolas (FOWLER, 1988, p. 59-60).

Apesar dessas dificuldades, a partir de então houve um movimento razoavelmente consistente para o estabelecimento de um currículo nuclear. Após o sucesso do Partido Conservador na sua terceira eleição, em 1987, esse currículo foi estabelecido como um novo "currículo nacional", incluindo as "disciplinas nucleares" de Matemática, Inglês e Ciências, e as "disciplinas fundamentais" de História, Geografia, Tecnologia, Música, Arte e Educação Física.

Além dessa especificação de títulos de disciplinas, havia uma panóplia de novos poderes nucleares importantes sobre o currículo escolar. O Secretário de Estado de Educação e Ciência agora é responsável por especificar metas, programas de estudo e procedimentos de avaliação para cada área disciplinar específica. Deve-se observar que são poderes para uma prescrição muito detalhada, de fato, não são poderes de uma visão meramente geral. Consta da legislação parlamentar a obrigação de avaliar os alunos sobre o currículo estudado aos 7, 11, 14 e 16 anos de idade. Além disso, um Conselho Curricular Nacional e um Conselho de Avaliação e Provas Escolares (subsequentemente, esses órgãos se consolidaram) foram criados para orientar os procedimentos de pesquisa, desenvolvimento e monitoramento necessários.

A denominação das especificações do novo currículo como "nacionais", incluindo a composição das disciplinas, e o amplo espectro do novo poder das agências governamentais sugerem três níveis de investigação para se entender essa nova iniciativa. Primeiro, são necessárias mais investigações sobre o tema com o qual começamos: a relação dessas iniciativas curriculares com a regeneração econômica e a identidade nacional. Segundo, o foco em um número reduzido de disciplinas tradicionais suscita a questão dos antecedentes sociais dessa escolha: precisamos analisar as escolhas sociais e culturais, além de políticas, que subjazem ao novo currículo nacional. Terceiro, a iniciativa precisa ser escrutinada a respeito das modalidades dinâmicas de controle do governo que estão pronunciadas tão claramente.

Currículo nacional e identidade nacional

O currículo nacional foi iniciado com pronunciamentos anunciando a regeneração nacional em termos de ligações com a economia, a indústria e o comércio, especialmente o chamado setor "gerador de riqueza". Porém, na prática, o equilíbrio das disciplinas no currículo nacional sugere que as questões de identidade nacional e controle foram preeminentes, e não as exigências industriais ou comerciais. Por exemplo, tecnologia da informação foi abertamente omitida, enquanto história foi considerada uma "disciplina fundamental", embora seja claramente uma disciplina em declínio nas escolas.

Os motivos para o favorecimento de história e a omissão de disciplinas mais comercialmente "relevantes" é intrigante. Superficialmente, esse padrão de priorização pode parecer estimulante: o patrocínio de uma educação liberal e estudo humanista prevalecendo sobre interesses utilitários mais estreitos, favorecendo a educação em vez do treinamento. Lamentavelmente, não parece ser o caso. Creio que História tenha sido escolhida para reavivar e redirecionar a ideologia e a identidade nacional.

O recente Relatório Provisório do Grupo de História do Currículo Nacional fornece informações sobre as novas propostas curriculares para História na escola. Primeiro, o relatório confirma que, antes do reavivamento iniciado pela incorporação ao currículo nacional, História era uma disciplina em declínio: "Agora ocupa um lugar tênue no currículo primário e está sob ameaça em um número crescente de escolas secundárias, tanto em termos do número de alunos que a estudam quanto em termos de um curso coerente, rigoroso e independente" (DES, 1989, apud *Times Educational Supplement*, p. 4). Um dos motivos para o declínio progressivo de História foi o crescimento de Estudos Sociais e Sociologia. Sociologia é uma disciplina muito comum nas provas, mas foi omitida no currículo nacional a favor do reavivamento de História. Portanto, persiste a dúvida: por que História foi tão favorecida?

O Relatório Provisório apresenta algumas evidências sobre essa questão de o currículo nacional em História ter algumas características distintivas. No centro está a História do Reino Unido que, em geral, ocupa 40% do programa. "Essa porcentagem, entretanto, é um pouco enganosa, porque os alunos do primeiro ano do ensino infantil estudam História do Reino Unido quase exclusivamente, enquanto os alunos dos primeiros anos da escola secundária a estudam como disciplina nuclear apenas em um terço do tempo reservado para História" (*Times Educational Supplement*, p. 4). O foco do currículo nacional na História Britânica nos primeiros anos de educação indica o desejo de inculcar logo num estágio elementar o senso de identidade nacional. Esse desejo de uma dimensão britânica importante e ampliada em história obviamente provém de dentro do governo. Sabemos, por exemplo, que:

> A questão que até agora provocou a maior controvérsia é a insistência do ministro para que o grupo aumente a proporção de História Britânica para os alunos do ensino secundário. No momento, o grupo está planejando dedicar apenas um terço da ementa à História Britânica como disciplina obrigatória para alunos de 11 a 14 anos. Essa proporção aumenta um pouco para dois quintos, no caso dos alunos de 14 a 16 anos. O Sr. MacGregor quer que a História Britânica seja ensinada no mínimo em 50% do tempo dedicado à História nas escolas secundárias (*Times Educational Supplement*, p. 4).

John MacGregor, nomeado pela Primeira-ministra Margaret Thatcher como secretário de Estado para Educação e Ciência, foi claro, portanto, sobre onde estavam as prioridades do governo. Certamente o reavivamento da História do Reino Unido parece não se relacionar a nenhum desejo forte entre os próprios professores de História, que verbalizaram muitas divergências. Essas divergências foram até mesmo verbalizadas dentro do seleto grupo de trabalho curricular: "No coração dessas divergências sobre o conhecimento histórico, cronologia e história britânica repousa o medo prolongado entre alguns do grupo, principalmente os que são professores ou educadores, de que o currículo de História seja dominado por testes externos rígidos e memorização de datas famosas da História Britânica" (*Times Educational Supplement*, p. 4).

Currículo nacional e priorização social

A descrição do currículo como "nacional" suscita várias perguntas sobre qual nação está sendo aludida, já que o Reino Unido é uma nação agudamente dividida por classe social, raça, gênero, região e país. Uma das questões para a crítica conservadora ao que o primeiro-ministro francês chamou de "crueldade social" do governo do Reino Unido foi a referência ao perigo de "duas nações" serem criadas. Isso se refere ao fenômeno britânico de haver duas constituições ou nações reconhecidamente diferentes dentro das fronteiras do Reino Unido: uma nação que é mais rica e mais segura e em geral reside nos chamados "Condados Domiciliares" do sul da Inglaterra, e outra nação que é menos favorecida, principalmente da classe operária, e vive no "outro país" além do sul da Inglaterra. É claro que o Reino Unido inclui várias comunidades segmentadas por classe, raça, gênero, região e país, de fato há mais de duas nações.

Logo, ao se analisar o currículo nacional como construção social, é importante estabelecer se os diferentes grupos que compõem "a nação" estão sendo tratados igualmente ou se os processos de priorização social podem ser discernidos. Nesta seção, como exemplificação, o meu foco principal é a questão da classe social, mas é urgente desenvolver trabalhos a respeito de raça, gênero, região e país. Em cada um desses casos, a construção de certas prioridades e o emudecimento simultâneo de outras múltiplas reclamações precisam ser analisados cuidadosamente.

O padrão da educação secundária tem uma história longa, mas um divisor de águas crucial foi a Lei da Educação, de 1902, e a questão subsequente das Regulamentações Secundárias em 1904. Na virada do século, várias versões alternativas de educação secundária rivalizavam entre si. As escolas públicas e as escolas de formação acadêmica [*grammar schools*] bem-estabelecidas tinham o *status* mais elevado e atendiam grupos sociais mais elitistas através de um currículo clássico tradicional, porém cada vez mais os conselhos escolares que administravam as escolas locais estavam provendo educação para alunos em idade secundária. Nessas escolas, um currículo mais vocacional, abrangendo disciplinas comerciais, técnicas e científicas, era apresentado a uma clientela predominantemente da classe operária.

A Lei de Educação de 1902 e as Regulamentações Secundárias, portanto, arbitravam entre essas duas tradições. Ryder e Silver julgaram que a Lei de 1902 garantiu que "sejam quais forem os desenvolvimentos na educação secundária, ela deve estar dentro de um sistema único em que valores dominantes sejam parecidos com aqueles da escola de formação acadêmica tradicional e seu currículo" (RYDER & SILVER, 1970). Do mesmo modo, Eaglesham julgava que:

> Essas regulamentações foram o trabalho de vários profissionais e inspetores do Conselho. Pode-se afirmar que eles apresentaram um currículo equilibrado. Certamente eles verificaram eficazmente quaisquer tendências de viés técnico ou vocacional nas escolas secundárias. Eles a transformaram em escolas adequadas somente para poucos escolhidos. Ademais, proclamaram a todos o interesse do Conselho nos lados literários e clássicos da educação secundária. No futuro, o padrão da cultura inglesa não deve vir de Leeds e West Ham, mas de Eton e Winchester (EAGLESHAM, 1967, p. 59).

Embora essas citações apresentem os currículos de formação acadêmica e público de modo monolítico demais, o ponto geral pode ser resumido assim: "A educação secundária recebeu um currículo tão acadêmico em 1904 que se adequou a poucos" (EAGLESHAM, 1967, p. 59-60). Dessa forma, o estabelecimento de 1902-1904 elegeu o legado histórico, e o currículo objetivou certos grupos em detrimento de outros, e legislou que esse modelo deveria constituir o currículo da escola secundária. As Regulamentações Secundárias de 1904 definem diretrizes claras. Ali vemos o currículo como priorização social.

A divisão da educação pós-primária entre escolas públicas, escolas de formação acadêmica e outras escolas preeminentemente para a classe operária, escolas elementares e, subsequentemente, escolas secundárias modernas, sobreviveu ainda no período após a Segunda Guerra Mundial. Aumentou a oposição ao concurso para decidir quem iria para a escola de formação acadêmica, o chamado *11-plus*, e alguns experimentos na educação de formação geral ou multilateral começaram na década de 1940. Em 1964, um governo trabalhista retornou e começou a desmantelar o sistema divisor existente e introduzir escolas de formação geral.

As implicações dessa mudança para o currículo foram substanciais, e uma série de projetos de reforma curricular foi iniciada por meio do Conselho Escolar para Currículo e Provas fundado em 1964. Embora as escolas de formação geral tenham inicialmente originado as suas principais áreas curriculares das escolas de formação acadêmica, esses projetos de reforma buscavam aplicar seriamente a lógica da reforma nas escolas de formação geral à reforma curricular. Obviamente, sem uma reforma curricular, a reforma organizacional teria uma importância severamente limitada.

Rubinstein e Simon resumem o clima da reforma educacional em 1972, após o aumento da idade de aprendizagem escolar para 16 anos, e o rápido crescimento do sistema de formação geral:

> O conteúdo do currículo agora está sendo alvo de muita discussão, e as escolas de formação geral estão participando ativamente dos muitos esquemas de reforma curricular lançados pelo Conselho Escolar e Nuffield. A tendência é o desenvolvimento dos currículos interdisciplinares aliado ao uso da abordagem de recursos à aprendizagem, envolvendo a substituição de muitos trabalhos em grupo e individuais pelas formas mais tradicionais de ensino em sala de aula. Para essas novas formas de organizar e estimular a aprendizagem, o agrupamento de aptidões mistas muitas vezes propicia o método mais apropriado; e, em parte por esse motivo, a tendência é a redução da separação norteada por aptidões e do ensino em sala de aula. Esse movimento em si promove novas relações entre professores e alunos, especialmente na medida em que a função do professor está mudando de autoridade definitiva para alguém que motiva, facilita e estrutura as descobertas e buscas dos alunos por conhecimento (RUBINSTEIN & SIMON, 1973, p. 123).

Era comum naquela época a crença de que uma reforma curricular rápida, com uma série de implicações políticas e pedagógicas associadas, estava em andamento. Kerr afirmou em 1968 que "no âmbito prático e organizacional, os novos currículos prometem revolucionar a educação inglesa" (KERR, 1971).

Mas exatamente na época em que Kerr falava, forças novas tentavam defender e, se possível, revigorar as antigas disciplinas da escola de formação acadêmica. Elas eram apresentadas como as disciplinas "tradicionais". Essa campanha culminou no currículo nacional, mas é importante perceber que essa reafirmação de um currículo baseado em disciplinas é parte de uma estratégia mais ampla de reconstituição. Ademais, o restabelecimento de disciplinas tradicionais está ocorrendo às expensas de muitas daquelas novas áreas disciplinares idealizadas especificamente para patrocinar e promover a aprendizagem em todo o espectro da escola de formação geral: Estudos Sociais, Estudos Ambientais, Ciência Geral,

Estudos Urbanos, Estudos da Comunidade etc. Essas disciplinas haviam tentado desenvolver novas formas de conexão com os interesses e experiências dos alunos da escola de formação geral. O currículo nacional proclama que a abordagem agora somente pode acontecer nas margens e que o currículo nuclear mais uma vez serão aquelas disciplinas "tradicionalmente" ensinadas desde o seu "estabelecimento" em 1904.

A comparação com as Regulamentações Secundárias de 1904 mostra até que ponto a padronização da educação foi reconstituída nesse novo assentamento político chamado de currículo nacional.

1904	1988
Inglês	Inglês
Matemática	Matemática
Ciências	Ciências
História	História
Geografia	Geografia
Exercícios físicos	Educação física
Desenho	Arte
Idioma estrangeiro	Idioma estrangeiro moderno
Trabalhos manuais	
Disciplinas domésticas	Tecnologia
(Música foi incluída logo depois)	Música

A semelhança entre 1904 e 1988 questiona a retórica de "uma nova iniciativa importante" empregada pelo governo e aponta algumas continuidades históricas no objetivo e nas prioridades sociais e políticas. As Regulamentações de 1904 incorporavam a ideia de que o currículo historicamente oferecido à clientela da escola de formação acadêmica era o oposto do currículo sendo desenvolvido nas Escolas Públicas e direcionado principalmente às classes operárias: um segmento ou visão da nação estava sendo favorecido(a) às custas de outro(a). No período intermediário, impulsos mais igualitários geraram a criação de escolas de formação geral onde alunos de todas as classes se reuniam sob o mesmo teto. Isso, por sua vez, levou a uma série de reformas curriculares que tentaram redefinir e desafiar a hegemonia do currículo da escola de formação acadêmica.

Na busca de desafiar e redirecionar essas reformas e intenções, a direita defendia a reabilitação das disciplinas "tradicionais" (ou seja, da escola de formação acadêmica). O currículo nacional pode ser visto como uma declaração política da vitória das forças e intenções representativas desses grupos políticos. Uma visão particular, um segmento privilegiado da nação foi, portanto, restabelecido e priorizado, e legislado como "nacional".

As continuidades históricas evidentes no currículo nacional foram comentadas em inúmeros lugares. Por exemplo, o *Times Educational Supplement* afirmou que "a primeira coisa a dizer sobre todo esse exercício é que ele desenrola 80 anos de história educacional inglesa (e galesa). É um caso de voltar para depois seguir" (*Times Educational Supplement*, 1989). Ao escreverem sobre o Projeto de Currículo Nacional, Moon e Mortimore comentam:

> A legislação e o tão criticado documento consultivo que a precedeu apresentam o currículo em termos desnecessariamente restritos. Assim, o currículo primário foi formulado como se não passasse de uma preparação pré-secundária (como o pior tipo de "escola preparatória"). Todos os aspectos positivos da educação primária britânica tão valorizados pelo Inspetor Educacional e o Comitê Seleto da Câmara dos Comuns e tão elogiados por vários comentaristas estrangeiros foram ignorados.
> O currículo secundário, por sua vez, parece basear-se no currículo de uma escola de formação acadêmica típica da década de 1960. Não discordamos das disciplinas incluídas, mas acreditamos que um currículo assim tem muito a perder. Tecnologia da informação, eletrônica, estatística, educação pessoal, social e profissional foram todas omitidas. Certamente, porém, são essas as únicas áreas de provável importância para a vida futura de muitos alunos? (MOON & MORTIMORE, 1989, p. 9).

O currículo nacional, então, pode ser visto como resposta à "nação em risco" em dois níveis. Primeiro, existe o sentido geral do Estado-nação estar em declínio econômico e sujeito à globalização e amalgamação na Comunidade Europeia mais ampla. Aí a resposta é paradoxal. Os currículos construtores da nação muitas vezes são favorecidos em detrimento de currículos comercialmente "relevantes". Logo, a solução pode exacerbar o problema. Mais "declínio" econômico pode ocorrer, provocando tentativas ainda mais desesperadas de reafirmação da identidade nacional.

Segundo, considerando que o Reino Unido claramente é uma nação dividida, a investigação sobre o currículo nacional gera ideias a respeito de precisamente *qual* nação está em risco. Parece que os grupos da elite e da classe média é que foram percebidos como "em risco", porque é esse grupo que tem as maiores conexões históricas com as "disciplinas tradicionais": essas disciplinas foram reavivadas e reinstauradas no currículo nacional.

A percepção de nações em risco e grupos sociais em risco também forneceu uma fonte de apoio para o desenvolvimento dos poderes do Estado central sobre o currículo escolar. Esse é o terceiro nível onde o currículo nacional é significativo. No projeto central de reconstrução do Estado-nação, a questão do restabelecimento da ideologia e identidade nacional foi tratada, mas permanece a questão da reconstrução do poder do próprio Estado-nação.

Currículo nacional e poder nacional

Na Grã-Bretanha pós-guerra, os poderes do Estado nacional sobre a educação eram cada vez mais delegados às autoridades educacionais locais (LEAs). Isso tornou as escolas mais responsivas às "comunidades" locais do que à "nação". Além disso, os sindicatos dos professores conseguiam impor uma influência crescente sobre questões de reforma de currículo e avaliação. Como notamos, isso levou algumas escolas de formação geral a desenvolver currículos mais gerais que iam além do currículo acadêmico ao estilo 1904, "adequado a poucos". A perda de controle do Estado nacional, especificamente a perda de controle sobre o currículo, portanto, conduziu a padrões de priorização que se distanciaram muito do assentamento político venerado nas Regulamentações de 1904: as chamadas disciplinas tradicionais. Essa perda de controle, então, ameaçava aqueles grupos que haviam se beneficiado desse assentamento político. A priorização social tão bem-estabelecida no início do século XX claramente estava "em risco". Em suma, a "nação" representada nesses grupos privilegiados estava "em risco".

É óbvio que a reafirmação da primazia do currículo como veículo para a educação da elite e de classes dominantes se encaixa inteiramente numa versão de construção da nação. Esses grupos líderes e profissionais são exatamente aqueles que governarão e administrarão a nação – é consistente refazer o currículo à imagem deles e reconstruir as escolas como mecanismos para a seleção dessa meritocracia nacional.

Mas a forma dessa reconstrução nacional no nível do currículo obviamente reflete a percepção existente e a situação da "nação". Claramente nesse ponto da sua história, o Estado-nação do Reino Unido reflete o período pós-guerra de declínio abrupto. Desde 1945, as grandes aspirações do Estado-nação como importante poder imperial, importante agente no palco mundial, precisaram ser seriamente redefinidas. Um aspecto particularmente problemático dessa angústia imperial tinha sido como lidar com a pluralidade de outras culturas. Essa preocupação muitas vezes é delegada à área de "estudos multiculturais", mas é claro que faz parte das noções de identidade e democracia em geral. Além do declínio ideológico, houve uma experiência selvagem de declínio econômico. Em ambos esses aspectos de declínio, a elite, as profissões e o sistema britânicos foram envolvidos. Como resultado, qualquer campanha para a reconstrução e reavivamento da nação teria de reagir a essa experiência de declínio abrupto. Logo, a versão particular de construção da nação através do currículo provavelmente reflete essa percepção.

A definição de um currículo nuclear de fato poderia assumir inúmeras formas, mas há duas grandes direções. Uma versão especificaria uma série comum de metas e objetivos e certa quantidade de conteúdo comum. Nessa versão, professores e alunos têm certa flexibilidade, e espera-se e encoraja-se um grau de acomodação às condições e interesses locais. Essa versão de currículo nuclear estaria em consonância com a experiência do sistema educacional do Reino Unido no século XX.

Uma segunda versão de currículo nuclear prescreveria detalhadamente o que deve ser ensinado, aprendido e testado. Haveria pouca permissão de escolha da parte de professores e alunos. Uma caricatura dessa versão seria o mítico Ministro da Educação francês, que conseguia olhar para o seu relógio e dizer o que cada criança na França estava estudando em determinado horário. Essa versão de currículos comuns seria dissonante da experiência do Reino Unido no século XX.

É muito significativo o fato de que o currículo nacional do Reino Unido de 1988 realmente representa o segundo modelo de currículo nuclear. Isso reflete a reação de um estabelecimento político que vivenciou mais de quatro décadas de declínio político e econômico abrupto e em aceleração. Em tais circunstâncias, a repetição de temores paranoicos sob o domínio do currículo escolar parece uma reação compreensível, ainda que indireta.

A expansão sem precedentes dos poderes sobre o currículo escolar não passou despercebida nem deixou de ser desafiada. A intenção do Gabinete no relatório de História levou a Associação Histórica, uma instituição respeitável e conservadora que representa os professores de História, a questionar se o governo tem algum "direito constitucional" a uma intervenção tão minuciosa.

A importante expansão do poder estatal sobre o currículo e sobre a avaliação causa uma diminuição paralela no poder docente, tendo, portanto, implicações associadas para a pedagogia. Num grau, o novo poder sobre o currículo e a pilha de provas representam um empurrão substancial para a prestação de contas ao governo sobre os detalhes do trabalho dos professores. A experiência da década de 1960, quando os professores eram considerados possuidores de conhecimentos superiores para avaliar as necessidades educacionais dos seus alunos, foi rapidamente desmantelada.

Boa parte dos comentários sobre o novo currículo nacional foi favorável e otimista em relação aos resultados da expansão do poder estatal. Por exemplo, *The Times* publicou um editorial sobre a aprovação do "Verdadeiro Projeto de Lei da Educação", afirmando: "sobretudo um currículo nacional acompanhado de metas e provas em idades importantes garantirá que uma grande proporção de jovens saia da escola letrados, sabendo matemática e mais educados do que são agora". Resumindo, os padrões vão subir. Isso porque "os professores terão uma ideia mais clara do que se espera deles" (*Times Educational Supplement*, 1989). Em suma, maior prestação de contas (e menos poder sobre a definição) leva a objetivos mais claros e hábitos de trabalho melhores. É uma simplificação grosseira empregando um otimismo quase taylorista sobre a estratégia para acessar um projeto extremamente complexo.

As lições de episódios históricos anteriores devem ser tratadas com cautela considerável, já que não é uma questão de comparar iguais. Ainda que as experiências de professores e alunos tenham sido tão claras em vista das intervenções governamentais anteriores do século XIX em termos de currículo e avaliação, o simplismo por trás do ponto de vista do *The Times* deve ser seriamente escrutinado, porque pode não ser o caso de que "resumindo, os padrões vão subir", e sim "resumindo, o estado de ânimo vai cair".

Uma experiência importante no controle estatal dos currículos escolares foi conduzida nos anos 1862-1895. Os professores foram submetidos a um sistema de "pagamento por resultados": o pagamento dos professores estava ligado aos resultados dos alunos nas provas escolares. E.G.A. Holmes, inspetor escolar na época, deixou um comentário minucioso sobre os resultados da experiência. Ele observa que, de 1862 a 1895, "uma parte considerável da concessão recebida por cada escola foi paga de acordo com os resultados de uma prova anual realizada pelo Inspetor Governamental sobre uma ementa elaborada, formulada pelo Departamento e obrigatória a todas as escolas". Os resultados desse mecanismo foram claros. "Do relatório oficial após a prova dependiam a reputação e a prosperidade financeira da escola, e a reputação e prosperidade financeira do professor" (HOLMES, 1928, p. 103). Logo, o governo havia estabelecido um controle deliberado e minucioso sobre o currículo e a avaliação, e, assim, sobre professores e alunos. O poder foi então estabelecido, mas e os "efeitos colaterais" sobre a educação? Holmes é contundente:

> A consequente pressão para o professor se esforçar era quase irresistível; e ele não tinha escolha a não ser transmitir essa pressão aos seus subordinados e alunos. O resultado foi que, naqueles dias, a escola média era como uma colmeia industrial.
> Mas também era uma colmeia de energia maldirecionada. O Estado, ao prescrever uma ementa a ser seguida em todas as disciplinas de conhecimento, em todas as escolas do país, sem considerar os elementos locais ou pessoais, era culpado de um crime capital. Ele pensou o tempo todo no lugar do professor. Ele disse ao professor em detalhes o que deveria fazer todos os anos em cada "padrão", como deveria tratar cada disciplina e até onde deveria ir; qual extensão deveria cobrir; qual grau de conhecimento, de precisão era necessário para uma "aprovação". Em outras palavras, deu os seus ideais, seus conceitos gerais, suas metas mais imediatas, seus esquemas de trabalho ao professor; e, se não controlasse os seus métodos em todos os seus detalhes, dava-lhe (por implicação) dicas e sugestões para não ser lento, já que o trabalho executado em cada classe e disciplina seria testado no fim do ano por uma prova minuciosa para cada aluno; e era inevitável que, no esforço de adaptar o seu ensino ao tipo de questão que a sua experiência com a prova anual o fazia esperar, deveria se entregar gradualmente, de corpo e alma, às mãos dos funcionários do Departamento, dos funcionários de Whitehall que estruturavam a ementa anual e dos funcionários dos vários distritos que a examinavam.
> O professor se viu obrigado a fazer com os alunos o que o Departamento fazia com ele. O professor que é escravo da vontade de outro não consegue ensinar se não fizer dos seus alunos escravos da sua vontade também. O professor que foi privado de liberdade, iniciativa e responsabilidade pelos seus superiores não pode ensinar se não privar os seus alunos das mesmas qualidades vitais. O professor que, em resposta à pressão letal de um sistema robusto, tornou-se uma criatura acomodada e presa a rotinas, não pode ensinar se não transformar os alunos em marionetes indefesas, como ele.
> Mas não é somente porque a obediência mecânica é fatal a longo prazo para o crescimento mental e espiritual que a regulamentação das séries elementares da educação ou de quaisquer outras por uma ementa uniforme deve ser desprezada, mas também porque uma ementa uniforme é, na natureza das coisas, uma ementa ruim, e porque o grau da sua baixa qualidade varia diretamente de acordo com

o arco da esfera da atividade educacional que está sob o seu controle (HOLMES, 1928, p. 103-105).

Holmes dá mais detalhes sobre o funcionamento de um sistema de prescrição estatal de ementas e controle de provas:

> Foi pré-ordenado que as ementas emitidas pelo Departamento anualmente, nos dias de pagamento por resultados, deveriam ter poucos méritos e muitos defeitos. Porém, ainda que, por um milagre inimaginável, todas fossem educativamente boas, o simples fato de que todos os professores na Inglaterra tinham que trabalhar de acordo com elas teria feito delas potentes agentes do mal. Estar submetido a uma ementa é um azar para o professor e um azar para a escola onde ele ensina. Estar submetido a uma ementa compulsória a todas as escolas é o mais grave dos azares. Ou, se existir algo pior, é o destino que coube aos professores da Inglaterra sob o Antigo Regime – o destino de estar submetido a uma ementa que era ruim porque precisou descer ao nível da escola menos afortunada e do professor menos apto e também porque foi o resultado da ignorância, inexperiência e autossatisfação burocrática.
>
> Dentre os males inerentes a esse sistema de provas está a sua tendência a aprisionar o crescimento, enfraquecer a vida, paralisar as faculdades superiores, expor o introspectivo, materializar o espiritual, envolver a educação num clima de irrealidade e autoengano, sobre o que já falei muito. Nos dias do pagamento por resultados, várias circunstâncias conspiravam para elevar essas tendências más ao mais alto "poder" imaginável. Quando os inspetores cessaram as provas (no sentido mais estrito da palavra), perceberam o dano infinito que a prova anual havia causado. Os alunos, cuja maioria era avaliada em leitura e ditado considerando os seus próprios livros (dois ou três, conforme o caso), eram testados sobre o conteúdo desses livros até tê-los praticamente memorizado. Em aritmética, trabalhavam com somas abstratas, obedecendo a regras formais, dia após dia, e mês após mês; e eram convencidos e seguir vários macetes e artimanhas que lhes permitiriam saber – ao menos era o que se esperava – quais regras precisas deveriam nortear as várias questões dos problemas aritméticos. Memorizavam alguns versos de poesias e decoravam todos os "sentidos e alusões", com o provável resultado – como o processo deve ter sido enjoativo! – de odiarem poesia pelo resto da vida. Em Geografia, História e Gramática, eram vítimas da prática estúpida de "queimar as pestanas" oralmente, o que eram obrigados a fazer sob penas e punições, para memorizar e reter até o dia da prova, com a sua habilidade de vomitar tudo periodicamente testa-

do pelo professor. E assim era com as outras disciplinas. Ninguém pensava, exceto na minoria das escolas, no verdadeiro treinamento do aluno, no estímulo ao seu crescimento mental (e outros). A única preocupação do professor era fazê-lo passar na prova anual de qualquer maneira. Assim como a descrença profunda do professor era a base da política do Departamento, a descrença profunda do aluno era a base da política do professor. Deixar o aluno descobrir qualquer coisa por si mesmo, entender qualquer coisa por si mesmo, pensar em qualquer coisa por si mesmo teria sido considerado prova de incapacidade, para não dizer insanidade, da parte do professor, e teria causado resultados que, do ponto de vista "percentual", provavelmente teriam sido desastrosos (HOLMES, 1928, p. 106-108).

De fato a experiência desse episódio de intervenção estatal surtiu efeitos duradouros. Em 1944, quando o governo estava elaborando a influente Lei da Educação daquele ano, James Chuter Ede, secretário parlamentar do Ministro, falou num discurso à Câmara:

> não existe um currículo para cada criança, mas cada criança deve ser um problema individual para o professor. O professor é o servidor do Estado, e espero que ninguém diga que o Estado deve ditar o currículo das escolas. Alguns de nós cresceram sob o antigo sistema de pagamento por resultados e, se tivéssemos mais tempo, eu poderia divertir a Câmara com descrições que alguns dos meus respeitáveis amigos sabem que não seriam caricaturas do modo pelo qual o controle do Estado sobre o currículo impediu o desenvolvimento de um sistema sábio e sensato de educação (CHITTY, 1988).

Holmes e Chuter Ede nos advertem sobre alguns dos perigos que acompanhavam uma estratégia de "avaliação e currículo nacional". Mas as implicações para os professores e principalmente para os alunos são profundamente preocupantes. O desenvolvimento de atitudes de "obediência mecânica" atinge o próprio coração do sistema "democrático" de governo. Essa questão assume grande importância num momento em que há inúmeros comentários no Reino Unido sobre a falta de direitos constitucionais e a consequente possibilidade de erosão substancial de direitos "tradicionais" por um governo mais autoritário, seja da direita (como no momento) ou da esquerda. A ligação entre o currículo nacional e a obediência mecânica, portanto, destaca um grande problema a respeito da educação de alunos com a capacidade de serem cidadãos operantes numa democracia. Considero a seguinte afirmativa sobre "a erosão da liberdade britânica" especialmente assustadora sob essa luz: "Os britânicos foram educados para pensarem sobre si mesmos como sujeitos, não cidadãos; como pessoas com liberdades concedidas pelo governo, não com direitos garantidos contra a interferência governamental" (BRODER, 1989, p. 7). O tradicional currículo nacional baseado em disciplinas escolares desempenha uma função essencial na construção das subjetividades particulares das disciplinas nesse sentido (CORRIGAN, 1990).

Visto sob essa luz, o projeto político que alicerça o currículo nacional assume outra dimensão, já que o currículo oculto do currículo nacional é uma reafirmação do poder do Estado na construção da nação. Esse projeto é diametralmente oposto ao projeto alternativo de educar os alunos a partir de uma pluralidade de culturas para uma cidadania ativa numa democracia. A história da obediência mecânica em massa como fundamento para a construção da nação é conhecida, mas não leva à democracia, e sim ao totalitarismo.

Conclusão

A introdução do currículo nacional no Reino Unido está vinculada aos problemas de declínio econômico nacional e à crença de que a coordenação do currículo auxiliará um projeto de regeneração econômica nacional. Por trás da prioridade retórica dada ao reavivamento econômico, duas outras pautas foram discernidas.

Primeiro, a reconstituição de um currículo tradicional baseado em disciplinas. Essas disciplinas tradicionais evocam uma "era dourada" passada quando a educação era seletiva e as pessoas "sabiam onde era o seu lugar". Vários estudos empíricos apontam as relações entre disciplinas tradicionais e classe social[7]. A tendência obsessiva de muitas iniciativas governamentais atuais a enaltecer o presente conseguiu obscurecer essa relação profundamente enraizada que obviamente é relevante ao presente e ao futuro do Reino Unido como uma sociedade de classes.

Ao se desenvolver esse comentário para um público global é importante notar a distinção e a força da política de classes do Reino Unido. Por exemplo, nos Estados Unidos está em curso neste momento um debate sobre a definição de um currículo nacional incluindo disciplinas tradicionais. Porém, a intenção, ao menos uma intenção importante, é prover cursos rigorosos baseados em disciplinas

---

7. Cf. Goodson (1988; 1993). Os leitores norte-americanos que não estejam acostumados com o modo resumido pelo qual tratei questões de estrutura social podem precisar consultar esses livros para analisar melhor o argumento.

acadêmicas abrangendo o conteúdo curricular e uma forma que interesse *todos* os alunos. Logo, o padrão de Estado e formação de classes nos Estados Unidos significa que uma iniciativa de currículo nacional terá ressonâncias profundamente diferentes daquelas de uma sociedade um tanto obsoleta, baseada em classes, como o Reino Unido. (É claro que não estou afirmando que uma iniciativa nos Estados Unidos não terá implicações poderosas para questões de classe, raça e gênero.) Ademais, os padrões de cultura cívica, educação para a cidadania e direitos constitucionais são marcadamente diferentes entre Reino Unido e Estados Unidos. Mais uma vez, um currículo nacional provavelmente afetará as duas sociedades de modo diferente.

A segunda pauta no Reino Unido é o estabelecimento de novas modalidades de controle sobre a educação em nome do Estado-nação. Essas novas modalidades possibilitarão que um controle detalhado seja exercido sobre o currículo escolar em termos de conteúdo, forma e avaliação. No caso do Reino Unido, isso pareceria uma tentativa tardia e um tanto desesperada de se construir a nação, em termos de governança do Estado-nação e de propagação parcial – através do currículo – de ideologias, imagens e memórias seletivas nacionais. É possível que nações decadentes na sua fase pós-imperial não tenham o que fazer a não ser se refugiarem na casamata do currículo escolar. Nesse caso em especial, pode ser que existam algumas lições para os Estados Unidos.

Referências

BRODER, D.S. (1989). Mrs Thatcher and the Erosion of British Liberty. *Manchester Guardian Weekly*, 141 (5).

CHITTY, C. (1988). Central Control of the School Curriculum, 1944-1987. *History of Education*, 17 (4), p. 321-334.

CORRIGAN, P. (1990). *Social Forms of Human Capacities*. Londres/Nova York: Routledge.

DES [Department of Education and Science] (1989). *National Curriculum History Group Interim Report*, apud *Times Educational Supplement*, 18/ago., p. 4.

EAGLESHAM, E.J.R. (1967). *The Foundations of Twentieth-Century Education in England*. Londres: Routledge/Kegan Paul.

FOWLER, W.S. (1988). *Towards the National Curriculum*. Londres: Kogan Page.

GOODSON, I.F. (1993). *Subjects and Schooling*: The Social Construction of Curriculum. Londres: Routledge.

_____ (1988). *The Making of Curriculum*. Londres: Falmer.

HOLMES, E.G.A. (1928). *What Is and What Might Be*. Londres: Constable.

KERR, J. (1971). "The Problem of Curriculum Reform". In: HOOPER, R. (org.). *The Curriculum Context, Design and Development*. Edimburgo: Oliver and Boyd, p. 178-200.

MOON, B. & MORTIMORE, P. (1989). *The National Curriculum*: Straitjacket or Safety Net? Londres: Colophon.

RUBINSTEIN, D. & SIMON, B. (1973). *The Evolution of the Comprehensive School 1926-1972*. Londres: Routledge/Kegan Paul.

RYDER, J. & SILVER, H. (1970). *Modern English Society* – History and Structure 1850-1970. Londres: Methuen.

9
Ondas longas da reforma educacional

Excerto de "Relatório à Fundação Spencer"*

Introdução – Reafirmando o problema: saliência e invisibilidade do "tempo"

Este capítulo se origina do trabalho sobre o projeto Mudança ao Longo do Tempo conduzido nos Estados Unidos e no Canadá de 1998 a 2004 e patrocinado pela Fundação Spencer. Ao chamarmos o nosso projeto de Mudança ao Longo do Tempo, esperávamos enfatizar um aspecto do nosso estudo que julgávamos digno de mais interesse e atenção. É um mistério recorrente àqueles com formação histórica que muitos dos nossos estudos sociais, especialmente os nossos estudos educacionais, assim pode-se alegar, desconsideram o tempo. Podemos tentar explicar isso pela obsessão atual com a mudança contemporânea, pela própria "velocidade da mudança" ou pela erosão progressiva das disciplinas fundamentais, como "história da educação". Mas essas afirmativas já seriam não históricas, ignorando o tempo, já que a desconsideração do tempo é uma das grandes continuidades.

Mas vivemos a nossa vida seguindo o relógio; na verdade somos regulados pelo tempo todos os dias. É este o paradoxo: aquilo que nos domina se torna invisível para nós. Como notam Young e Schuller (1988) em seu estudo pioneiro, *The Rhythms of Society*, "se não estivermos obcecados somente com o tempo, mas em ganhar mais tempo, é muito estranho que os cientistas sociais tenham feito tão pouco para tornar o tempo uma das suas apreensões especiais" (p. 2). Essa omissão misteriosa é comum em estudos de educação e instrução. Nesse sentido,

---

* Apresentado em setembro de 2003.

o estudioso de educação reflete a consciência dos seus sujeitos – professores, administradores e alunos, que desconsideram o tempo:

> A autoridade diária do tempo é, até mesmo numa sociedade permissiva, tão completa que raramente parece problemática e, não sendo problemática às pessoas que são os sujeitos, não será tão problemática para os outros... (YOUNG & SCHULLER, 1988, p. 3).

Existe, entretanto, uma ironia particular e peculiar no fato de que os estudos de "mudança" social – aqui "mudança" educacional e escolar – devam ignorar o tempo. Parece, *prima facie*, uma grande omissão. Afinal, se tem algo que se relacione a mudança é o tempo. Contudo, uma rápida análise da literatura confirmará que é isso o que acontece. Muitos dos mais eminentes teóricos contemporâneos da mudança ignoram o tempo. Devemos lembrar que ignorar o tempo é ignorar a história, e ignorar a história é ignorar o agente humano na sua aplicação mais plena.

Uma extensa gama de estudos contemporâneos sobre a mudança escolar, inclusive de estudos em locais distintos, trabalha principalmente com noções instantâneas de tempo e contexto social (FULLAN, 1999; 2000; LIEBERMAN, 1995). Essa categoria predominante de estudo sobre mudança escolar não permite que os esforços de mudança e reforma sejam "fundamentados" em trajetórias de influência e causação ligadas ao passado ou buscadas longitudinalmente do passado ao presente e do presente ao futuro. Essa característica não histórica da literatura de mudança dominante é penetrante e endêmica. Ela de fato entra na retórica de "mudança", que de algum modo é vista como unicamente poderosa neste momento de reestruturação global. (Como veremos mais tarde, é uma afirmativa que tem certa virtude, mas deve ser fortemente estabelecida historicamente, não considerada e afirmada polemicamente.) Mais uma vez a história nos alerta para as continuidades:

> Quando o tempo é reconhecido como um fluxo contínuo (com a continuidade essencial sendo o próprio fluxo), o que está sendo observado não pode ser nada além de mudança, mudança contínua. Isso não quer dizer que não exista um padrão, uma estrutura na confusão. Mas seja lá o que tenha padrão, estrutura, uma aparência de estático, é composto de mudança, mudança embrulhada em mudança (YOUNG & SCHULLER, 1988, p. 5).

É óbvio que essas continuidades foram sistematicamente observadas por alguns historiadores da educação. O foco tende a estar nos padrões amplos de evolução e persistência organizacional (CUBAN, 1984); na "persistência da recitação"

(WESTBURY, 1973); no destino de políticas de reforma específicas (TYACK & HANSOT, 1992; TYACK & TOBIN, 1994); ou em reformas em certas áreas – como o currículo (GOODSON, 1994). Uma série de trabalhos estudou as relações entre ciclos de crescimento econômico e despesas educacionais. Por exemplo, o britânico *History of Education Journal* publicou uma edição especial derivada de uma conferência sobre Educação e Desempenho Econômico (Edição especial sobre Educação e Desempenho Econômico, 1998). Historiadores franceses têm estudado as ondas longas de desempenho econômico e educação por algum tempo, especialmente aquelas localizadas na Universidade de Montpelier (FONTVIEILLE, 1990). Após o nosso estudo da Spencer e a distinção de ondas longas nos dados, Carpentier produziu uma versão muito interessante da sua tese de doutorado que analisa ciclos longos de mudança relativos às despesas educacionais nos séculos XIX e XX com uma análise particularmente interessante sobre o período de 1945-1973 (CARPENTIER, 2001).

Como observado neste capítulo, o trabalho dos historiadores David Tyack e Larry Cuban, de Stanford, foi inspirador sobre os ciclos da reforma, assim como o trabalho do seu colega de sociologia, John Meyer. O trabalho de Murphy sobre as ondas da reforma na política educacional norte-americana é um acréscimo ao nosso mapa cognitivo de ciclos de mudança escolar (MURPHY, 1990; 1991).

O trabalho dos historiadores, portanto, busca pacientemente elucidar a profunda inércia contextual sob os padrões de mudança e continuidade, sejam os ciclos da reforma longos ou curtos. No mundo das iniciativas de mudança e, de fato, muita teoria sobre a mudança, tal complexidade e contradição muitas vezes foram ignoradas ou negadas. Além disso, a nossa varredura longitudinal precisa buscar além dos padrões internalistas de evolução e persistência organizacional para estudar a interação entre esses padrões internos e movimentos externos. Movimentos externos que estão dentro de estruturas econômicas e sociais, e nas "consistências externas" (MEYER & ROWAN, 1978), que impõem limites às possibilidades de mudança e reforma educacional. A teoria sobre mudança, que se concentra somente em movimentos internos em cada escola, ignora as amplas mudanças no contexto externo e econômico, que definem parâmetros e possibilidades para a mudança interna.

A teoria da mudança educacional dominante do momento, então, trabalha com duas lacunas interligadas. Primeiro, questões de tempo e periodização histórica são ignoradas ou subestimadas a favor de uma crença na possibilidade contemporânea e única. Segundo, a varredura ampla das mudanças no contexto econômico e externo é subordinada à crença em padrões de mudança mais internalistas, institucionais.

Por esses motivos, sobretudo porque a mudança deve ser vista historicamente, o nosso estudo adotará um foco na mudança situada em períodos históricos[8]. Essa abordagem deriva da metodologia da Escola dos Annales para entender a mudança social e histórica. Num sentido real, a Escola dos Annales desenvolve uma combinação de História e Sociologia. Na Inglaterra, essa abordagem foi desenvolvida por Philip Abrahams e Peter Burke no seu livro *History and Social Theory* (1993). Mais recentemente, o *Journal of Historical Sociology* buscou os mesmos temas de pesquisa.

Os historiadores e cientistas sociais que seguem a Escola dos Annales enxergam a mudança operando em três níveis de tempo – longo, médio e curto – que se interpenetram de maneira complexa. Aqui os teóricos apresentam uma alegoria do oceano para capturar as principais características dessas três categorias ou níveis e seu modo de operação interdependente.

Observando o fundo do oceano, representando o tempo de longo prazo, estão as correntes profundas que, embora aparentemente muito estáveis, estão se movendo o tempo todo. Esse tempo de longo prazo abrange importantes fatores estruturais: visões de mundo, formas do Estado etc. O movimento de formas pré-modernas para modernas ou de modernas para pós-modernas pode ser entendido em termos dessas grandes mudanças de época (BELL, 1973; DENZIN, 1991; LYOTARD, 1984; WRIGHT MILLS, 1959). Os efeitos das condições sociais, econômicas e políticas emergentes da era pós-moderna sobre a organização e as práticas da educação podem ser entendidos nesses termos (ARONOWITZ & GIROUX, 1991; HARGREAVES, 1994).

Acima desse nível estão as ondulações de determinados ciclos representando o tempo médio. Esse tempo de médio prazo foi concebido em intervalos com altos e baixos de mais ou menos 50 anos – embora, com a compressão de tempo e espaço na era pós-moderna, esses mesmos ciclos possam sofrer compressão (GIDDENS, 1991). É nesses ciclos de médio prazo que se pode explicar o estabelecimento da atual "gramática da educação", por exemplo, como uma educação pautada na sala de aula, com notas e especializada em disciplinas nos últimos anos do

---

8. Este capítulo trabalha com uma noção de períodos históricos porque esses padrões emergem consistentemente dos dados. Embora ciente do trabalho de Fischers ou a "falácia da periodização", aqui os dados parecem se sobrepor a quaisquer preocupações com fatos históricos que prejudiquem a intepretação (FISCHER, 1970).

século XIX e primeiros anos do século XX. Como advertem Tyack e Tobin (1994), a menos que os reformistas comecem a falar sobre a "gramática da educação" histórica, as suas tentativas de iniciar uma mudança educacional estarão frustradas para sempre.

Na superfície do oceano, representando as ondas e a espuma, está o tempo cotidiano de curto prazo: os eventos diários e as ações humanas do dia a dia comum. Os proponentes dessa visão da história costumam celebrar as suas especificidades empíricas diante das afirmativas teóricas mais grandiosas de mudanças de época entre diferentes períodos históricos (p. ex., McCULLOCH, 1995). Essas teorizações da história não devem ser tratadas como competitivas, entretanto. Os detalhes empíricos minuciosos e a sensibilidade teórica ampla são forças complementares na história e recursos complementares para interpretar tal história. Boa parte da mudança contemporânea se posiciona aqui "na superfície do oceano", nas ondas e na espuma: é improvável, portanto, que o legado seja duradouro.

Os pontos mais interessantes de investigação e pesquisa são vistos quando as camadas diferentes de tempo histórico coincidem, pois é nesses pontos que as tendências e a capacidade de mudança e reforma são mais fortes. Tais coincidências ou conjunturas podem ser notadas em momentos cruciais da história e mudança educacional.

Ondas longas da mudança histórica

Os historiadores da Escola dos Annales consideravam que o tempo ocorria em ondas, como indica a alegoria oceânica que usam. Febvre (1925) foi claro sobre a importância vital do tempo na pesquisa social. Ele afirma que a história "não pensa meramente em termos humanos. O seu cenário natural é a duração" (p. 32).

Mas, como vimos, a duração pode ser dividida em segmentos diferentes: mudança de curto prazo (o que os seguidores da Escola dos Annales chamam de *eventements*): foco em eventos individuais que acontecem regularmente e são de curta duração. Mudança de médio prazo, que chamam de *conjonctures*: tais acontecimentos têm um ritmo contínuo e de difícil reversão, representando as mudanças de duração substancial. As estabilidades e continuidades de longo prazo, chamam de períodos *longue duree*, como a Reforma ou a primeira Revolução Industrial.

Ao buscarmos as ondas longas da mudança educacional em nossas escolas do estudo de caso da Spencer, o nosso foco está no nível das *conjonctures*. Aqui o nosso estudo deriva bastante não apenas da história da Escola dos Annales, mas também de grandes trabalhos da história econômica, especialmente o trabalho de Nikolai Kondratiev, que havia fundado o Instituto da Conjuntura em Moscou, em 1920. Em 1922, Kondratiev publicou um livro que definia as ondas longas ou "ciclos" de crescimento econômico, que chamou de "grandes ciclos da conjuntura" (KONDRATIEV, 1923, p. 254).

Kondratiev havia entendido que, acima das ondas de curto prazo dos ciclos econômicos de altos e baixos, de ascensão e declínio, ficavam as ondas mais longas. Freeman e Louçã (2001) resumem a ideia na figura 9.1.

Em geral, Kondratiev estava indicando conjunturas de onda longa com duração de 30 a 40 anos. Essas ondas longas foram sobrepostas aos ciclos econômicos de curta duração com os quais estamos mais familiarizados no linguajar cotidiano como períodos de "crescimento" e "recessão". A estrutura explicativa de Kondratiev para esses ciclos de ondas longas (semelhantes à *conjoncture* de médio prazo da Escola dos Annales) concentrava-se no ciclo de vida dos sistemas de tecnologia. Freeman e Louçã caracterizam esse ciclo de vida da tecnologia da seguinte forma.

De modo simplificado e esquemático, as seguintes fases no ciclo de vida de um sistema de tecnologia podem ser distinguidas:

>1) A fase das invenções em laboratório, com antigos protótipos, patentes, demonstrações em pequena escala e aplicações antigas.
>2) Demonstrações decisivas de viabilidade técnica e comercial, com aplicações potenciais difundidas.
>3) Decolagem e crescimento explosivos durante uma fase turbulenta de crise estrutural na economia e uma crise política de coordenação à medida que um novo regime de regulação é estabelecido.
>4) Crescimento alto contínuo, com o sistema agora aceito como senso comum e regime tecnológico dominante nos países líderes da economia mundial; aplicação numa série ainda mais ampla de indústrias e serviços.
>5) Desaceleração e erosão da lucratividade à medida que o sistema amadurece e é desafiado por tecnologias mais novas, levando a uma nova crise de ajuste estrutural.
>6) Maturidade, com alguns efeitos de "renascimento" possíveis a partir da coexistência frutífera com tecnologias mais novas, mas também a possibilidade de desaparecimento lento (FREEMAN & LOUÇÃ, 2001, p. 146).

Figura 9.1 – Ondas dos ciclos econômicos

Tempo aproximado da "ascensão" (*boom*)
"Declínio" (crise de ajuste)
1780-1815
1815-1848
1848-1873
1873-1895
1895-1918
1918-1940
1941-1973
1973-

Fonte: Freeman e Louçã (2001, p. 141).

Após esse modelo dos estágios, afirmam:

> tentaremos mostrar que as fases 2-5 é que estão associadas àqueles movimentos parecidos com ondas no sistema econômico e social que são designados desde Schumpeter como ciclos ou "ondas de Kondratiev" (FREEMAN & LOUÇÃ, 2001, p. 146).

O trabalho de Freeman e Louçã é de vital importância para quem examina as ondas longas da mudança educacional, porque relaciona o ciclo de vida tecnológico e econômico descrito às mudanças institucionais e sociais. A economista venezuelana Carlota Perez estendeu esse argumento, julgando que cada onda longa tem um estilo tecnológico específico, um modelo ou paradigma para organizar a produção da maneira mais eficiente. Para as ascensões, esse modelo e a estrutura social e institucional estão amplamente harmonizados; já no declínio, um novo padrão tecnológico provoca uma relação disfuncional com o sistema socioinstitucional existente. Nas ascensões, temos a conjuntura; nos declínios, temos a disjunção (PEREZ, 1983; YOUNG, 1988).

Do ponto de vista das mudanças educacionais, o período de conjuntura propicia a máxima harmonização com novos regimes tecnológicos e econômicos.

Como resultado, o fluxo de recursos para o sistema educacional é maximizado à medida que o ciclo econômico produz margens de lucro cada vez melhores para financiar as estruturas socioinstitucionais que acompanham e facilitam a ascensão econômica. A nossa expectativa é que elas encontrassem mudanças rápidas na educação em períodos de ascensão acelerada, como o fim da década de 1960 e o início da década de 1970.

Embora a relação entre economia e educação seja indireta, alguns não aceitam que os ciclos econômicos afetam os padrões educacionais. Logo, se Kondratiev estiver certo, esperaríamos ver ondas longas de mudança educacional que, de modo geral, seguem as ondas longas de mudança econômica.

Ondas longas da mudança educacional

Agora o mais comum é que o foco dos nossos estudos educacionais sejam eventos individuais e iniciativas de reforma (*eventementes*). O interesse do nosso estudo são intervalos curtos e instantâneos, porque a educação preocupa-se compreensivelmente com a prestação imediata de serviços educacionais no aqui e agora do presente. Em geral, o nosso foco é de curto prazo e voltado para a ação.

O nosso estudo da Spencer foi uma oportunidade generosa de explorar uma visão mais longa da mudança educacional. Empregamos uma série de dados para explorar a mudança nas escolas desde a nossa escola mais antiga, que começou em 1916, até o início dos anos de 2000. Duas fontes importantes de dados ajudaram as nossas análises da história da mudança escolar. Primeiro tentamos, quando possível, desenvolver arquivos históricos detalhados de cada escola: registros escolares do currículo e programas, anuários escolares, diários, relatórios, registros departamentais etc. A nossa preocupação inicial era que boa parte disso teria sido destruída, mas de fato ficamos surpresos com o quanto havia sido guardado: uma verdadeira arca do tesouro para a reconstrução da mudança escolar. Além desse banco de dados textual, conduzimos uma série de entrevistas com professores que passaram pelo tempo de vida de cada escola, houve várias entrevistas que abrangeram toda a história de vida. Como observado na p. 29s., as entrevistas abrangeram professores das décadas de 1950 e 1960 (coorte um); décadas de 1970 e 1980 (coorte dois) e professores a partir da década de 1990 (coorte três). Também coletamos uma série de dados coreográficos desde visitas escolares até reuniões e aulas.

As nossas escolas foram escolhidas para cobrir um espectro de escolas secundárias [*secondary schools*] em nossos dois locais nos Estados Unidos e Canadá. O local nos Estados Unidos se chamava distrito escolar de Bradford, no Estado de Nova York, numa cidade industrial de médio porte. Bradford era semelhante a muitas cidades norte-americanas no que se refere a mudanças na sua população urbana. Sucessivas ondas de "fuga branca" para os subúrbios haviam ocorrido, deixando o núcleo urbano povoado principalmente por famílias pobres de dez minorias, especialmente de afro-americanos. De acordo com as estatísticas do distrito em 1985, 40% dos alunos de Bradford viviam na pobreza, porcentagem que aumentou para 70% cinco anos depois. Em 1989, a população de alunos do distrito era composta por 62% de afro-americanos e 18% de hispânicos. De fato foi em parte como resposta a essas mudanças demográficas que o distrito escolar começou a criar as escolas de formação específica [magnet schools] em 1980. Essas escolas foram criadas pelo governo federal na metade da década de 1970 para estimular a dessegregação voluntária.

Uma das escolas que escolhemos, a Barrett, era uma escola de formação específica criada em 1989 a partir de uma das escolas de ensino médio [high schools] originais. Uma segunda escola foi escolhida para refletir a tradição da educação alternativa, a Durant School, criada em 1971, época em que "escolas cercadas por muros" estavam na moda e pretendiam apresentar programas individualizados flexíveis para alunos que favorecessem um estilo de educação além dos programas de ensino médio comuns. A nossa terceira escola refletia a fuga branca já observada. Construída na década de 1950, a Sheldon havia sido uma apreciada escola de ensino médio de formação geral [comprehensive high school]. Mas a área de influência urbana foi transformada pela pobreza crescente das famílias locais, enquanto a representação minoritária na escola disparou. Essas três escolas foram escolhidas para representar alguns dos grandes desenvolvimentos na educação secundária do Distrito de Bradford na segunda metade do século XX.

O segundo local para as nossas escolas foi a província de Ontário, no Canadá. No Estado de Nova York, uma série de reestruturações havia ganhado impulso na segunda metade da década de 1990. A introdução das provas Regents transformou a paisagem da educação secundária. Em Ontário, uma onda similar começou em 1995 com a eleição de um governo conservador progressista fundamentalista de mercado. Nos cinco anos seguintes, foram promulgadas mais leis do que nunca iniciando a reforma educacional nas províncias. O financiamento das escolas sofreu uma transformação com o corte severo de concessões do governo aos distritos escolares. Uma série de reformas draconianas nas avaliações e currículos foi rapidamente implantada com o objetivo de centralizar a criação e o desenvolvimento curricular no Ministério da Educação. As escolas tinham de se dividir entre rotas acadêmicas e práticas, enquanto uma série de novas provas e sistemas de avaliação foi introduzida. As nossas quatro escolas abrangiam um espectro de perfis históricos. A Eastside School fica numa cidade de médio porte no sudoeste de Ontário, foi fundada no início do século como escola técnica de referência. Continuou a inovar com uma frente ampla, desde Arte até Informática. A escola se localizava na área central da classe operária. A Lord Byron School, numa grande metrópole, foi uma das escolas mais inovadoras do Canadá na década de 1960 e, como a Durant School, focava em métodos e currículo progressistas, muitas vezes individualizados. A Talisman Park, no subúrbio de uma metrópole, era uma escola de ensino médio acadêmica razoavelmente tradicional onde a migração cultural estava trazendo maior diversidade ao corpo discente escolar. A Stewart Heights também amplia a sua base cultural, tendo sido estabelecida como instituição primordialmente de classe média num local semelhante a um vilarejo. A Blue Mountain era uma escola modelo [*beacon school*] tecnológica administrada de modo inovador como uma organização de aprendizagem na vanguarda dos desenvolvimentos desde o princípio, em 1992.

Após analisarmos os nossos arquivos históricos em cada escola, conduzirmos as nossas visitas e realizarmos o nosso ambicioso programa de entrevistas, os nossos retratos de cada escola forneceram um amplo perfil histórico. Esses perfis eram divididos por cada autor dos relatórios escolares, de acordo com os períodos que ecoavam as mudanças no caráter organizacional e interno de cada escola.

Deliberadamente, não partimos com hipóteses históricas detalhadas além de uma crença geral de que o escrutínio histórico auxiliaria a elucidação. O nosso interesse também era etnográfico e interacionista e, já que o foco é na mudança ao longo do tempo, os padrões históricos apenas emergiram de uma série de estudos escolares específicos conduzidos por pesquisadores diferentes. Consideramos que, se um padrão de conjunturas emergisse de tais estudos diferenciados por pesquisadores diferentes, então um padrão poderia ser verdadeiramente estabelecido. Os períodos discernidos para cada local das escolas estão resumidos na figura 9.2.

A tabela (fig. 9.2) indica que um padrão de conjunturas pode ser discernido para todas as escolas no fim da década de 1990 e em cinco das escolas para o período de 1967-1979. As exceções para essas conjunturas são a Blue Mountain (que não foi fundada antes de 1992), a Barrett School (que foi contra a corrente, tornando-se uma "escola de formação específica" em 1980) e a Stewart Heights.

As características da conjuntura de 1967-1979 (fig. 9.3) podem ser geralmente discernidas em todas as escolas do estudo de caso, embora sejam tipos

	1916–1999									
	1916	1920	1955–1959	1960–1964	1965–1969	1970–1974	1975–1979	1980–1984	1985–1989	1990–1994	1995–1999
Sheldon			Joia do distrito				Independente	Declínio		Período conturbado	
Barrett						Inicia como ensino médio		Dias de Camelot		Competição crescente	
Durant						Alternativa educacional		O parafuso aperta		Novo começo/fim	Luta pela sobrevivência
Eastside			Desenvolvimento precoce			Afrouxando as regras: definindo um novo sistema		Escola modelo		A mudança é constante	
Talisman			Anos formativos			Otimismo e inovação		Insegurança e incerteza			Corte de custos/ intransigência
Lord Byron						Criatividade/ Experimental	Entropia excedente		Sobrevivência e continuidade		Fim da criatividade
Blue Mountain										Anos formativos	Anos de atrito
											SOBREVIVÊNCIA

Figura 9.2 – Períodos discernidos para o local de cada escola

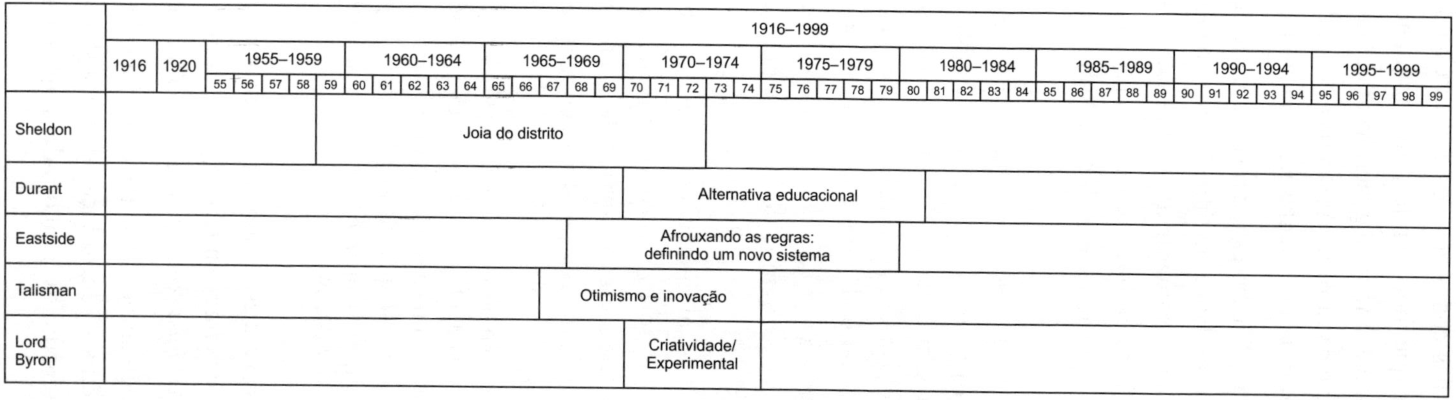

Figura 9.3 – Conjuntura

muito diferentes de escolas com objetivos e clientelas diferentes em distritos e países diferentes. Parece que, nessa época, uma mudança no *ethos* da educação era parte de uma ascensão econômica generalizada em todo o mundo ocidental. Estudos no Reino Unido e na Europa, Austrália e Nova Zelândia apontam características similares emergindo nas escolas nesse período.

Nas escolas do estudo de caso canadenses, uma relação clara pode ser estabelecida com o clima de mudança de opinião entre os legisladores educacionais no período economicamente flutuante da metade da década de 1960. Nessa época, nos Estados Unidos, Lyndon Johnson se ocupava em fundamentar a "Grande Sociedade", com uma ampla gama de políticas educacionais inclusivas tipificadas pelo projeto *Headstart*.

No Canadá, em junho de 1968, o Comitê de Metas e Objetivos da Educação nas Escolas de Ontário (comitê Hall-Dennis) publicou o seu relatório, recomendando uma reforma em larga escala do sistema provincial para estabelecer "um *continuum* de aprendizagem centrada no aluno que convide a aprender pela pesquisa e descoberta individual" (1968, p. 179). Na opinião da história-padrão das escolas de Ontário no século XX, *Living and Learning* foi "o documento mais radical e audacioso que já se originou do labirinto burocrático do provincial Departamento de Educação" (STAMP, 1982, p. 217).

Hall-Dennis criou um ambiente conducente à mudança curricular na Eastside School. Os professores estavam aproveitando a liberdade sugerida por Hall-Dennis e tentando novos currículos e métodos de ensino, embora muitos deles não tivessem uma relação direta com as recomendações do comitê. Um professor lembra:

> Era um tempo, quando ingressei lá, em que muitas experimentações aconteciam. O Hall-Dennis tinha acabado de entrar. E foi uma situação muito interessante porque não acho que as pessoas realmente entenderam o que era o Hall-Dennis. E, como resultado, todos estavam experimentando, tentando descobrir o que funcionava (Entrevista, 02/05/1993).

O inusitado é que isso era especialmente verdadeiro nas disciplinas acadêmicas, em que um projeto de tempo intensivo típico contemplava uma turma realizando uma refilmagem de *Easy Rider* nas ruas da cidade (Entrevista, 02/05/1993).

Na primavera de 1969 surge o que talvez tenha sido o resultado direto mais importante do Hall-Dennis – a introdução de um sistema de créditos ao qual todas as escolas de ensino médio tiveram de aderir até setembro de 1972. O sistema de créditos marcou a mudança de Ontário para uma abordagem de promoção de disciplinas aplicada não apenas a áreas acadêmicas, mas também, pela primeira vez, a disciplinas vocacionais. Sob as novas regulamentações, os alunos precisavam estudar o mínimo de 27 créditos (cada um equivalente de 110-120 horas-aula) para receberem um diploma de graduação da 12ª Série. Desses 27, 12 tinham de vir de determinadas áreas (embora os alunos tivessem alguma escolha dentro das áreas) e 15 eram totalmente eletivos (GILBERT, 1972, p. 10-11, 54-59). O sistema de créditos – viabilizado pela habilidade dos computadores em preparar os cronogramas – deu aos alunos um novo grau de liberdade para administrarem a sua carreira na escola secundária. De acordo com os proponentes, o objetivo também era dar aos professores mais autonomia na elaboração dos cursos, além de permitir que os alunos contribuíssem para o desenvolvimento curricular através da sua escolha de disciplinas (STAMP, 1982, p. 220-222).

Todas as escolas do nosso estudo de caso foram influenciadas pelo *ethos* do Hall-Dennis: na Lord Byron School, a filosofia fundamental da escola enfatizava as intenções progressistas dessa política governamental. Na Talisman Park, um novo período de inovação ocorreu nessa época e, na Eastside School, as regras e procedimentos estabelecidos foram dramaticamente modificados nesse período.

Na Eastside School, a nova abordagem repercutiu significativamente no *ethos* da escola. Para começar, marcou o fim do sistema em que uma turma inteira se mantinha sempre a mesma. Nas disciplinas acadêmicas, isso levou os professores a especializarem o conteúdo de cada turma para acomodar o interesse prático dos alunos. Com o novo sistema, cada turma tinha o que os professores mais antigos achavam uma "mistura peculiar" de alunos vindos de vários cursos (Entrevista, jan./1994).

O sistema de créditos também provou o fim do conceito central de concentração numa área técnica específica em âmbito de ensino médio. Sob o Antigo Regime, os alunos técnicos estudavam uma especialidade central suplementada por áreas estritamente relacionadas – um caminho cujo objetivo era conduzir diretamente ao emprego. Agora os alunos tendiam a escolher várias disciplinas. Como disse um professor: "foi uma brincadeira com um sistema que eu achava que estava funcionando muito bem, mas acabou destruindo-o" (Entrevista, out./1994).

Ao mesmo tempo, o Ministério da Educação – influenciado pela Federação dos Professores – endureceu as regras para a qualificação dos professores. De repente as escolas somente poderiam obter licenças para contratar professores não certificados se absolutamente nenhum professor certificado na província houvesse se candidatado à vaga em questão. Mesmo se houvesse um grupo de professores certificados, os chefes dos departamentos perdiam o direito de escolher entre eles, tendo de selecionar quem tivesse o certificado e fosse o próximo da lista do Conselho (Entrevista, jan./1995).

Os efeitos dessas novas regras aumentaram devido a uma série de tendências que provocaram uma drenagem substancial dos professores existentes na Eastside e a sua substituição por uma coorte nova e grande de professores mais jovens. Muitos desses professores foram para escolas novas: em 1960, a Lei Federal de Assistência a Treinamento Vocacional e Técnico havia inaugurado um crescimento nas construções de escolas secundárias e resultou na construção de 335 novas escolas de ensino médio na província e no financiamento de 83 expansões. Para atender as exigências da Lei, todas essas escolas e acréscimos tiveram de oferecer educação vocacional (STAMP, 1982, p. 203-204). O mercado de trabalho para professores vocacionais se expandiu amplamente e surgiram perspectivas de avanço em todo o sistema provincial. Muitos novos professores jovens inundaram o sistema.

Outros professores veteranos da Eastside foram para cargos administrativos. Na década de 1960, o Conselho de Educação da cidade passou por uma evolução tremenda: nesse período de crescimento, precisava de muito mais gente para cargos de supervisão. Ao mesmo tempo, a ideia de que as pessoas que permanecessem por muito tempo no mesmo lugar se tornariam tendenciosas, e portanto candidatas ruins para cargos administrativos superiores, teve uma aceitação geral. Para os possíveis supervisores, tornou-se um bom passo profissional passar por diferentes escolas (Entrevista, jan./1995).

Finalmente, alguns professores da Eastside deixaram o emprego do Conselho para trabalhar em duas novas instituições municipais. A instituição que treinava os professores novos precisava de pessoas para instruir a próxima geração de professores técnicos, comerciais e acadêmicos, enquanto o vizinho Centro Vocacional oferecia educação pós-secundária em muitas das disciplinas ensinadas na Eastside.

Além de uma nova coorte de equipe escolar mais jovem, uma outra tendência que estava chegando ao ápice nessa época aparece sob uma variedade de nomes, incluindo a revolta da juventude. Nos últimos anos da década de 1960, "havia muitos tipos *hippies* na Eastside. Se você não tivesse cabelos longos, não seria parte da galera, digamos assim. Ela atraía esses tipos" (Entrevista, fev./1994). Cabelos longos e barbas para os homens, cabelo frisado e minissaias para as meninas estavam virando regra. A nova cultura jovem celebrava o sentimento em detrimento do pensamento e buscava formas de aprimorar a experiência emocional – incluindo as drogas. O uso de maconha e LSD se tornou comum dentro da escola: "a entrada e a escadaria eram o primeiro andar. Dava para sentir o cheiro da maconha subindo... Ninguém parecia se importar com isso; os professores não faziam nada para impedir" (Entrevista, fev./1994).

Os alunos também recorriam ao álcool. A redução da idade legal de consumo de álcool para 18 anos (no verão de 1971) acentuou a situação – sessões de bebedeira no almoço e à tarde passaram a ser institucionalizadas na cultura estudantil.

A mudança não foi apenas nas roupas e hábitos recreativos. Foi uma época de mudança na substância e no estilo, de sérios desafios, assim como mudanças superficiais. Os desafios dos alunos a regras escolares mais fundamentais nesse período refletiam o ataque maior organizado pela cultura jovem ocidental à hegemonia de quem tinha mais de 30 anos. Nas escolas secundárias, esse movimento reivindicante atingiu o seu ápice provincial no fim de 1968 e início de 1969, com um protesto em grande escala sobre a data escolhida para o término do ano letivo e uma ocupação estudantil de três semanas numa escola de ensino médio de Toronto (STAMP, 1982, p. 225-228).

Na Eastside, o jornal estudantil da escola, *The Word*, refletiu o lado radical do movimento jovem. A edição de maio de 1969, por exemplo, abria com uma primeira página satírica, mostrando as últimas "máquinas de tortura" da escola sob o título: "Se não conseguir vencer um aluno, mate-o". Dentro, um editorial convocava o corpo discente para protestar em voz alta e com frequência contra qualquer injustiça percebida, afirmando que um protesto recente "mostrou ao Departamento de Educação que as universidades não eram as únicas capazes de criar confusão se sofressem algum abuso". A edição também incluía uma tira cômica futurista de página inteira com o título "A Revolução foi assim". Naquele episódio, o herói – um revolucionário da cidade chamado Alex – mata um "policial do cérebro" mau e sai para salvar a vida de um fugitivo na periferia da cidade (*The Word*, 1969).

Essa nova atitude também gerou pautas menos dramáticas, porém mais eficazes, dentro da escola. Os alunos assumiram um papel ativo na determinação das microestruturas da sua experiência escolar. Buscavam modificar o currículo e a pedagogia na sala de aula. Como disse um professor: "eles estavam testando, testando, testando o tempo todo" (Entrevista, jan./1995).

Como a Eastside School, a Lord Byron School foi um centro de inovação no espírito do relatório do Hall-Dennis desde a sua fundação em 1970. Os primeiros cinco anos, até 1975, foram um período de "criatividade e experimentação".

Mais uma vez, a escola estava ocupada por uma coorte jovem e experimental de professores novos. Como lembra um ex-professor: "vários de nós éramos jovens e solteiros – nem todos. Muitos estavam começando a carreira e não levaram apenas juventude e idealismo, mas também uma filosofia particular porque haviam chegado através das universidades da década de 1960. Os tempos foram importantes para as coisas que fazíamos".

Como confirmação da conjuntura de mudança nesse período, a afirmativa "os tempos foram importantes para as coisas que fazíamos" evidencia a crença na distinção desse período. Em certos sentidos, o *ethos* cultural e social mais amplo desses tempos permeava a escola como ocorreu na Eastside. "Os *hippies* da década de 1960 – era essa a percepção. Eles tinham uma linda escola onde o Conselho havia injetado todo tipo de dinheiro, selecionado a nata para lá e eram andarilhos, pensadores livres. Eram literalmente comparados aos *hippies* e parte disso jamais passou".

Com uma equipe jovem e idealista, o primeiro diretor, Ward Bond, conseguiu fazer experimentos com a organização da escola seguindo os objetivos do Hall-Dennis e a flexibilidade facilitada por esse relatório. Ward Bond aproveitou essa flexibilidade para criar uma organização que pretendia alterar o uso convencional de tempo e espaço para conquistar a sua visão de uma escola que fosse suficientemente flexível para atender as necessidades de diversos alunos.

Em termos de tempo, a sua resposta foi a divisão em semestres, a criação de um diploma de 32 créditos e períodos de ensino de uma hora. Os alunos tinham um programa individualizado exigindo que cursassem oito disciplinas ao ano e quatro por semestre. Em termos de espaço, Bond seguiu um conceito de "plano aberto", apoiado por um centro de recursos como núcleo e uma sala de professores ampla e confortável. Bond também introduziu uma equipe diferenciada; aumentou recursos de orientação para ajudar os alunos a fazer escolhas; reduziu o número de líderes formais em comparação a outras escolas de ensino médio; contratou um coordenador de relações comunitárias; e estruturou departamentos interdisciplinares. Para muitos dos representantes educacionais e comunitários, porém, essa não era a "gramática" de uma "escola real".

Para a Lord Byron, então, essa foi uma conjuntura de mudança substancial em que muitas das regras e práticas estabelecidas da educação foram desafiadas, problematizadas e substituídas.

A principal qualidade do ensino nessa época, quando comparada aos períodos anteriores e posteriores, parece ter sido o modo pelo qual os professores pensavam sobre a sua missão de trabalho. Nessa época, parecia representar mais do que um simples trabalho assumido pelo salário que se recebia. Os professores iam trabalhar com um sentido de vocação inspirada, um sentimento de estarem envolvidos numa missão superior à educação cotidiana normal. "Os anos antigos foram inspiradores. Havia muito altruísmo. As pessoas iam trabalhar porque estavam fazendo algo pela humanidade – 'mais do que um trabalho, era uma missão'".

Esse tipo de visão vinha com um senso de compromisso que muitas vezes afetava o equilíbrio entre trabalho/vida de modo deletério. Conjunturas de inovação e mudança fazem demandas pesadas – uma missão a todo vapor gera compromissos de tempo pesados. Os comentários dos professores envolvidos na escola naquela época refletem os aspectos onerosos do ensino como missão. Como disse um deles: "Eu trabalhava muitas horas e quase não via a minha família"; e outro: "os tipos de relações que você constrói naquela situação que parece uma panela de pressão foram muito difíceis de repetir – uma panela de pressão onde você compartilhava tanto, as horas de dedicação e outras coisas. Havia pouquíssimo tempo fora das escolas".

A Talisman Park Collegiate, diferentemente da Lord Byron, mas parecida com a Eastside, era uma escola com uma história que remontava ao início do século XX. Foi estabelecida na pequena comunidade rural de Kohler's Landing, fora de Toronto, em 1920. Esse período definiu a gramática básica da educação na Talisman Park como um colegiado acadêmico firmemente definido, e desde o início a Talisman Park permaneceu comprometida com um padrão de ensino e aprendizagem centrado em disciplinas. As mudanças da década de 1960 pautaram-se nessa base sólida, e o período de 1967-1974 foi uma era de esperança e otimismo, um tempo de sinergia quando uma coorte de professores jovens, uma política inovadora de currículo e uma direção humanista se uniram numa explosão sem paralelos de criatividade.

O impacto de muitos professores novos em início de carreira vindo para a escola nesse período provocou um senso de transformação. Esses professores descrevem o período como de "mudança maciça" na educação. Caracterizavam a Talisman Park como pedagogicamente "inovadora", profissionalmente "desafiadora" e pessoalmente "estimulante". O revigoramento transformador dessa mudança demográfica com muitos professores novos se baseou no clima econômico afluente e na crença cultural contemporânea no progresso social e na justiça social. Foi uma era na vida da Talisman Park em que os professores da coorte um estavam transbordando de otimismo, objetivos e fé na educação, orgulhosos e felizes por serem professores, e confiantes de que poderiam realizar os seus projetos e missões de vida. O seu idealismo, vigor e energia permeavam a cultura escolar.

Esses professores desejavam fazer diferença na vida dos jovens e enxergavam o sistema público como um "enorme nivelador" e "libertador" do desfavorecimento social e econômico. Um professor comentou os sentimentos da época:

> Um dos maiores objetivos da educação é construir a comunidade e algumas experiências em comum. Logo, é uma experiência cultural... Comunidade no sentido do tipo de comunidade cultural onde falamos a mesma língua em vários níveis. E não me refiro à língua inglesa. Quero dizer que entendemos a história, as tradições, a cultura, as normas. Os valores desta sociedade são aprendidos através do sistema educacional. Então é uma experiência coletiva.

Além da nova equipe jovem e inovadora, a direção da escola trabalhava para nutrir e desenvolver o conhecimento profissional. Rowan era o diretor durante o período de esperança e otimismo. Quando saiu, em 1974, os seus laços com a equipe eram tão estreitos que alguns dos mais dedicados e leais saíram com ele para abrir uma nova escola. Após a sua saída, a administração da escola mudou a direção. Rowan incorporava o idealismo, o coleguismo e o fortalecimento dos professores da coorte um em início de carreira. Arness os conduziu para a direção oposta da formalidade, controle descendente e paternalismo – representando um declínio gradual na missão, estado de ânimo e otimismo do corpo docente.

Essa disjunção entre os dois períodos de direção traça uma linha divisória muito clara no fim do período conjuntural. A explosão de criatividade sem paralelos agora findava e começava uma nova era, que viria a culminar na padronização e numa onda de aposentadorias precoces.

Nos Estados Unidos, a década de 1960 foi de agitação social, questionamento e objeção aos procedimentos e tradições estabelecidos. Foi o momento em que o Presidente Lyndon Johnson anunciou que estava construindo a "Grande Sociedade", uma sociedade que incluía raça e todas as classes sociais, uma sociedade que confrontaria a desigualdade e buscaria a justiça social. Tyack e Tobin apresentam um valioso resumo desses tempos:

> Na década de 1960, anos de inovação quando os rebeldes questionavam a sabedoria convencional na educação, os reformistas propunham mais uma nova reflexão sobre tempo, disciplinas, espaço e tamanho das turmas. Acreditavam que, como os humanos haviam criado as formas institucionais, poderiam e deveriam mudá-las quando deixassem de servir aos objetivos humanos. Tipicamente

consideravam a antiga gramática da educação rígida, hierárquica e baseada numa visão negativa da natureza humana. O sistema antigo proclamava implicitamente que os alunos eram operários jovens que tinham de ser obrigados a aprender pelos seus supervisores – os professores – em turmas padronizadas por tamanho, tempo, espaço e disciplinas. Ao contrário, os jovens devem ser vistos como ativos, intelectualmente curiosos e capazes de comandar a própria aprendizagem. Se partíssemos daquela premissa, a gramática existente da educação dificilmente seria "funcional".
Reinventando a noção de Rousseau de que as pessoas nascem livres e em toda parte encontram-se acorrentadas, alguns reformistas radicais rejeitaram completamente a forma institucional da escola pública, defendendo "escolas livres" e "escolas sem muros" em substituição às salas de aula convencionais, currículos predefinidos e funções docentes tradicionais (TYACK & TOBIN, 1994, p. 471).

Na década de 1960, um amplo espectro de grupos e organizações mais liberais tentou substituir a sala de aula isolada que seguia o padrão de recitação do professor e passividade do aluno. Os alunos deveriam passar a ser aprendizes em parceria com professores facilitadores que muitas vezes formavam equipes. Essas equipes atuavam em edifícios de plano aberto, seguindo as ideias de J. Lloyd Trump em sua planta com "imagens do futuro" (LLOYD TRUMP, 1959).

Bradford é uma cidade industrial de médio porte localizada no nordeste dos Estados Unidos. Como em boa parte da América do Norte, a década de 1960 foi palco de uma série de novas iniciativas e políticas sociais que buscavam ampliar a inclusão de classes sociais e raças. O padrão da composição racial mudou drasticamente nesses anos. Os registros do Distrito Escolar de Bradford indicam o percentual de alunos de "minorias" assim: 10,4% em 1966, 14% em 1968, 23,7% em 1969. Em 1989, a população de alunos do distrito era composta por 62% de afro-americanos e 18% de hispânicos. Os padrões de classes sociais refletiam um padrão crescente de pobreza no núcleo urbano do distrito. Em 1985, 40% dos alunos de Bradford viviam na pobreza.

Em Bradford, uma série de reformas educacionais estava em curso na década de 1960. Em 1969, um pequeno grupo de professores da Livingston High School começou a se reunir para conversar sobre o impacto deletério das gramáticas tradicionais da educação sobre o ensino e a aprendizagem. Esses professores, testemunhas de violentos motins escolares em Livingstone, acreditavam que muitos dos problemas da escola poderiam ser atribuídos à estrutura tradicional da educação, com suas salas de aula e professores isolados. Inspirados nos líderes do movimento escolar alternativo, como Ivan Illich e John Holt, esses professores queriam derrubar os muros artificiais da vida em sala de aula e desenvolver novos ambientes e padrões de aprendizagem de modo que os alunos aprendessem a ser aprendizes independentes, buscando temas e tópicos do próprio interesse em cenários da vida real em toda a comunidade, e decidindo com os funcionários como desenvolver e administrar a escola.

Assim, um plano para uma escola alternativa, Durant School, foi desenvolvido e apresentado como proposta ao Conselho de Educação de Bradford em janeiro de 1971. O Conselho o aprovou e nomeou como diretor David Henry, professor carismático e talentoso de Livingston e instigador do plano. Henry reuniu uma equipe de dez professores – todos jovens e inovadores, ávidos por experimentarem e desbravarem – quase todos entre 20 e 30 anos. A escola era "sem muros": uma sala para Henry e sua secretária, algumas salas e uma sala central de reuniões (um antigo depósito) para toda a comunidade escolar. As aulas – que não eram organizadas por séries – aconteciam em toda a cidade, inclusive "arquitetura" com um arquiteto local em seu escritório; "remodelagem da educação" com um superintendente assistente das Escolas de Bradford, em seu escritório; e "anatomia de uma empresa" com o vice-presidente de uma empresa local. Os professores, que eram chamados pelo nome de batismo, davam as suas aulas em qualquer espaço disponível – porões de igrejas, centros comunitários, casas de alunos, até nas suas próprias casas – e frequentemente levavam os alunos a partes diferentes da cidade de acordo com o tópico.

Além desse padrão de educação urbana em situações da vida real, cada membro da equipe também se reunia com um grupinho de alunos em quatro manhãs por semana para conversar sobre temas do programa e dar orientações. Na quinta manhã, toda a comunidade escolar se reunia no "depósito" com toda a escola para conversar sobre as diretrizes e votar individualmente.

Essas primeiras experiências duraram nos primeiros anos, mas, em setembro de 1973, Durant mudou-se para um antigo edifício escolar com salas de aula para toda a equipe. Porém, a meta de desenvolver aprendizes independentes conectados com a comunidade em geral permanecia fundamental, e a equipe encorajava os alunos a receber aulas em escolas locais e buscar estudos independentes e estágios na comunidade sob a supervisão dos professores. Nesse sentido, de muitas maneiras, a escola ainda existia "sem muros", e a década de 1970 foi cenário de boa parte do espírito inovador original que prosseguiu. A década de 1970 foi um período estável, com David Henry se esforçando para preservar as metas singulares da escola na pauta principal das reuniões da equipe e discussões escolares. A missão da Durant permeava a vida cotidiana da escola.

A Sheldon School foi transferida para um novo prédio em 1959. Embora tenha desfrutado um período como a "Joia da Coroa" do distrito, certamente não desafiou a gramática da educação como a Durant. Como a Sheldon era uma escola de bairro, tinha um forte padrão provedor – se você morasse no bairro, iria para o ensino médio naquela área. O padrão provedor ajudava a instilar um senso de orgulho da própria escola entre professores e alunos. De acordo com um professor, "o padrão provedor desenvolvia um sentido de atração ou conectividade em relação à escola. 'Eu estudei naquela escola, o meu pai estudou naquela escola.' Muitas famílias, muitas crianças que estudaram aqui [Sheldon], os pais também estudaram. E isso é bom. Existia um sentimento, um sentido de orgulho". Como resultado do novo prédio e da instalação da escola de formação geral, a Sheldon ficou conhecida como a melhor escola do distrito. Outro professor se lembrava de ter sido entrevistado pelo Distrito Escolar da Cidade de Bradford no fim da década de 1960 e ter ouvido do diretor regional de Inglês: "Vá para Sheldon, é a melhor!" Sheldon era uma escola conhecida por ter muitos casos de sucesso acadêmico e subsequentemente tornou-se uma escola com grande orgulho da sua reputação acadêmica.

A novidade do prédio e o desenvolvimento de novas atividades e currículo para uma adequação ao novo ambiente geraram uma sensação inovadora em Sheldon, ainda que o seu programa acadêmico fosse mais convencional do que aquele da Durant. Nas duas escolas, entretanto, o sentido de inovação e mudança começou a baixar na década de 1970, primeiro na Sheldon, onde as rixas raciais começaram a eclodir, depois na Durant, onde, em 1981, ela foi redesenhada como escola de formação específica. Em ambos os casos, as mudanças na matriz da educação em Bradford e na política geral começaram a transformar as missões das duas escolas.

No caso especial da Durant, ela começou a voltar a ser uma escola convencional com menos controle externo sobre a sua clientela ou seus objetivos. Isso faz lembrar o epitáfio de Tyack e Tobin para as tentativas de definir alternativas para as escolas tradicionais no período do fim das décadas de 1960 e 1970: "uma oposição corajosa, porém frágil, à gramática da educação, a rebelião da década de 1960 e início da década de 1970 baixou. A conversa política sobre um cronograma flexível ascendeu e decaiu rapidamente. A experiência deixou para trás aqui e ali algumas formas novas de flexibilidade, mas os padrões institucionais mais antigos ainda eram dominantes" (TYACK & TOBIN, 1994, p. 475-476).

O que os nossos estudos de caso das escolas nas décadas de 1960 e 1970 mostram é uma resposta complexa à conjuntura econômica desse período. Algumas escolas, como a Talisman e a Sheldon, foram pontos de reforma e inovação com novas coortes jovens de professores ou novos edifícios. Mas a reforma estava de acordo com a gramática existente da educação, enfatizando disciplinas acadêmicas, iniciação dos professores e gestão hierárquica. Associado a essas escolas estava um grupo de locais – Durant, Lord Byron e Eastside – onde tentativas contínuas foram feitas para reformar a escola. Tais tentativas ocorreram de maneira "completa" em Durant e Lord Byron, uma inovação a todo vapor em quase todos os níveis, desde salas de aula até administração escolar. A Eastside incorporou todas as mudanças demográficas e da cultura jovem, mas com certa genuflexão contínua diante das gramáticas estabelecidas da escola.

A conjuntura das décadas de 1960 e 1970, portanto, propiciam crescimento, inovação e mudança em todos os locais das escolas, com algumas escolas indo além e tentando mudanças realmente revolucionárias nos padrões de educação e nos padrões associados de reprodução social e racial.

De certa forma, esse comentário é a nota de rodapé que explica a conjuntura das décadas de 1960 e 1970: os esforços hercúleos para transformar escolas, derrubar muros, conectar disciplinas à vida, tornar a aprendizagem ativa e o ensino uma facilitação acabaram devido à queda econômica após a crise do petróleo em 1973. A partir daí, os programas sociais receberam menos financiamentos; não havia mais tantos edifícios novos ou iniciativas novas. O enorme influxo de *baby boomers* pós-guerra trabalhava e estudava ao mesmo tempo e a própria equipe da escola começou a envelhecer à medida que a contração e a consolidação se instalavam. Desde o fim da década de 1970 até o início da década de 1990, encontramos um tipo de interregno de regressão e declínio em algumas escolas: "o parafuso aperta" (Durant); "declínio" (Sheldon); "insegurança e incerteza" (Talisman). Simultaneamente, há consolidação e melhoria em outras: "Dias de Camelot" (Barrett) e "Escola modelo" (Eastside). Em todos os casos, contudo, uma gramática mais tradicional da educação se reafirmou, associada a um vigoroso padrão novo de estratificação e padronização. Essa nova conjuntura começa a emergir na década de 1990.

Segundo Eric Hobsbawm, a conjuntura das décadas de 1960 e 1970 foi uma "era dourada" para a justiça e inclusão social (HOBSBAWM, 1994). Envolvidos numa guerra fria para provar que podiam oferecer mais oportunidades sociais e políticas do que o bloco comunista concorrente, os países ocidentais seguiram políticas de bem-estar e inclusão social. Em 1989, com o colapso do bloco comunista, isso mudou de repente. A partir de então, o mantra dos "mercados livres" se tornou o lema triunfalista e a educação pública foi reestruturada, sendo os procedimentos e princípios da nova ortodoxia empresarial o motor de "forças de mudança". Logo, desde 1989, o controle dos currículos passou para os governos centrais e provinciais, com conteúdo estritamente prescrito, metas e padrões detalhados para procedimentos de desempenho, prestação de contas e avaliação. Essas reformas padronizadas se tornaram um "movimento mundial" vigorosamente promovido por uma série de agências alinhadas ao mercado livre globalizante.

A partir do fim da década de 1980, um novo "movimento mundial" com foco numa reforma pautada em padrões começou a se difundir, especialmente nos países ocidentais de vanguarda. O foco das novas reformas eram diretrizes e provas padronizadas. Os novos currículos eram prescritos de modo centralizado e se relacionavam a metas detalhadas e prestação de contas, além de procedimentos de avaliação.

Politicamente, a meta das reformas era satisfazer os interesses dos eleitores nos padrões educacionais e na educação pública em geral. Políticos e burocratas agiam e reagiam e, embora muitas das reformas tenham sido implementadas apressadamente e concebidas rapidamente, elas conseguiram uma aceitação geral.

Como vemos na figura 9.4, na metade da década de 1990 essas reformas e os padrões dinâmicos de estratificação nas escolas associados a elas haviam começado a impactar todas as escolas do nosso estudo de caso. Essa nova conjuntura de mudança começa na metade da década de 1990 e estava "a todo vapor" enquanto conduzíamos a nossa pesquisa. Portanto, quaisquer descobertas sobre essa conjuntura são, por sua natureza, conjecturais.

Nas escolas do nosso estudo de caso nos Estados Unidos, as crescentes mudanças demográficas já observadas neste artigo confirmaram uma concentração de pobreza no centro de Bradford. Em 1989, 69% eram afro-americanos e 18% eram hispânicos.

O Distrito Escolar de Bradford, em parte como resposta a esses padrões demográficos, iniciou a criação das escolas de formação específica em 1981. Em âmbito federal, as escolas de formação específica foram criadas a partir da metade da década de 1980 para ajudar a promover a dessegregação. Sob o fundamentalismo mercadológico dos governos, começando com Reagan em 1980 e continuando com Bush pai, Clinton e Bush filho, as escolas de formação específica buscavam a competição de mercado através da promoção da "escolha escolar".

	1916–1999								
	1916	1920	1955–1959	1960–1964	1965–1969	1970–1974	1975–1979	1980–1984	1985–1989	1990–1994	1995–1999
Sheldon										Período conturbado	
Barrett						Competição crescente				
Durant											Luta pela sobrevivência
Eastside					Mudança constante				
Talisman											Corte de custos/ intransigência
Lord Byron											Fim da criatividade
Blue Mountain											Anos de atrito
											SOBREVIVÊNCIA

Figura 9.4 – Conjuntura conjectural

Uma das escolas do nosso estudo de caso, a Barrett, tornou-se uma escola de formação específica em 1980. Inicialmente, o resultado foi que a escola atraiu recursos, professores altamente qualificados e alunos motivados, mas os efeitos na Sheldon School foram o oposto. Alunos bem-sucedidos partiram para a escola de formação específica e a pobreza se concentrou cada vez mais, com o percentual obsceno de 70% dos alunos vivendo na pobreza no início do novo milênio. Na Durant School, a clientela de alunos também começou a mudar, a ser mais diversa e organizada em turmas maiores, o que ameaçava o estilo "alternativo" de educação que havia sido desenvolvido.

Mas se a matriz da educação que começou a mudar radicalmente após 1981 era parte do cenário que antecedeu a nova conjuntura da metade da década de 1990, o principal catalisador foi o início das reformas baseadas em padrões. Como vimos, esse movimento emergiu no fim da década de 1980 como parte de um crescente movimento mundial para transformar a educação de maneiras novas. Em Bradford, o distrito escolar precisou reagir a novas iniciativas estatais. No fim da década de 1980, o Estado estendeu as suas provas de competência obrigatórias de três para cinco disciplinas e, em 1990, para seis. Em 1990, também estenderam os créditos necessários para os alunos concluintes de 20,5 em 1986 para 23,5 para os alunos que ingressaram em 1991.

Após 1995, um novo regime de provas foi implantado, vinculado às novas reformas baseadas em padrões do Estado. A graduação dos alunos foi vinculada, então, à aprovação em provas padronizadas nas disciplinas avaliadas. Em Bradford, os alunos que ingressavam no 9º Ano teriam de ser aprovados em quatro das cinco provas com nota mínima de 55 para se graduarem. Os alunos que ingressavam um ano mais tarde deveriam ser aprovados em todas as cinco provas no mesmo padrão. Para os alunos do 9º Ano ingressando em 2000, o padrão foi elevado para 65 em três das provas e, em 2001, em todas as provas das cinco disciplinas. São avaliações realmente "de alto risco" porque as escolas e os distritos estão sendo classificados em todo o Estado de acordo com as suas notas nas provas, havendo boletins públicos com os resultados.

Na Sheldon, o "declínio" começou em 1980, como vimos. Com a reestruturação das escolas secundárias e o novo programa de formação específica, o "espírito escolar" e o corpo discente mudaram, já que a Sheldon se tornou um "depósito de lixo" para quem não conseguisse ingressar na escola de formação específica. Quando isso acontecia, não apenas os professores eram enviados para a Sheldon contra a vontade, mas também os alunos. Os resultados foram menos orgulho escolar e sucesso acadêmico.

Em 1994, como a reforma baseada em padrões começou a incomodar, o Superintendente Vega considerou seriamente classificar a Sheldon como "escola prioritária" devido às suas falhas acadêmicas e alto índice de evasão. No fim da década, a Sheldon era uma escola classificada numa lista estadual como carente de "melhorias". Um professor comentou: "Tivemos alguns alunos brilhantes que passaram por este prédio; tivemos alguns alunos excelentes. Mas as coisas não são mais como antes". Esse professor atribuiu a mudança na aptidão acadêmica dos seus alunos ao "emburrecimento" do currículo devido às novas provas de alto risco e porque as escolas de formação específica continuavam a atrair os melhores alunos do distrito. Um professor da Sheldon resumiu os efeitos das provas baseadas em padrões, afirmando que "tanta ênfase [foi] dada ao volume de material que devemos cobrir que [tudo] o que estamos realmente fazendo é um trabalho superficial e é uma questão de qualidade *versus* quantidade". Outro comentou: "Em termos de mudança... Não temos mais um núcleo realmente forte... um verdadeiro contingente forte de alunos nos níveis superiores. Agora eu diria que 75% da nossa população está academicamente com problemas" (Relatório da Sheldon High School).

Os novos padrões e regimes de provas atuam sublinhando os padrões residenciais de segregação com padrões novos de "segregação" acadêmica. Padrões gerais de desigualdade são assim subscritos pelos regimes novos de educação. O que antes tinha sido uma escola de ensino médio de formação geral para todos, a "Joia da Coroa", torna-se um depósito de lixo para os socialmente desfavorecidos, uma transformação subscrita e acompanhada por uma retórica de padrões.

Na Durant School, o compromisso de desenvolver alternativas aos padrões tradicionais, que deixou de educar os desfavorecidos, também se desfez diante da reforma baseada em padrões. Portanto, se a Sheldon estava enfrentando o seu "período mais conturbado" na conjuntura, a Durant enfrentava uma "luta pela sobrevivência". O foco da luta pela sobrevivência era a defesa da escola como ambiente centrado no aluno. O novo regime de provas exigia o exato cumprimento com a definição estatal de padrões de currículo e conteúdo em cinco áreas do conhecimento disciplinar. Isso privou a escola de espaço para seguir uma política centrada no aluno, concentrando-se no estudo multidisciplinar baseado em projetos.

Os alunos que desejavam se graduar tinham de passar nas provas do Estado. Isso significava que o foco no currículo centrado no aluno teve de ser substituído pela preparação para a prova aplicada externamente. Os professores da Durant estavam divididos entre defender as suas crenças centradas no aluno e atender a exigência dos alunos de passar nas provas disciplinares do Estado.

Um professor descreveu o efeito das provas estatais de alto risco na sua identidade profissional:

> Então as [provas estatais] estão chegando e acho uma tremenda vergonha que aquele sentido de autonomia, aquela capacidade de criar o seu currículo com altos padrões tenham de ser descartados em todos os lugares por algo que acho artificial. Isso acaba com a criatividade do ensino e você fica ensinando para a prova. O simples fato de pensar que estou fazendo assim já contraria totalmente aquilo em que acredito, mas sou um prisioneiro... Você está vendendo a alma ao diabo.

Outro membro da equipe também descreveu os efeitos na sua identidade profissional:

> O que é? É o confisco do meu senso e autonomia profissional enquanto professor. Estudei em boas faculdades no meu bacharelado e mestrado. Fiz um estágio com um professor brilhante na minha antiga escola de ensino médio, na realidade. Passei anos aprendendo como ensinar, aprendendo por que os alunos aprendem da forma como aprendem, o que posso fazer para ajudar nisso. E de repente o Estado diz que não, nada disso significa nada. Não significa absolutamente nada. Nós vamos lhe dizer o que ensinar. Essencialmente lhe dizem como ensinar, embora neguem. Estão nos dizendo como ensinar. E depois me dizem quais devem ser os resultados. E, para mim, é o mesmo que dizer: "tudo bem, por que não colocamos uma gravação em vídeo aqui de alguém e ele faz isso?", porque a ignorância sobre os alunos é tamanha!

Outro confirmou esses sentimentos:

> Estamos tentando fazer duas coisas ao mesmo tempo com a graduação por demonstração e ainda cobrir todas as nossas bases para a possibilidade de que os alunos tenham de fazer as [provas estatais] e isso está matando todos. É confuso e trabalhoso demais. E dificulta muito para os alunos usarem esta escola como era pretendido, explorar as coisas do interesse deles porque estão perdendo muito tempo concentrados em outras coisas.

O período conturbado na Sheldon e a luta pela sobrevivência na Durant mostram como uma iniciativa de reforma padronizadora e baseada em padrões marcou uma séria conjuntura nova para as escolas em questão. Nos dois casos, o senso de missão e significado foi seriamente esgotado, e o estado de ânimo e a motivação foram solapados. Na nova conjuntura, o coração e a mente dos professores foram afastados do seu trabalho escolar, e a busca por significado e missão foi para outro lugar, mais comumente para o domínio pessoal. Como resumiu um professor a respeito da sua saída: "Não consigo lidar com o sistema, ele absolutamente me dilacerou e estou cansado de combatê-lo".

Essa desilusão pode ser lida à luz da crescente mudança demográfica em Bradford. Do ponto de vista de uma coorte de ensino inovadora, vigorosa e jovem na conjuntura das décadas de 1960 e 1970, a força de ensino de Bradford está envelhecendo, com um terço dos professores esperando se aposentar nos próximos cinco anos. Além disso, os padrões de liderança foram transformados: um período de diretores carismáticos e heroicos nas décadas de 1960 e 1970 mudou para um período de "gestores sem rosto" que se movimentam flexivelmente de um posto a outro no fim da década de 1990.

Em Ontário, a nova conjuntura de mudança pode ser claramente marcada com a eleição do Governo Progressista Conservador em 1995. As políticas se mostraram profundamente conservadoras e nada progressistas. Por motivos de honestidade, deveria ser renomeado como governo "retrógrado" conservador, já que a era iniciou cortes maciços nos gastos educacionais, além de um novo regime de reformas nos currículos e nas avaliações. Gidney considera que, a partir de 1995, os cinco anos seguintes foram o período de reforma mais extenso e prolongado já visto em Ontário. No período de 1995-2000, mais legislações foram promulgadas para a educação do que em toda a história anterior das províncias (GIDNEY, 1999). O panorama histórico de Gidney nos alerta para a natureza verdadeiramente significativa do Governo Harris. Foi uma conjuntura de mudança extremamente marcada: as novas reformas dos currículos e das avaliações foram elaboradas centralmente, novos regimes de avaliações foram estimulados, e boletins e relatórios computadorizados foram introduzidos.

A reação dos professores à *blitz* de reformas foi a aposentadoria precoce em números nunca vistos – era alto o desânimo entre os professores. De fato, essa multidão de aposentados precoces foi exacerbada pelo perfil demográfico da força docente. Uma força docente que envelhecia reagiu a uma enxurrada de reformas nos últimos estágios da sua carreira, decidindo partir em vez de se submeter a tal cirurgia profissional drástica. Se foi assim com os professores, o padrão foi semelhante com os diretores. Muitos deles também optaram pela aposentadoria precoce, e a instabilidade resultante foi agravada por políticas escolares distritais que insistiam em fazer um rodízio de diretores nas escolas.

Considerando essa conjuntura de mudança, com os cortes financeiros, desânimo dos profissionais e rodízio relacionados às reformas baseadas em padrões, as escolas do estudo de caso em Ontário se assemelham a muitas das experiências das escolas de Bradford. Um dos lembretes mais áridos das descontinuidades entre a nossa conjuntura anterior nas décadas de 1960 e 1970, e a conjuntura após 1995, é dado pela Lord Byron School. Um professor de lá define o período após 1995 como um tempo em que "a criatividade acabou". O *ethos* antigo de "quebra do molde" da Byron perdeu-se no tempo. A nova equipe luta pela sobrevivência diária de preparar três aulas diferentes, encontrar materiais e estabelecer a disciplina dos alunos. A equipe experiente faz malabarismos com a carga de trabalho maior e exigências de mudança curricular num clima de negatividade e confusão. Isso surte um efeito geral relativo às reformas sobre o senso de missão e significado dos professores. O que mudou foi o modo pelo qual os professores ingressaram na equipe da Byron. Nas décadas de 1970 e 1980, os professores escolhiam a Byron devido à sua reputação de lugar criativo e inovador. Alguns a viam como um tipo de escola da década de 1960 onde "você podia ter autonomia". A maioria no fim da década de 1980, porém, ia para a Byron porque ela oferecia um trabalho que se enquadrava nas suas qualificações. Em vários casos, eles já tinham estado em outras escolas, e o sistema os havia obrigado a se transferir para cumprir as regras de antiguidade regionais. A lealdade à escola e à sua imagem histórica desapareceu. A maioria dos jovens sabe que provavelmente ficará deslocada – alguns estão buscando ativamente oportunidades diferentes. Essas atitudes são totalmente diferentes dos professores nas coortes um e dois, que falavam orgulhosos de serem professores e como a Byron os havia enriquecido e, em alguns casos, ajudado a criar um novo foco para as suas carreiras e vidas.

Na Eastside School, bastião da inovação e mudança cultural nas décadas de 1960 e 1970, as mesmas transformações notadas na Lord Byron atuam, embora exista certa lealdade residual ao legado da Eastside. Apesar de muitos dos professores mais velhos terem partido para outras carreiras, os milhares de professores novos ingressaram com vontade e entusiasmo num ambiente cansado e combalido com turmas maiores, mais preparação e um novo currículo rigoroso. Os professores que ficaram para trás são aqueles que anseiam pela aposentadoria nos próximos anos e aqueles que se encontram esmagados entre o êxodo maciço dos seus colegas mais velhos e amargurados e a exuberância e ingenuidade dos professores jovens na equipe. Esse grupo intermediário de professores esquecidos ou ignorados envelheceu de repente e se considera líder e mentor de um "novo" sistema de escolas secundárias, função imposta por aqueles que deixaram a profissão apressadamente e aqueles jovens de vinte anos que os procuram em busca de apoio e orientação.

Do mesmo modo, a revolução sociopolítica do governo Harris, com as suas novas reformas centralizadas dos currículos e avaliações, mudou as coisas. As reformas e a renovação sociopolítica, inclusive a turbulência política e a recessão/ressurgência econômica da década de 1990, não deixaram de afetar a Eastside. Embora os professores tenham permanecido comprometidos com a escola, seus programas e alunos ao longo dessa década – até mesmo sentimentalmente apegados –, os custos pessoais e emocionais foram significativos. Os professores, em geral e por natureza, representam um segmento da população que é recompensado pela educação na vocação que escolheram, o que significa iluminação, nutrição e cuidado com os alunos. Isso parece ainda mais visível numa escola onde a população é carente de todas as maneiras e os professores são comprometidos com o apoio para que cada aluno seja bem-sucedido, independentemente de origem, raça, gênero, classe, orientação sexual, inteligência etc. Portanto, apesar de os problemas políticos terem sido evidentes entre os professores em toda a província, eles impactaram profundamente os professores que ensinam na Eastside. Estão desconfortáveis com as reformas padronizadas e desejam um tipo completamente diferente de mudança. A sua insatisfação com as mudanças é claramente oposta ao apoio às mudanças nas décadas de 1960 e 1970.

Na Talisman Park, uma "era de cortes e intransigência" começa em 1995. Após as reformas maciças introduzidas pelo Governo Progressista Conservador, o espectro e a rapidez das iniciativas da reforma foram profundamente desconcertantes para os seus professores. A coorte mais velha de professores, assim como em outras escolas do estudo de caso, achou que as novas reformas colidiam com o seu senso de missão e significado. À medida que as reformas cresciam em intensidade e velocidade, esses professores experimentavam um senso desmantelador tanto de compromisso quanto, de fato, competência.

A nova conjuntura contrasta claramente com o período anterior de otimismo e mudança. As orientações fundamentalistas do mercado da Reforma da Escola Secundária em Ontário (HARGREAVES, 2003), com seus elementos de prescrição imposta, velocidade arriscada de implementação, ataque aos níveis de recursos e condições de trabalho e recusa ao envolvimento e reconhecimento profissional – aliadas a uma experiência mais cumulativa da reforma inconsistente ou até inconstante – fizeram os professores da Talisman Park se sentirem tão politicamente privados, intelectualmente alienados, emocionalmente deprimidos e fisicamente exauridos que muitos simplesmente querem fugir do sistema no qual ingressaram originalmente com confiança, esperança e entusiasmo como novos professores na década de 1970.

Na conjuntura após 1995, a Talisman Park começou a perder mais e mais das suas coortes antigas de professores para a aposentadoria – normalmente por volta dos 50 anos, mas às vezes aos 40. Como resultado, uma coorte jovem de professores começou a substituí-los e assim uma nova aceitação da reforma fundamentalista do mercado passou a ser exemplificada na escola. A visão da escola como comunidade inclusiva e atenciosa, autônoma e academicamente isolada foi substituída por uma escola orientada por imperativos do mercado e ocupando uma posição estratificada na nova matriz de mercado da educação.

Embora a Blue Mountain não possa servir como comparação com a antiga conjuntura das décadas de 1960 e 1970, já que foi fundada em 1992, o seu perfil evolutivo é instrutivo. Começando nos primórdios otimistas e comprometidos de 1992, o período a partir de 1995 se assemelha a muitas das constatações anteriores sobre a segunda conjuntura. Nos anos antigos a partir de 1992, a Blue Mountain manteve altos níveis de compromisso e competência de professores e alunos. Mas com as ondas das reformas após 1995 tudo mudou. Alguns dos professores originais foram embora; a liderança da escola desgastou-se e tornou-se incerta diante da mudança vinda de fora, e um clima geral de desânimo e desorientação profissional cresceu. Como observou um informante: "Acho que estamos numa rota rumo à mediocridade e antes estávamos numa rota rumo ao estrelato". Esse epitáfio marca uma acusação incisiva a boa parte da reforma padronizada da conjuntura após 1995.

Conclusão

Os nossos estudos de oito escolas nos Estados Unidos e Canadá durante o período pós-guerra apontam padrões claros na periodização da mudança e reforma educacional. Os nossos dados mostram como o emprego de uma metodologia da Escola dos Annales e de um conceito Kondratieviano de conjuntura e ondas longas ajuda a conceituar a periodização. As conjunturas mais distintas da mudança são os períodos a partir da metade da década de 1960 até o fim da década de 1970, e o período iniciando em 1996, que atualmente está em andamento (GOODSON, 2003).

A conjuntura das décadas de 1960 e 1970 se alinha à ascensão econômica de onda longa, que terminou com a crise do petróleo em 1973. Todas as escolas eram locais de reforma e inovação com novas e grandes coortes de professores e, muitas vezes, instalações novas construídas para fins específicos. Algumas escolas organizavam as suas mudanças em torno da iniciação dos professores e cultura dos alunos, mas de acordo com a "gramática da educação" existente.

Outras escolas, por sua vez, tentaram uma mudança revolucionária "completa" em todos os níveis, desde as salas de aula até a direção escolar. Todas as escolas foram afetadas pelo desejo progressista de construir uma "Grande Sociedade" caracterizada por inclusão e justiça social. Nas palavras de Hobsbawm, em geral foi uma "era dourada" de progresso social, embora poluída de contradições e contestações.

A conjuntura posterior, começando na metade da década de 1990, é bem diferente. De várias formas, em vez de um objetivo progressista, é um experimento social com fortes tendências retrógradas. Temos coortes de professores politicamente privados, intelectualmente alienados, emocionalmente deprimidos e fisicamente exauridos.

Tudo indica que o excesso de prescrição de metas e objetivos, e o *ethos* fundamentalista do mercado, pouco fazem para "inspirar uma visão sensata" e o compromisso vocacional. Embora as novas forças de mudança tenham tentado planejar as escolas numa visão mais coerente do que o "espírito livre" da conjuntura das décadas de 1960/1970, isso trouxe uma desvantagem substancial. Pode haver um padrão mais sistemático de governo e prestação de contas, mas, quando ligado a políticas retrógradas e prescritivas, isso parece ter sido uma fonte de irritação, não inspiração, para os professores na ponta do processo: a prestação do serviço. Suspeitamos que a nova conjuntura de mudança esteja chegando ao fim e que novos conceitos de melhoria estejam começando a se encaminhar para o palco principal das nossas salas de aula e escolas.

Agradecimentos

Além do já mencionado valioso trabalho realizado por Martha Foote e Michael Baker, este capítulo se baseia em outros trabalhos da equipe da Spencer, notadamente os relatórios escritos por Dear Fink, Corrie Giles, Andy Hargreaves, Carol Beynon e, finalmente, pelo inestimável Shawn Moore. As seções sobre escolas e sistemas se pautam extensamente nesses estudos.

Referências

ARONOWITZ, S. & GIROUX, H. (1991). *Postmodern Education*: Politics, Culture and Social Criticism. Mineápolis: University of Minnesota Press.

BELL, D. (1973). *The Coming of Post-Industrial Society*. Nova York: Basic Books.

BOARD OF EDUCATION FOR THE CITY OF LONDON (1963). *Annual Report of the Board of Education for the City of London*. Londres: Board of Education.

_____ (1960-1970). *Minutes of the Board of Education for the City of London*. Londres: Board of Education.

BURKE, P. (1993). *History and Social Theory*. Nova York: Cornell University Press.

CARPENTIER, V. (2001). *Développement éducatif et performances économiques au Royaume-Uni: 19e et 20e siècles*. Paris: Le Harmattan.

COMMITTEE ON AIMS AND OBJECTIVES OF EDUCATION IN THE SCHOOLS OF ONTARIO (1968). *Living and Learning*: The Report of the Committee on Aims and Objectives of Education in the Schools of Ontario. Toronto: Newton.

CUBAN, L. (1984). *How Teachers Taught*: Constancy and Change in American Classrooms, 1890-1980. Nova York: Longman.

DENZIN, N. (1991). *Images of Postmodern Society*: Social Theory and Contemporary Cinema. Londres: Sage.

FEBVRE, L. (1925). *A Geographical Introduction to History*. Nova York: Alfred Knopf.

FISCHER, D.H. (1970). *Historians' Fallacies*: Toward a Logic of Historical Thought. Nova York: Harper and Row.

FONTVIEILLE, L. (1990). "Education, Growth and Long Cycles: The Case of France in the 19th & 20th Centuries". In: TORTELLA, G. (org.). *Education and Economic Development Since the Industrial Revolution*. València: Generalitat valenciana, p. 317-335.

FREEMAN, C. & LOUÇÃ, F. (2001). *As Time Goes By*: From the Industrial Revolutions to the Information Revolution. Oxford/Nova York: Oxford University Press.

FULLAN, M. (2000). The Return of Large-Scale Reform. *The Journal of Educational Change*, 1 (1), p. 5-28.

_____ (1999). *Change Forces*: The Sequel. Londres: Falmer.

GIDDENS, A. (1991). *Modernity and Self-Identity*: Self and Society in the Late Modern Age. Stanford: Stanford University Press.

GIDNEY, R.D. (1999). *From Hope to Harris*: The Reshaping of Ontario's Schools. Toronto: University of Toronto Press.

GILBERT, V.K. (1972). *Let Each Become*: An Account of the Implementation of the Credit Diploma in the Secondary Schools of Ontario. Toronto: University of Toronto Press.

GOODSON, I.F. (2003). *Professional Knowledge/Professional Lives*. Maidenhead/Filadélfia: Open University Press.

_____ (1994). *Studying Curriculum*: Cases and Methods. Buckingham: Open University Press.

HARGREAVES, A. (2003). *Teaching in the Knowledge Society*. Nova York: Teachers' College Press.

_____ (1994). *Changing Teachers, Changing Times*: Teachers' Work and Culture in the Postmodern Age. Nova York: Teachers' College Press.

History of Education Journal (1998), 27 (3) [edição especial sobre desempenho econômico e educação].

HOBSBAWM, E. (1994). *The Age of Extremes* – The Short Twentieth Century 1914-1991. Londres: Michael Joseph.

Journal of Historical Sociology (1988-). Oxford/Malden: Blackwell.

KONDRATIEV, N. (1992 [1923]). *Some Controversial Questions Concerning the World Economy and Crisis* – Answer to Our Critiques. Paris: Economica, p. 493-543 [Obra de Kondratiev, sob edição de L.F. Fontvieille].

LIEBERMAN, A. (org.) (1995). *The Work of Restructuring Schools*. Nova York: Teachers College Press.

LLOYD TRUMP, J. (1959). *Images of the Future*. Urbana: Committee on the Experimental Study of the Utilization of Staff in the Secondary School.

LYOTARD, J. (org.) (1984). *The Postmodern Condition*: A Report on Knowledge. Mineápolis: University of Minnesota Press.

McCULLOCH, G. (1995). Critics to A. Hargreaves' "Changing Teachers, Changing Times". *British Journal of Sociology of Education*, 16 (1), p. 113-117.

MEYER, J. & ROWAN, B. (1978). "The Structure of Educational Organizations". In: MEYER, J. & MARSHALL, W. et al. (orgs.). *Environments and Organizations*: Theoretical and Empirical Perspectives. São Francisco: Jossey-Bass, p. 78-109.

MURPHY, J. (1991). *Restructuring Schools*: Capturing and Assessing the Phenomena. Nova York: Teachers College Press.

_____ (1990). "The Educational Reform Movement of the 1980s: A Comprehensive Analysis". In: MURPHY, J. (org.). *The Reform of American Public Education in the 1980s*: Perspectives and Cases. Berkeley: McCutchan.

PEREZ, C. (1983). Structural Change and the Assimilation of New Technologies in the Economic and Social System. *Futures*, 15, p. 357-375.

STAMP, R. (1982). *The Schools of Ontario, 1876-1976*. Toronto: University of Toronto Press.

The Word (1969). 28/mai.

TYACK, D. & HANSOT, E. (1992). *Learning Together*: A History of Coeducation in American Public Schools. Nova York: Russell Sage.

TYACK, D. & TOBIN, W. (1994). The "Grammar" of Schooling: Why Has it Been so Hard to Change? *American Educational Research Journal*, 31 (3), outono, p. 453-479.

WESTBURY, I. (1973). Conventional Classrooms, "Open" Classrooms and the Technology of Teaching. *Journal of Curriculum Studies*, 5 (2), p. 99-121.

WRIGHT MILLS, C. (1959). *The Sociological Imagination*. Londres: Oxford University Press.

YOUNG, M. (1988). *The Metronomic Society*: Natural Rhythms and Human Timetables. Londres: Thames and Hudson.

YOUNG, M. & SCHULLER, T. (orgs.) (1988). *The Rhythms of Society*. Londres/Nova York: Routledge.

Parte II

Métodos

10
Rumo a uma perspectiva socioconstrucionista*

Um dos problemas perenes de se estudar o currículo é que ele é um conceito multifacetado construído, negociado e renegociado em vários níveis e arenas. Sem dúvida essa imprecisão contribuiu para o surgimento de perspectivas teóricas e abrangentes – psicológicas, filosóficas e sociológicas – e paradigmas mais técnicos ou científicos. Mas essas perspectivas e paradigmas são recorrentemente criticados por violentarem os fundamentos práticos do currículo em sua concepção e realização.

Neste capítulo, argumento que precisamos nos afastar firmemente e enfaticamente de modos de análise descontextualizados e desincorporados, sejam eles filosóficos, psicológicos ou sociológicos; de modelos de gestão técnica, racional ou científica – do "jogo dos objetivos". Precisamos sobretudo nos afastar de um foco singular no currículo como prescrição. Isso significa que devemos acolher plenamente a noção de *currículo como construção social* primeiramente no âmbito da própria prescrição, mas também nos âmbitos do processo e da prática.

Currículo como prescrição

A primazia da ideologia do currículo como prescrição (CCP) pode ser evidenciada até mesmo numa olhada superficial na literatura sobre o currículo. Essa visão do currículo se origina da crença de que podemos definir friamente os principais ingredientes do curso e depois ensinar os vários segmentos e sequências de modo sistemático. Apesar de tal visão ser obviamente simples, para não dizer crua, o "jogo dos objetivos" certamente ainda é o jogo principal, isso se não for "o único jogo na praça". Muitos motivos podem existir para esse predomínio contínuo, mas não acho que o potencial explicativo seja um dos fatores.

---

* *Journal of Curriculum Studies*, 1990, p. 299-312.

O currículo como prescrição respalda mitos importantes sobre a sociedade e a educação pública. Sobretudo o CCP respalda o mito de que conhecimento e controle residem em governos centrais, burocracias educacionais ou comunidades universitárias. Considerando que ninguém expõe esse mito, os dois mundos da "retórica da prescrição" e da "educação como prática" podem coexistir. Os dois lados se beneficiam dessa coexistência pacífica. Os agentes do CCP são vistos como estando "no controle" e as escolas são vistas como "prestadoras do serviço" (e podem construir uma boa dose de autonomia se aceitarem as regras). As prescrições do currículo definem certos parâmetros, sendo permitidas transgressões e transcendências ocasionais, contanto que a retórica da prescrição e gestão não encontre oposição.

É claro que há "custos de cumplicidade" ao se aceitar o mito da prescrição: eles envolvem sobretudo, de várias maneiras, a aceitação de modos estabelecidos de relações de poder. Talvez o mais importante seja o fato de que, estando as pessoas intimamente relacionadas à construção social cotidiana do currículo e da educação, os professores ficam assim efetivamente destituídos no "discurso da educação". Para continuar a existir, o seu poder cotidiano deve basicamente permanecer inconfesso e sem registro. É esse o preço da cumplicidade. Os vestígios da autonomia e poder cotidianos para escolas e professores dependem de que a mentira fundamental continue sendo aceita.

No que se refere ao estudo do currículo, os "custos da cumplicidade" são essencialmente catastróficos. A anuência histórica que descrevemos provocou o deslocamento de toda uma área de estudo. Provocou o direcionamento dos estudos a áreas que servem ao mito do controle central e/ou burocrático. Para os estudiosos que se beneficiam da manutenção desse mito – especialmente nas universidades – essa cumplicidade é, no mínimo, egoísta.

Pacto com o diabo: crítica e oposição

Não desejo, entretanto, armar uma crítica substancial ao CCP neste capítulo. Já tentaram fazer isso com sucesso conclusivo em muitos outros lugares. A minha intenção é repetir brevemente essas críticas e depois explorar novas direções que nos possibilitem progredir se quisermos apresentar uma contracultura válida para a pesquisa curricular.

Em termos de diagnóstico do problema, elas estão de acordo com Schwab. Repito resumidamente:

> A área do currículo está moribunda. É incapaz, pelos seus métodos e princípios atuais, de continuar o seu trabalho e contribuir significativamente para o avanço da educação. Exige novos princípios que gerem uma visão nova do caráter e variedade dos seus problemas. Exige novos métodos apropriados à nova reserva de problemas (SCHWAB, 1978, p. 287).

Schwab foi absolutamente claro ao explicar por que a área do currículo estava moribunda; a sua acusação é direta e forte:

> A área do currículo chegou a esse estado infeliz devido a uma fundamentação teórica inveterada, desatenta e equivocada. Por um lado, adotou teorias (fora da área da educação) concernentes a ética, conhecimento, estrutura política e social, aprendizagem, mente e personalidade, e usou teoricamente essas teorias emprestadas, *i. e.*, como princípios de onde se "deduzir" metas e procedimentos corretos para as escolas e salas de aula. Por outro lado, tentou construir teorias educacionais, principalmente teorias sobre currículo e instrução.

Schwab lista, então, as "graves dificuldades (incoerência do currículo, falha e interrupção na real educação)" provocadas pelas atividades teóricas. Isso ocorreu porque:

> construções teóricas em geral são inadequadas e inapropriadas a problemas de ensino e aprendizagem reais. A teoria, pelo seu próprio caráter, não considera e não pode considerar todos os assuntos que são cruciais a questões referentes ao que, a quem e como ensinar: ou seja, teorias não podem ser aplicadas como princípios para a solução de problemas concernentes ao que fazer com ou por indivíduos reais, pequenos grupos ou instituições reais localizados no tempo e no espaço – as disciplinas e os clientes da educação e das escolas (SCHWAB, 1978, p. 289).

Schwab sobretudo deseja que nos distanciemos do teórico e acolhamos o prático. Em termos de temas, ele justapõe as duas opções assim: o teórico é sempre algo considerado universal ou dominante e é investigado como se fosse constante em todas as instâncias, e impérvio a circunstâncias de mudança. O prático, por sua vez, é sempre algo considerado concreto e particular, e tratado como infinitamente suscetível às circunstâncias, logo altamente sujeito a mudanças inesperadas: "estes alunos, naquela escola, no sul de Columbus, com o diretor Jones durante o mandato do Prefeito Ed Tweed e tendo em vista a probabilidade da sua reeleição".

O diagnóstico de Schwab deve ser lido em associação às restrições de Veblen, Clifford e Guthrie sobre as relações entre as faculdades de educação e a educação pública. Veblen afirma que a diferença entre a universidade moderna e as escolas é ampla e simples; é mais uma diferença de natureza, não de título (VEBLEN, 1962, p. 15).

A distinção de objetivo e missão:
> inevitavelmente as conduz a cortejar uma aparência enganosa de estudo e assim adornar a sua disciplina tecnológica com um grau de pedantismo e sofisticação, dessa forma esperando que essas escolas e seu trabalho recebam algum prestígio científico e acadêmico (VEBLEN, 1962, p. 23).

A ressonância das restrições de Veblen é confirmada no trabalho recente de Clifford e Guthries:
> A nossa tese é que as faculdades de educação, principalmente aquelas localizadas nos *campi* de universidades de pesquisas renomadas, foram improvidentemente capturadas pelas culturas acadêmicas e políticas das suas instituições e negligenciaram a sua lealdade profissional. São como marginais, estrangeiras em seu próprio mundo. Raramente conseguem atender as normas acadêmicas dos seus superiores no *campus* e colegas das ciências, e simultaneamente estão separadas dos seus colegas profissionais em exercício. Quanto mais foram obrigadas a remar rumo à costa da pesquisa acadêmica, mais distantes ficaram das escolas públicas, às quais têm o dever de servir. Em contrapartida, esforços sistemáticos para tratar dos problemas aplicados das escolas públicas deixaram as faculdades de educação em risco em seus próprios *campi* (CLIFFORD & GUTHRIE, 1988, p. 3-4).

Em suma, as faculdades de educação fizeram um "pacto com o diabo" ao entrarem no meio universitário. O resultado é que a sua missão deixou de se interessar primordialmente por temas essenciais à prática da educação e passou a tratar de questões de passagem de *status* através de uma educação universitária mais convencional. A dominação resultante dos modos "disciplinares" convencionais exerceu um impacto desastroso sobre a teoria educacional em geral e o estudo do currículo em especial.

O pacto com o diabo referente à educação foi uma forma especialmente perniciosa do deslocamento do discurso e debate que cercavam a evolução da produção do conhecimento universitário. O conhecimento universitário evoluiu de modo separado e distinto do conhecimento público. Como observa Mills:

> Homens de conhecimento não se orientam exclusivamente para a sociedade total, mas a segmentos especiais dessa sociedade com demandas especiais, critérios de validade, de conhecimento significativo, de problemas pertinentes etc. É através da integração dessas demandas e expectativas de certos públicos que possam ser efetivamente localizados na estrutura social que os homens de conhecimento organizam o próprio trabalho, definem seus dados e exploram seus problemas.

Essa nova localização estrutural de "homens de conhecimento" na universidade poderia gerar profundas implicações ao debate e discurso público. Wright Mills acreditava que isso aconteceria se o conhecimento produzido desse modo não tivesse relevância pública, especialmente se não estivesse relacionado a interesses públicos e práticos.

> Apenas quando o povo e os líderes são responsivos e responsáveis é que os assuntos humanos ficam em ordem democrática, e apenas quando o conhecimento tem relevância pública é que essa ordem é possível. Apenas quando tem uma base autônoma, independente de poder, mas poderosamente relacionada ao poder, é que a mente consegue exercer a sua força na formação dos assuntos humanos. Essa posição é democraticamente possível apenas quando existe um povo livre e informado a quem os homens de conhecimento possam se dirigir, e por quem os homens de poder são realmente responsáveis. Tal povo e tais homens – de poder ou conhecimento – não predominam agora, portanto o conhecimento agora não tem relevância democrática na América (WRIGHT MILLS, 1979, p. 613).

É claro que o dilema enfrentado pelos "homens de conhecimento" [sic] que Wright Mills descreve tem importância crucial quando esse conhecimento se relaciona à educação. Nas escolas o conhecimento é transmitido às futuras gerações – logo, se o nosso conhecimento de tal transmissão de conhecimento for ruim, estaremos duplamente em perigo. Mas a educação está tão intimamente ligada à ordem social que, se o nosso conhecimento sobre educação for inadequado ou não tiver relevância pública, então os principais aspectos da vida social e política estarão obscurecidos.

Assim, a questão da "direção da pesquisa educacional ou curricular" é de grande importância. Acho que Wright Mills se aproxima da natureza do nosso dilema e descreve claramente as implicações do pacto com o diabo quando fala do modo pelo qual os "homens de conhecimento" se orientam a "segmentos especiais da sociedade". Foi esse o destino de muitas teorias educacionais e curriculares, e o efeito foi aquele descrito por Mills: grupos diferentes "conversam sem se comunicar". Com poucas exceções, eu diria que é exatamente essa a relação entre os estudiosos do currículo e os praticantes das escolas: eles compõem um exercício-modelo sobre como "conversar sem se comunicar". O meu foco agora é a resolução desse problema. Mais uma vez em parte seguindo o espírito de Wright Mills, que certa vez disse numa carta para uma "esposa profissional" num jornal semanal: "Uma coisa é falar sobre problemas gerais em âmbito nacional, outra é dizer a um indivíduo o que deve fazer. A maioria dos "entendidos" se esquiva dessa questão. Eu não quero me esquivar" (WRIGHT MILLS, 1970, p. 3).

Reações recentes ao CCP

Como resultado da natureza moribunda dos estudos sobre o currículo e a sua condição peculiarmente deslocada nas faculdades de educação nas décadas de 1960 e 1970, a distinção entre teoria e prática muitas vezes provocava uma reação contra a teoria *per se*, não contra a reformulação da teoria. A constituição da teoria meramente colidia com a realidade curricular. A colisão prejudicava publicamente os teóricos – "é melhor deixar isso para os outros". Mas os "outros" que estavam mais imersos na realidade da produção e operação do currículo chegaram às suas próprias conclusões sobre a teoria. Se ela tinha tão pouco a dizer sobre a realidade da prática, se de fato representava gravemente mal ou até "ameaçava substituir" a prática, não seria melhor ignorar completamente a teoria ou ao menos deixar a teorização para depois?

A resposta na área do currículo ecoa fortemente a oscilação do pêndulo na sociologia mais ou menos ao mesmo tempo. O empreendimento positivista preeminente empregava um modelo científico hipotético-dedutivo. O objetivo era descobrir as leis sociais que alicerçavam a realidade cotidiana. Sobretudo seguiam um modelo relacionado à filosofia da ciência, que tinha como seu principal propósito a busca por fatos objetivos sobre o mundo social. O cientista busca um conhecimento do sistema social à parte e além das percepções das pessoas que habitam esse sistema, perseguindo uma verdade e leis de amplo espectro.

A reação a essa busca por leis científicas e universalistas veio de interacionistas simbólicos, etnomedotologistas e sociólogos do conhecimento em defesa da reabilitação do próprio homem e suas percepções subjetivas e "construções" da realidade. Partindo de Weber e Mead, tivemos o trabalho de Schutz, Goffman, Berger e Luckman. Os dois últimos se distinguem ao afirmarem que "o conhecimento de senso comum, não ideias, deve ser o foco central para a sociologia do conhecimento. É precisamente esse conhecimento que constitui o tecido de significados sem o qual nenhuma sociedade pode existir" (BERGER & LUCKMAN, 1967).

A ênfase em percepções subjetivas na sociologia gerou respostas substanciais na área do currículo. Aqui, mais do que nunca, a ambivalência sobre a teoria, a manifesta falta de adequação à prática levou o pêndulo a oscilar desenfreadamente para o outro lado quando a reação começou.

No Reino Unido, a reabilitação da prática e do processo de educação seguiu linhas similares, ecoando as novas tendências da sociologia e certas tendências não apenas Schwabianas nos estudos americanos sobre currículo. Um novo e amplo espectro de estudos etnográficos e interacionistas emergiu, concentrando-se no processo da educação e, notadamente, na sala de aula. A Escola de Manchester, principalmente Hargreaves, Lacey e Lambert, adotou uma abordagem pautada na antropologia. O compromisso era tentar entender como professores e alunos "construíam" o mundo da escola. Sem um estudo detalhado da escola, o progresso era impossível. A sua liderança acadêmica muitas vezes provocou uma abordagem mais aplicada na pesquisa sobre o currículo e, à medida que as reformas do currículo começavam a acontecer durante o processo de criação da formação geral, no desenvolvimento do currículo.

Um centro que assumiu a liderança no trabalho aplicado foi The Centre for Applied Research in Education (Care) da Universidade de East Anglia. O Care foi fundado em 1970 e adotou o compromisso com o professor, suas percepções e construções. A ampla gama de publicações produzidas nos possibilita analisar as intenções e posições de quem trabalhava no Care. Embora defenda-se a singularidade do Care, muito é sintomático e típico das crenças da época. Ao observarmos o Care mais detalhadamente, podemos entender alguns dos motivos para a postura adotada por desenvolvedores curriculares líderes durante esse período.

No seu influente livro *An Introduction to Curriculum Research and Development*, Lawrence Stenhouse declara que a tese do livro é a seguinte:

> o desenvolvimento do currículo deve pautar-se no desenvolvimento docente, promovê-lo e assim promover o profissionalismo do professor. O desenvolvimento do currículo traduz as ideias em práticas na sala de aula, portanto ajuda o professor a fortalecer a sua prática, testando as ideias sistematicamente e reflexivamente (STENHOUSE, 1975, p. 24-25).

A ênfase no aspecto prático da sala de aula ecoa Schwab e tornou-se uma postura de valor firmemente assumida pelo Care. Na época eu trabalhava como professor e estava em contato com vários profissionais do Care, incluindo Stenhouse, MacDonald e Walker, e fui beneficiado pelo seu comprometimento e atenção. Walker, com quem trabalhei de perto em projetos e artigos, e a quem devo substancialmente, posicionou-se a respeito dos estudos sobre currículo assim: o trabalho, afirmava, começaria com o conhecimento de senso comum do praticante, permanecendo próximo a ele e às restrições com as quais trabalha. O objetivo seria sistematizar a sabedoria dos praticantes, baseando-se nela, e não a suplantando (WALKER, 1974, p. 22).

Barton e Lawn comentam:
> ao separar a pesquisa "pura" da "aplicada", Walker acha que conseguiu livrar-se de uma postura teórica e reduzir o isolamento do pesquisador. O que agora conta para ele não é um entendimento teórico de alguma situação, mas o entendimento e autorreconhecimento que ele pode dar aos seus sujeitos.

Certamente posso testemunhar sobre o último ponto, mas os pontos sobre aversão à teoria são substanciais, e os autores ainda afirmam que "a aversão do Care à teoria e teorização é consistente em toda a associação... a questão muitas vezes parece ser uma escolha entre teoria e verdade" (BARTON & LAWN, 1980/1981, p. 4).

Obviamente, considerando a crítica apresentada aqui sobre a teoria a respeito do currículo, o último ponto é plausível. O risco, contudo, é que a reação à teoria prescritiva tenha provocado uma fuga da teoria *per se*. Há evidências substanciais dessa ocorrência no Care.

A importância do posicionamento do Care ao articular essa forte postura de "ação" e prática é que ela foi sintomática de uma grande contratendência na área do currículo na época – a disseminação da nova "pesquisa aplicada" à "pesquisa-ação" e domínio de estudos de caso, etnografia, estudos interacionistas de salas de aula e avaliações. MacDonald, a eminência parda da avaliação britânica, certa vez veio a público explicar por que a sua visão de avaliação era sobretudo uma reação às teorias dominantes de "custo-benefício" e "gestão por objetivos": "A tendência de uma linguagem assim é sugerir que a produção de pessoas educadas é semelhante à produção de qualquer outra coisa, um problema tecnológico de especificação e fabricação" (MacDONALD, 1976, p. 89).

Os motivos para a reação à teoria estão claros, mas precisamos recordar que foi uma reação a determinado tipo de teoria prescritiva adequada ao contexto ideológico e econômico no qual foi produzida. A oscilação do pêndulo produziu uma fuga em massa para a arena da ação, da prática, da sala de aula, do praticante, do prático. Somos testemunhas de uma celebração do prático, uma revolta contra o abstrato. Voltamos a Rousseau e Emile, mas com os mesmos problemas se a nossa busca for o progresso.

O problema do acolhimento apressado à ação e prática foi agravado pelo tipo de ação acolhida. Aos problemas da metodologia de ação e especificidade prática devemos acrescentar o problema do *foco*. Não surpreende que aqueles com forte crença na prática e na ação buscassem formas de envolvimento. Os projetos curriculares ofereciam um caminho para a ação curricular: o *ethos* do Care se desenvolveu a partir do envolvimento dos principais profissionais do Projeto de Currículo das Ciências Humanas (HCP) anterior. A visão particular de profissionalismo e política desenvolvida no HCP depois foi transformada de modo a se tornar uma posição total sobre a pesquisa curricular em geral.

Na década de 1960 e no início da década de 1970, uma ampla gama de estudos de pesquisas e artigos sobre currículo discutiu a questão da mudança do currículo. Ela sempre foi tratada como sinônimo de *inovação*. O trabalho "How Does the Curriculum Change: A Proposal dor Inquiries", de Eric Hoyle, é um bom exemplo (HOYLE, 1969). Além disso, projetos de currículo e inovação eram considerados sinônimos. Para confirmar o ponto, vale a pena reler o importante artigo de Parlett e Hamilton sobre *Avaliação como Iluminação*. A especificidade do foco para quem busca mudar o currículo escolar é clara. O avaliador iluminador estava caracteristicamente interessado no "que está acontecendo". Portanto, desejava:

> estudar o projeto inovador: como funciona, como é influenciado pelas várias situações escolares onde é aplicado; o que aqueles diretamente interessados consideram vantagens e desvantagens e como os trabalhos intelectuais e experiências acadêmicas dos alunos são mais afetados.

Assim, o avaliador iluminador:

> objetiva descobrir e documentar como é participar do esquema como professor ou aluno; além disso, discernir e discutir os elementos mais significativos da inovação, recorrências e processos críticos (PARLETT & HAMILTON, 1972).

Portanto, um ambiente importante para quem reagiu à escola racional/científica da teorização prescritiva, considerando a área de currículo nas décadas de 1960 e 1970, foi o projeto de currículo inovador. Esses projetos, de certo modo, ofereciam um ambiente perfeito para quem nutria uma ambivalência ou antipatia em relação à teoria e um desejo de imergir nas realidades diárias da prática e ação. O problema, entretanto, não era a imersão no ambiente da ação, e sim uma imersão em ambientes de ação muito *específicos*. Isso possibilitava à equipe dos projetos ter os dois caminhos inicialmente. Não eram necessários a capacidade de generalização das teorias ou programas para o projeto normalmente centrados em um número limitado de escolas "piloto" escolhidas. A necessidade de teoria poderia ser suspensa facilmente e justificadamente.

Os problemas começaram quando os projetos tentaram generalizar o seu trabalho: a transição do palco principal para novas estruturas em voga. Aqui, embora iniciando no ponto de partida oposto, os projetos muitas vezes reagiam com as mesmas prescrições e programas a que haviam se oposto. Havia prescrições de prática idealizada, como o "presidente neutro"; módulos e cursos como "O homem – um curso"; e novos materiais e pacotes de currículos. As prescrições eram sustentadas por mais pronunciamentos teóricos novamente muito parecidos com as teorias prescritivas a que haviam se oposto. Agora existiam modelos PDD (pesquisa, desenvolvimento, disseminação) ou modelos CPU (conhecimento, produção e utilização).

A triste verdade é que, partindo de pontos totalmente diferentes, a teoria prescritiva e a imersão na prática conduziam ao mesmo ponto de colisão: a vida diária em sala de aula e as ementas, provas, estruturas disciplinares, comunidades disciplinares, políticas governamentais existentes e novas políticas educacionais. Mais uma vez, a postura acabou sendo uma exortação ou "devemos deixar isso para os outros".

Outro paradoxo emerge através das mudanças recentes na educação: novamente o argumento contra a teoria e o apoio à prática está sendo buscado. Agora, porém, a visão da prática deve pouco a Schwab e envolve uma modalidade decididamente não deliberativa. O padrão emergente pode envolver um desmantelamento da ineficiente estrutura disciplinar existente para o estudo da educação. No seu lugar, contudo, não ocorrerá um acolhimento reformista da prática, mas um acolhimento acentuadamente utilitarista. Os estagiários agora aprenderão "com quem sabe", observando e até substituindo por períodos curtos os professores oficiais, que serão seus orientadores. A redundância da teoria existente ganhará a maior recompensa: a extinção ocupacional dos estudiosos que praticam os hábitos moribundos. À medida que emerge, essa perspectiva pode se mostrar um grande estímulo à destituição paradigmática na pesquisa educacional.

Rumo a uma perspectiva socioconstrucionista: do diagnóstico à solução

O CCP e tendências importantes na reação ao CCP compartilham uma característica: o interesse em desenvolver modelos de "prática idealizada" (REID, 1978, p. 17). Os dois modelos se interessam pelo que *deve* estar acontecendo nas escolas, "o nosso compromisso com o que deve ser", como afirma Westbury, pode levar ao "meliorismo":

> Uma visão pode resvalar tão facilmente em meliorismo e, infelizmente, as consequências de tal perspectiva meliorista há tempos assaltam a nossa área: muito frequentemente e em boa parte da nossa história não conseguimos, devido ao nosso compromisso com o que deve ser, ver o que é. Como sugerem as nossas ênfases, ver o que é denuncia pouca paixão, talvez até uma disposição conservadora a aceitar as escolas como são. De fato, é muito comum que as nossas posturas sugiram uma condenação ao que as escolas fazem (WESTBURY, 1973, p. 99).

Àqueles que reagem às prescrições muitas vezes conservadoras dos teóricos do CCP, o total acolhimento da prática enfrentou a possibilidade de certo modo comparável de aceitar conservadoramente a prática existente. Ao fazer isso, a reação ao CCP foi precipitada. Logo, nenhum dos modelos aceitou compreender a prática, entender por que as questões funcionam da maneira como funcionam nas escolas.

Por isso é importante reafirmar os problemas do CCP. O problema com o CCP não é apenas o fato de o foco estar unicamente na prescrição, mas o tipo de foco estar desincorporado e descontextualizado. Uma solução estaria mais próxima se fizéssemos investigações sistemáticas sobre como as prescrições de currículo são de fato socialmente construídas para uso nas escolas. Estudos sobre o real desenvolvimento de cursos, planos de currículo nacional, ementas de disciplinas etc.

Reafirmamos que o problema não é o foco na prescrição, mas a natureza *singular* desse foco e o *tipo* de foco. Em suma, o que exigimos é uma abordagem combinada à construção social – um foco na construção de currículos prescritivos e política associada a uma análise das negociações e realização do currículo prescrito. A abordagem, portanto, é para ampliar o modo deliberativo com estudos de prática e prescrição, com foco na relação essencialmente dialética das duas.

Desejamos, em resumo, "a estória da ação de acordo com uma teoria de contexto". Isso é dar um passo para trás rumo ao centro, seguindo os passos de Schwab e alguns reformadores do currículo para acolher plenamente o terreno prático. Aleguei que essa foi uma reação extrema demais, embora compreensível na época. Como a prescrição continua (e considerando que o impulso centralista atual de fato vai se fortalecer), precisamos entender a construção social dos currículos nos âmbitos da prescrição e processo e prática. Em suma, é amplamente aceito o diagnóstico de Schwab e de alguns dos reformadores do currículo, que consideravam a área do currículo moribunda; a solução deles, porém, é considerada extrema demais. O necessário de fato é entender a prática, mas situar esse entendimento dentro de uma exploração maior dos parâmetros contextuais da prática.

Na pesquisa sobre currículo há um espectro de focos favoráveis ao estudo socioconstrucionista. Por exemplo:

• O indivíduo: história de vida e carreira.

• O grupo ou coletivo: profissões, categorias, disciplinas escolares e universitárias, por exemplo, evoluem como movimentos sociais ao longo do tempo. Do mesmo modo, escolas e salas de aula desenvolvem padrões de estabilidade e mudança.

• O relacional: as várias permutas de relações entre indivíduos, entre grupos e coletividades e entre indivíduos, grupos e coletividades; e a forma pela qual essas relações mudam com o tempo.

Obviamente a relação entre indivíduo e coletivo (como entre ação e estrutura) é perenemente elusiva. Mas os nossos estudos podem, como já foi o caso muitas vezes, aceitar ou exacerbar a fragmentação ou, alternativamente, buscar integração, como deve ser o nosso intento futuramente.

Ao examinar a vida individual dos professores, o método de história de vida pode ser reabilitado proveitosamente. A gênese das histórias de vida pode se situar em trabalhos antropológicos do início do século; a principal aceitação pelos sociólogos ocorreu mais tarde, numa série de estudos urbanos e sociais da Universidade de Chicago.

Por inúmeros motivos, que já analisei em outros trabalhos (GOODSON & SIKES, 2001), esse trabalho tornou-se uma prioridade cada vez menor nos estudos de Chicago sobre a cidade e, como resultado, o método foi negligenciado até pouco tempo atrás. No seu uso mais contemporâneo, o trabalho sobre história de vida concentrou-se principalmente em estudos sobre desvios, crimes e etnografia urbana. A metodologia da história de vida, portanto, ainda está relativamente pouco desenvolvida e o seu uso no estudo sobre educação está apenas começando. Essa omissão no estudo sobre educação é lamentável e a transição de exortação programática para investigação empírica empregou dados de história de vida para explorar a interseção entre biografia, história e estrutura com atenção específica ao currículo da escola secundária [secondary school].

A exortação a um novo acolhimento aos métodos de história de vida foi detalhada pela primeira vez num artigo de 1981 (GOODSON, 1981). Ele foi adotado num estudo sobre as Carreiras dos Professores realizado por Sikes et al. (1985). Desde o início eles conheciam os problemas substanciais e comentaram que "as histórias de vida não se apresentam como um método plenamente maduro pronto para usar. Ainda não existe um corpo substancial de literatura metodológica para avaliar os estudos sobre histórias de vida" (SIKES et al., 1985, p. 14). Contudo, o seu trabalho em *Teacher's Careers: Crises and Continuities* nos sugere ideias importantes sobre a vida e a carreira dos professores. Outros trabalhos, como a coletânea *Biography and Society* (1981), de Bertaux, e o excelente *Documents of Life* (1983), de Ken Plummer, iniciam a reabilitação do método de histórias de vida e da exploração dos problemas metodológicos e éticos substanciais que tal trabalho envolve. Em *Life History in Educational Settings* (2001), Pat Sikes e eu estendemos os argumentos a favor da história de vida para a área do estudo educacional.

Porém, além dos problemas intrínsecos aos métodos de histórias de vida, há problemas de relação com outros focos e modos de análise e investigação. Como advertiu Mannheim em 1936: "A preocupação com a história de vida puramente individual e com sua análise não é suficiente" (MANNHEIM, 1972). Sobretudo e de maneira correta Mannheim está protestando contra o individualismo. É o que chama de "ficção do indivíduo isolado e autossuficiente". Sendo óbvio que o poderoso legado do individualismo e das crenças individualistas se apresenta em tantas epistemologias, esse perigo deve ser continuamente escrutinado a respeito do trabalho com as histórias de vida. Como afirma Mannheim: "O método genérico da explicação, se for profundo o bastante, não pode se limitar a longo prazo à história de vida individual e à situação do grupo mais inclusiva. A história de vida individual é apenas um componente numa série de histórias de vida mutuamente interligadas... foi mérito do ponto de vista sociológico haver posicionado lado a lado a gênese individual do significado e a gênese do contexto da vida em grupo" (MANNHEIM, 1972, p. 25).

O estudo sobre histórias de vida ao lado do estudo de ambientes e grupos mais coletivos pode promover uma melhor integração num estudo de focos distintos. O problema da integração obviamente é em parte um problema de lidar com modos e níveis de consciência. A história de vida penetra na consciência do sujeito individual e tenta também mapear as mudanças naquela consciência durante o ciclo de vida. Mas, em âmbito individual, assim como em outros âmbitos, devemos observar que a mudança é estruturada, mas que as estruturas mudam. A relação entre o indivíduo e estruturas mais amplas é crucial para as nossas investigações, mas é através de estudos históricos que tais investigações podem ser realizadas proveitosamente:

> A nossa chance de entender como interagem ambientes menores e estruturas maiores, e a nossa chance de entender as causas maiores em ação nesses ambientes limitados exigem que lidemos com materiais históricos (WRIGHT MILLS, 1970, p. 165).

Por fim voltamos ao foco integrativo sugerido por C. Wright Mills como algo essencial a todas as boas ciências sociais:

> As ciências sociais tratam de problemas de biografia, história e suas interseções dentro das estruturas sociais. O fato de esses três itens – biografia, história, sociedade – serem as coordenadas do estudo adequado sobre o homem é uma importante plataforma onde me apoiei ao criticar várias escolas atuais de sociologia cujos praticantes haviam abandonado tal tradição clássica (WRIGHT MILLS, 1970, p. 159).

Nos estudos sobre currículo, a relação entre a vida individual do professor e o currículo pré-ativo e interativo sugere ideias sobre estruturação e ação. Como afirma Esland:

> Tentar focar a biografia individual no seu contexto histórico-social é, num sentido bem real, tentar penetrar na deriva simbólica do conhecimento escolar e nas consequências para os indivíduos envolvidos e tentar construir a realidade deles através disso (ESLAND, 1971, p. 111).

É preciso basear-se em estudos de participantes imersos no processo imediato, estudos de eventos e períodos históricos, mas desenvolver um entendimento cumulativo dos contextos históricos nos quais o currículo contemporâneo está embutido. A experiência das últimas décadas mostra as dolorosas limitações de abordagens não históricas ou transcendentes tanto no âmbito da reforma quanto do estudo curricular. Ao desenvolver a nossa análise partindo de dados antigos, devemos conseguir iluminar mais o presente e sugerir ideias sobre as restrições inerentes às circunstâncias transmitidas.

Esses estudos orientados para a ação muitas vezes ficaram confinados à visão dos participantes em determinado momento, ao aqui e agora dos eventos. A sua omissão essencial foram dados sobre as *restrições além* do evento, da escola, da sala de aula e do participante. O que é necessário, sobretudo, é um método que permaneça com os participantes, com a complexidade do processo social, mas capte certo entendimento das restrições que estão além disso. Embora o processo humano pelo qual o homem faz a própria história não ocorra em circunstâncias da sua escolha própria, já que tanto homens quanto mulheres e as circunstâncias variam com o tempo, o mesmo ocorre com as potencialidades para a negociação da realidade. O estudo histórico tenta entender como pensamento e ação se desenvolveram em circunstâncias sociais antigas. O acompanhamento desse desenvolvimento através do tempo até chegar ao presente sugere ideias sobre como essas circunstâncias que vivenciamos como "realidade" contemporânea foram negociadas, construídas e reconstruídas com o passar do tempo. Stenhouse considerava que essa necessidade de história "propicia um contexto autenticado para ações hipotéticas". A sua preocupação também era a seguinte: "O que pode ser designado como inércia contextual dentro da qual os eventos estão embutidos. É aqui que a história se generaliza e se torna teórica. É, por assim dizer, a estória da ação de acordo com uma teoria de contexto" (STENHOUSE, 1977, p. 7).

O contexto histórico obviamente reflete padrões anteriores de conflito e poder. Não é suficiente desenvolver uma noção estática dos contextos e restrições históricos herdados intactos do passado. Esses contextos e restrições precisam ser examinados em relação à ação contemporânea. Ademais, precisamos de um modelo dinâmico que explique como ementas, pedagogia, finanças, recursos, seleção e economia se inter-relacionam. Não podemos, em suma, ver o currículo (e seus contextos e restrições históricos associados) como um sistema limitado. Williamson reflete sobre o fato de que "não é suficiente saber apenas que os princípios que regem a seleção de conhecimento transmissível refletem estruturas de poder. É essencial transpor tais suspeitas para entender as conexões precisas" (WILLIAMSON, 1974). Ele alega que isso estabelece o estudo histórico do currículo "se o objetivo for entender o poder na educação". Sobretudo precisamos desenvolver mapas cognitivos da influência do currículo e as restrições do currículo porque, como ele afirma: "O que é oferecido e ensinado nas escolas somente pode ser entendido historicamente. Atitudes educacionais anteriores de grupos dominantes da sociedade ainda têm um peso histórico" (WILLIAMSON, 1974, p. 10-11).

As perspectivas socioconstrucionistas, portanto, buscam um foco reintegrado para os estudos do currículo, distanciando-se de um foco singular, seja este na prática idealizada ou real, rumo ao desenvolvimento de dados sobre construção social em âmbito pré-ativo e interativo. Neste momento, como já comentei, a lacuna mais significativa para tal programa reconceituado de estudo são os estudos históricos da construção social dos currículos escolares. Realmente sabemos pouco sobre como as disciplinas e temas prescritos nas escolas se originam, são promovidos, redefinidos e metamorfoseados.

Logo, os trabalhos sobre a história da construção social dos currículos escolares são um pré-requisito vital para o estudo de currículo reconceituado. Felizmente, porém, muitos trabalhos realizados na última década estão dando frutos. A série *Studies in Curriculum History* agora inclui volumes que oferecem um amplo espectro de estudos diferentes sobre a construção social dos currículos escolares (Goodson). Novos estudos agora estão sendo comissionados para essa série e oportunamente esperamos ter uma série abrangente de estudos sobre as origens e a promoção dos currículos em vários cenários e níveis. Outros trabalhos, especialmente na América do Norte, complementam essa iniciativa e desenvolvem o nosso entendimento sobre a contestação que cerca o desenvolvimento dos currículos prescritivos (KLIEBARD, 1975).

Em *The Making of Curriculum*, trabalhei com todo o espectro de focos listados (GOODSON, 1988), partindo do indivíduo até o grupo e o coletivo. Procurei, em especial, examinar histórias de vida individuais e como elas nos possibilitam desenvolver temas e referenciais para visualizar estruturas e organizações. Alguns dos testemunhos individuais dados nesse livro mostram como os professores entendem e refletem sobre os contextos mais amplos nos quais a sua vida profissional está embutida. No próximo capítulo, vemos como "na vida de Patrick Johnson percebemos como ele combate imperativos na estrutura social" (p. 112). Do mesmo modo, em *School Subjects and Curriculum Change* tentei desenvolver o foco do grupo ou coletivo estudando as disciplinas escolares na evolução histórica. Aqui afirmo:

> estudos de caso históricos de disciplinas escolares fornecem o "detalhe local" do conflito e mudança do currículo. A identificação de indivíduos e subgrupos ativos dentro dos grupos de interesse do currículo permite certo exame e avaliação de intenção e motivação. Assim, teorias sociológicas que atribuem poder sobre o currículo

a grupos de interesse dominantes podem ser escrutinadas pelo seu potencial empírico.

Concentrar a atenção no nível micro de grupos de disciplinas escolares individuais não é negar a importância crucial das mudanças econômicas em nível macro ou das mudanças nas ideias intelectuais, valores dominantes ou sistemas educacionais. Mas afirma-se que tais mudanças em nível macro podem ser ativamente reinterpretadas em nível micro. As mudanças em nível macro são vistas como a possibilidade de uma série de novas escolhas para as comunidades, associações e facções das disciplinas. Para entender como as disciplinas mudam com o passar do tempo, assim como as histórias de ideias intelectuais, precisamos entender como os grupos de disciplinas são todo-poderosos no engendramento da mudança curricular, mas que as suas respostas são uma parte muito importante do panorama e, ainda assim, um tanto negligenciadas (GOODSON, 1987, p. 3-4).

Em *Biography, Identity and Schooling* (GOODSON & WALKER, 1990), *Studying Curriculum* (GOODSON, 1994) e *Subject Knowledge...* (GOODSON, 1998), analisei modos de integrar diferentes focos e níveis de análise. Ao desenvolver uma perspectiva socioconstrucionista integrada, há uma busca pela promessa de que teoria e prática ou, vendo de outra forma, estrutura e agentes possam ser reconectados em nossa visão de estudo curricular. Nesse caso, poderíamos ser salvos da recorrente "fuga para a teoria" seguida da "fuga para a prática", praticada como contrapeso (e a ocasional e interveniente "fuga para o pessoal"). O nosso estudo, portanto, abarcaria de maneira integrada a complexidade dos níveis de análise que refletem a realidade do currículo.

Iniciar qualquer análise da educação aceitando sem questionamentos uma forma e conteúdo de currículo pelos quais se lutou e que foram conquistados em determinado ponto histórico com base em certas prioridades sociais e políticas, e considerar esse currículo como certo e imutável é abster-se de todo um espectro de entendimentos e ideias sobre elementos do controle e operação da escola e da sala de aula, é adotar as mistificações de episódios prévios de governo como certezas intocáveis. Sejamos claros, estamos falando sobre a "invenção da tradição" sistemática numa arena de reprodução e produção social, o currículo escolar, onde as prioridades políticas e sociais são fundamentais. Histórias de outros aspectos da vida social começaram a escrutinar sistematicamente esse processo. Hobsbawm alega que o termo "tradição inventada":

> inclui ambas as tradições de fato inventadas, construídas e formalmente instituídas, e aquelas que emergem de uma maneira menos

rastreável dentro de um período breve e passível de ser datado – talvez uma questão de alguns anos –, estabelecendo-se com grande rapidez.

Hobsbawm define a questão assim:
> Considera-se que tradição inventada significa uma série de práticas normalmente regidas por regras aceitas de modo aberto ou tácito e de natureza ritual ou simbólica que tentam circular certos valores e normas de comportamento pela repetição, o que automaticamente sugere a continuidade do passado. De fato, quando possível, elas normalmente tentam estabelecer a continuidade de um passado histórico adequado (HOBSBAWN & RANGER, 1985, p. 1).

Nesse sentido, a criação do currículo pode ser vista como um processo de inventar a tradição. De fato, essa linguagem muitas vezes é usada quando as "disciplinas universitárias tradicionais" ou "disciplinas escolares tradicionais" estão justapostas diante de alguma inovação de tópicos integrados ou concentrados na criança. O ponto, entretanto, é que o currículo escrito, seja em forma de cursos, ementas, diretrizes ou livros didáticos, é um exemplo supremo da invenção da tradição: mas, como acontece com todas as tradições, não é uma certeza imutável, e sim algo que precisa ser defendido, em que as mistificações precisam ser construídas e reconstruídas com o passar do tempo. É óbvio que, se os teóricos do currículo ignorarem substancialmente a história e a construção social do currículo, essa mistificação e reprodução da forma e conteúdo do currículo "tradicional" tornam-se mais fáceis.

Um estágio importante no desenvolvimento de uma perspectiva socioconstrucionista é a produção de um amplo espectro de estudos sobre a construção social do currículo prescritivo. Mas essa é somente uma parte da estória, como há muito tempo afirmam os defensores da "prática". O que é prescrito não necessariamente é aquilo que é assumido, e o que é planejado não necessariamente é o que acontece. Mas, como comentei, isso não deve sugerir que devamos abandonar os nossos estudos da prescrição enquanto construção social e acolher, de forma singular, a prática. Em vez disso, devemos tentar estudar a construção social do currículo tanto no âmbito da prescrição quanto da interação.

O desafio é desenvolver novos focos significativos e metodológicos que integrem os estudos em âmbito pré-ativo e interativo. A ligação e integração desses estudos é o maior problema, pois estamos lidando com níveis e arenas diferentes de construção social. Essa diferença de níveis e arenas muitas vezes gera o argumento de que existe uma completa ruptura entre o que é pré-ativo e interativo, sendo o último autônomo para todos os intentos e objetivos. É claro que isso nos conduz de volta ao argumento de que "a prática é tudo o que importa" e, logo, devemos concentrar os nossos estudos unicamente na prática.

O foco dos estudos recentes sobre currículo em projetos e inovações (como já observamos) é parcialmente responsável por essa crença na autonomia. Duas citações de um relatório sobre currículo não publicado ilustram essa tendência: "A equipe do projeto precisou explicar o que faria antes de poder fazer. Os professores começaram fazendo isso e apenas depois buscaram uma explicação para estarem fazendo daquele modo".

Mas o que os professores estavam fazendo e como e onde isso foi construído socialmente? Do mesmo modo, "o produto final do projeto foi determinado na área, no contato com a escola, não no rascunho... no fim, sobrevivia aquele que funcionava".

Essas duas citações celebram a autonomia da escola e da prática. Mas é provável que ambas nos façam perder o foco. Somente o que é preparado no rascunho entra na escola e assim *tem uma chance* de ser interpretado e sobreviver. Evidentemente, se já é assim com o projeto de currículo notoriamente detestado, é ainda mais com a disciplina escolar tradicional (e menos escrutinada e contestada). No último caso, parâmetros claros para a prática são socialmente construídos em âmbito pré-ativo. Em suma, a prática é construída socialmente em âmbito pré-ativo *e* interativo: é uma combinação de ambos, e o nosso estudo sobre o currículo deve reconhecer essa combinação.

E, se as questões de forma e escala dos "parâmetros" permanecerem elusivas, é sobretudo por esse motivo que precisamos relacionar o nosso trabalho sobre construção social em âmbito pré-ativo e interativo. Em um nível, isso significará a urgência de uma conexão mais próxima entre os estudos sobre prática e processo escolar constituídos atualmente e os estudos sobre construção social em âmbito pré-ativo. Um estágio culminante no desenvolvimento de uma perspectiva socioconstrucionista seria desenvolver estudos que por si mesmos integrem estudos de construção social *tanto* nos níveis pré-ativos *quanto* interativos. Precisamos explorar e desenvolver focos integrativos para o estudo socioconstrucionista e a esse respeito a exploração do nível relacional propiciaria uma estratégia para fortalecer e unir estudos de ação e de contexto de formas significativas. As perspectivas socioconstrucionistas sobretudo aprimorariam o nosso entendimento das políticas do currículo e, assim, forneceriam "mapas cognitivos" valiosos para os professores que estejam tentando entender e localizar os parâmetros para a sua prática.

Referências

BARTON, L. & LAWN, M. (1980/1981). Back Inside the Whale: A Curriculum Case Study. *Interchange*, 11 (4).

BERGER, P.L. & LUCKMAN, T. (1967). *The Social Construction of Reality*. Harmondsworth: Allen Lane.

BERTAUX, D. (org.) (1981). *Biography and Society*: The Life History Approach in the Social Sciences. Londres: Sage.

CLIFFORD, G.J. & GUTHRIE, J.W. (1988). *Ed School*: A Brief for Professional Education. Chicago: The University of Chicago Press.

ESLAND, G.M. (1971). "Teaching and Learning as the Organisation of Knowledge". In: YOUNG, M.F.D. (org.). *Knowledge and Control New Directions for the Sociology of Education*. Londres: Collier Macmillan.

GOODSON, I.F. (1994). *Studying Curriculum* – Cases and Methods. Londres/Filadélfia: Open University Press.

_____ (1988). *The Making of Curriculum*: Collected Essays. Londres/Nova York/Filadélfia: Falmer.

_____ (1987). *School Subjects and Curriculum Change*. Londres/Nova York/Filadélfia: Falmer.
Cf. tb. na *School Subjects and Curriculum Change* (3. ed., 1993), a introdução muito interessante de Peter McLaren.

_____ (1981). Life Histories and the Study of Schooling. *Interchange*, 11 (4), p. 62-76.

GOODSON, I.F. (org.) (1985-1988). *Studies in Curriculum History*. Londres/Nova York/Filadélfia: Falmer.
Série de livros durante os anos de 1985-1998.

GOODSON, I.F. & SIKES, P. (2001). *Life History Research in Educational Settings*: Learning from Lives. Buckingham/Filadélfia: Open University Press.

GOODSON, I.F. & WALKER, R. (1990). *Biography, Identity and Schooling*. Londres: Falmer.

GOODSON, I.F.; ANSTEAD, C. & MANGAN, J.M. (1998). *Subject Knowledge*: Readings for The Study of School Subjects. Londres/Washington: Falmer.

HOBSBAWM, E. & RANGER, T. (orgs.) (1985). *The Invention of Tradition*. Cambridge: Cambridge University Press.

HOYLE, E. (1969). How Does the Curriculum Change? A Proposal for Inquiries. *Journal of Curriculum Studies*, 1 (2).

KLIEBARD, H.M. (1975). "Persistent Curriculum Issues in Historical Perspective". In: PINAR, W. (org.). *Curriculum Theorising*. Berkeley: McCutchan.

MacDONALD, B. (1976). Who's Afraid of Evaluation. *Education*, 4 (2), p. 3-13.

MANNHEIM, K. (1972). *Ideology and Utopia*: An Introduction to the Sociology of Knowledge. Londres: Routledge/Kegan Paul.

PARLETT, M. & HAMILTON, D. (1972). *Evaluation as Illumination*. Edimburgo: Centre for Research in Educational Sciences [Trabalho Ocasional, 9].

PLUMMER, K. (1983). *Documents of Life*: An Introduction to the Problems and Literature of a Humanistic Method. Londres: George Allen and Unwin.

REID, W.A. (1978). *Thinking about the Curriculum*. Londres: Routledge/Kegan Paul.

SCHWAB, J.L. (1978). "The Practical: A Language for Curriculum". In: WESTBURY, I. & WILKOF, N. (orgs.). *Science, Curriculum and Liberal Education*. Chicago: University of Chicago Press.

SIKES, P.J.; MEASOR, L. & WOODS, P. (1985). *Teacher Careers*: Crises and Continuities. Lewes: Falmer.

STENHOUSE, L. (1977). *Case Study as a Basis for Research in a Theoretical Contemporary History of Education*. Norwich: Centre for Applied Research in Education, University of East Anglia.

_____ (1975). *An Introduction to Curriculum Research and Development*. Londres: Heinemann.

VEBLEN, T. (1962 [1918]). *The Higher Learning in America*. Nova York: Hill and Wang.

WALKER, R. (1974). *Classroom Research:* A View of Safari. Innovation, Evaluation, Research and the Problem of Control. Norwich: Care, Universidade de East Anglia.

WESTBURY, I. (1973). Conventional Classrooms, "Open" Classrooms and the Technology of Teaching. *Journal of Curriculum Studies*, 5 (2), nov.

WILLIAMSON, B. (1974). "Continuities and Discontinuities in the Sociology of Education". In: FLUDE, M. & AHIER, J. (orgs.). *Educability, Schools and Ideology*. Londres: Croom Helm.

WRIGHT MILLS, C. (1979). *Power, Politics and People*. Londres/Oxford/Nova York: Oxford University Press.

_____ (1970). *The Sociological Imagination*. Londres: Penguin.

Fontes adicionais

COOPER, B. (1985). *Renegotiating Secondary School Mathematics*: A Study of Curriculum Change and Stability.

CUNNINGHAM, P. (1988). *Curriculum Change in the Primary School since 1945*: Dissemination of the Progressive Ideal.

FINKELSTEIN, B. (1989). *Governing the Young*: Teacher Behavior in Popular Primary Schools in Nineteenth Century United States.

FRANKLIN, B. (1986). *Building the American Community*: Social Control and Curriculum.

GOODSON, I.F. (1988). *The Making of Curriculum*: Collected Essays.

_____ (1987). *School Subjects and Curriculum Change*.

GOODSON, I.F. (org.) (1985). *Social Histories of the Secondary Curriculum*: Subjects for Study.

McCULLOCH, G. (1990). *The Secondary Technical School*: A Usable Past?

McCULLOCH, G.; JENKINS, E. & LAYTON, D. (1985). *Technological Revolution?* The Politics of School Science and Technology in England and Wales since 1945.

MOON, B. (1986). *The "New Maths" Curriculum Controversy*: An International Story.

MUSGRAVE, P.W. (1988). *Whose Knowledge?* A Case Study of the Victorian Universities Schools Examinations Board, 1964-1979.

POPKEWITZ, T.S. (org.) (1987). *The Formation of School Subjects*: The Struggle for Creating an American Institution.

WOOLNOUGH, B.E. (1988). *Physics Teaching in Schools 1960-85*: Of People, Policy and Power.

11
História, contexto e métodos qualitativos*

Neste capítulo, defendo métodos que reabilitam as histórias de vida e integram estudos de contexto histórico. Na seção introdutória, os motivos para o foco em dados de histórias de vida e história do currículo são explorados analisando-se algumas das inadequações dos métodos de pesquisa percebidas na metade da década de 1970, quando o meu trabalho começou (GOODSON, 1983).

Deve-se notar que desde então outros estudos emergiram, também buscando abordar essas inadequações. Os estudos sobre socialização do professor concentram-se nas carreiras e na cultura do professor (LACEY, 1977), enquanto uma série de estudos de "estratégias" aponta a importância do histórico e da biografia (POLLARD, 1982). Esse trabalho ampliou consideravelmente o alcance e a aspiração teórica dos estudos qualitativos, mas devo manter a intenção original de explorar a função dos estudos históricos ao ajustar certas tendências emergentes dentro dos métodos qualitativos.

Em retrospecto, vários motivos parecem haver provocado uma predileção pelos trabalhos históricos e biográficos ao se planejar um programa de pesquisa:

1) Originou-se da minha experiência de professor. Certamente após ensinar em Countesthorpe (descrita recentemente como "rebelde educacional sem igual"), fiquei suscetível aos argumentos de Nisbet em *Social Change and History*. Ele afirma que muitas vezes somos enganados, achando que a mudança social fundamental está acontecendo porque não consideramos uma distinção vital entre:

> reajuste ou desvio individual dentro de uma estrutura social (cujos efeitos, embora possivelmente cumulativos, nunca são suficientes para alterar a estrutura ou os postulados básicos de uma sociedade ou instituição) e a mudança mais fundamental, embora enigmática, de estrutura, tipo, padrão ou paradigma (NISBET, 1969, p. 204-205).

---

* In: BURGESS, R.G. (org.). *Strategies for Education Research*, Londres: Falmer, 1985.

A busca por essa distinção demanda a realização de um trabalho histórico. Isso inclui a nossa busca por compreender como a mudança é contida – como reajuste ou desvio individual em determinadas escolas, como a Countesthorpe, ou em reformas curriculares em geral.

2) Os documentos e declarações do movimento de reforma curricular inaugurada na década de 1960 revelam uma crença generalizada de que poderia haver uma ruptura mais ou menos completa com a tradição. Uma crença, em resumo, de que a história em geral e a história do currículo em particular poderiam ser *transcendidas* de algum modo. Por exemplo, afirmava-se que os novos currículos sendo planejados naquela época prometiam "revolucionar" a educação inglesa (KERR, 1971, p. 180). Retrospectivamente, ainda parece algo admirável, embora malconcebido, sobre tal crença na possibilidade contemporânea de que a história parecia ter pouca relevância. Numa época em que se considerava que a prática do currículo tradicional estava a ponto de ser destituída, talvez não tenha sido surpresa que tantas reformas tenham prestado pouca atenção à evolução e estabelecimento da prática tradicional caso uma mudança radical não ocorresse. Em 1975, quando o meu programa de pesquisa começou, era necessário reexaminar a emergência e sobrevivência do "tradicional", assim como a falha em generalizar, institucionalizar e sustentar o "inovador".

3) Mas se essa era uma visão a partir do currículo em sala de aula, mais tarde ficou claro que a visão *transcendente* da mudança do currículo havia contaminado muitos dos envolvidos em pesquisas sobre escolas e currículo. A ironia é suprema, mas pelo melhor dos motivos. Novamente, explica-se parcialmente por um clima histórico de opinião em que a mudança do currículo era considerada a ordem do dia. O influente artigo de Parlett e Hamilton sobre estilos iluminadores de avaliação, embora afirmando aplicação geral, concentrou-se na avaliação da *inovação*. Eles desejavam "estudar o projeto inovador: como funciona, como é influenciado pelas várias situações escolares em que é aplicado, o que os diretamente envolvidos consideram vantagens e desvantagens" (PARLETT & HAMILTON, 1972). A preocupação com "os diretamente envolvidos", com "o que é ser participativo" caracterizaria uma grande escola de avaliadores e trabalhadores de estudos de caso. De fato essa postura caracterizava os pesquisadores mais simpatizantes e sensíveis às aspirações dos inovadores. Queriam sobretudo "captar e descrever o mundo que aparece às pessoas que habitam nele". Alguns foram ainda mais longe: "num sentido, para o trabalhador de estudos de caso, o que *parece* verdade é mais importante do que aquilo que é verdade" (WALKER, 1974).

Ao escrever mais tarde, com um forte senso das minhas próprias desilusões sobre a reforma curricular, considerei que os avaliadores que haviam estudado a minha escola meramente confirmaram a miopia dos participantes:

> Focar o trabalho dos avaliadores no registro das percepções subjetivas dos participantes é negar muito do seu potencial – especialmente aos avaliadores aspirando a "fortes ações – implicações". A análise das percepções subjetivas fica incompleta sem a análise do contexto histórico em que ocorrem. Privar o sujeito de tal conhecimento seria condenar a nova avaliação ao nível do controle social – destino bizarro para um modelo que aspira a intenções "democráticas" (GOODSON, 1977, p. 24).

4) Porém, se muitos daqueles que empregam métodos qualitativos na avaliação e estudo de caso assumiram uma visão transcendente da história, eles não foram os únicos. Muitos estudos interacionistas e etnográficos contemporâneos também foram não históricos.

Histórias de vida e história do currículo

No momento em que planejava a minha pesquisa original, a mistura entre história individual e história do currículo havia sido recentemente explorada no estudo de Mary Waring sobre a Ciência de Nuffield. Para Waring, entender a inovação do currículo simplesmente não é possível sem uma história do contexto:

> Para entendermos os eventos, sejam de pensamento ou ação, o conhecimento das origens é essencial. O conhecimento dos eventos é meramente a matéria-prima da história: para serem uma reconstrução inteligível do passado, os eventos devem se relacionar a outros eventos e às crenças e práticas do ambiente. Logo, devem ser submetidos a uma investigação, as suas origens como produtos de determinada circunstância social e histórica... (WARING, 1975, p. 12).

O foco de Waring nas origens individuais e na história do currículo veio do conhecimento sobre como as inovações de Nuffield foram implementadas:

> Aos organizadores de projetos individuais de Nuffield foi concedida uma autonomia considerável a respeito da interpretação e realização do seu resumo, e da seleção e mobilização das suas equipes. Como resultado, esses aspectos refletem muito claramente as origens e a personalidade dos homens e mulheres escolhidos (WARING, 1979, p. 12).

Essa crença na importância da personalidade e história individual é confirmada no estudo (embora a função da parcialidade ideológica seja concedida):

> As evidências neste estudo sustentam a visão de que, embora diferenças de grau sem dúvida existissem entre os indivíduos, a sinceridade, o compromisso e o trabalho dedicado por muito tempo ao menos da parte dos personagens principais, e provavelmente de muitos outros, minimizam e transcendem qualquer interesse adquirido que pudesse estar operando (WARING, 1979, p. 15).

Embora eu não tenha certeza a respeito da primazia da vontade individual sobre interesses adquiridos (não exatamente uma lição de história!), o argumento agrega força à necessidade de explorar o currículo em âmbito individual e coletivo. A combinação de histórias de vida com história contextual parece, portanto, uma estratégia para o uso da ampla gama de estudos de caso, trabalhos avaliativos e interacionistas.

Assim, estabelece-se uma metodologia que permanece com foco na participação e atividade, mas que permite a análise das restrições que estão além disso, o que de fato nos permite ver como *com o passar do tempo* a vontade individual e os interesses fundamentais adquiridos se inter-relacionam.

Disciplinas escolares e história do currículo

A falta de trabalhos sobre as disciplinas escolares foi sintomática do foco nos participantes e eventos. Young aludiu a isso, conforme notamos, como "nada mais do que construtos socioculturais de determinado tempo" (YOUNG, 1971, p. 23), mas uma visão histórica do currículo atribuiria consideravelmente mais importância do que isso. Ao optar por pesquisar disciplinas escolares, eu sabia que em estudos de educação a disciplina fornece por excelência um contexto em que as estruturas antecedentes colidem com a ação contemporânea; a disciplina escolar propicia uma manifestação óbvia de legados históricos ou, como Waring define, "crescimentos monumentais" com os quais os atores contemporâneos precisam trabalhar.

Williams defendeu o estudo do conteúdo da educação mais de 20 anos atrás. Ele afirmava o seguinte:

> As escolhas culturais envolvidas na seleção de conteúdo têm uma relação orgânica com as escolhas sociais envolvidas na organização prática. Para discutirmos educação adequadamente, devemos exa-

minar, em termos históricos e analíticos, a relação orgânica, porque ser consciente de uma escolha feita é ser consciente de escolhas adicionais e alternativas (WILLIAMS, 1965, p. 145-146).

Ao desenvolver essa noção de disciplinas escolares serem dependentes de escolhas prévias, o interesse do meu trabalho era começar com as histórias dos professores que haviam desempenhado uma função crucial na definição de disciplina escolar nos últimos cinquenta anos: um período abrangendo a mudança do sistema tripartido, em que a disciplina era ensinada amplamente em escolas secundárias modernas [*secondary moderns*], para uma disciplina ensinada na maioria das escolas de formação geral [*comprehensive schools*]. A disciplina escolar em questão, Estudos Rurais, passou de uma disciplina profundamente utilitarista baseada em jardinagem na década de 1920 para uma disciplina oferecendo níveis "O" e "A" em Estudos Ambientais na década de 1970. Através da coleta de estórias de vida de professores participantes fundamentais nessa geração, esperava-se que pudessem ser fornecidas ideias não somente sobre como o currículo muda, mas como as restrições estruturais são evidenciadas em tal processo. A compreensão de uma inovação do currículo como a criação de Estudos Ambientais exigia uma compreensão detalhada do contexto histórico, e as histórias de vida possibilitavam um valioso ponto de acesso a esse contexto.

Ao conversar com os participantes fundamentais, compreensivelmente emergiu uma série de valores pessoais e idiossincrasias, mas em certos pontos as suas histórias de vida coincidem substancialmente. Nesse ponto, entretanto, várias dúvidas surgiram. A mais significativa foi que eu estava claramente, ao conversar com os principais inovadores, seguindo uma das táticas que eu havia condenado em pesquisas anteriores. Os inovadores representavam um grupo que havia conseguido "apropriar-se" da associação de disciplinas, assim mudando a direção e definição da disciplina. Nesse sentido, eles não representavam formalmente a série de tradições e "visões alternativas" entre os professores da disciplina. De fato, o aspecto fascinante dos testemunhos dos participantes fundamentais foi o seu conhecimento das "outras vozes em outras salas", das tradições e escolhas alternativas, que foram bloqueadas em busca do *status* e dos recursos que promoveriam a disciplina.

Nesse ponto, a pesquisa poderia haver progredido em várias direções. Eu conhecia três que pareciam sustentáveis:

1) Preencher as histórias de vida iniciais dos participantes fundamentais com histórias de vida maduras que teriam profundidade suficiente para captar e retratar as principais questões dentro dessa área curricular.

2) Coletar uma gama maior de histórias de vida para tentar abranger as principais "tradições" e subgrupos dentro da disciplina.

3) Desenvolver uma história documentária detalhada da disciplina, dos conflitos que foram gerados, durante um período de mais de meio século.

Em retrospectiva, todas essas três estratégias parecem oferecer problemas e possibilidades, mas no evento a estratégia (1) foi rejeitada. O principal motivo foi que o foco no grupo preferencial inovador não pareceu representativo e, num sentido forte, "contra a lógica" de boa parte da história da disciplina. O foco excessivo nesse grupo abriu o problema mencionado na introdução, onde a perspectiva histórica se perde devido a um foco na "inovação" que pode, a longo prazo, acabar mostrando-se uma simples "aberração".

Para buscar um modo de superar os problemas de singularidade e idiossincrasia que se combinam com problemas metodológicos substanciais no método da história de vida, uma combinação das estratégias (2) e (3) foi adotada. Várias histórias de vida adicionais de não inovadores foram coletadas enquanto o foco principal do estudo estava voltado à pesquisa documentária da história da disciplina. A combinação de um grupo de histórias de vida com a história da disciplina é parecida com os métodos adotados numa série de "histórias orais" recentes. Certamente a combinação oferecia uma estratégia para "triangular" os dados e assim avaliar parcialmente a confiabilidade das descobertas (DENZIN, 1970).

O problema aqui é como caracterizar a mistura de dados da história do currículo e da história de vida sem envolver um relato substantivo e recapitulativo. A principal intenção na próxima seção, portanto, é preencher o argumento com alguns dados que transmitam a "sensação" de se combinar histórias de vida com contexto histórico. É claro que o relato tem todos os problemas normais de se tentar evidenciar a categoria geral com um caso muito específico. Além disso, deve-se lembrar que, na montagem de relatos finais, não apenas uma, mas uma série de histórias de vida seria apresentada em combinação com estudos de contexto histórico.

A seção seguinte aborda certos episódios críticos na vida de um professor. Foram escolhidos por representarem um ponto de vista comum nos dados de história de vida coletados: uma convicção de que o acolhimento de uma identidade de disciplinas de provas especializadas foi um divisor de águas nas visões educacionais originais de uma geração de professores de estudos rurais. Mas, sobretudo, o interesse na seção é relatar certos pontos de decisão críticos na vida de um professor: críticos no sentido de que o professor, agora aposentado, considera esses episódios o ponto de virada crucial da sua vida profissional.

O trabalho começou com uma longa série de entrevistas com o professor da disciplina – abrangendo um período de oito anos até e após a sua aposentadoria. Por várias vezes nas entrevistas, o professor retornava aos episódios quando, segundo ele, "o sonho começou a esmaecer", "a visão alternativa morreu".

Episódios críticos na vida de um professor

1947-1954 – A inovadora escola secundária moderna

A Lei da Educação de 1944 prenunciou o sistema tripartido da educação pública nas escolas de formação acadêmica [*grammar schools*], técnicas e secundárias modernas na Inglaterra e País de Gales. A idade de saída escolar compulsória foi aumentada para quinze anos em 1947. A Lei marca o início da era moderna do conflito curricular não tanto devido aos seus detalhes, mas porque, a partir dessa data, o conflito curricular se torna mais visível, público e nacional. Glass observa que, a esse respeito, não havia "paralelo pré-guerra" porque agora existia:

> um reconhecimento de que a educação secundária é um assunto apropriado para discussão e estudo... em visível contraste com a postura pré-guerra, quando tentativas de investigar o acesso aos vários estágios de educação tendiam a ser consideradas pelo governo ataques à estrutura de classes (GLASS, 1971, p. 35).

Nas escolas secundárias modernas emergentes, o currículo inicialmente estava livre da consideração de provas externas. Essa liberdade permitiu que algumas escolas, sempre uma minoria, experimentassem os seus currículos e buscassem objetivos vocacionais e centrados no aluno. Os cursos de Estudos Sociais e Civismo, por exemplo, foram estabelecidos rapidamente em várias das escolas. Kathleen Gibberd argumenta que o objetivo da escola secundária moderna concebida em 1944 jamais foi trabalhar para alguma ementa universal visando à realização de alguma prova externa: "o objetivo era ser um campo de experimentações". Ela considera que:

> Por trás das regulamentações e palavras oficiais, havia um chamado para o professor que acreditava na educação em si mesma e desejava receber carta branca com os alunos que não eram aprendizes naturais. Muitos daqueles que reagiram deram um caráter individual às suas escolas (GIBBERD, 1962, p. 103).

Porém, o período durante o qual certas escolas secundárias modernas foram "um campo de experimentações", com currículos vocacionais, centrados nos alunos e integrados, mostrou-se muito limitado. Isso pode ser evidenciado se acompanharmos as mudanças na educação rural no setor estatal secundário.

Entrando na profissão – inovações da escola secundária moderna

Na época em que as novas escolas secundárias modernas estavam sendo lançadas, algumas acolhendo o conceito integrado de educação rural, Patrick Johnson concluía a sua formação na Wandsworth Emergency College. A sua escolha de disciplina no início foi um tanto fortuita:

> Bem, eu realmente não sabia qual disciplina queria fazer. De fato eu realmente queria fazer inglês. Mas, quando fui para casa após a guerra, eu achava que não poderia me engaiolar por dentro. Mudei-me para Kent, onde todos os parentes da minha esposa, Jean, eram lavradores das fazendas de frutas... Ouvi dizer que existia um negócio chamado "estudos rurais".

Primeiro Emprego: Snodland (27-34 anos)

Em novembro de 1947, ele recebeu um certificado de professor e depois precisou passar por um ano probatório. O seu primeiro ano foi dedicado a ensinar disciplinas gerais numa escola chamada Snodland...

> Na verdade era jardinagem, mas eu ensinava tudo. Era uma escola secundária moderna, uma bem antiga, alunos analfabetos – o padrão deles era terrível, logo depois da guerra. Era uma escola elementar [*elementary school*] num lugar chamado Snodland, com uma estátua grande no estuário do Medway, na direção de Rochester. Lugar terrível, os alunos eram muito retrógrados. Sempre me lembro do meu primeiro dia. O diretor falou: "Meu Deus! Um professor!" e me agarrou, me enfiou numa sala de aula, dizendo: "Veja o seu lote" e fechou a porta! Aí fiquei de frente para uma turba que não havia tido um professor por alguns anos durante a guerra. Travei uma longa batalha com eles.
> IG: E o que eles ficavam fazendo?
> PJ: Eles iam para a sala de aula ocasionalmente. Literalmente não sabiam ler nem escrever. Eram alunos desesperados, alunos legais, mas absolutamente, completamente analfabetos aos 12 anos de idade. E indisciplinados também.

IG: Você só tinha uma turma?

PJ: Sim, eu fazia de tudo: Educação Física, Música, tudo.

IG: Então você não foi professor de estudos rurais no seu primeiro emprego?

PJ: Não, tinha uma aula chamada jardinagem e eu fazia isso também.

Escola secundária moderna em Wrotham

O próximo emprego de Patrick no seu segundo ano probatório foi uma escola secundária moderna nova em Wrotham. O diretor, "um dos diretores excepcionais", havia dirigido a escola do vilarejo que a sua esposa e filho haviam frequentado. O diretor gostava muito de jardins na escola e convidou Patrick para ensinar ciência rural:

> Aí aceitei, eu enxergava as oportunidades... Eu muitas vezes conversava com ele sobre o que eu gostaria de fazer. Quando ele iniciou a escola nova, eu fui junto ensinar ciência rural. A nova escola consistia em três construções pré-fabricadas num campo. Só isso, literalmente. Daquele tipo feito de tijolos de argila com cimento, entre Wrotham e Borough Green. Isso era a escola. Não havia uma sala de aula. Uma delas, a maior, servia como sala de reuniões e de artes. Metade era elementarmente equipada como laboratório. As outras eram salas de aula comuns. Eu tinha uma sala de aula comum e uma turma do quarto ano, que era a turma de maior evasão da escola. Havia três subdivisões, e as turmas do 3º e 4º ano eram chamadas de 4F (agricultura) e 4P (prática) com aulas extras de Bordado e Culinária, e 4A (acadêmica), onde os alunos tinham aulas extras de Inglês e outras. Mas é claro que não existiam provas, então na verdade "A" não era a melhor turma, mas provavelmente produziu alguns que conseguiam ler e escrever. Elas eram realmente equivalentes e nós costumávamos sentar uma vez ao ano e pensar com cuidado quem colocaríamos em cada turma. A turma 4F, que eu tinha... nós formamos uma fazenda escolar. Criamos isso do nada. Tínhamos um acre e meio de terra ao lado dos campos que era muito íngreme para partidas de futebol. Arranquei a cerca, comprei arame etc. [...] à medida que as coisas se desenvolviam, a minha turma participava de praticamente tudo – não exatamente todas as disciplinas, mas boa parte, e desenvolvi as minhas ideias dessa forma. Construímos pequenas coisas gradualmente. Construímos um chiqueiro, e a 4P é que o construiu. Construímos uma casa para os coelhos. No fim criávamos dois bezerros, umas seis cabras, uma porca e uma

ninhada; tínhamos galinhas, laticínios que equipamos e que eu consegui de Gascoynes porque o meu pai era amigo do presidente ou algo assim, equipamentos de laticínio.

Johnson ensinava a 4F aproximadamente durante dois terços do programa, outros professores ensinavam ciência e carpintaria. Ele foi muito influenciado pela ideia de educação rural como o "eixo do currículo" que o seu diretor encorajava ativamente:

> Eu ensinava Matemática, Inglês, História etc., todas completamente associadas, porque, por exemplo, Matemática eu baseava o máximo possível nas atividades da fazenda. De fato, eu usava uma série de livros então conhecidos, chamados *Rural Arithmetic* – eu não consigo me lembrar do título do outro. Todos tratavam de problemas da terra. Por exemplo, se você estivesse fazendo uma mistura para os porcos, você não comprava uma comida pronta para os porcos. Você calculava pelo peso qual comida era necessária, você dividia os vários ingredientes da comida, separava tudo, pesava, misturava e precisava distribuir corretamente em 14 rações, uma para cada manhã e noite na semana. Era um tema de aritmética que poderia ocupar duas pessoas na maior parte do dia.
> Quase não tínhamos livros naqueles dias, francamente, então líamos muita literatura associada ao campo. Não exagerávamos a ponto de não fazermos mais nada. Eles escreviam. Tínhamos um livro didático de inglês que eu, de qualquer maneira, vigiava para garantir que algum progresso acontecesse na ortografia. Mas muito do inglês estava diretamente conectado à fazenda. Por exemplo, cada um tinha de escrever um diário todos os dias e redigir um resumo no final da semana. Isso era passado para os próximos alunos que cuidavam dos animais. Era um bom inglês e eu dizia que precisava ser perfeito – sem erros de grafia, rasuras – nada!

Johnson avalia que foram os dias mais felizes da sua carreira de professor. O seu entusiasmo (e da sua esposa), associado ao interesse dos alunos, parece haver provocado uma motivação considerável para aprender:

> *IG:* Eles reagiam bem?
> *PJ:* Eles adoravam. Nunca havia ausências, a menos que o aluno estivesse doente. Os alunos vinham... muitas vezes nos fins de semana... Tínhamos de alimentá-los nos fins de semana – não tinha mais ninguém para fazer isso. Não me lembro de nenhuma ocasião em que os alunos não aparecessem no fim de semana. Pode ter acontecido, mas não me lembro.

IG: Então você precisava dedicar muito tempo nos fins de semana?
PJ: Eu vivia lá. Mas Joan ajudava muito também. Francamente não ganhávamos nada para fazer qualquer outra coisa nesses dias, até chegar a um ponto em que os meus filhos estavam um pouco mais velhos e arranjei um emprego durante as férias porque eu precisava do dinheiro – o salário era baixo. Mas eu ainda continuei lá.

Johnson atribuía as principais influências no seu conceito em expansão de educação rural aos seus contatos com a família dos agricultores de Kent para a qual entrou e entre a qual vivia.

Eu caminhava muito pelos pomares em Kent e conversava com os agricultores. Eu me lembro de várias vezes em que a atitude dessas pessoas me sensibilizou muito. Eu sentia fortemente que educação não era apenas aprender com os livros – essa ideia é antiga –, isso na verdade envolvia habilidades no campo e senso comum aplicado a um problema.

Johnson achava que lidava com muitos alunos aptos na 4F, em parte um reflexo da estrutura social em Kent no início da década de 1950. Os alunos eram meninos, sendo que o mais apto deles hoje estaria no ensino médio [*sixth forms*], que ingressavam como aprendizes agrícolas em fazendas que ficavam satisfeitas em recebê-los (exceto um para quem ele não conseguiu encontrar um emprego). "Boas fazendas, bons empregadores!" Perguntei nesse ponto se ele sentia algum ressentimento por eles serem obrigados a ir para o campo:

PJ: Não, primeiro porque eu não sabia nada sobre níveis "A" no meu nível de ensino. As escolas de formação acadêmica eram um mundo à parte e embora eu as conhecesse na minha própria formação, nunca associei aqueles alunos a elas. Nunca me ocorreu na época que esses alunos poderiam haver ingressado no ensino médio. Não me ocorria na época que eles eram brilhantes.
IG: Por que não lhe ocorria que essas crianças eram brilhantes?
PJ: Elas eram brilhantes para mim, mas não me ocorreu que isso significava que precisavam ter uma educação acadêmica. Porque eu estava conhecendo pessoas durante a guerra – conhecendo pessoas cujo campo de trabalho era parecido com trabalhadores rurais, brilhantes também. Não acho que isso seja verdade hoje. Um dos efeitos da introdução do 11+ foi privar a classe operária das suas pessoas brilhantes que ingressavam em trabalhos acadêmicos. Você constantemente ouve que isso aconteceu em lugares como a Índia – todos sendo bancários ou profissionais. Havia muita gente inteligente na classe operária na época que em geral não está lá hoje. Foram todos

arrancados e levados para o ensino médio e empregos profissionais. Naquele tempo, sei que existiam pessoas que eram simples agricultores e eram altamente educadas, não educadas, mas pessoas inteligentes altamente cultas. Eu não via problema nisso na época, nem os alunos, isso nunca veio à tona.

Provas da escola secundária moderna

A partir do início da década de 1950, cada vez mais escolas secundárias modernas começaram a se concentrar nas provas externas. Isso causou problemas insuperáveis para os diretores e professores que estavam explorando modos novos de currículos, como a educação rural.

Rumo às provas de estudos rurais

À medida que o sistema tripartido de educação emergia gradualmente na forma de novos edifícios escolares e currículos modificados, ficou claro que estudos rurais e jardinagem apenas se desenvolviam nas escolas secundárias modernas. Num questionário sobre jardinagem e estudos rurais, os professores de Kent produziram, com três exceções, a resposta das escolas de formação acadêmica e técnicas de "disciplina não ensinada", enquanto em 63 das 65 escolas secundárias modernas a disciplina ocupou uma posição importante no currículo (PRITCHARD, 1957, p. 4).

Tendo a educação rural sido dizimada enquanto conceito dentro das escolas secundárias modernas, cada vez mais voltadas às provas, agora ficava claro que a disciplina sucessora de estudos rurais enfrentava grandes problemas. Em 1957, Mervyn Pritchard descreve a situação assim:

Parece haver dois extremos de pensamento nas escolas secundárias modernas:

1) uma concentração nas provas externas;

2) aqueles que não as farão de jeito nenhum.

Nas escolas onde os alunos mais brilhantes são testados, é inusitado encontrar Ciência Rural como uma das disciplinas estudadas e, como os alunos se concentram cada vez mais estreitamente nas disciplinas das suas provas, é inusitado encontrar Ciência Rural usada como disciplina social, tal como Artesanato, Arte ou Música, talvez. "Até onde os alunos não são testados parece existir uma concentração do ensino da disciplina em correntes de turmas de alunos mais desinteressados" (pesquisa HATGRS em 1957).

A preocupação dos professores de estudos rurais com a posição e *status* em deterioração da sua disciplina provocou várias respostas no final da década de 1950. Mervyn Pritchard exorta: "sempre que possível, o professor de Estudos Rurais deve se reunir com os seus colegas, mesmo se precisar tirar as galochas enlameadas para tomar sua xícara de chá. Muito intercâmbio proveitoso de conhecimentos e informações acontece em meio às fofocas na sala dos professores. A discussão informal da política escolar pode ser auxiliada ponderadamente pelo professor de Ciência Rural. O contato frequente pode convencer os nossos colegas da sua normalidade e valor" (PRITCHARD, 1957, p. 5). Além dessas exortações, alguns professores estavam interessados em desenvolver uma "Filosofia de Estudos Rurais". Em 1954, Carson e Colton produziram um artigo que apareceu no *Kent Association Journal*. E depois, em 1957, no "Rural Science News", de Lincolnshire. Foi uma tentativa sistemática de avaliar uma filosofia disciplinar, uma primeira tentativa embrionária de definir uma disciplina, e equipada com motivos contemporâneos. Eles afirmavam:

> Para justificar a sua inclusão no currículo escolar, este estudo deve demonstrar que desempenha uma função vital no desenvolvimento de um cidadão plenamente educado que esteja ciente do seu laço com o resto da sua vida e tenha percebido as qualidades únicas do espírito humano (*Rural Science News*, 1957).

Carson e Colton eram editores do *Kent Association of Teachers of Gardening and Rural Science Journal* [Jornal da Associação de Professores de Jardinagem e Ciência Rural de Kent]. O apêndice "Ciência Rural" foi incluído por insistência de Carson, quando a Associação foi formada em 1949. A Associação foi antecedida por uma associação efêmera de professores de ciência rural em 1925, por uma pequena associação em Nottingham fundada em 1940 e pelo Círculo de Jardinagem de Professores de Manchester, fundado em 1941.

Em 1954, o Jornal de Kent estava começando a definir uma filosofia para os estudos rurais e, logo depois, alegou: "esta Associação busca constantemente paridade de estima com o resto do currículo para todos os estudos rurais" (*Kent Journal*, 1954).

Ao mesmo tempo, novas associações de estudos rurais estavam sendo formadas em outros condados, normalmente buscando os objetivos expressos no Jornal de Kent. Naquele momento, os estudos rurais eram uma disciplina especializada de *status* muito baixo, literalmente lutando pela própria existência nas escolas secundárias modernas com foco nas provas. Em 1960, a associação de disciplinas do condado se uniu para formar uma Associação de Estudos Rurais Nacionais com o seu próprio jornal. O Jornal de 1961 declarava na "Constituição":

> O objetivo desta associação será "desenvolver e coordenar os Estudos Rurais". Estudos Rurais incluem buscas de todos os tipos em Estudo da Natureza, História Natural, o estudo de agricultura e as atividades do campo ensinadas nas escolas primárias [*primary schools*] e secundárias [*secondary schools*]. Os Estudos Rurais devem ser considerados uma arte, uma ciência e uma habilidade; uma disciplina e um método de ensino (*National Rural Studies Association Journal*, 1961).

A Associação logo se envolveu na promoção de provas de estudos rurais. Iniciaram um projeto-piloto de CSE (Certificado de Educação Secundária, uma prova direcionada às escolas secundárias modernas) e, embora muitos professores em exercício tenham reclamado da inadequação de provas escritas, uma série de novos CSEs de Estudos Rurais foi devidamente promovida.

1954-1958 – Certificação da escola secundária moderna (34-38 anos)

Em 1953, o diretor em Wrotham, que havia promovido tão enfaticamente a educação rural, deixou o cargo; o seu sucessor era mais focado nas provas. Johnson começou a procurar um novo emprego e, no período da primavera de 1954, viu um cartaz em Royston, Hertfordshire, onde precisavam de um professor para iniciar um ambicioso programa de estudos rurais. A banca avaliadora tinha um consultor de estudos rurais, Geoff Whitby (na verdade foi o primeiro consultor de estudos rurais e era imbuído do conceito da educação rural no qual Hertfordshire havia sido pioneira há muito tempo):

> Whitby me perguntou sobre educação rural e descrevi o que eu fazia em Kent. Logo percebi que o emprego seria meu. Eu percebi que ele nunca havia conhecido alguém que tivesse feito esse tipo de coisa. O diretor discordou. Isso foi muito interessante. Ele não encarava como educação rural naquele sentido porque já pensava à frente a fim de elevar os padrões dessa escola ao que poderia ser CSE, por fim. Nada disso existia, mas ele pensava nesses termos. Embora eu tenha entendido quando ingressei lá que eu poderia ter a mesma estrutura de Kent, com três boas turmas, e que poderia ter qualquer um que se voluntariasse para a disciplina, isso nunca funcionou. As turmas eram divididas por aptidão, eu apenas consegui a mais baixa

> das três divisões. Embora no princípio eu pudesse fazer o que preferisse com essa divisão inferior, e fiz a mesma coisa que fazia em Kent, nos anos seguintes isso me foi tirado, e mais especificidades invadiram o currículo. Os alunos praticamente não tinham tempo para atuar na fazenda. Enquanto em Kent eles executavam todo o processo de atuar na fazenda no horário das aulas, em Herts eles tinham de fazer isso antes da escola. Então nunca funcionou.
> Os problemas de fato eram internos e externos à escola. Dentro da escola existia uma divisão por aptidões e a crença de que era um treinamento vocacional para a agricultura. Fora da escola, a comunidade permanecia hostil diante de todo o conceito, em parte resultado da estrutura social bem diferente de Hertfordshire em comparação a Kent. Em Kent, os agricultores recebiam um salário superior, eram tratados melhor e mais respeitados porque o seu emprego exigia conhecimentos.
> Em Hertfordshire, existia uma longa história de pobreza nas terras que remontava às viagens de Arthur Young. Se você conhecer alguns dos agricultores dessa área, eles falam de uma grande pobreza até mesmo nos dias de hoje. Por isso havia um sentimento de que o trabalho agrícola ali não passava de uma condenação... nada além de arar e semear, sem outros conhecimentos, pouca variedade de cultivo, sem pomares.

Mas, além da estrutura social diferente da nova localidade, Johnson havia ficado consciente de que "a sociedade estava mudando".

> A preocupação era com a importância da seleção, os alunos estavam ingressando nas escolas de formação acadêmica e as outras pessoas estavam começando a ver o que acontecia com eles. Assim, elas queriam que os seus filhos tivessem o melhor desempenho acadêmico possível para conseguirem empregos melhores... certamente o clima era diferente.

A desilusão de Johnson com a sua nova escola crescia à medida que percebia que só trabalharia com os alunos problemáticos e estigmatizados como menos aptos. Em 1956, seu terceiro ano, ele teve uma série de conversas com o diretor:

> Eu discutia com Young. Eu me defendia e ele era inflexível, achando que aquilo não era o exigido hoje. Eles davam um certificado de conclusão escolar e exigiam qualificações em outras coisas. Na minha opinião, ele nunca me entendeu realmente.

Naquele momento ele tinha uma profunda sensação de traição profissional, afinal em Kent ele havia conhecido um modelo de trabalho de educação rural como uma "situação integrada eminentemente satisfatória de tipos de habilidades mistas". Nas suas entrevistas da aposentadoria, repetidas vezes ele retoma esse ponto crítico quando, nas suas palavras, "o meu sonho esmaeceu", "a minha visão de educação infantil vacilou". Porém, na época, embora decepcionado, havia outros objetivos:

> A minha ambição era ser diretor e eu tinha longas conversas com Young sobre como eu poderia ser diretor. Ficava cada vez mais óbvio para mim que, sendo um cara de Estudos Rurais, ninguém me daria atenção.

1958-1979 – Consultor de estudos rurais e estudos ambientais (39-59 anos)

Em 1958, o consultor de Estudos Rurais que havia levado Johnson para Hertfordshire perguntou se ele gostaria de assumir o seu cargo:

> Não pensei duas vezes quando Whitby perguntou. Achei que, com uma abertura dessas, eu faria alguma coisa boa. Comecei em 1958 em meio expediente, metade do meu horário, e ele trabalhava na outra metade do tempo durante um ano e depois saiu, então assumi o cargo. Naquele momento, eu já tinha perdido a esperança de fazer com que estudos rurais fossem vistos da maneira que eu havia ensinado em Kent. Então eu os via como uma disciplina especializada com certos pontos fracos. Nos 2-3 primeiros anos, fiz duas coisas: lia tudo sobre a tradição da educação rural nos artigos que Whitby havia me dado a respeito das suas origens etc. Ao mesmo tempo, eu visitava os professores da escola secundária e os estimulava a se organizarem para conseguir melhores instalações nas escolas para quaisquer alunos além dos menos aptos. Tive esse objetivo nos 3-4 primeiros anos.

Nesse estágio da sua vida, Johnson estava entusiasmado ante a perspectiva de usar a sua influência de consultor para mudar as coisas. Inicialmente o seu entusiasmo superou a perda da "esperança de conseguir a educação rural de verdade" porque agora estava claro que, independentemente da sua preferência, a disciplina especializada estava assumindo o comando:

> IG: Que tipo de pessoas eram, quando você viajava em 1958-1960?
> PJ: Eram professores de jardinagem pré-guerra que haviam voltado e tinha gente da minha geração que viveu a guerra e entrou no magistério. Depois começamos gradualmente a receber professores pós-guerra mais jovens e os colegas que se especializaram em es-

>tudos rurais a partir da década de 1960. Antes eram os caras mais velhos, em geral.
>
>*IG*: Então como você decidiu a sua estratégia? Você estava envolvido na associação nacional?
>
>*PJ*: Não, começamos a associação nacional em 1960. Convoquei a primeira assembleia em nome da Associação de Herts. Sabíamos que existiam vários outros grupos por todo o país. Não sei como descobrimos.
>
>*IG*: Qual era o pensamento por trás da convocação dessa assembleia?
>
>*PJ*: Definitivamente elevar o padrão de estudos rurais como disciplina e o *status* dela porque decidimos que, enquanto o seu nível não subisse nacionalmente, não conseguiríamos fazer muito em Herts. "Se vocês não receberem uma sala de aula adequada, recusem-se a ensinar essa disciplina em qualquer lugar velho e, já que sou consultor, me chamem" era o que eu dizia aos meus professores, e também "esse cara tem direito a uma sala de aula igual à de qualquer um". Para alguns diretores foi um choque. Eles nunca haviam enfrentado esse problema. Se chovesse, todos se sentavam sob a cobertura para as bicicletas. Broad simpatizava com as ideias... produzimos um relatório e, como resultado, todas as escolas onde eu era consultor, a partir de 1960, conseguiram provisões mínimas chamadas de unidades de estudos rurais em Herts.

A partir daí, Johnson se tornou um militante líder de estudos rurais como disciplina – a autopromoção e a promoção da disciplina finalmente passaram a estar inextricavelmente relacionadas. Essa busca pela promoção da disciplina com o passar do tempo refletiu-se num artigo que ele escreveu em 1963 para o *Rural Studies Association Journal*. Ele começa com a polaridade de que os professores na verdade têm dois deveres, "um com as suas turmas e outro com o clima educacional em que trabalhavam". Defendia-se que a disciplina precisava reagir a esses "climas de mudança" para garantir influência e recursos:

>Nos próximos anos, mudanças consideráveis devem acontecer na estrutura do nosso sistema escolar e nos currículos dentro da escola para que os estudos rurais retenham a sua influência, então os professores que acreditem na disciplina devem ser claros com as suas metas e estar prontos para adaptar os seus métodos às novas condições.

E conclui:

>Portanto, o clima está mudando continuamente, talvez agora mais rapidamente do que nunca. Mas os professores de estudos rurais

estão acostumados com o clima britânico. Não temos uma aula coringa guardada na manga para o caso de uma tempestade repentina ou um dia aberto inesperado? No clima educacional também estamos preparados com ideias novas para enfrentar qualquer coisa que o tempo nos reserve! (*National Rural Studies Association Journal*, 1963).

Na verdade o que o tempo reservava naquele momento eram as novas provas Beloe CSE para as escolas secundárias modernas. Estudos Rurais tornaram-se um dos estudos-piloto para a nova prova e, apesar de uma série de evidências da sua inadequação a provas escritas, o oportunismo da disciplina exigia uma resposta positiva ao clima de mudança. Como resultado, as CSEs em Estudos Rurais eram promovidas sempre que possível. Essa inclusão das provas foi obsessivamente buscada quando o novo sistema de formação geral começou. Assim, Johnson achava que Estudos Rurais precisavam "adaptar-se ou morrer". Mais uma vez a resposta foi oportunista. Estudos Rurais foram transformados em Estudos Ambientais e um novo nível "A" na disciplina foi lançado, já que, como afirma Johnson, "assim você ganhava mais dinheiro, alunos melhores, carreiras melhores".

A visão alternativa: uma retrospectiva

Embora no período em que estava construindo a sua carreira Johnson tivesse defendido a noção da sua disciplina como uma especialidade passível de ser testada, nos últimos anos surgiram dúvidas. Na sua aposentadoria, ele declarou claramente que foi a adoção do currículo especializado e das provas disciplinares que liquidou a sua visão educacional. "Foi aí que o meu sonho começou a esmaecer, eu não tinha consciência na época." Para ele, agora a sua visão alternativa – seu sonho – tem todos os poderes:

> A minha visão alternativa era que, em termos mais gerais, e eu ainda estou convencido de que é verdade, muitos alunos não aprendem com papel e caneta, e fazemos isso excessivamente. Muitos alunos poderiam ser bem-sucedidos e usar todas as habilidades mentais que discutimos em sala de aula, como análise e comparação através das atividades físicas. Através de coisas como construir a fazenda da escola, cuidar de animais. Eu costumava falar sobre o fato de que o verdadeiro motivo para manter a fazenda não era ensinar o trabalho agrícola. Com a fazenda, era uma série completamente renovadora de problemas e o fato de ser uma fazenda era incidental. Você pensava em termos educacionais de processo com aqueles alunos. É o

tipo de sonho do qual eu desisti com consciência e falei a respeito muitas vezes. Sempre me sentia insatisfeito desde então e conheci muitos professores que chegaram à mesma percepção, não em termos tão explícitos, já que nunca tiveram a chance de fazer isso, ao contrário de mim. Eu os encontro agora nas escolas... uma professora que encontrei hoje sabia que o seu trabalho com as meninas menos aptas não era o jeito certo de educá-las, mas ela não sabia qual era o jeito certo. Eu sei qual é o jeito certo. O jeito certo é aquilo que fazíamos em 1947, seja usando a fazenda ou não. A atitude é usar as mãos. Não se usa uma carteira necessariamente. Você está enfrentando problemas de um tipo tridimensional em âmbito adulto. Você usa termos como "problemas de homem" e isso deixou de ser viável numa situação escolar. Eu não poderia dizer àquela moça hoje para fazer aquele tipo de coisa; ela não conseguiria.

Para mim, uma das tragédias da educação na minha vida, e eu chamaria isso de *ethos* da escola secundária moderna, talvez um de muitos, mas não sei, foi que a melhor coisa que as escolas secundárias modernas fizeram foi promover a ideia de que é tão bom ser um artesão habilidoso quanto um funcionário administrativo, e que é possível obter satisfação e passar dificuldades do seu jeito. Era isso que estava por trás do que fazíamos em Kent. O fato de que isso deixou de ser reconhecido é responsável pelos problemas que temos hoje nas escolas, tanto academicamente com os menos aptos quanto com o grupo que é contra a escola e o grupo apático.

Conclusão

Esse episódio na vida de um professor ilustra como a coleta de histórias de vida e a elucidação do contexto histórico podem ser combinadas.

Sobretudo, a força de se iniciar uma pesquisa sobre currículo a partir de dados de histórias de vida é que *desde o começo* o trabalho permanece firmemente concentrado nas vidas profissionais dos praticantes. Outros pesquisadores comentaram de modo similar sobre a força peculiar desses tipos de dados como estratégia inicial num programa de pesquisa:

Quando alguém conduz uma entrevista sobre história de vida, as descobertas ganham vida em termos de processos históricos e restrições estruturais. As pessoas não vagueiam pelo mundo num limbo sem tempo nem estrutura. Elas próprias reconhecem a importância de fatores históricos e restrições estruturais (embora, obviamente, não usariam essa linguagem pomposa). A análise das histórias de vida na verdade em primeiro lugar impulsiona as pessoas em direção aos problemas das restrições que recaem sobre a construção da vida de qualquer um... (FARADAY & PLUMMER, 1979, p. 780).

Ao articularem a sua resposta aos fatores históricos e restrições estruturais, aqueles que contam histórias de vida nos fornecem elementos de sensibilização para a análise dessas restrições e a maneira pela qual são vivenciadas. Somos alertados a respeito de legados históricos e restrições estruturais e podemos tentar entender aspectos como, no exemplo dado, estratégias para a promoção individual e da disciplina e a construção da carreira.

Certamente na vida de Patrick Johnson depreendemos ideias a respeito da sua luta contra imperativos na estrutura social. Desde o início da sua vida profissional, ele desenvolve uma visão de como as escolas podem ser, essa visão é atacada e derrotada quando a especialidade de disciplinas e as provas invadem as primeiras escolas secundárias modernas. Nós vemos como autopromoção e promoção de disciplinas se inter-relacionam; e vemos agora que uma ideologia educacional é inicialmente substituída por outra à medida que a carreira do professor é construída; a renúncia ideológica apenas segue a sua aposentadoria no fim da sua carreira. Assim, a nossa atenção repousa na relação entre a estruturação de interesses materiais, estratégias para engrandecimento da carreira e aceitação de certas ideologias educacionais.

Uma combinação de histórias de vida e histórias do currículo deveria, então, oferecer um antídoto aos relatos despersonalizados e históricos da educação com os quais estamos acostumados demais. Sobretudo passamos a compreender como os indivíduos chegam a um acordo com os imperativos na estrutura social. Partindo da coleta de uma série de estórias de vida em contexto histórico, conseguimos discernir o que é geral dentro de uma gama de estudos individuais. Dessa forma podemos desenvolver o nosso entendimento a partir de uma base claramente fundamentada dentro da biografia e percepção pessoal.

Questões críticas

Aqui considerei que uma combinação entre dados de história de vida e história do currículo pode ampliar e aprofundar os nossos relatos sobre educação e currículo, mas uma série de questões críticas persiste. Certos problemas são específicos aos dados de histórias de vida, outros específicos à história do currículo e uma outra série de questões surge da relação entre as duas.

A primeira série de problemas ativa a relação entre estórias de vida contadas pelos próprios sujeitos, recontando retrospectivamente episódios da sua vida, e histórias de vida em que essas estórias são suplementadas por outros dados e localizadas no seu contexto histórico. Se buscarmos uma estória de vida retrospectiva completa, chegaremos ao estágio que Vonnegut descreve tão bem no seu romance mais recente. Ele argumenta que os sociólogos ignoraram o fato de que:

> Todos nós vemos a nossa vida como uma estória... Se alguém sobrevive a um tempo de vida comum de sessenta anos ou mais, é muito provável que a sua vida, como uma estória bem-talhada, tenha acabado; e tudo a ser vivenciado é um epílogo. A vida não acabou, mas a estória, sim (GLENDENING, 1983, p. 47).

Mas John Mortimer resume os problemas de se escrever uma autobiografia nesse estágio. No último parágrafo, ele diz: "Foi assim, uma parte da vida vista de um ponto de vista. Muito mais aconteceu que eu não consigo dizer nem lembrar. Para outros seria, tenho certeza, uma estória diferente" (MORTIMER, 1983, p. 256).

A raiz do problema é reter e defender a autenticidade do relato do participante. Mas, para tanto, problemas de lapsos de memória ou lembrança parcial ou seletiva devem ser enfrentados. Somente vemos parte da fotografia, obviamente uma parte vital, mas precisamos buscar mais da fotografia, mais peças do quebra-cabeça.

Em parte o problema é tratado através de triangulação pela coleta de uma série de estórias de vida e desenvolvimento de uma história documentária associada do contexto. Mas o desenvolvimento de uma pesquisa que atravesse um espectro desde estórias de vida até história do currículo concentra o foco do trabalho, possivelmente de um modo que questione a autenticidade dos relatos e certamente de formas que efetivem a relação entre o contador da estória de vida e o pesquisador. Ao passar da estória de vida para a história do currículo, o controle é irrevogavelmente transferido ao pesquisador. Ademais, os dados de estórias de vida estão sendo concentrados em determinadas questões e temas. Nesse caso, a ligação com a história de uma disciplina pode haver provocado, apesar do espectro de estórias de vida reunidas, uma concentração excessiva nos professores atentos à carreira e ascendentemente móveis. Mais uma vez, corre-se o risco de uma ênfase excessiva no que não é representativo.

Depois exploro a relação do trabalho com a teoria. Mas a esse respeito deve-se notar que tanto nas histórias de vida quanto de currículo a especificidade do seu foco pode agir contra a sua capacidade de generalização.

Outra questão é a natureza da interpretação, a função dos comentários. Como nos lembra Bertaux, a passagem da estória de vida pessoal para histórias mais amplas envolve questões consideráveis de confiabilidade metodológica: "O que está realmente em jogo é a relação entre o sociólogo e as pessoas que possibilitam o trabalho dele ao aceitarem serem entrevistadas sobre as suas experiências de vida" (BERTAUX, 1981, p. 9). Essa questão é profundamente significativa em âmbito ético e procedimental.

As questões éticas e procedimentais se vinculam estreitamente à relação entre o contador da estória de vida e o pesquisador e o potencial de mutualidade. Isso também se relaciona à questão de "público". Se estiver correto o argumento anterior de que os dados de estórias de vida localizados num contexto histórico oferecem a oportunidade de pesquisa que "envolve" os professores, então as perspectivas de mutualidade aumentam. Ao desenvolverem histórias de vida, os professores podem se envolver num trabalho que iluminaria e daria um *feedback* às condições e compreensões das suas vidas de trabalho.

Referências

BERTAUX, D. (1981). *Biography and Society*: The Life History Approach in the Social Sciences. Beverley Hills: Sage.

DENZIN, N.K. (1970). *The Research Act*. Chicago: Aldine.

FARADAY, A. & PLUMMER, K. (1979). Doing Life Histories. *Sociological Review*, 27 (4).

GIBBERD, K. (1962). *No Place Like School*. Londres: Michael Joseph.

GLASS, D.V. (1971). "Education and Social Change in Modern England". In: HOOPER, R. (org.). *The Curriculum*: Context, Design and Development. Edimburgo: Oliver and Boyd.

GLENDENING, V. (1983). Slaughterhouse Epilogue. *Sunday Times*, 20/fev.

GOODSON, I.F. (1983). *Curriculum Conflict 1895-1975* [Não publicado D.Phil. Sussex 1980 e *School Subjects and Curriculum Change* – Case Studies in the Social History of Curriculum. Londres: Croom Helm.

_____ (1977). "Evaluation and Evolution". In: NORRIS, N. (org.). *Theory in Practice*. Norwich: Safari Project, Centre for Applied Research in Education, East Anglia University.

HAMMERSLEY, M.; WOODS, P. & BLUMER, H. (1976). Citado em *The Process of Schooling* (Londres: Routledge e Kegan Paul), p. 3.

HERFORDSHIRE ASSOCIATION OF TEACHERS OF GARDENING AND RURAL SUBJECTS (1954). A survey in 1957. *Kent Journal*, 4.

KERR, J. (1971). "The Problem of Curriculum Reform". In: HOOPER, R. (org.). *The Curriculum*: Context, Design and Development. Edimburgo: Oliver and Boyd.

LACEY, C. (1977). *The Socialization of Teachers*. Londres: Methuen.

MORTIMER, J. (1983). *Clinging to the Wreckage*. Londres: Penguin.

National Rural Studies Association Journal (1963). The Changing Climate, p. 14-15.

National Rural Studies Association Journal (1961), 5.

NISBET, R.A. (1971). "Social Change and History (1969)". In: WESKER, J.R. (org.). Curriculum Change and Crisis. *British Journal of Educational Studies*, 3, out.

PARLETT, M. & HAMILTON, D. (1972). *Evaluation as Illumination*: A New Approach to the Study of Innovatory Programs. Edinburgh Centre for Research in Educational Sciences [Artigo eventual, 9].

PRITCHARD, M. (1957). The Rural Science Teacher in the School Society. *Journal of the Hertfordshire Association of Gardening and Rural Subjects*, (2) 4/set.

Rural Science News (1957), 10 (1), jan.

WALKER, R. (1974). "The Conduct of Educational Case Study". In: NORRIS, N. (org.). *Innovation, Evolution, Research and the Problem of Control*: Some Interim Papers. Norwich: Safari Project, Centre for Applied Research in Education, East Anglia University.

WARING, M. (1979). *Social Pressures and Curriculum Innovation*: A Study of the Nuffield Foundation Science Teaching Project. Londres: Methuen.

_____ (1975). *Aspects of the Dynamics of Curriculum Reform in Secondary School Science*. Londres: Universidade de Londres [Ph.D.].

WILLIAMS, R. (1965). *The Long Revolution*. Londres: Pelican.

WOODS, P. [ou] POLLARD, A. (1982). A Model of Coping Strategies. *British Journal of Sociology of Education*, 3 (1).

YOUNG, M.F.D. (1971). "Curriculum as Socially Organised Knowledge". In: YOUNG, M.F.D. (org.). *Knowledge and Control*: New Directions for the Sociology of Education. Londres: Collier MacMillan.

12
A estória da história de vida*

Ao buscarmos as origens do método das histórias de vida, descobrimos que as primeiras histórias de vida, na forma de autobiografias de chefes americanos nativos, foram coletadas por antropólogos no início do século (BARRETT, 1906; RADIN, 1920). Desde então, sociólogos e outros estudiosos atuantes na área de ciências humanas cada vez mais adotam a abordagem, embora a sua popularidade e aceitação como estratégia de pesquisa tendam a se achatar. A história de vida e outras abordagens biográficas e narrativas agora são amplamente consideradas como algo que tem muito a oferecer, e ponderamos que deveriam ser empregadas na pesquisa de identidade. Ao analisar o seu destino acadêmico, porém, é necessário escrutinar o seu uso atual na sociologia, que tem sido um importante campo de batalha na sua evolução.

Para os sociólogos, o principal marco no desenvolvimento dos métodos de história de vida ocorreu na década de 1920, após a publicação do enorme estudo de Thomas e Znaniecki (1918-1920), *The Polish Peasant in Europe and America*. Ao explorarem a experiência dos camponeses poloneses que migravam para os Estados Unidos, Thomas e Znaniecki fundamentaram-se principalmente nos relatos autobiográficos dos migrantes, além de cartas e diários subsistentes. Para esses autores, as histórias de vida eram os dados por excelência do cientista social e defendiam enfaticamente a priorização do uso das histórias de vida em relação a todos os outros métodos:

> Quando analisamos as experiências e atitudes de um indivíduo, sempre chegamos a dados e fatos elementares exclusivamente limitados à personalidade desse indivíduo, mas que podem ser tratados como meras incidências de classes mais ou menos gerais de dados ou fatos e podem, portanto, ser usados para a determinação de leis de mudança social. Se pautarmos os nossos materiais para a análise

---

* *Identity: An International Journal of Theory and Research*, 1 (2), 2001, p. 129-142.

sociológica em registros de vida detalhados de indivíduos concretos ou na observação de fenômenos de massa, os problemas da análise sociológica são os mesmos. Mas até quando estamos buscando leis abstratas, os registros de vida, sendo os mais completos possíveis, constituem o tipo perfeito de material sociológico e, quando a ciência social precisa usar outros materiais, isso se deve somente à dificuldade prática de se obter no momento um número suficiente de tais registros para abranger a totalidade dos problemas sociológicos e do volume enorme de trabalho exigido para uma análise adequada de todos os materiais pessoais necessários para caracterizar a vida de um grupo social. Se somos obrigados a usar fenômenos de massa como material, ou quaisquer tipos de acontecimentos, desconsiderando as histórias de vida dos indivíduos que tenham participado, isso é um defeito, não uma vantagem, do nosso método sociológico atual (p. 1.831-1.833).

O trabalho pioneiro de Thomas e Znaniecki (1918-1920) estabeleceu a história de vida com um dispositivo de pesquisa genuíno. (Embora, como aponta Miller [2000], os seus fundamentos possam ser vistos na noção de historicismo expressa por Wilhelm Dilthey.) A posição proeminente da história de vida também foi consolidada pela tradição florescente da pesquisa sociológica estimulada em Chicago, especialmente por Robert Park.

Na série de estudos sobre a vida na cidade concluídos sob a direção de Park, o método das histórias de vida foi enfaticamente evidenciado: *The Gang* (THRASHER, 1928), *The Gold Coast and the Slum* (ZORBAUGH, 1929), *The Hobo* (ANDERSON, 1923) e *The Ghetto* (WIRTH, 1928). Todavia, talvez o zênite tenha sido alcançado na década de 1930 com publicações como o relato sobre um delinquente, *The Jack-Roller*, de Shaw (1930), e *The Professional Thief*, de Sutherland (CORNWELL & SUTHERLAND, 1937). Os comentários de Becker (1970) sobre o estudo de Shaw destacam uma das maiores forças do método das histórias de vida:

> Ao apresentar este tipo de voz de uma cultura e situação que normalmente não são conhecidas pelos intelectuais em geral e pelos sociólogos em particular, *The Jack Roller* nos possibilita aprimorar as nossas teorias no mais profundo nível: ao nos colocarmos no lugar de Stanley, conseguimos sentir e conhecer os profundos preconceitos contra essas pessoas que normalmente permeiam o nosso pensamento e moldam os tipos de problemas que investigamos. Quando entramos verdadeiramente na vida de Stanley, conseguimos começar a ver o que desconsideramos (e que não devemos) ao planejar a nossa pesquisa – quais tipos de crenças sobre delinquentes, favelas

e polacos estão incorporadas no modo pelo qual definimos as questões que estudamos (p. 71).

O argumento de Becker (1970) toca, na melhor das hipóteses, o âmago do apelo dos métodos das histórias de vida, já que os dados de histórias de vida perturbam as crenças normais do que é conhecido pelos intelectuais em geral e sociólogos em particular. Quando conduzida com êxito, a história de vida força um confronto com as percepções subjetivas das outras pessoas. Esse confronto pode ser evitado e muitas vezes é evitado em muitos outros métodos científicos sociais: basta pensarmos no afã comum em relação ao indicador quantitativo ou construto teórico, à tabela estatística ou ao tipo ideal. Isso desvia o confronto tumultuado com a subjetividade humana, a qual achamos que deve incluir o centro do empreendimento sociológico. Por trás ou adjacente a esse desvio metodológico é frequente existir um profundo desvio substantivo e político. Na tentativa de evitar a subjetividade humana, a avaliação quantitativa e os comentários teóricos podem servir facilmente a poderosos eleitorados da ordem social e econômica. Essa tendência a favorecer e apoiar estruturas de poder existentes é sempre um problema potencial na ciência social.

Partindo da afirmativa sobre "nos colocar no lugar de Stanley", Becker (1970) também fala que a estória de Stanley oferecia a possibilidade de "começar a fazer perguntas sobre delinquência do ponto de vista do delinquente" (p. 71). O que segue é que perguntas serão feitas, não do ponto de vista dos atores poderosos, mas da perspectiva daqueles a respeito de quem se age nas transações profissionais. Esses são alguns motivos importantes que justificam por que, além das questões de debate metodológico, os métodos de histórias de vida podem ser impopulares em alguns lugares. A história de vida, por sua natureza, afirma e insiste que o poder deve ouvir as pessoas a quem ele afirma servir, como nota Becker (1970):

> Se levarmos Stanley a sério, como a sua estória deve nos impelir, podemos suscitar uma série de questões relativamente pouco estudadas – questões sobre as pessoas que lidam com delinquentes, as táticas que usam, suas suposições sobre o mundo, e as restrições e pressões às quais estão sujeitas (p. 71).

Porém, esse argumento deve ser lido à luz da "advertência anterior" de Shaw (1930) em seu prefácio, onde ele admoesta o leitor a não tirar conclusões sobre as causas gerais da delinquência com base num único registro de caso. Uma das melhores tentativas anteriores de analisar a base metodológica do método de histórias de vida foi em *Criteria for the Life History*, de Dollard (1949). Como um prenúncio a Becker, ele afirma que "estudos detalhados das vidas de indivíduos revelarão novas perspectivas sobre a cultura como um todo que não estão acessíveis quando se permanece no plano de observação transversal formal" (p. 4). Os argumentos de Dollard têm um tom um tanto quanto familiar, talvez refletindo a influência de George Herbert Mead. Ele observa:

> quando assumimos o posto de observadores em âmbito cultural, o indivíduo se perde na multidão e os nossos conceitos nunca nos levam de volta a ele. Depois que "ficamos culturais", experimentamos a pessoa como um fragmento de um padrão de cultura (derivado), como uma marionete dançando sob os fios de formas de cultura (reificadas) (p. 5).

Em contraste, o historiador da vida "pode ver o seu [sic] sujeito da história de vida como um elo numa cadeia de transmissão social" (DOLLARD, 1949, p. 5). Essa ligação deve assegurar que os métodos das histórias de vida aperfeiçoem o "presenteísmo" que existe em tantas teorias sociológicas e bastante interacionismo simbólico. Dollard descreve essa ligação entre passado histórico, presente e futuro:

> Havia elos antes dele de onde adquiriu a sua cultura presente. Seguirão outros elos para os quais ele deixará como legado a corrente da tradição. A história de vida tenta descrever uma unidade nesse processo: é um estudo de um dos fios de uma vida coletiva complicada que tem continuidade histórica (p. 15).

Dollard (1949) era especialmente bom, embora talvez antiquadamente polêmico, na sua discussão sobre a tensão entre o que pode ser chamado de legado cultural, o peso da tradição e a expectativa coletiva, a história singular do indivíduo, e a capacidade de interpretação e ação. Ao focar nessa tensão, Dollard argumenta, a história de vida oferece um modo de explorar a relação entre cultura, estrutura social e vidas individuais. Assim, Dollard acreditava que, nos melhores trabalhos com histórias de vida:

> devemos constantemente ter em mente a situação definida pelos outros e pelo sujeito, tal história não apenas definirá as duas versões, como também nos permitirá ver claramente a pressão da situação formal e a força da definição privada interna da situação (p. 32).

Dollard (1949) considerava valiosa essa resolução ou a tentativa de abordar uma tensão comum, porque "sempre que encontramos diferença entre a nossa expectativa oficial, média ou cultural de ação numa 'situação' e a conduta real da pessoa, isso indica a presença de uma interpretação privada" (p. 32).

De fato, Dollard (1949) escrevia numa época após o estabelecimento de um declínio para os métodos das histórias de vida (um efeito colateral infeliz disso é que o trabalho de Dollard não é tão conhecido como deveria). Após chegar ao ápice na década de 1930, a abordagem das histórias de vida decaiu e foi largamente abandonada pelos cientistas sociais. Em princípio isso ocorreu devido à defesa cada vez mais poderosa de métodos estatísticos, que ganhou um número crescente de adeptos entre os sociólogos, mas também porque talvez, entre os sociólogos com tendências etnográficas, mais ênfase tenha passado a ser dada à situação do que à biografia como base para se entender o comportamento humano.

Na década de 1970, observou-se algo como uma "ressurgência discreta" (PLUMMER, 1990), em princípio especial e significativamente entre os sociólogos que estudavam desvios. Assim, houve estudos sobre um transexual (BOGDAN, 1974), um receptador profissional (KLOCKARS, 1975) e, mais uma vez, com um fino sentido de história após o estudo de Shaw, em 1930, um ladrão profissional (CHAMBLISS, 1972).

Embora os métodos de histórias de vida há muito tempo sejam populares entre jornalistas sociólogos como Studs Terkel nos Estados Unidos, Jeremy Seabrook e Ronald Blythe no Reino Unido e um grupo crescente de "historiadores orais" (THOMPSON, 1978, 1988), a coletânea de Bertaux (1981), *Biography and Society*, representou um passo importante na reabilitação acadêmica da abordagem. Esse livro logo foi procedido pelo importante *Documents of Life*, de Plummer (1983, revisto em 2000). A edição especial de *Qualitative Inquiry*, de Tierney (1998), também é interessante.

Os pesquisadores feministas são particularmente francos no seu apoio à abordagem, principalmente devido ao modo pelo qual ela pode ser usada para manifestar e celebrar vidas ocultas ou "silenciadas" (McLAUGHLIN & TIERNEY, 1993) – vidas vividas privadamente e sem conquistas públicas, os tipos de vidas que a maioria das mulheres (e dos homens) vive (GLUCK & PATAI, 1991; MIDDLETON, 1997; MUNRO, 1998; PERSONAL NARRATIVES GROUP, 1989; SORRELL & MONTGOMERY, 2001; STANLEY, 1990; 1992; WEILER & MIDDLETON, 1999). Do mesmo modo, aqueles que pesquisam questões e aspectos de sexualidade, notadamente Plummer (1995) e Sparkes (1994), também usaram essa abordagem consideravelmente.

Na área de estudos educacionais, trabalhando com professores e alunos que, mais uma vez, possivelmente são marginais em termos de poder social, a história de vida é considerada especialmente útil e apropriada porque, como aponta Bullough (1998), "público e privado não podem ser separados no ensino. A pessoa é percebida quando ensina" (p. 20-21). A história de vida não pede tal separação: de fato, ela requer holismo. O número crescente de estudos de histórias de vida que tratam de tópicos educacionais são testemunhas disso (BALL & GOODSON, 1985; CASEY, 1993; ERBEN, 1998; GOODSON, 1992; GOODSON & HARGREAVES, 1996; KRIDEL, 1998; MIDDLETON, 1993; OSLER, 1997; SIKES, 1997; SIKES et al., 1985).

Entre esses estudiosos, embora em grupos marginais ou fragmentados, está surgindo um debate que promete um reexame total do potencial dos métodos de histórias de vida. Antes de considerar o apelo contemporâneo do método de histórias de vida, porém, é importante descobrir por que ele foi eclipsado por tanto tempo pela teoria social, levantamento social e observação de participantes. Nessa análise, distinguimos entraves metodológicos fundamentais com motivos profissionais, micropolíticos e pessoais para o declínio dos trabalhos com histórias de vida. Muitas vezes os motivos pessoais são muito mais importantes do que os participantes no reconhecimento das "guerras de paradigmas" metodológicas.

Motivos para o declínio da história de vida nos estudos sociológicos antigos

Em 1966, Becker (1970) conseguiu resumir o destino do método de histórias de vida entre os sociólogos americanos, afirmando: "considerando a variedade de usos científicos nos quais a história de vida pode ser colocada, espanta a relativa negligência na qual ela caiu" (p. 71-72).

Becker (1970) observou que os sociólogos nunca desistiram totalmente das histórias de vida, mas não fizeram delas uma das suas ferramentas de pesquisa normais. O padrão geral era, e em geral continua a ser, que "eles conhecem os estudos de histórias de vida e os prescrevem para leitura aos seus alunos, mas normalmente não pensam em reunir documentos de histórias de vida ou tornar a técnica parte da sua abordagem de pesquisa" (p. 71-72).

Os motivos para o declínio dos métodos de histórias de vida são em parte específicos da Escola de Chicago. A partir dos últimos anos da década de 1920, as histórias de vida foram cada vez mais bombardeadas à medida que se intensificou o debate no departamento entre as virtudes do estudo de caso (e histórias de vida) e as técnicas estatísticas. Faris (1967), no seu estudo da Escola de Chicago, registrou um marco nesse debate:

Para testar essa questão, Stouffer pediu a centenas de alunos para escrever autobiografias, instruindo-os a incluir tudo na sua experiência de vida que fosse relativo ao uso da escola e à lei de proibição. Cada uma dessas autobiografias foi lida por uma banca de pessoas supostamente qualificadas em pesquisa de histórias de vida e, para cada sujeito, o leitor indicava numa linha escalonada a posição da atitude do sujeito em relação à proibição. O acordo entre leitores foi considerado satisfatório. Cada um dos mesmos sujeitos também preencheu um questionário que formava uma escala do tipo Thurstone. O acordo da mensuração na escala da atitude de cada sujeito com a estimativa do leitor da história de vida indicou que, no que concerne à classificação na escala, nada foi ganho com o processo muito mais extenso e trabalhoso de escrever e julgar uma história de vida (p. 114-115)[9].

Mesmo no trabalho do estudo de caso da Escola de Chicago, o uso da história de vida declinou diante de outros dispositivos etnográficos, notadamente a observação de participantes. Um elemento da explicação para isso pode estar nas orientações de Blumer e Hughes. Esses dois sociólogos constroem uma ponte entre a Escola de Chicago das décadas de 1920 e 1930 e aqueles que Matza chamou de "novos teóricos de Chicago", como Becker (1970).

O interacionismo simbólico de Blumer enfatizou principalmente o processo e a situação, enquanto explicações em termos de biografia, como aquelas em termos de forças estruturais sociais, foram alvos de considerável desconfiança. A abordagem comparativa de Hughes ao estudo de profissões pode haver tendido a limitar o interesse na biografia, favorecendo um interesse nos problemas típicos enfrentados por profissionais e nas estratégias que adotam para tratar deles. Um fator adicional que apressou o declínio do ecletismo metodológico da sociologia de Chicago, em que a história de vida desempenhou um papel crucial, foi o declínio da própria Chicago enquanto centro dominante de estudos sociológicos.

O destino dos métodos de histórias de vida está inextricavelmente relacionado à emergência histórica da Sociologia como disciplina. Logo, a debilidade metodológica da abordagem foi confrontada com a necessidade de se desenvolver

---

9. Embora o experimento suscite a questão: por que alguém usaria o método da história de vida simplesmente para medir a atitude? Sem dúvida as autobiografias explicavam por que as atitudes dos informantes eram de determinado grau. Essas informações poderiam ser valiosas para outros propósitos do que mensuração de atitude e, além disso, não estariam acessíveis por meio de um questionário.

uma teoria abstrata. Quando a Sociologia estava muito interessada em apresentar relatos detalhados de comunidades, instituições ou organizações específicas, tal debilidade claramente foi menos considerada. Porém, na história de vida da sociologia, a deriva dominante das disciplinas acadêmicas rumo à teoria abstrata foi irresistível; nesse imperativo evolutivo, não é difícil discernir o desejo dos sociólogos de ganhar paridade de estima com outras disciplinas acadêmicas. O padrão resultante da sociologia dominante significava que os sociólogos vieram a buscar "dados formulados nas categorias abstratas das suas próprias teorias, e não nas categorias que pareciam mais relevantes às pessoas que estudavam" (BECKER, 1970, p. 72).

Acompanhando o movimento rumo a uma teoria acadêmica abstrata, o método sociológico se tornou mais profissional. Essencialmente, isso gerou um modelo de pesquisa de estudo único, definido por Becker (1970) assim:

> Uso o termo para me referir a projetos de pesquisa que são concebidos como autossuficientes e autocontidos, que dão todas as evidências necessárias para que alguém aceite ou rejeite as conclusões que proferem. O estudo único está integrado ao corpo principal de conhecimento da seguinte forma: ele deriva as suas hipóteses de uma inspeção do que já se sabe. Então, após a conclusão da pesquisa, se essas hipóteses tiverem sido demonstradas, elas são incluídas no painel do que já é cientificamente conhecido e usado como base para mais estudos. O ponto importante é que a hipótese do pesquisador é provada ou refutada com base no que ele descobriu ao fazer esse tipo de pesquisa (p. 72).

O imperativo direcionado a esse padrão de pesquisa sociológica pode ser evidenciado claramente nas tradições e formato organizacional da sociologia profissional emergente. O aluno de doutorado deve definir e testar uma hipótese; o artigo na revista deve testar as hipóteses do autor ou de outros acadêmicos; o projeto ou programa de pesquisa deve definir os objetivos generalizáveis e localizar o ônus do que precisa ser provado. Porém, esse modelo experimental dominante, tão frutífero em analogias com outras ciências, portanto tão crucial na legitimação da Sociologia como disciplina acadêmica madura, causou a negligência de todo o espectro de metodologia e fontes de dados da Sociologia.

Ele levou as pessoas a ignorar as outras funções de pesquisa e principalmente ignorar a contribuição feita por um estudo a um empreendimento de pesquisa geral mesmo quando o estudo, considerado em isolamento, não produzia os seus próprios resultados definitivos. De acordo com esses critérios, como a história de vida não produzia resultados definitivos, as pessoas não conseguiam entendê-la e em geral não desejavam investir o tempo e o esforço necessários para adquirir documentos de história de vida (BECKER, 1970, p. 73).

Becker (1970) finaliza com a esperança de que os sociólogos futuramente desenvolveriam um "outro entendimento da complexidade do empreendimento científico" (p. 73) e que isso reabilitaria o método de histórias de vida e levaria a uma nova série de documentos de histórias de vida tão generativos quanto aqueles produzidos pelos sociólogos de Chicago nas décadas de 1920 e 1930.

No período após as críticas de Becker, em 1970, a sociologia foi submetida a várias direções novas que buscavam acolher novamente alguns dos elementos perdidos nos modelos positivistas que testavam teorias (CUFF & PAYNE, 1979; MORRIS, 1977). Uma nova direção que enfatizava claramente a biografia, a sociologia fenomenológica de Berger e Luckmann (BERGER, 1963; BERGER & LUCKMANN, 1967), na verdade resultou em poucos trabalhos empíricos.

Logo, a pesquisa na sociologia interpretativa demonstrou uma ênfase pesada em situações sob a influência do interacionismo e da etnometodologia. O paradoxo é que essas novas direções na sociologia passaram do modelo positivista diretamente para situação e ocasião. Como resultado, a história de vida e a biografia tenderam a ficar de lado no empreendimento sociológico. Por exemplo, os estudos interacionistas se concentraram nas perspectivas e definições emergentes entre grupos de atores em determinadas situações. O pano de fundo disso se apresentou como um legado estrutural ou cultural um tanto quanto monolítico que restringe, de modo meio desconectado, as potencialidades dos atores. Ao reagir exageradamente a modelos mais deterministas, essa ênfase situacional em geral não consegue se conectar ao processo histórico. Assim, os interacionistas mantiveram o seu interesse no significado que os objetos tinham para os atores, mas esses significados cada vez mais passaram a ser vistos como gerados coletivamente para lidar com situações específicas, e não como produto de uma biografia individual ou até coletiva.

Quando observamos a evolução da sociologia por mais de meio século, percebemos vários entendimentos sobre o método de histórias de vida. Primeiro, à medida que os sociólogos começaram a levar a sério a sua busca científica social por fatos generalizáveis e o desenvolvimento da teoria abstrata, os trabalhos com histórias de vida passaram a ser vistos como algo que tinha falhas metodológicas sérias. Além disso, como os estudos de histórias de vida muitas vezes pareciam ser os únicos "reveladores", essas reservas metodológicas foram estimuladas pelo seu *status* em geral baixo enquanto exercício acadêmico ou científico. Paradoxalmente, mesmo quando antídotos ao modelo experimental de sociologia foram desenvolvidos, eles assumiram a forma de interacionismo e etnometodologia, ambos enfatizando a situação e a ocasião, não a biografia e as origens. Ademais, como essas novas direções também tinham problemas de *status*, o trabalho com histórias de vida também não era atraente nesse contexto. Na conferência em que o trabalho de Goodson (1983) sobre história de vida foi originalmente apresentado como artigo de seminário, um interacionista de sala de aula rejeitou a exortação a considerar o trabalho com histórias de vida, afirmando que "não devemos sugerir metodologias novas desse tipo devido ao problema das nossas carreiras acadêmicas. Meu Deus, a etnografia já tem um *status* baixo!"

Quando consideramos a história de vida do acadêmico aspirante ávido por fazer a sua carreira na academia de acordo com a sua forma e ordenamento, percebemos claramente a falta de atratividade do método de histórias de vida em determinados estágios da evolução da sociologia. Contudo, na década de 1980, as questões começaram a mudar notavelmente de modo a causar uma readoção dos métodos de histórias de vida.

Da Modernidade à Pós-modernidade

Sob a Modernidade a história de vida definhou por ser persistentemente reprovada nas "provas objetivas": números não eram coletados, agregação estatística não era produzida e, como os estudos não eram julgados representativos ou exemplares, as contribuições à teoria permaneciam parcimoniosas. Na aspiração histórica a ser uma ciência social, a história de vida foi reprovada no teste para se tornar sócia do clube.

Entretanto, como Harvey (1989) e outros documentaram, a "condição da Pós-modernidade" apresenta novos dilemas e novas direções. De certos modos, as novas possibilidades invertem os défices anteriores que foram percebidos nos trabalhos com histórias de vida. Ao passar de objetividades a subjetividades, o caminho se abre a novas perspectivas para os trabalhos com histórias de vida e, como resultado, uma série de novos estudos começa a surgir (DENZIN & LINCOLN, 1994; 2000). Como costuma acontecer, os estudos educacionais demoraram a seguir as novas direções, mas recentemente novos trabalhos começaram a emergir.

Os trabalhos com histórias de vida acompanharam a virada para a Pós-modernidade e o pós-estruturalismo, especialmente se observarmos as evidências em estudos sociológicos, estudos de gênero, estudos culturais, teoria sobre alfabetização e até na psicologia. Esses trabalhos facilitam o distanciamento de narrativas modernas importantes, que são vistas como produções sociais do Iluminismo. Ao mesmo tempo, a noção de uma individualidade singular, reconhecível e essencial é considerada parte da produção social do individualismo, ligada a individualidades argênteas em busca de progresso, reconhecimento e emancipação. Discorda-se de crenças na linearidade de sequências de tempo cronológico e linhas de estórias, favorecendo-se noções mais múltiplas e conturbadas de subjetividade.

O trabalho de Foucault, por exemplo, direcionava o foco sociológico para o modo pelo qual instituições como hospitais e prisões regulam e constituem as nossas subjetividades. Da mesma forma, estudos do discurso se concentram na função da linguagem para a construção de identidades ao produzirem representações textuais que pretendem captar as individualidades essenciais dos outros (SHOTTER & GERGEN, 1989).

Esses novos sintagmas nos trabalhos sociológicos provocaram o ressurgimento do uso dos trabalhos com histórias de vida:

> O foco atual no reconhecimento da natureza subjetiva, múltipla e parcial da experiência humana resulta no ressurgimento da metodologia das histórias de vida. O que antes foram críticas à história de vida, à sua falta de representatividade e sua natureza subjetiva agora são a sua maior força (MUNRO, 1998, p. 8).

Porém, a preocupação pós-moderna com a perturbação de estórias e individualidades construídas também tem as suas dificuldades, como reflete Munro (1998):

> Ao coletar histórias de vida de professoras, eu me vejo numa posição paradoxal. Sei que não posso "coletar" uma vida. A narrativa não propicia um modo melhor de localizar a verdade, mas de fato nos lembra de que todas as boas estórias são baseadas na qualidade da ficção. Vivemos muitas vidas. Consequentemente, as histórias de vida deste livro não apresentam relatos organizados e cronológicos da vida de mulheres. Seria um ato de traição, uma distorção, uma forma contínua de "enquadrar" a vida das mulheres nas ficções, categorias e normas culturais do patriarcado. Em vez disso, o meu entendimento de uma história de vida sugere que precisamos estar atentos aos silêncios e ao que é dito, que precisamos estar atentos ao modo em que a estória é contada, assim como ao que é contado ou não contado, e estar atentos às tensões e contradições, em vez

de sucumbirmos às tentações de disfarçá-las em nosso desejo por "aquela" estória (p. 12-13).

Aqui, Munro (1998) começa a confrontar o campo minado metodológico e, de fato, ético que potencialmente confronta, confunde e atrapalha pesquisador e pesquisado. Fine (1994) fala sobre algumas questões a serem confrontadas:

> A Individualidade e o Outro estão emaranhados. Essa relação, vivida por pesquisadores e informantes, fica tipicamente obscurecida em textos de ciências sociais, protegendo os privilégios, garantindo a distância e laminando as contradições. Quando caímos num discurso contraditório de individualismo, teorização lógica da *persona* e descontextualização, inscrevemos o Outro, forçamos um apagamento da Individualidade e nos recusamos a envolver as contradições que poluem os nossos textos (p. 72).

As admoestações de Fine (1994) têm valor inestimável na abordagem ao trabalho com histórias de vida. Entretanto, por fim enfrentamos o encerramento inevitável do texto produzido ou ficamos para sempre presos na política de regresso infinito onde todos os encerramentos devem ser reabertos. Fine alerta que a busca por completude e coerência é uma ilusão. Produzimos um instantâneo de transgressões em andamento quando redigimos o trabalho com histórias de vida. Ademais, a relação entre pesquisador e informante pauta-se muito na predileção pós-moderna pela "rejeição do sujeito unitário, privilegiando uma noção mais complexa, múltipla e contraditória de subjetividade" (MUNRO, 1998, p. 35).

O que significa essa rejeição do pesquisador diante de um informante que narra a própria vida como uma busca por coerência? Precisamos considerar que muitas pessoas narram a sua vida de acordo com uma aspiração por coerência, por uma individualidade unitária. Devemos, segundo Munro (1998), "rejeitar" essa construção social da individualidade? A questão aqui não é a rejeição, já que o trabalho com histórias de vida deve, quando possível, recusar o papel de Deus pós-moderno. O interesse do trabalho com histórias de vida é no modo pelo qual as pessoas realmente narram a própria vida, não no modo pelo qual devem fazê-lo. Aqui tentamos evitar o destino de alguns fundamentalistas pós-modernos.

As estórias de vida, portanto, são o ponto de partida para o nosso trabalho. Tais estórias já são, por sua natureza, removidas das experiências de vida – são vidas interpretadas e transformadas em textos. Representam um comentário parcial e seletivo sobre a experiência vivida. Freeman (1993) explorou algumas das questões que são abordadas aqui:

Pois aquilo que teremos diante de nós não são as vidas propriamente ditas, e sim textos de vidas, artefatos literários que em geral tentam recontar de alguma forma como essas vidas eram. A esse respeito, estaremos – e devemos estar – no mínimo a um passo das vidas que exploraremos: somente podemos proceder com os nossos esforços interpretativos com base no que foi escrito [ou relatado] por aqueles cujas vidas eles são. A situação básica, apresso-me a enfatizar, prevalece não apenas no caso de textos literários do tipo que examinaremos aqui, mas no caso de entrevistas e situações similares, além da observação da ação humana de modo mais geral. As entrevistas como aquelas que os cientistas sociais costumam reunir são textos e, embora possam não ter tanto floreio literário como aqueles que compramos nas livrarias, são artefatos literários por direito próprio, assumindo a forma de palavras, com o objetivo de dar forma a alguma característica da experiência. No que concerne à observação da ação humana, a estória na verdade é a mesma: a ação humana, que ocorre no tempo e gera consequências cuja importância frequentemente ultrapassa a situação imediata em que ocorre, é um tipo de texto. É uma constelação de significados que, assim como entrevistas ou textos literários, convoca o processo de interpretação (consulte especialmente Ricoeur [1981]). De qualquer modo, resumindo essa breve excursão pela "textualidade", o nosso principal ponto de partida interpretativo não serão vidas, mas as palavras usadas para descrevê-las (p. 7).

A representação da experiência vivida numa estória de vida é uma camada interpretativa, mas a passagem para a história de vida adiciona uma segunda camada e outra interpretação. Goodson (1992) escreveu sobre a distinção entre o Estágio 1, em que o informante relata a sua estória de vida, e o Estágio 2, em que uma história de vida é construída, empregando-se uma nova série de entrevistas e dados documentários. A transição de estória de vida para história de vida envolve o espectro de metodologias e questões éticas observado antes. A transição de estórias de vida pessoais para histórias de vida envolve questões de processo e poder. Como nota Bertaux (1981), "O que está realmente em jogo é a relação entre o sociólogo e as pessoas que possibilitam o trabalho dele [sic], aceitando serem entrevistadas sobre as suas experiências de vida" (p. 9).

A transição de estória de vida para história de vida envolve uma transição para o relato do contexto histórico – uma transição perigosa, pois oferece ao pesquisador um considerável poder de colonização para localizar a estória de vida, com todas as suas inevitáveis seleções, mudanças e silêncios. Contudo, nós afirmamos a necessidade de prover contextos históricos para a leitura de estórias de vida.

Dannefer (1992) escreveu sobre os vários significados de contexto ao estudar o discurso do desenvolvimento. Aqui, o interesse é prover comunicações que abranjam as histórias sociais e, de fato, as geografias sociais onde as estórias de vida estejam enraizadas. Sem comentários contextuais sobre questões de tempo e espaço, as estórias de vida permanecem dissociadas das condições da sua construção social. Isso é, sobretudo, o argumento a favor das histórias de vida, não das estórias de vida.

Embora corretamente interessados nos perigos colonizadores dos comentários contextuais, até os relatos pós-estruturalistas muitas vezes acabam passando de estórias de vida para histórias de vida, e confrontam questões que cercam os contextos dinâmicos de tempo e espaço. O trabalho inicial de Middleton (1992) sobre a vida de professoras, por exemplo, faz um relato substancial da pedagogia de uma professora feminista no cenário sociocultural específico da Nova Zelândia após a Segunda Guerra Mundial. Da mesma forma, Munro (1998), reconhecida pós-estruturalista feminista, afirma:

> Como o interesse deste estudo é situar a vida de professoras num contexto histórico mais amplo, também foram coletados os dados históricos referentes às comunidades e ao período nos quais ensinavam. Embora eu não seja uma historiadora educacional, tentei entender tanto a história local quanto o contexto histórico mais amplo nos quais essas mulheres viviam (p. 11).

A distinção entre narrativas ou estórias de vida e histórias de vida é, portanto, crucial. Através da apresentação de dados contextuais, as estórias de vida podem ser vistas à luz dos padrões dinâmicos de tempo e espaço em testemunho e ação como construções sociais.

Conclusão

A transição da Modernidade para a Pós-modernidade pressagia uma mudança da preocupação com a objetividade para uma preocupação primordial com o modo pelo qual as subjetividades são construídas. Ecoando essa mudança, ressurge a história de vida, cujos métodos foram reprovados nas provas objetivas sob a Modernidade. O caminho se abre para a exploração de novas perspectivas para os trabalhos com histórias de vida. Essa exploração já está em andamento em várias áreas, desde estudos culturais até sociologia e educação, mas espera-se que a reabilitação se amplie nas arenas principais das ciências humanas, como a própria história e psicologia.

Referências

ANDERSON, N. (1923). *The Hobo*. Chicago: University of Chicago Press.

BALL, S. & GOODSON, I. (orgs.) (1985). *Teachers' Lives and Careers*. Nova York: Falmer.

BARRETT, S. (1906). *Geronimo's Story of his Life*: Taken Down and Edited by S.M. Barrett. Nova York: Duffield.

BECKER, H. (1970). *Sociological Work*: Method and Substance. Chicago: Aldine.

BERGER, P. (1963). *Invitation to Sociology*. Garden City: Doubleday.

BERGER, P. & LUCKMANN, T. (1967). *The Social Construction of Reality*. Garden City: Anchor.

BERTAUX, D. (1981). *Biography and Society*: The Life History Approach in the Social Sciences. Londres: Sage.

BOGDAN, R. (1974). *Being Different*: The Autobiography of Jane Fry. Nova York: Wiley.

BULLOUGH, R. (1998). "Musings on Life Writings: Biography and Case Study in Teacher Education". In: KRIDEL, C. (org.). *Writing Educational Biography*: Explorations in Qualitative Research. Nova York: Garland, p. 19-32.

CASEY, K. (1993). *I Answer with my Life*: Life Histories of Women Teachers Working for Social Change. Nova York: Routledge.

CHAMBLISS, W. (1972). *Boxman*: A Professional Thief. Nova York: Harper and Row.

CORNWELL, C. & SUTHERLAND, E. (1937). *The Professional Thief*. Chicago: University of Chicago Press.

CUFF, E. & PAYNE, G. (1979). *Perspectives in Sociology*. Boston: Allen and Unwin.

DANNEFER, D. (1992). "On the Conceptualization of Context in Developmental Discourse: Four Meanings of Context and Their Implications". In: FEATHERMAN, D.; LERNER R. & PERLMUTTER, M. (orgs.). *Life-span Development and Behavior*. Vol. 11. Hillsdale: Lawrence Erlbaum, p. 84-110.

DENZIN, N. & LINCOLN, Y. (orgs.) (2000). *Handbook of Qualitative Research*. 2. ed. Thousand Oaks: Sage.

_____ (1994). *Handbook of Qualitative Research*. Londres: Sage.

DOLLARD, J. (1949). *Criteria for the Life History*. Magnolia: Peter Smith.

ERBEN, M. (1998). "Biography and Research Methods". In: ERBEN, M. (org.). *Biography and Education*: A Reader. Londres: Falmer, p. 4-17.

FARIS, R. (1967). *Chicago Sociology*. São Francisco: Chandler.

FINE, M. (1994). "Working the Hyphens: Reinventing Self and Other in Qualitative Research". In: DENZIN, N. & LINCOLN, Y. (orgs.). *Handbook of Qualitative Research*. Londres: Sage, p. 70-82.

FREEMAN, M. (1993). *Rewriting the Self*: History, Memory, Narrative. Nova York: Routledge.

GLUCK, S. & PATAI, D. (orgs.) (1991). *Women's Words*: The Feminist Practice of Oral History. Nova York: Routledge.

GOODSON, I.F. (1983). "Life Histories and Teaching". In: HAMMERSLEY, M. (org.). *The Ethnography of Schooling*. Driffield: Nafferton.

GOODSON, I.F. (org.). (1992). *Studying Teachers' Lives*. Londres/Nova York: Routledge.

GOODSON, I.F. & HARGREAVES, A. (1996). *Teachers' Professional Lives*. Londres: Falmer.

HARVEY, D. (1989). *The Condition of Postmodernity*. Londres: Blackwell.

KLOCKARS, C. (1975). *The Professional Fence*. Londres: Tavistock.

KRIDEL, C. (org.) (1998). *Writing Educational Biography*: Explorations in Qualitative Research. Nova York: Garland.

McLAUGHLIN, D. & TIERNEY, W. (orgs.) (1993). *Naming Silent Lives*: Personal Narratives and Processes of Educational Change. Nova York: Routledge.

MIDDLETON, S. (1997). *Disciplining Sexuality*: Foucault Life Histories and Education. Nova York: Teachers College Press.

_____ (1993). *Educating Feminists*: Life Histories and Pedagogy. Nova York: Teachers College Press/Sage.

_____ (1992). "Developing a Radical Pedagogy: Autobiography of a New Zealand Sociologist of Women's Education". In: GOODSON, I.F. (org.). *Studying Teachers' Lives*. Londres/Nova York: Routledge, p. 18-50.

MILLER, R. (2000). *Researching Life Stories and Family Histories*. Londres: Sage.

MORRIS, M. (1977). *An Excursion into Creative Sociology*. Nova York: Columbia University Press.

MUNRO, P. (1998). *Subject to Fiction*: Women Teachers' Life History Narratives and the Cultural Politics of Resistance. Buckingham: Open University Press.

OSLER, A. (1997). *The Education and Careers of Black Teachers*: Changing Identities, Changing Lives. Buckingham: Open University Press.

PERSONAL NARRATIVES GROUP (orgs.) (1989). *Interpreting Women's Lives*: Feminist Theory and Personal Narratives. Bloomington: Indiana University Press.

PLUMMER, K. (2000). *Documents of Life*. 2. ed. rev. Londres: Sage.

_____ (1995). *Telling Sexual Stories*: Power, Change and Social Worlds. Londres: Routledge.

_____ (1990). Herbert Blumer and the Life History Tradition. *Symbolic Inter-actionism*, 13, p. 125-144.

_____ (1983). *Documents of Life*. Londres: Allen and Unwin.

RADIN, I. (1920). Crashing Thunder. *Publications in Archaeology and Ethnology*, 26, p. 381-473.

RICOEUR, P. (1981). *Hermeneutics and the Human Sciences*. Cambridge: Cambridge University Press.

SHAW, C. (1930). *The Jack-Roller*. Chicago: University of Chicago Press.

SHOTTER, J. & GERGEN, K. (1989). *Inquiries in Social Construction Series*. Vol. 2: Texts of Identity. Londres: Sage.

SIKES, P. (1997). *Parents who Teach*: Stories from School and from Home. Londres: Cassell.

SIKES, P.; MEASOR, L. & WOODS, P. (1985). *Teachers' Careers*: Crises and Continuities. Lewes: Falmer.

SORRELL, G.T. & MONTGOMERY, M.J. (2001). Feminist Perspectives on Erikson's Theory: Its Relevance for Contemporary Identity Development Research. *Identity: An International Journal of Theory and Research*, 1.

SPARKES, A. (1994). Self, Silence and Invisibility as a Beginning Teacher: A Life History of Lesbian Experience. *British Journal of Sociology of Education*, 15 (1), p. 93-118.

STANLEY, L. (1992). *The Auto/Biographical*: The Theory and Practice of Feminist Auto/Biography. Manchester: Manchester University Press.

_____ (1990). *Feminist Praxis, Research Theory and Epistemology in Feminist Sociology*. Londres: Routledge.

THOMAS, W. & ZNANIECKI, F. (1918-1920). *The Polish Peasant in Europe and America*. 2. ed. Chicago: University of Chicago Press.

THOMPSON, P. (1988). *The Voices of the Past*: Oral History. 2. ed. Oxford: Oxford University Press.

_____ (1978). *The Voices of the Past*: Oral History. Oxford: Oxford University Press.

THRASHER, F. (1928). *The Gang*: A Study of 1313 Gangs in Chicago. Chicago: University of Chicago Press.

TIERNEY, W. (1998). Life History's History: Subjects Foretold. *Qualitative Inquiry*, 4 (1), p. 49-70.

WEILER, K. & MIDDLETON, S. (orgs.) (1999). *Telling Women's Lives*: Narrative Inquiries in the History of Women's Education. Buckingham: Open University Press.

WIRTH, L. (1928). *The Ghetto*. Chicago: University of Chicago Press.

ZORBAUGH, H. (1929). *The Gold Coast and the Slum*: A Sociological Study of Chicago's North Side. Chicago: University of Chicago Press.

Parte III

Política de vida

13
Preparando-se para a Pós-modernidade

Narrando a individualidade*

Preparando-se para a Pós-modernidade: o perigo e a promessa

As mudanças atuais na economia e superestrutura associadas à Pós-modernidade apresentam certos perigos e promessas para o mundo da educação. Como argumenta Wolfe, é concebível que não somente o Estado de bem-estar social será desmantelado na nova época, mas também aspectos da superestrutura (WOLFE, 1989). Em especial, algumas das associações medianas, como universidades e escolas, poderão ser diminuídas e desacopladas de formas significativas. Isso significa que locais institucionais não poderão mais ser os únicos locais significativos de luta, e isso também significa que gêneros metodológicos que se concentrem na análise institucional e na teorização institucional também poderão ser diminuídos.

A essa reestruturação da vida institucional está associada uma mudança na forma do conhecimento, especialmente as formas de conhecimento no local de trabalho que serão promovidas. Significativamente, boa parte do conhecimento no local de trabalho atualmente promovida é pessoal e específica ao contexto (GOODSON, 1993, p. 1-3). Unir essas duas coisas significa que existirão dois locais diferentes para a luta no período pós-moderno. Primeiro, existirá a luta contínua pela missão teórica e crítica dentro de locais institucionais diminuídos sobreviventes, mas concebíveis.

Segundo, e provavelmente cada vez mais importante para o futuro, haverá o local da identidade e vida pessoal. É aqui onde talvez o projeto mais interessan-

---

* *Educational Practice and Theory*, 20 (1), 1998, p. 25-31.

te, o que Giddens chama de "projeto reflexivo da individualidade", será questionado na próxima época. A política de vida, a política da construção da identidade e manutenção da identidade contínua passarão a ser um local importante e crescente de contestações ideológicas e intelectuais. A agenda diante de nós apresenta identidade e experiência vivida podendo ser usadas como locais onde e através dos quais possamos interrogar, teoricamente e criticamente, o mundo social. Se isso parecer meio pomposo – e parece mesmo –, o que realmente significa, na minha opinião, é que devemos investigar e promover o gênero da história de vida. Aqui a distinção importante é entre a estória de vida e a história de vida. A estória de vida é o relato inicial selecionado que as pessoas fazem sobre a própria vida; a história de vida é o relato triangulado, em que um ponto do tripé é a estória de vida, mas os outros dois pontos são o testemunho de outras pessoas, o testemunho documental e as transcrições e arquivos pertencentes à vida em questão.

Narrando a individualidade

O uso de narrativas e estórias pessoais na educação do professor precisa responder significativamente às novas condições de trabalho e existência no mundo pós-moderno. Como têm afirmado vários cientistas sociais recentemente, isso significa que devemos reformular as nossas concepções de identidade e individualidade. As forças globais que estão solapando as formas tradicionais de vida e trabalho também estão transformando as noções de identidade e individualidade. A identidade deixou de ser um *status* ou lugar designado numa ordem estabelecida, sendo um projeto contínuo, geralmente um projeto narrativo contínuo. Na nova ordem, nós "narramos a individualidade" como forma de entender as novas condições de trabalho e existência. A individualidade se torna um projeto reflexivo, um projeto narrativo contínuo. A captura desse processo emergente requer uma modalidade próxima à história social e geografia social – modos que capturem a individualidade no tempo e no espaço.

Para Giddens, o projeto reflexivo da individualidade:
> consiste na sustentação das narrativas biográficas coerentes, porém revistas continuamente; acontece no contexto de múltipla escolha filtrado através de sistemas abstratos. Na vida social moderna, a noção de estilo de vida assume uma relevância particular. Quanto mais a tradição afrouxa a sua resistência e a vida diária é reconstituída em termos de interação dialética entre local e global, mais indivíduos

>são forçados a negociar as escolhas de estilo de vida entre uma diversidade de opções (GIDDENS, 1991, p. 5, apud COUPLAND & NUSSBAUM, 1993, p. xv).

E acrescenta:

> Para nós, a autoidentidade [na Modernidade tardia] forma uma *trajetória* que atravessa diferentes cenários institucionais de Modernidade por toda a *durée* do que costumava ser chamado de "ciclo de vida", termo que se aplica mais precisamente a contextos não modernos do que modernos. Cada um de nós não somente "tem", mas *vive* uma biografia reflexivamente organizada em termos de fluxos de informações sociais e psicológicas sobre possíveis modos de vida. A Modernidade é uma ordem pós-tradicional na qual a pergunta "Como devo viver?" precisa ser respondida em decisões diárias sobre como agir, o que vestir e comer (e muitas outras questões), assim como ser interpretada dentro do desdobramento temporal da autoidentidade (GIDDENS, 1991, p. 14).

> A ideia do "ciclo de vida"... faz muito pouco sentido, já que as conexões entre a vida individual e o intercâmbio das gerações se romperam... As diferenças geracionais são essencialmente um modo de calcular o tempo nas sociedades pré-modernas... Em contextos tradicionais, o ciclo de vida sustenta conotações fortes de renovação, pois cada geração em alguma parte substancial redescobre e revive modos de vida dos seus antecessores. A renovação perde a maior parte do seu significado nos cenários da Alta Modernidade, onde as práticas se repetem somente quando são reflexivamente justificáveis (GIDDENS, 1991, p. 146).

Giddens está sobretudo afirmando que a "geografia situacional" (p. 84) da vida social moderna e das individualidades sociais modernas foi drasticamente reposicionada pelos meios eletrônicos de modo que a experiência de individualidade e vida social está mais fluida, incerta e complicada do que em épocas anteriores. No mercado global, podemos escolher entre uma série de autoidentidades descontextualizadas como no mercado de *commodities* em geral. Logo, os elementos locais e tradicionais da individualidade são menos constitutivos. Isso conduz à individualidade como um projeto reflexivo e narrativo contínuo, pois, como afirma Giddens, "a cada momento, ou pelo menos a intervalos regulares, o indivíduo é solicitado a conduzir uma autointerrogação em termos do que está acontecendo" (p. 76).

Assim, a individualidade se torna um processo contínuo de autoconstrução e autonegociação e nesse sentido é possível vê-la como um projeto narrativo contínuo.

Esse processo de concepção da autoconstrução não difere das conclusões de Leinberger e Tucker em seu livro *The New Individualists* (1991), onde os autores se concentram na coorte que descende dos "homens de organização" do estudo de William White, em 1950. Eles afirmam que toda a base epistemológica da vida individual mudou devido às mudanças econômicas e sociais da última década. Essas mudanças econômicas e sociais se representam no que chamam de "autoética" diferente.

> Quando os descendentes dos homens de organização amadureceram nas décadas de 1960 e 1970, foram exortados a encontrar ou criar a si mesmos. Eles assumiram a empreitada com fervor, já que a autoexpressão, autossatisfação, autoassertividade, autorrealização, autocompreensão, autoaceitação e muitos outros compostos com "auto-" entraram na vida e linguagem cotidiana. Finalmente, todas essas experiências se solidificaram naquilo que somente pode ser chamado de autoética, que governou a vida dos descendentes da organização de modo tão completo quanto a ética social governou a vida dos seus pais. Muita gente equivocadamente considerou esse desenvolvimento como narcisismo, egoísmo ou pura presunção. Mas a autoética, como a ética social que substituiu, baseava-se num imperativo moral genuíno – o *dever* de expressar a individualidade autêntica (LEINBERGER & TUCKER, 1991, p. 11-12).

Leinberger e Tucker prolongam o argumento sobre individualidade até o ponto de afirmarem que a individualidade autêntica está sendo substituída por uma individualidade artificial.

> Ao buscar o ideal da individualidade autêntica, o descendente produziu a versão mais radical do indivíduo americano na história – totalmente psicologizado e isolado, com dificuldade para "se comunicar", "se comprometer" e principalmente alcançar a comunidade. Mas, ao se agarrar ao ideal do artista, o descendente da organização tenta escapar da individualidade autêntica e simultaneamente mantê-la como valor primordial. É um ato de equilíbrio delicado ao qual muitos deles foram levados pela busca por autorrealização, porém é uma posição que cada vez mais acham difícil de manter.

Como a nossa estória mostrará, há sinais de que a busca por autorrealização está chegando ao fim e, com ela, a era da individualidade autêntica e a sua autoética. O ideal de individualidade autêntica está recuando em todos os lugares. Ele foi solapado a partir de dentro; foi atacado de todos os lados; e, de muitas maneiras, simplesmente foi considerado obsoleto pela história:

• A autorrealização mostrou-se insatisfatória, já que o foco exclusivo na individualidade deixou muita gente se sentindo ansiosa e solitária.

• Os inevitáveis problemas econômicos experimentados por gerações extensas, associados ao longo azedume da economia americana, apresentaram limites em todas as áreas da vida, inclusive limites sobre a individualidade, a muitos membros da geração, até aos mais privilegiados.

• Conceitos alternativos e mais inclusivos de individualidade, especialmente aqueles introduzidos nas organizações pelo influxo de mulheres, agora desafiam quase diariamente o conceito mais tradicionalmente masculino de autossuficiência irrestrita.

• As questões macroeconômicas de controle, aquisições e reestruturações que têm dominado as organizações nos últimos cinco anos deixaram pouco espaço para preocupações psicológicas no local de trabalho.

• A ascensão de um mercado global genuinamente competitivo conectado por comunicações instantâneas acelerou o processo difuso da Modernidade, também desestabilizando a individualidade.

• O alicerce filosófico centenário sobre o qual todos os nossos conceitos de individualismo repousavam, inclusive o individualismo altamente psicologizado enraizado na individualidade autêntica, está sendo varrido.

• Similarmente, os desenvolvimentos mais importantes na arte contemporânea e no *entretenimento popular* estão subvertendo a concepção do artista da qual depende a integridade de personalidades que usam o ideal artístico para resolver problemas de identidade.

• A ascensão de subúrbios pós-metropolitanos, que não são centro nem periferia, e a emergência de redes organizacionais, que substituem estruturas hierárquicas mais antigas, empurraram a nova geração para formas concretas de vida às quais a individualidade autêntica é cada vez mais extrínseca (LEINBERGER & TUCKER, 1991, p. 15-17).

Eles afirmam que a individualidade autêntica está sendo substituída pelo que chamam de "pessoa artificial". Embora possa parecer que isso polariza muito autenticidade e artifício, é uma distinção interessante a buscar, e os autores esclarecem que as ambiguidades afetam a sua estrutura.

Fora dessa morte lenta e agonizante da individualidade autêntica, um novo personagem social está emergindo: a pessoa artificial. Esse novo personagem social já é discernível entre uma vanguarda dos descendentes da organização e agora vem emergindo entre os que restaram; é provável que se espalhe pela classe média e, como costuma acontecer, atraia a classe mais baixa e cerque a mais alta.

Vale enfatizar que essa designação de *pessoa artificial* não significa que essas pessoas estejam se tornando falsas ou insinceras. Em vez disso, a referência se faz à mudança de concepção do que constitui um indivíduo e de fato *torna* alguém um indivíduo. No passado recente, os descendentes da organização acreditavam que a individualidade consistia numa autorresidência pura, transcendente e autêntica aquém ou além de todos os acidentes particulares da história, cultura, linguagem e sociedade, e todos os outros sistemas "artificiais" da vida coletiva. Mas, por todos os motivos que citamos e muitos outros, essa proposição e o modo de vida que ela exigiu tornaram-se insustentáveis. Cada vez mais os descendentes da organização estão percebendo que os atributos que antes desprezavam por serem *meramente* artificiais são o que torna as pessoas indivíduos – artificiais, certamente, mas ainda assim pessoas, caracterizadas pela sua mistura particular dessas combinações em constante mutação de artificialidade social em todas as variedades. Começando por essa mudança de perspectiva fundamental, e muitas vezes inconsciente, elas estão desenvolvendo um individualismo que é "artificial", mas particular, ao contrário de um individualismo que é autêntico, porém vazio. É um individualismo baseado não na *individualidade*, mas na *pessoa*; enquanto *individualidade* conota um fenômeno que é interno, não físico e isolado, *pessoa* sugere uma entidade externa, fisicamente presente e já conectada ao mundo. De fato, é a percepção de que a *individualidade autêntica* é mais um oximoro do que a *pessoa artificial* (LEINBERGER & TUCKER, 1991, p. 15-17).

O processo de autodefinição ou, segundo Leinberger e Tucker, de construção da pessoa, é cada vez mais reconhecido como um processo emergente, um projeto contínuo de narrativa. Nesse processo emergente, estórias e narrativa mudam e se metamorfoseiam com o passar do tempo. A estória de vida muda, assim como o seu significado, tanto para a pessoa quanto para o ouvinte. A estória ou narrativa, assim, apresenta um instantâneo contemporâneo de um processo contínuo – cada fotografia conta uma estória, mas, à medida que a fotografia muda, as estórias mudam também. Para estabelecer uma fotografia mais ampla, precisamos localizar as estórias e colaborar com a discussão e compreensão das estórias e narrativas.

> Acreditamos que uma vida é cortada de um tecido inteiro, e seus vários pedaços, com escrutínio cuidadoso, podem ser encaixados num lugar adequado. Mas essa escritura de uma vida... está sendo constantemente criada à medida que é escrita. Assim, os significados dos pedaços mudam quando padrões novos são encontrados (DENZIN, 1989, p. 20).

> o início coincide com o fim e o fim com o início – que é o fim –, já que a autobiografia (como a ficção) é um ato de incessante renovação: a estória nunca é "contada" conclusivamente, exaustivamente, completamente (ELBAZ, 1987, p. 13).

Narrativas ou estórias de vida são uma fonte vital para os nossos estudos do mundo social em geral e no ensino, especificamente. Mas elas são singulares, seletivas e específicas (tanto em tempo quanto contexto). Nesses sentidos, a menos que sejam complementadas por outras fontes, têm valor limitado na compreensão dos padrões de relações e interações sociais que compõem o mundo social. De fato, uma dependência primordial das narrativas ou estórias de vida provavelmente limitará a nossa capacidade de entender as relações e os contextos sociais, assim como os objetivos sociais e políticos. A dependência exclusiva da narrativa se torna uma forma conveniente de quietismo político – podemos continuar a contar as nossas estórias (como "estórias" de vida ou "estórias" de pesquisa) sem que o nosso holofote ilumine a construção social e política das vidas e das circunstâncias de vida. Não é de se espantar que a narrativa e a estória de vida tenham sido tão bem patrocinadas no ápice do triunfalismo da Nova Direita no Ocidente. À medida que testemunhamos a afirmativa de que estamos no "fim da história", talvez não surpreenda que as estórias de vida estejam se separando de qualquer sentido de história, qualquer sentido de natureza política e socialmente construída das "circunstâncias" em que vidas são vividas e significados são criados. É verdade que "os homens fazem a própria história", porém, mais do que nunca "não em circunstâncias que escolhem". Precisamos capturar a "agência", mas também a "estrutura": estórias de vida, mas também histórias de vida.

Nesse sentido, torna-se crucial a distinção entre narrativas/estórias de vida e histórias de vida. A estória de vida abrange o relato da pessoa sobre a própria vida (na maioria das vezes oralmente) em determinado momento. A história de vida suplementa a estória de vida com dados extraídos de relatos de outras pessoas, registros e transcrições oficiais e uma série de documentos históricos.

Os dados, portanto, são distintivos, mas as aspirações da estória de vida e da história de vida também o são. No primeiro caso, a intenção é entender a visão da pessoa e o seu relato sobre a própria vida, a estória que conta sobre a sua vida. Como diz W.I. Thomas, "se os homens definem as situações como reais, elas são reais nas suas consequências". Na história de vida, a intenção é entender os padrões das relações, interações e construções sociais em que as vidas se enraízam. A história de vida propõe a questão de assuntos privados serem também públicos, a estória de vida individualiza e personaliza, a história de vida contextualiza e politiza.

Ao passarmos de estórias de vida para histórias de vida, passamos da narração singular para a inclusão de outras fontes documentárias e testemunhos orais. É importante ver a individualidade como "projeto" emergente e mutável, não uma entidade estável e fixa. Com o passar do tempo, a nossa visão de individualidade muda e assim também as estórias que contamos sobre nós mesmos. Nesse sentido, vale a pena ver a autodefinição como projeto narrativo contínuo.

Como a individualidade é um projeto narrativo contínuo, devemos pensar mais em individualidades múltiplas localizadas no tempo e espaço. Para nos ligarmos a esse projeto narrativo contínuo, precisamos *localizar*, assim como narrar, já que é um instantâneo, um ponto contemporâneo. Para localizarmos a nossa narrativa contínua, precisamos de fontes que desenvolvam a nossa história social e geografia social das circunstâncias e, em várias instâncias, a colaboração com outras pessoas para fornecermos comentários contextuais e intertextuais. Além da *narração*, portanto, precisamos de *localização* e *colaboração*.

Os motivos para a localização e a colaboração se originam de dois componentes particulares das estórias de vida. Primeiro, a estória de vida reflete a consciência parcial e seletiva da autoconstrução e construção de estórias subjetivas; segundo, é um ponto contemporâneo, um instantâneo num tempo determinado. A colaboração e a localização nos permitem obter um senso mais fino do processo emergente de autoconstrução e narração de estórias e fornecer um contexto social do tempo e espaço em que a estória se localiza.

Referências

COUPLAND, N. & NUSSBAUM, J.F. (1993). "Discourse and Lifespan Identity". In: *Language and Language Behaviors Series*. Vol. 4. Newbury Park/Londres/Nova Delhi: Sage.

DENZIN, N.K. (1989). *Interpretive Biography*. Newbury Park/Londres/Nova Delhi: Sage [Qualitative Research Methods Series, 17].

ELBAZ, R. (1987). *The Changing Nature of the Self*: A Critical Study of the Autobiographical Discourse. Iowa: University of Iowa Press.

GIDDENS, A. (1991). *Modernity and Self-identity*: Self and Society in the Late Modern Age. Cambridge: Polity/Basil Blackwell.

GOODSON, I.F. (1993). Forms of Knowledge and Teacher Education. *Journal of Education for Teaching, JET Papers*, 1.

LEINBERGER, P. & TUCKER, B. (1991). *The New Individualists*: The Generation After the Organization Man. Nova York: HarperCollins.

WOLFE, A. (1989). *Whose Keeper?* Social Science and Moral Obligation. Berkeley: University of California Press.

14
A estória até agora*

Conhecimento pessoal e o fator político

Neste capítulo exploro algumas formas de investigação que estão se tornando influentes na educação do professor. Em especial, desejo me concentrar em formas de investigação amplamente chamadas de "estórias", "narrativas", "conhecimento pessoal", "conhecimento prático" ou, em determinado gênero, "conhecimento prático pessoal".

Concordo plenamente com a urgência de se gerar novas formas de produção, colaboração, representação e conhecimento. Elas oferecem uma séria oportunidade de questionarmos muitos dos preconceitos enraizados de raça, classe ou gênero, que os modos existentes de investigação mistificam e reproduzem ao mesmo tempo (GIROUX, 1991). O relato de estórias e a narratologia são gêneros que nos permitem ir além (ou para a margem) dos principais paradigmas de investigação – com seus números, variáveis, psicometrias, psicologismos e teorias descontextualizadas. Logo, potencialmente, os novos gêneros oferecem a chance de um passo largo para a frente na representação da experiência vivida da educação.

Devido a esse potencial substancial, os novos gêneros exigem um escrutínio muito atento. Embora tenham alguns pontos fortes óbvios, também há certas fraquezas que podem se tornar incapacitantes. Nesse caso, podemos apoiar gêneros de investigação em nome da aquisição de poder enquanto, ao mesmo tempo, efetivamente removemos o poder das mesmas pessoas e causas com as quais buscamos trabalhar.

---

* *The International Journal of Qualitative Studies in Education*, 8 (1), 1995, p. 89-98.

Conhecimento pessoal e lógica cultural da Pós-modernidade

Antes de acolher o conhecimento pessoal na forma de narrativas e estórias, é importante localizar esse gênero nos padrões culturais emergentes das economias e sociedades contemporâneas. Embora o ritmo de mudança no momento seja rápido, muitas evidências apontam um Estado ou centro cada vez mais engrandecedor agindo para patrocinar "vozes" no âmbito de grupos de interesse, localidades e periferias. Segundo a perspectiva desses grupos, isso pode parecer aquisição de poder para os aborígenes oprimidos, deficientes físicos e mentais, *gays* e lésbicas e outros grupos merecedores. Tudo isso já passou. Mas precisamos estar cientes da matriz social geral. A aquisição de poder específica pode caminhar de mãos dadas com o controle social geral.

Portanto, além dessas novas vozes, um ataque sistemático a associações medianas ou secundárias está acontecendo – escolas, universidades, bibliotecas, agências de bem-estar social e similares. Um ataque, de fato, a muitas das agências de mediação e produção cultural existentes. A reestruturação econômica vem se aliando à redefinição cultural – uma redução de discursos contextuais e teóricos e um patrocínio geral de formas pessoais e práticas de discurso e produção cultural. O efeito geral será redesenhar substancialmente os modos existentes de análise política e cultural. No lugar deles, podemos acabar com o que Harvey (1989) chama de "tirania do local" associado ao que podemos chamar de especificidade do pessoal. Padrões gerais, contextos sociais, teorias críticas serão substituídos por estórias locais e anedotas pessoais.

Denzin (1991) comenta isso na sua crítica ao "movimento de estórias de vida" reabilitado.

> A lógica cultural do capitalismo tardio valoriza a estória de vida e o documento autobiográfico porque preservam o mito do indivíduo vivo autônomo e livre. As raízes modernas dessa lógica estão em *Confissões*, de Rousseau, um texto perfeitamente adequado à lógica cultural das novas sociedades capitalistas, onde uma divisão entre público e privado precisou ser mantida e onde a crença numa individualidade pura e natural foi cultivada. A lógica da confissão reifica o conceito da individualidade e o transforma numa mercadoria cultural. A ascensão ao poder das ciências sociais no século XX correspondeu à ascensão do Estado de vigilância moderno. Esse Estado exigia informações sobre seus cidadãos. Os cientistas sociais, tanto de vertente qualitativa quanto quantitativa, reuniam informações para essa sociedade. O retorno recente à estória de vida celebra

a importância do indivíduo sob a política conservadora da Pós-modernidade tardia (p. 2).

Portanto, na lógica cultural do capital tardio, a estória de vida representa uma forma de aparato cultural que acompanha um sistema de mercado e Estado engrandecedor novo. Na situação que está sendo "trabalhada para" o sujeito/Estado, o confronto consumidor/mercado será imediato. O espectro de associações secundárias e burocracias que atualmente "amortecem" ou medeiam esse padrão de relações sociais será progressivamente reduzido. O amortecedor cultural de teoria, crítica e comentários políticos também murchará. Não será o Estado que murchará (como na teoria marxista vã), mas a teoria crítica e a crítica cultural que se opõem ao Estado. No "fim da história", veremos o encerramento da contestação cultural evidenciado no discurso teórico e crítico. No seu lugar existirá um discurso informado contendo estórias e práticas – específicas, locais e localizadas, mas separadas dos entendimentos de contexto e processo social.

Na próxima seção, analiso como essa redefinição cultural está emergindo em alguns aspectos da mídia.

O contexto midiático do conhecimento pessoal

Esta seção analisa resumidamente a promoção de estórias mais pessoais no âmbito da mídia. As estratégias promocionais nesses níveis propõem questões que indagam: a transição para um conhecimento mais pessoal está acontecendo para atender os interesses de quem? Afinal, há um "custo de oportunidade" pelo tempo gasto com estórias pessoais – num mundo de tempo finito, menos tempo é gasto com outros aspectos, notadamente com análise social e política de espectro mais amplo.

O movimento rumo à narração de estórias está se tornando pronunciado na mídia. Isso pode ser visto claramente na mídia de países que até recentemente preservavam uma forte tradição de análise política e cultural. Michael Ignatieff, um canadense que trabalha na Grã-Bretanha e um dos mais elegantes analistas culturais, recentemente escreveu em *The Observer*: "Não importa o que nós, amadores, possamos professar piamente, o negócio da mídia não é a informação. É a narração de estórias" (IGNATIEFF, 1992, p. 21). Ele então esmiúça uma série de novos desenvolvimentos na mídia britânica que evidenciam essa tendência. A narração de estórias e as anedotas pessoais são a nova e poderosa moda:

Como se quisesse deixar bem óbvio, o *News at Ten*, da ITN, está reintroduzindo o seu fecho "E finalmente", "tradicionalmente dedicado a animais, crianças e à realeza". Após as imagens de Sarajevo, seremos presenteados, por exemplo, com adoráveis patos numa prancha de surfe. Os patos não estão ali simplesmente para nos animar, mas para atingir aquelas zonas subliminares de nós que querem acreditar que o horror de Sarajevo não passa de um faz de conta incômodo.
O desejo do público por estórias sobre patos em pranchas de surfe é apenas uma das tendências que estão desviando a mídia até da atenção nocional ao mundo real. A outra é o crescente fascínio da mídia por si mesma. Nas últimas semanas, vimos essa obsessão inflar-se a extremos barrocos de narcisismo. Quando Trevor McDonald consegue o emprego no *News at Ten* e Julia Somerville não; quando Sir David English deixa uma cadeira de editor e Simon Jenkins deixa outra; quando Andrew Neil rosna para o "santo" Andreas Whittam-Smith e o santo rosna de volta, eu me pergunto: alguém mais se importa além de nós? (IGNATIEFF, 1992, p. 21).

Ele observa que "há um preço a pagar quando a mídia sistematicamente se concentra em si mesma e ignora o mundo lá fora". O custo de oportunidade da narração de estórias é que as minúcias e anedotas pessoais substituem a análise cultural. Sobretudo, a "estória" é o outro lado de um encerramento da análise ampla, uma falha para a imaginação. Ele afirma:

Nessa falha e na espantosa autoabsorção da mídia, vejo um encolhimento na imaginação social do jornalismo. O que sei sobre a década de 1980 devo a um jornalismo convicto de que o desafio era descrever a Grã-Bretanha como se fosse um país desconhecido: *Road to Wigan Pier*, de Bea Campbell, por exemplo, ou *Before the Oil Ran Out*, de Ian Jack. Em vez de uma curiosidade social genuína, temos a entrevista com o assassino, o perfil da mídia, a última fofoca sem graça. Está tão na moda que nem conseguimos enxergar a capitulação que isso representa (IGNATIEFF, 1992, p. 21).

Os motivos para a promoção da anedota e estória pessoal são amplamente culturais e políticos, mas também especificamente econômicos. Eles se relacionam a padrões emergentes de globalização e corporatização. Em termos gerais, a mídia britânica está seguindo os padrões americanos em busca de patrocínio americano. O capital americano, assim, está reproduzindo o padrão americano da narração descontextualizada de estórias.

Constatamos que, no programa britânico *News at Ten*, as novas iniciativas no estilo de transmissão

são parte de um noticiário novo que, nas palavras de um executivo da ITN, passará a ser "mais previsível com uma abordagem de interesse humano mais distintiva". Ao que parece, os telespectadores apreciam a certeza tanto no formato do noticiário quanto na pessoa que o apresenta. Os gerentes seniores da ITN, como o executivo-chefe Bob Phillis, o editor-chefe Stewart Purvis e o produtor do *News at Ten* Nigel Dacre (irmão de Paul, novo editor do *Daily Mail*) aprenderam as lições com os noticiários de TV americanos (BROOKS, 1992, p. 69).

Os motivos para a convergência com os estilos americanos de narração de estórias são tratados depois.

Em 1994, as empresas ITV devem tornar-se acionistas minoritárias na ITN. As empresas de TV americanas CNN, CBS e NBC já voltaram os olhos para a ITN, apesar de que apenas uma delas provavelmente conseguirá participação. Não é coincidência que o *News at Ten* terá uma aparência mais americana – um único âncora, como Dan Rather ou Peter Jennings, por exemplo.

Em resumo, a ITN e o *News at Ten* estão sendo enfeitados para ficarem mais atraentes não apenas aos telespectadores, mas também a possíveis compradores (BROOKS, 1992, p. 69).

Na América é óbvio que a "estória" está sendo empregada especificamente para interromper análises políticas e culturais prolongadas. John Simpson (1992) recentemente escreveu sobre "o fechamento da mídia americana". Nesse fechamento, a "estória" ocupou um lugar de destaque ao excluir a América da análise política e notícias internacionais. Simpson analisa as notícias da CBS:

Após reportagens sobre a seca no oeste dos Estados Unidos e as notícias políticas domésticas diárias, o restante da transmissão de notícias da CBS dedicava-se a uma atração regular, *Eye on America*. O item daquela noite foi sobre um homem que estava cruzando a América de bicicleta com o filho, que sofria de paralisia cerebral. O objetivo era provocar uma sensação afetuosa e durava 3 minutos e 58 segundos, mais do que o tempo dedicado naquela noite a todo o resto do mundo.

Não surpreende ser quase certo que em breve não existirá um correspondente de redes de televisão americanas localizado em algum ponto do hemisfério sul. Adeus, África; adeus, maior parte da Ásia; adeus, América Latina (SIMPSON, 1992, p. 9).

Como é de se esperar de um britânico, Simpson conclui que o único depósito de análise cultural séria é a televisão britânica, que, como vimos, está sendo reestruturada de acordo com os imperativos americanos. Em suma, o círculo se fecha:

> Ouvir um inglês esnobando a América raramente é inspirador; mas, nesse caso, as reclamações vêm mais enfaticamente das próprias pessoas que trabalham para a televisão americana. Elas sabem o quão abrupto foi o declínio e por que aconteceu. Todas as três redes foram criadas por corporações gigantes que parecem considerar as notícias e atualidades como ramos da indústria de entretenimento e insistem que, para sobreviverem, precisam de anunciantes do mesmo modo que programas de entrevista e comédia. Uma organização jornalística não deve confiar em anunciantes: durante a Guerra do Golfo, a NBC perdeu $ 25 milhões em receita porque as empresas que haviam comprado espaço nos telejornais cancelaram os seus anúncios – receavam que os seus produtos aparecessem com reportagens de vítimas americanas.
> O declínio das redes é deprimente. A CBS é um dos maiores nomes do jornalismo, a organização nobre que transmitiu os despachos de guerra de Ed Murrow, de Londres, e os vereditos influentes de Walter Cronkite sobre a Guerra do Vietnã e Watergate. A história da NBC também é imponente. Recentemente ela anunciou que estava de volta ao jornalismo e pararia de transmitir estórias que fossem meras atrações. Mas o NBC News parece estar numa situação perigosa hoje em dia e não tem dinheiro para enviar as suas equipes para o exterior como fazia alguns anos atrás. A cobertura estrangeira, em sua maioria, é realizada com fotografias da agência de notícias da televisão britânica Visnews e da BBC (SIMPSON, 1992, p. 9).

Entramos no período do "capital autoritário" e Simpson alega que a "estória" é o indicador desse desfecho. Se for verdade, os defensores da narração de estórias têm parceiros estranhos.

> Earl e Irma, enquanto isso, ainda estão diante dos seus televisores serenamente inconscientes do que acontece ao redor. Decisões que afetam a sua vida estão sendo tomadas todos os dias em Frankfurt, Tóquio e Londres, mas ninguém os avisa. A maioria dos anunciantes da televisão apenas quer que eles se sintam bem, assim como as pessoas encarregadas de lhes transmitir as notícias. A sociedade mais livre do mundo conquistou o tipo de apagão jornalístico que ainda é um sonho para os regimes totalitários (SIMPSON, 1992, p. 9).

Por um lado, a veneração da estória pessoal como motivo central para a transmissão de conhecimento se conecta a outro tema na reestruturação atual: a reconstrução do meio-termo no sistema social e econômico. Ao patrocinar vozes na periferia, o centro pode estar fortalecendo a sua mão. Assim, a concessão de poder a vozes pessoais e periféricas pode andar de mãos dadas com o engrandecimento e uma concentração adicional de poder no centro. Como aponta Alan Wolfe em seu novo livro *Whose Keeper?*, "um debate que lança governo e mercado como principais mecanismos de organização social despreza todas as instituições intermediárias que são, de fato, as mais importantes na vida das pessoas: família, igreja, associações de bairro, vínculos de trabalho, sindicatos e várias organizações informais" (apud DIONNE, 1992, p. 18).

O apelo atual a "valores familiares" e pessoais na eleição dos Estados Unidos sem dúvida é guiado por uma percepção desse tipo de dissolução de estruturas sociais mediadoras. "O apelo dessa frase vaga é que ela fundamentalmente lembra as pessoas de que uma boa sociedade depende não somente, mas até principalmente, do seu bem-estar econômico, mas também dessa rede de relações pessoais e sociais que transcende o mercado e o governo" (ROSENTHAL, 1992, seção 4, p. 1).

Esse foco na narração de estórias emergiu cedo nos filmes. Em 1914, William e Cecil DeMille haviam desenvolvido uma técnica de narração de estórias que "seguiria os antigos princípios dramáticos, mas se adaptaria a um novo meio", "encontraria as próprias compensações pela sua falta de palavras... para tornar uma cadeia de pensamento visível o bastante para ser fotografada" (BERG, 1989, p. 48). Em 1916, isso havia chegado a tal ponto que levou o *ghost-writer* de Samuel Goldwyn a escrever: "quando comecei a Goldwyn Company, era o jogador, não o jogo, que importava" (p. 68).

Também no mundo da fantasia promovido pelo cinema, as estórias são o motivo central para a colonização e redirecionamento da experiência vivida. É assim desde muito cedo, como indica a citação de Goldwyn.

> Um modo indolor de entender este novo mundo foi sugerido por uma das próprias forças modernizadoras. O cinema oferecia muitas formas de orientação para americanos confusos, especialmente residentes urbanos imigrantes. Eles se tornaram um manual virtual para a aculturação. Mas um dos serviços mais importantes e sutis que o cinema oferecia era servir como modelo popular de coerência narrativa. Se a realidade fosse avassaladora, sempre era possível esculpi-la numa estória, como o cinema fazia. Era possível moldar a vida através das fórmulas conhecidas e acolhedoras vistas no cinema (*The New York Times*, 1991, p. 32).

Desde o início, portanto, o cinema começou a explorar novos terrenos para formular e domesticar a realidade.

Na vida americana, começando na década de 1920, várias mídias começam a explorar o tema da narração de estórias iniciado primeiramente no cinema. A imprensa tabloide e depois as revistas e a televisão começaram a apresentar uma série de enredos da vida real baseados em sequestros, assassinatos e escândalos políticos, crimes em instâncias executivas, campanhas eleitorais, Segunda Guerra Mundial, Guerra Fria, Watergate, a recente tentativa de golpe soviético e a Operação Restore Hope.

> Hoje virtualmente todas as notícias assumem uma configuração narrativa com causa e efeito, vilão e herói, início, meio e fim provisório, e frequentemente uma moral. Eventos que não se conformam prontamente, como o escândalo da poupança e empréstimo, por exemplo, parecem vagar num limbo nebuloso como um filme de arte europeu, não um elegante sucesso comercial americano (*The New York Times*, 1991, p. 32).

Pode-se considerar que o escândalo da poupança e empréstimo poderia ter sido causado para ficar em conformidade com um enredo muito excitante, mas na verdade foi empurrado para um limbo nebuloso. Isso suscita a questão crucial do poder da narração de estórias para criar certas narrativas vívidas e realistas, enquanto suprime outras. Logo, é óbvio que assassinatos, incêndios e sequestros são um material excitante para os enredos, mas muitas coisas que ocorrem na sociedade americana de algum modo ou de outro não formam um enredo razoável. É interessante, portanto, que um jornal tão influente como o *The New York Times* não considere o escândalo da poupança e empréstimo digno de um enredo. Em resumo, eles estão aceitando as crenças que subjazem ao gênero.

Gostaria de voltar ao *The New York Times* e mostrar uma citação maior sobre a importância da narração de estórias no jornalismo:

> É por isso que ler as notícias é como assistir a uma série de filmes: um crime envolvendo reféns é um *thriller*, os assassinatos em série de Milwaukee são um *Silêncio dos inocentes* morbidamente fascinante da vida real, o caso Kennedy Palm Beach é uma novela, um incêndio ou furacão é um filme-catástrofe.
> Suspeita-se inclusive que os americanos ficaram vidrados nas audiências de Clarence Thomas e Anita Hill na semana passada não por um senso de dever cívico, mas por ser um espetáculo fascinante – uma mistura de *Rashomon*, *Thelma e Louise* e *Testemunha de acusação*.
> Mas, assim como no cinema, "formular" a realidade é um jeito de domesticá-la e também de fugir dela. Michael Wood, no seu livro

> *America in the Movies*, descreve os nossos filmes como um "rearranjo dos nossos problemas em formatos que os domem, que os dispersem para as margens da nossa atenção" onde possamos esquecê-los. Ao estendermos essa função para a vida, convertemos tudo – desde o sequestro do bebê Lindbergh até as desventuras conjugais de Elizabeth Taylor – em distrações, entretenimentos baratos que nos desviam dos nossos problemas.
>
> Mas, antes de uma reprovação rápida demais, quase nos sentimos obrigados a admitir que transformar a vida em entretenimento escapista tem uma lógica perversa e um gênio peculiar. Por que se preocupar com os problemas aparentemente intratáveis da sociedade quando você pode simplesmente declarar "Amanheceu na América" e assistir a um longa-metragem de Frank Capra graças a um presidente humilde? Por que se preocupar com o poder econômico decadente da América quando você pode ver um filme de guerra honesto que prova a sua superioridade? O cinema sempre foi uma forma de realização de desejos. Por que não a vida?
>
> Quando a vida é um filme, ela propõe questões sérias àquelas coisas que não eram tradicionalmente entretenimento e agora precisam se acomodar. A política, por exemplo. Muito já se falou sobre o fato de que Ronald Reagan entrou na Casa Branca após uma vida de ator profissional. Lou Cannon, na sua biografia de Reagan, *President Reagan: The Role of a Lifetime*, detalha o quão crucial isso foi para o conceito de presidência de Reagan e o que sugere sobre o cenário político (NYT, 1991, p. 32).

O ponto importante a observar nessa e em outras citações é que o gênero narrativo está longe de ser socialmente e politicamente neutro. Como vimos numa citação anterior, o escândalo da poupança e empréstimo de certa forma não era um enredo válido. Do mesmo modo, os grandes exploradores de enredos, os John Waynes, os Ronald Reagans, tendem a ter determinada persuasão política e certa sensibilidade aos grupos de interesse dominantes na sociedade americana. A narração de estórias, portanto, rapidamente se torna uma forma de priorização social e política, uma forma particular de contar estórias que, à sua maneira, privilegia alguns enredos e silencia outros. Quando o foco não está voltado para eventos reais, mas para "o que faz uma boa estória", cria-se um atalho para o argumento de que certas realidades políticas "não dariam uma boa estória", enquanto outras dariam. Quando o foco deixa os eventos da vida real e se volta para o potencial narrativo, é possível também deslocar algumas realidades sociais e políticas indesejadas. Ainda que realidades indesejadas sejam ensurdecedoramente invasivas, como os motins de Los Angeles, é possível narrá-las de modo a criar uma distância atípica. Nas palavras de Umberto Eco, é possível transitar de uma situação em que as realidades são escrutinadas e analisadas para o mundo da vida americana, onde "hiper-realidades" são construídas.

Narração de estórias e estudo educacional

Não é porque a mídia costuma empregar estórias para impedir a análise política e cultural que as estórias e narrativas não têm o seu valor no estudo educacional. Mas advirto que devemos fazer uma pausa e pensar em dois pontos. Primeiro, se as estórias são usadas tão facilmente assim na mídia, é claramente possível que o mesmo aconteça no estudo educacional. Segundo, como fica evidente em algumas das citações anteriores, a forma pela qual "narramos" a nossa vida (portanto a forma pela qual nos apresentamos ao estudo educacional, entre outras coisas) está profundamente relacionada a enredos derivados de outros lugares. Na vida americana em especial, porém cada vez mais em outros lugares, formas de narrativas e estórias, os "enredos" clássicos, costumam derivar da televisão e dos jornais. Nesse sentido, Ronald Reagan não está sozinho; ele foi um presidente tão representativo graças à sua capacidade de captar e despachar os enredos centrais da vida americana. "Amanheceu na América" soava correto e verdadeiro. Era um enredo poderoso e não foi seriamente contestado pela análise política ou cultural. Mas, com o poder da retrospectiva, não foi uma mentira gigantesca que inaugurou uma nova depressão econômica?

Portanto, as estórias precisam ser questionadas e analisadas em seu contexto social. Em suma, estórias são, na maioria das vezes, veículos de mensagens dominantes, sendo elas próprias agentes de dominação. É claro que estórias opositoras podem ser captadas, mas são minoria e em geral cobertas ou reativas a enredos dominantes. Como Gordon Wells (1986) adverte, uma expressão prévia de realidade é em grande parte "uma destilação das estórias que compartilhamos: não apenas as narrativas que ouvimos e são contadas, lidas ou encenadas no teatro ou nas notícias da televisão, mas também as anedotas, explicações e conjecturas que servem como base às conversas cotidianas" (p. 196) ou, como observa Passerini (1987), "quando perguntamos qual é a estória de vida de alguém, a memória da pessoa se baseia em enredos preexistentes e modos de contar estórias, ainda que em parte sejam modificados pelas circunstâncias" (p. 28). Em outras palavras, isso significa que costumamos narrar a nossa vida de acordo com um "roteiro prévio", um roteiro escrito em outro lugar, por outros, para outros fins.

Visto assim, o uso de estórias no estudo educacional precisa tornar-se parte de um projeto maior de reapropriação. Não basta afirmar que queríamos "ouvir as pessoas", "captar suas vozes", "deixá-las contar suas estórias". É necessária uma colaboração bem mais ativa. O trabalho de Luisa Passerini sobre a classe operária de Turim e as narrativas pessoais femininas é um exemplo (PASSERINI, 1987, 1989). Como resume Weiler (1991):

> A ênfase de Passerini em formas narrativas recorrentes começa a revelar o modo pelo qual as pessoas se reconciliam com as contradições, geram significado a partir da própria vida e criam um senso coerente de si mesmas através de formas disponíveis de discurso. Ao mesmo tempo, ela aborda a "inadequação" ou "lacuna" entre "enredos preexistentes" e construções individuais da individualidade através da memória. À medida que os indivíduos constroem o seu passado, deixam contradições não resolvidas exatamente naqueles pontos onde o discurso fidedigno entra em conflito com os significados culturais coletivos (p. 6-7).

No centro de qualquer movimento para ajudar as pessoas, especialmente os professores, a se reapropriarem das suas experiências individuais vividas como estórias, existe a necessidade de colaboração ativa. No caso dos professores, às vezes isso estará associado a educadores localizados na academia, especialmente nas faculdades de educação.

A relação dos estudos que usam as estórias dos professores com a academia está no centro de uma das maiores questões éticas e metodológicas envolvidas em qualquer movimento para o desenvolvimento do uso colaborativo de estórias. É claro que as opiniões da academia abrangem um amplo espectro, desde a crença na sua função de "busca desinteressada por conhecimento" até a afirmativa da Internacional Situacionista de que "a *intelligentsia* é a sala de espelhos do poder". Em geral, assumo a posição que enfatiza o *interesse*, não o desinteresse da academia. Vejo muitas evidências empíricas de que os argumentos de David Tripp (1987) a esse respeito estão corretos, pois ele afirma: "Quando um método de pesquisa adquire aceitação e legitimidade acadêmica, tende a ser transformado para servir aos interesses da academia" (p. 2).

Becker (1970) comenta sobre a "hierarquia da credibilidade referente àqueles que tendemos a ouvir". Isso tem uma relevância geral para a nossa pesquisa sobre educação e sistemas escolares e especificamente para o nosso desejo de ouvir a voz do professor.

> Em qualquer sistema de grupos hierarquizados, os participantes consideram uma certeza imutável de que os membros do grupo mais alto têm o direito de definir como as coisas realmente são. Em qualquer organização, não importa o que mostre o resto do organograma, as setas indicam que o fluxo de informação aponta para cima, assim demonstrando (ao menos formalmente) que quem está no topo tem mais acesso do que qualquer outra pessoa a uma fotografia mais completa do que está acontecendo. Os membros dos grupos inferiores terão informações incompletas e a sua visão de realidade será parcial e destorcida como consequência. Portanto, do ponto de vista de um participante bem socializado no sistema, qualquer coisa contada por aqueles no topo intrinsecamente merece ser considerada o relato mais confiável que pode ser obtido a respeito do funcionamento da organização (BECKER, 1970, p. 126).

Ele apresenta um motivo particular para explicar por que os relatos "de baixo" podem não ser bem-vindos:

> Os diretores geralmente precisam mentir. É uma forma rude de afirmar, mas não é imprecisa. Os diretores precisam mentir porque raramente as coisas são como deveriam. Por uma infinidade de motivos que os sociólogos conhecem bem, as instituições são refratárias. Elas não agem como a sociedade gostaria. Hospitais não curam pessoas; prisões não reabilitam presos; escolas não educam alunos. Como é o seu dever, os diretores desenvolvem maneiras de negar a falha da instituição em agir como deveria e de explicar as falhas que não podem ser ocultas. Um relato sobre o funcionamento de uma instituição do ponto de vista dos subordinados, portanto, lança dúvidas sobre a diretoria e possivelmente pode expor as mentiras (BECKER, 1970, p. 128).

Por esses motivos, a academia normalmente aceita a "hierarquia da credibilidade": "reunimos diretores e o homem da rua numa aceitação irreflexiva da hierarquia da credibilidade. Não percebemos que há lados a defender e que estamos defendendo um deles". Portanto, Becker afirma que, para o pesquisador acadêmico:

> A hierarquia da credibilidade é uma característica da sociedade cuja existência não podemos negar, ainda que discordemos da sua diretiva para acreditarmos no homem que está no topo. Quando desenvolvemos empatia suficiente com os subordinados e vemos as coisas da perspectiva deles, sabemos que estamos contra o que "todo mundo sabe". O conhecimento nos faz hesitar e compartilhar, ainda que brevemente, a dúvida dos nossos colegas (BECKER, 1970, p. 129).

O trabalho de pesquisa, então, raramente está desinteressado, e os principais interesses em ação são do poderoso "homem que está no topo" de Becker e da própria academia. O reconhecimento desses interesses se torna crucial quando conduzimos estudos com estórias de professores, pois os dados gerados e os relatos feitos podem ser facilmente mal-utilizados e sofrer abuso tanto de grupos de interesse poderosos quanto da academia. Middleton (1992, p. 20) observa que "nas escolas as pessoas são constantemente reguladas e classificadas", mas essa vigilância se estende aos próprios professores. É óbvio que estudos com estórias de professores podem estar envolvidos nesse processo, a menos que sejamos profundamente atentos a quem "possui" os dados e controla os relatos. Se Becker estiver certo sobre os "diretores mentirem", também é evidente que eles podem apropriar-se e usar incorretamente dados sobre a vida dos professores. Do mesmo modo, quem está na academia pode obter informações sobre a vida dos professores e usá-las inteiramente em benefício próprio.

Mas Becker nos lembra de que o terreno da pesquisa envolve não apenas vozes diferenciadas, mas estratificadas. É importante recordar que os políticos e burocratas que controlam as escolas são parte de um sistema estratificado onde "quem está no topo tem mais acesso do que qualquer outra pessoa a uma fotografia mais completa do que está acontecendo". Seria um infortúnio se, ao estudarmos as estórias dos professores, ignorássemos esses parâmetros contextuais que violam tão substancialmente e restringem constantemente a vida dos professores. Portanto, uma parte crucial da nossa postura ética enquanto pesquisadores é não "valorizarmos a subjetividade daqueles que não têm poder" a título de contar a "estória deles". Seria meramente registrar a consciência constrita – postura profundamente conservadora e que, como observa Denzin, sem dúvida explica a popularidade de tais trabalhos durante o recente renascimento político conservador. Acredito que as estórias dos professores devem, quando possível, prover não apenas uma "*narrativa da ação*", mas também uma história ou *genealogia do contexto*. A minha afirmativa está plenamente ciente de que isso gera riscos substanciais de mudança na relação entre "cedente da estória" e "receptor da pesquisa" e desequilíbrio da relação rumo à academia.

Acredito, contudo, que esses riscos devem ser enfrentados se ocorrer uma colaboração genuína entre o cedente da estória de vida e o receptor da pesquisa. Num sentido real, "não pode ser apenas concessão sem recepção". Em que sentido o "receptor da pesquisa" está na posição de dar e prover a base para uma colaboração razoavelmente igualitária? Já comentei que aquilo que buscamos no desenvolvimento de uma colaboração genuína no estudo das estórias dos professores é um "*ponto de negociação*" viável entre cedente da estória e receptor da pesquisa. A chave para esse ponto de negociação é a localização estrutural diferencial do receptor da pesquisa. O acadêmico tem tempo e recursos para colaborar com os professores no desenvolvimento de "genealogias do contexto". Essas genealogias podem prover aos professores enquanto grupo aspectos da "fotografia completa" que têm aqueles que controlam a sua vida (ou ao menos desejam ter).

> Boa parte do trabalho que está emergindo sobre a vida dos professores lança ideias estruturais que localizam a vida do professor dentro do ambiente profundamente estruturado e enraizado da educação. Isso propicia um "ponto de negociação" primordial para o pesquisador externo. Uma das características valiosas de uma colaboração entre professores enquanto pesquisadores e pesquisadores externos é que se trata de uma colaboração entre duas partes diferencialmente localizadas em termos estruturais. Cada uma vê o mundo através de um prisma diferente de prática e pensamento. Essa diferença valiosa possibilita ao pesquisador externo oferecer de volta os produtos "da negociação". O professor/pesquisador oferece dados e ideias. Os termos da negociação, em suma, parecem favoráveis. Nessas condições, a colaboração pode ao menos começar (GOODSON & WALKER, 1990, p. 148-149).

Ao defender a provisão de histórias ou genealogias do contexto, lembro-me dos comentários de V.S. Naipaul. Naipaul tem uma excelente sensibilidade às "estórias" que as pessoas contam da própria vida, para ele percepções subjetivas são dados prioritários (NAIPAUL, 1987). Buruma (1991) considera:

> O que torna Naipaul um dos escritores mais civilizados do mundo é sua recusa em ser envolvido pelas pessoas e sua insistência em ouvir as pessoas, indivíduos, com sua própria linguagem e estórias. Nesse sentido ele está certo quando afirma não ter opinião; ele é impaciente com abstrações. O seu interesse é no modo pelo qual as pessoas individuais veem a si e ao mundo onde vivem. Ele registrou suas histórias, sonhos, estórias e mundos (p. 3).

Até aí, então, Naipaul ecoa o interesse daqueles pesquisadores da educação que buscam captar estórias e narrativas de professores contadas em suas próprias palavras e termos. Mas estou interessado nas mudanças mais recentes na postura de Naipaul. Ele começou a fornecer muito mais origens históricas, parece-me que está indo rumo à provisão de estórias, mas também de genealogias do contexto. Ele deixa claro que encara isso como a concessão de poder àqueles cujas estórias ele já contou mais passivamente: "despertar para a história era cessar de viver instintivamente. Era começar a ver a si e ao grupo como o mundo externo os vê; e era conhecer um tipo de fúria" (BURUMA, 1991, p. 4).

MacIntyre (1981) segue uma linha similar ao argumentar que o homem "é essencialmente um animal contador de estórias". Ele afirma que "a estória da minha vida está sempre enraizada na estória das comunidades de onde a minha identidade deriva".

> O que sou, portanto, é essencialmente o que herdo, um passado específico que está presente até certo ponto no meu presente. Eu me vejo como parte de uma história que é em geral, goste eu ou não, reconheça ou não, um dos pilares de uma tradição. Foi importante quando caracterizei o conceito de prática observar que as práticas sempre têm histórias e que, a qualquer momento, o que é a prática depende de um modo de compreendê-la que foi transmitido muitas vezes através de várias gerações. Assim, até onde as virtudes sustentam as relações necessárias para as práticas, elas precisam sustentar as relações com o passado – e com o futuro – e também com o presente. Mas as tradições pelas quais determinadas práticas são transmitidas e remodeladas jamais existem em isolamento para tradições sociais maiores.

E continua:

> Numa tradição, a busca pelo bem se estende por gerações, às vezes muitas gerações. Portanto, a busca do indivíduo pelo seu bem é conduzida de modo geral e característico num contexto definido por aquelas tradições das quais a vida do indivíduo faz parte, e isso é verdade tanto para o bem inerente a práticas quanto para o bem de uma única vida. Mais uma vez, o fenômeno narrativo de enraizamento é crucial: a história de uma prática em nosso tempo está enraizada de modo geral e característico e torna-se inteligível em termos da história maior e mais longa da tradição através da qual a prática na sua forma presente nos foi transmitida. A história de vida de cada um de nós está enraizada de modo geral e característico e torna-se inteligível em termos de histórias maiores e mais longas de várias tradições (MacINTYRE, 1981, p. 206-207).

Middleton (1992) resume de várias formas as aspirações quando afirma:

> Os professores e os seus alunos devem analisar a relação entre as suas biografias individuais, eventos históricos e restrições impostas às suas escolhas pessoais por relações de poder mais amplas, como de classe, raça e gênero (p. 19).

Ao proverem essa análise intercontextual, as diferentes metodologias destacadas nesse volume apresentam caminhos importantes. Todos combinam o interesse em contar as estórias dos professores com um interesse igual em fornecer um contexto mais amplo para a localização, compreensão e fundamentação dessas estórias.

Ao despertar para a história em nossos estudos com estórias dos professores, senti por um tempo que o trabalho com histórias de vida é um caminho muito valioso para o trabalho colaborativo e intercontextual (GOODSON, 1992). A distinção entre estórias de vida e histórias de vida é algo importante a reafirmar. A estória de vida é uma reconstrução pessoal da experiência, nesse caso pelo professor. Os "cedentes de estórias de vida" em geral fornecem dados ao pesquisador em entrevistas de estrutura flexível. O pesquisador tenta extrair as percepções e estórias do professor, mas em geral é um tanto passivo, não ativamente interrogativo.

A história de vida também começa com a estória de vida que o professor conta, mas tenta fundamentar-se nas informações fornecidas. Portanto, relatos de outras pessoas podem ser obtidos, evidências documentárias e uma série de dados históricos reunidos. O interesse é desenvolver um modo amplo intertextual e intercontextual de análise. Essa provisão de uma série mais ampla de dados permite a construção de um fundo contextual.

Algo crucial à transição para a história de vida é uma mudança na natureza da colaboração. O professor passa a ser mais do que um contador de estórias e torna-se um investigador mais geral; o pesquisador externo é mais do que um ouvinte e alguém que obtém estórias, estando ativamente envolvido na construção textual e contextual. Em termos de intercâmbio, eu diria que um ponto de negociação mais viável pode ser estabelecido. Esse ponto de negociação, ao se concentrar nas estórias *no contexto*, possibilita um novo foco para desenvolver as nossas compreensões conjuntas de educação. Através da provisão desse diálogo de "uma estória de ação dentro de uma teoria de contexto", um novo contexto é apresentado para a colaboração. Por fim, o pesquisador-professor pode colaborar com a investigação não apenas das estórias de vida, mas dos contextos de vida. Tal colaboração deve propiciar novos entendimentos para todos nós interessados no mundo da educação.

Conhecimento pessoal e pesquisa educacional

Como vimos, contar estórias tem sido um sinal na mídia de afastamento da análise cultural e política. Por que, então, devemos acreditar que seria diferente na pesquisa educacional e social? Afinal, a pesquisa educacional tende a estar atrás da análise cultural e política dominante na sua persuasão e vitalidade, não à frente.

Voltemos um passo. A narração de estórias surgiu porque os modos de análise cultural e política eram tendenciosos, brancos, masculinos e de classe média. Outras formas de conhecimento e representação cresceram na periferia para desafiar o centro tendencioso. Porém, esses discursos contrários, após conquistarem algum êxito na representação das "vozes silenciadas", permaneceram abrigados no particular e no específico. Em suma, não desenvolveram as próprias ligações com a análise cultural e política.

A crença de boa parte do otimismo pós-moderno é que, ao concedermos poder a vozes e discursos novos, ao contarmos estórias, em resumo, talvez reescrevamos e reinscrevamos a velha retórica burguesa masculina branca. Mas e daí?

Novas estórias por si mesmas não analisam nem abordam as estruturas de poder. Não é o nível do senso comum, digno de pausa, que define as novas estórias e vozes em relação a um senso do poder contínuo do centro? A versão ocidental da Alta Modernidade é ascendente em toda parte – temos um "fim do triunfalismo da história" sem paralelos com a maioria dos desafios históricos vencidos. Seria esse novo capital autoritário ascendente um veículo provável para a concessão de poder aos silenciados e oprimidos? Isso parece improvável, especialmente porque o capital historicamente tem sido o veículo para a própria construção e emudecimento dos mesmos grupos oprimidos. Não é mais provável, então, que os novos discursos e vozes que concedem poder à periferia na verdade ao mesmo tempo fortaleçam, estimulem e solidifiquem os velhos centros de poder? Em suma, não estamos testemunhando o velho jogo de dividir para conquistar?

Agradecimentos

Este capítulo foi apresentado em duas sessões do Aera, Atlanta, em abril de 1993: na sessão restrita a convidados *Living Lives, Studying Lives, Writing Lives: An Educational Potpourri or Pot-au-Feu?*; e na sessão da mesa-redonda *Living Lives, Studying Lives, Writing Lives*.

Referências

BECKER, H.S. (1970). *Sociological Work*: Method and Substance. Chicago: Aldine.

BERG, A.S. (1989). *Goldwyn* – A Biography. Nova York: Knopf.

BROOKS, R. (1992). And Finally... News at Ten Goes Tabloid. *The Observer*, 19/jul.

BURUMA, I. (1991). Signs of Life. *New York Review of Books*, 38 (4), p. 3.

DENZIN, N.K. (1991). Deconstructing the Biographical Method. [Artigo apresentado na:] *1991 Aera Annual Meeting*, Chicago, abr.

DIONNE Jr., E.J. (1992). The Disillusion with Politics could be Dangerous. *Guardian Weekly*, 19/jul.

GIROUX, H. (1991). *Border Crossings*. Londres/Nova York: Routledge/Kegan Paul.

GOODSON, I.F. (org.). (1992). *Studying Teachers' Lives*. Londres/Nova York: Routledge.

GOODSON, I.F. & WALKER, R. (1990). *Biography, Identity and Schooling*. Londres/Nova York/Filadélfia: Falmer.

HARVEY, D. (1989). *The Condition of Postmodernity*. Londres: Blackwell.

IGNATIEFF, M. (1992). The Media Admires Itself in the Mirror. *The Observer*, 19/jul.

MacINTYRE, A. (1981). *After Virtue*: A Study in Moral Theory. Londres: Duckworth.

MIDDLETON, S. (1992). "Developing a Radical Pedagogy". In: GOODSON, I.F. (org.). *Studying Teachers' Lives*. Londres/Nova York: Routledge.

NAIPAUL, V.S. (1987). *The Enigma of Arrival*. Londres: Viking.

NYT (1991). Now Playing Across America: Real Life, the Movie. *The New York Times*, 20/out.

PASSERINI, L. (1989). "Women's Personal Narratives: Myths, Experiences, and Emotions". In: PERSONAL NARRATIVES GROUP (orgs.). *Interpreting Women's Lives*. Bloomington: Indiana University Press.

_____ (1987). *Fascism in Popular Memory*: The Cultural Experience of the Turin Working Class. Cambridge: Cambridge University Press.

ROSENTHAL, A. (1992). What's Meant and What's Mean in the "Family Values" Battle. *The New York Times*, 26/jul.

SIMPSON, J. (1992). The Closing of the American Media. *The Spectator*, 18/jul.

TRIPP, D. (1987). *Teacher Autobiography and Classroom Practice*. Western Australia: Murdoch University [Mimeo.].

WEILER, K. (1991). *Remembering and Representing Life Choices*: A Critical Perspective on Teachers' Oral History Narratives [Mimeo.].

WELLS, G. (1986). *The Meaning Makers*. Londres: Hodder and Stoughton.

15
Pesquisa-ação e o projeto reflexivo das individualidades*

Neste capítulo, analiso a área de pesquisa-ação através das histórias de vida de alguns dos protagonistas fundamentais. Isso possibilita uma forma de investigar as missões pessoais que alicerçam a pesquisa-ação sobre a vida dos movimentos sociais.

Um procedimento comum ao se explorar o impacto e a disseminação de um projeto pode ser a análise textual. Seguindo esse procedimento, acredita-se que um projeto é disseminado através da produção textual dos agentes fundamentais. Aqui assevera-se tacitamente que os novatos da pesquisa-ação seriam persuadidos pela leitura dos textos e escuta das interpretações dos principais defensores do movimento. Logo, pelo intercâmbio intertextual e negociação intersubjetiva, os novatos aderem ao movimento e o movimento se desenvolve e cresce.

Uma visão oposta a essa visão racional/textual seria que aqui estamos mais interessados (ou igualmente interessados) em questões de conhecimento pessoal e construção; podemos alegar que os novatos estão menos interessados em justificação textual do que em questões de estilo de vida e identidade. Assim, um contrapeso à conversão textual seria a possibilidade de os novatos de movimentos sociais como a pesquisa-ação na verdade estarem envolvidos em comparações de identidade ou estilo de vida. Com essa visão, estariam mais interessados nos tipos de estilos de vida ou identidades levados em suspensão nos novos movimentos sociais. Então, em vez de uma visão de pesquisa-ação como disseminação, como procedimento através da adoção racional após a conversão textual, aqui estaríamos buscando uma série mais pessoal de motivos. Isso se misturaria com questões de identidade e estilo de vida e, portanto, o melhor

---

* "International Action Research: A Casebook for Education Reform". In: HOLLINGSWORTH, S. (org.). *Action Research Reader*. Londres: Falmer, 1997. Aqui temos um poema que está sustentando Eliot assim como ele está sustentando o poema (ACKROYD, P. in: *The Wasteland*).

modo de pesquisar nessa visão de contrapeso seria pela coleta de várias histórias de vida.

O projeto "Professores enquanto pesquisadores" da Universidade de East Anglia nos possibilitou testar essa visão de ação social como política de identidade. No estágio de trabalho de campo do projeto, uma série de entrevistas de histórias de vida foi conduzida com professores que empregavam modalidades de pesquisa-ação e/ou eram membros de grupos e projetos de pesquisa-ação. O grupo incluía vários dos "agentes fundamentais" da pesquisa-ação.

Esse movimento direcionado à análise da política de identidade, embora sem dúvida em parte seja uma resposta aos discursos pós-modernos, relaciona-se a mudanças na economia e superestrutura. Como afirma Wolf, provavelmente não é o Estado de bem-estar social que será desmantelado na nova época "após o fim da história", mas também aspectos da superestrutura (WOLF, 1989). Em especial, argumenta ele, algumas das associações medianas, como universidades e escolas, também poderão ser diminuídas e acopladas de maneiras significativas. Isso significa que locais institucionais, missões institucionais, objetivos institucionais e movimentos institucionais podem deixar de ser os locais mais significativos de combate e análise. Isso também significa que os gêneros metodológicos que se concentram na análise institucional e teorização institucional poderão ser similarmente diminuídos e, portanto, a necessidade de se desenvolver novos gêneros passa a ser premente.

Uma das arenas novas para combate e definição sem dúvida será a da identidade e vida pessoal. É aqui que talvez um dos projetos mais interessantes, o que Giddens (1991) chama de "projeto reflexivo da individualidade", será contestado na nova época. A política de vida, a política da construção da identidade e a contínua manutenção da identidade passarão a ser um importante ponto crescente de contestação ideológica e intelectual.

É óbvio que a ligação entre política de identidade, projeto reflexivo da individualidade e movimentos e missões sociais e institucionais mais amplos sempre existiram. Ao analisar essa inter-relação, precisamos desenvolver padrões mais extensos de dados e análise de dados que se concentrem no projeto reflexivo da individualidade. De fato, precisamos ampliar e aprofundar o conceito de individualidade mantendo distância de uma noção singular, unitária e linear da narrativa da individualidade em direção a uma noção múltipla e mais fluida de individualidade. Logo, o foco neste trabalho é no projeto reflexivo das individualidades que deve aludir ao aspecto multifacetado do projeto. Afirma-se que, embora singularmente incorporada e enraizada, a individualidade tem múltiplas facetas e perspectivas.

Antes de abordar alguns dos temas e tópicos que emergem nas entrevistas e análise subsequente de dados, a título de exemplificação eu gostaria de apresentar uma citação longa de um importante defensor da pesquisa-ação que mostra a relação estreita entre o projeto reflexivo da individualidade e o desenvolvimento da pesquisa-ação. Há poucas tentativas de manter "teorias" ocultas até o fim das entrevistas. Neste modelo que não foi usado, o teórico pode emergir da vegetação rasteira da entrevista e apresentar a teoria imaculada que estava sendo gestada sem o conhecimento do entrevistado. Em vez disso, neste relatório tentamos transportar o máximo possível a "voz" dos entrevistados, mesmo notando que a voz deles na verdade é uma "terceira voz" – a voz construída por entrevistado e entrevistador nas negociações interativas. Certamente não há tentativa de fazer o entrevistador atuar como "presidente neutro" nessas entrevistas. Os temas e ideias emergentes são exibidos, testados e muitas vezes rejeitados. Assim vemos uma terceira voz sendo negociada, contestada e construída nessas entrevistas.

> *Ent.:* Bem, eu não sei, cresci com muitas agressões que direcionei a mim mesmo e depois, gradualmente, aprendi como externar essas agressões. E sempre tive uma tensão entre ser de várias maneiras extremamente extrovertido, como a vida e a alma da festa, muito articulado, verbal e, hum... entendeu?
> *IG:* Mas isso não passa de encenação.
> *Ent.:* Não passa de encenação, teatro. E aí também existia esse tipo de caráter introvertido neurótico. A maioria não vê isso agora...
> *IG:* Hum, você mencionou que –
> *Ent.:* Aquele tipo machão e depois alguém recluso, isolado, sensível e tímido.
> *IG:* Hum, quem é você de verdade, o último?
> *Ent.:* Não, acho que sou os dois, por isso o problema da pesquisa-ação e prática da teoria. Acho que sou os dois e tento mantê-los unidos de algum modo interativo. Hum... Então por que *Sailing* seria a minha música favorita? Rod Stewart, certo? – a) porque é –
> *IG:* É transcendente...
> *Ent.:* Sim, porque você vê o mar. O mar e navegar, a marinha foi outra visão que eu tinha de vocação que não aconteceu. Hum... Mas sempre me vi como um homem de ação e um intelectual.
> *IG:* Por que você acha? Volte para aquela parte, antes você disse algo sobre a agressão que você conseguia internalizar, de onde vinha a agressão? Era sobre o quê?

Ent.: Bem, sempre achei que era agressão contra o meu pai que eu não ousava expressar, senão eu apanhava.
IG: Aposto que era o contrário.
Ent.: O quê?
IG: Era mais a sua mãe, não era?
Ent.: Sim, agora acho que era, agressão contra a minha mãe, então tive um problema tremendo que convive comigo até hoje, agressão contra as mulheres.
IG: E era agressão porque ela não estava, embora ela estivesse lá, ela não se interessava de verdade? Quero dizer –
Ent.: Não. A minha mãe adorava os filhos, fui um menino mimado pela mãe de certa forma.
IG: Sufocado?
Ent.: Absolutamente sufocado, então tinha muito medo de me comprometer com as mulheres, um medo que a maioria dos homens tem de certa forma.
IG: Hum... Então foi o sufocamento que provocou a agressão?
Ent.: É, demorei uns 45 anos até conseguir me relacionar com uma mulher emotiva. Todas as mulheres que me atraíam antes eram aqueles tipos indiferentes, frios, tipo Grace Kelly, que eu via como um desafio quebrar a barreira, é claro que nunca fiz e nunca quis me envolver emocionalmente porque a minha mãe era emotiva, sempre associei emotividade a manipulação.
IG: Então a pesquisa-ação é uma forma de recuperar aquele sentido de autonomia, certo?
Ent.: Sim, sim.
IG: Retomar o poder.
Ent.: Ah, sim, por isso estou falando em poder. Autonomia, o controle da sua vida. E desenvolver uma distinção, assumir o controle e estar no controle. Tenho uma concepção de que você não pode na verdade controlar as suas circunstâncias, o comportamento de todo mundo, o que você pode fazer é estar sempre no controle de si mesmo, a construção de si mesmo em relação à situação.

Os elementos dessa entrevista compõem um pano de fundo útil para a análise temática da série de entrevistas conduzidas com os defensores da pesquisa-ação. Vários dos temas abordados nessa entrevista podem ser discernidos de modo mais geral no material da entrevista. Três temas em especial se destacam. Primeiro, a questão do professor enquanto intelectual, cientista e pesquisador. Essas afirmativas posicionais assumem uma forma similar em todas as entrevistas conduzidas. É como se os entrevistados sofressem ao expor que renunciam à definição estreita do professor enquanto técnico, libertador, implementador dos objetivos de outras pessoas. Há uma forte ênfase na autonomia do trabalho do professor e isso parece se relacionar claramente a uma definição de individualidade como intelectual, cientista ou pesquisador. Vários entrevistados falam eloquentemente do senso de individualidade e autonomia que é expresso através dos espaços e locais associados a visões e trabalhos intelectuais.

Essa questão que trata do espaço autônomo assumindo o "projeto reflexivo da individualidade" se relaciona a dois outros temas. Eles podem ser vistos como rotas diferentes de movimento ou fuga. Então, como segundo tema, temos o que pode ser descrito como a "fuga da individualidade". A tentativa de transcender os locais e definições sociais iniciais através do movimento para outra psique e local situacional. Terceiro, temos o movimento além da sala de aula em direção a uma noção mais purista de localização intelectual. Os temas de fuga da sala de aula e fuga da individualidade original parecem comuns nas entrevistas conduzidas. Mas, antes de analisarmos a noção de fuga, precisamos definir os pontos de partida.

Origens e destinos

Antes de explorar os principais temas percebidos nas entrevistas, é importante apresentar um contexto das origens e destinos dos principais entrevistados. Alguns entrevistados falaram francamente sobre o seu percurso e traumas dos anos iniciais. Essas experiências podem ser um caminho que explica o apelo de um movimento social como a pesquisa-ação em termos da sua postura missionária geral, mas também em termos do seu potencial para "encenar" lutas psíquicas mais amplas. Isso se relaciona especificamente à sua crença fundamental – à sua promessa psíquica, se preferir – de que a ação pode ser "pesquisada", intelectualizada e racionalizada como guia para o comportamento e como meio de asseverar o controle num mundo psíquico – e, mais tarde, cotidiano – precário e às vezes hostil.

Uma das entrevistadas falou sobre a mãe antes de analisar algumas das suas experiências antigas. A entrevista esclarece algumas das ligações entre experiências antigas e o apelo do "movimento da pesquisa-ação" no qual hoje é uma agente fundamental.

> *Ent.:* Ela era um espírito muito independente. Aprendeu a dirigir na Índia. Insistia em dirigir tanto quanto o meu pai. Insistia em ter a própria conta bancária, ela considerava uma questão de orgulho eles não terem uma conta conjunta. Aí, quando ela recebia algum dinheiro de umas tias, ela tinha controle. Para ela foi muito difícil

não poder trabalhar. Mas o pai dela tinha tanta vergonha que a esposa (a minha avó), a minha avó tinha sido enfermeira. Era filha do vigário e eles precisavam trabalhar porque não eram tão prósperos, mas quando ela se casou com um médico, ninguém mais soube que ela tinha sido enfermeira, descobriram que ela tinha sido enfermeira somente depois que ela morreu, e acharam documentos em posse dela que mostravam que ela tinha se formado e trabalhado como enfermeira antes de se casar. Então ele considerava uma questão de verdadeiro orgulho poder sustentar a família, apesar de ele nunca ter tido dinheiro, eles sempre foram incrivelmente duros. Então isso foi, sem dúvida foi uma influência muito forte para mim, ainda é. Tenho a maior dificuldade de entender uma das minhas filhas, que absolutamente não quer ter uma profissão, mora num ônibus, é uma viajante *new age*, sei lá. Tudo bem, entendo intelectualmente, mas para mim foi tão importante, na época o que eu via era fazer alguma coisa da minha vida. Para mim, simplesmente passar a vida criando a nova geração de filhos era como, eu não estava deixando uma marca, sabe, eu sentia que a vida seria sem propósito, que a minha missão teria se perdido se eu simplesmente fosse aquela que produziria a próxima geração. E isso era muito forte para mim.
IG: Diga-me o que era isso.
Ent.: Porque eu me sentia aprisionada.

A sensação de "aprisionamento", "sufocamento" ou encarceramento num ambiente regional ou classe circunscrita foi um tema comum. Isso em geral provocava o desejo de formas de "escape" ou "transcendência".

A rota da bolsa de estudos para a escola de formação acadêmica [*grammar school*] como "área de autotranscendência" foi comentada pela maioria dos entrevistados. Diferenças de gênero claras emergem nesses relatos de sucesso educacional.

Fui a primeira da minha família a entrar na universidade – sabe, a estória de sempre. Eu era filha única – éramos minha mãe e eu, meu pai tinha morrido quando eu era muito criança. Não tinha ninguém na família que pudesse orientar sobre o ensino superior. Entrar na universidade realmente foi um grande passo e nós também éramos muito pobres, então foi um esforço tremendo. Eu cresci no sudeste de Londres – eu sempre viveria em Londres.
Minha mãe era uma Harris e tinha um ramo rico da família que era dono do Harris's Break and Cakes. Acho que essa empresa não existe mais. A família tinha o compromisso de educar os garotos. Eles pagavam para os garotos irem para escolas de formação acadêmica,

mas as meninas saíam cedo da escola – presumivelmente com a expectativa de se casarem. Então a minha mãe saiu da escola com 14 anos e trabalhou em várias coisas, mas também ficou muito tempo estudando à noite no Morley College. Ali tinha muita coisa de música. Ela não se formou porque entrava e saía. Tinha muita música na família. Os homens bebiam e jogavam um pouco, e eu fui criada num ambiente feminino – sem que nenhuma das mulheres tivesse alguma formação. O padrão era que as mulheres economizassem e os homens gastassem – e eu precisei aprender a me libertar do hábito feminino!

Mas sabiam da importância de entrar na universidade. Eu me lembro de ir a entrevistas em Nottingham e vários lugares, mas escolhi ir para Londres porque a minha mãe estava doente e queria que eu a visitasse nos fins de semana. Fui para o Westfield College em Hampstead.

Meu pai era químico, mas morreu quando eu era bem pequena. Não sei muito sobre o lado da família paterna.

Os "garotos bolsistas" e as "garotas bolsistas" que entravam nas escolas de formação acadêmica nas décadas de 1950 e 1960 vivenciavam uma considerável incerteza na sua marginalidade cultural. Isso foi documentado por Hoggart (1958), Steedman (1986) e talvez, de modo mais influente, em Jackson e Marsden (1962).

O destaque das estórias sobre garotas e garotos bolsistas nos relatos coletados tem importância considerável e muito provavelmente é um canteiro natural para a transição para estórias do "professor como intelectual". É como se a arena da educação servisse como local para os atos de transcendência e envolvimento racional relatados pelos entrevistados. Nesse sentido, é provável que as escolas ocupem um lugar mítico nas estórias e sonhos dessas pessoas. É quase como se assim eles se socializassem com a Modernidade devido à relação estreita com o projeto reflexivo da individualidade. Por isso não surpreende que, mais tarde na vida, o trabalho deles tenha se voltado à pesquisa-ação para tentar melhorar (às vezes de formas transcendentes) a educação pública. Nesse sentido, a relação entre projetos individuais reflexivos das individualidades e seu resultado coletivo no movimento social da pesquisa-ação é um ponto importante para a nossa análise social.

Professores enquanto intelectuais

A possibilidade de uma concepção de "professores enquanto intelectuais" ou "professores enquanto pesquisadores" depende muito das condições sociais e políticas de certos períodos históricos. É significativo o fato de boa parte da exploração e operacionalização do conceito de "professor enquanto pesquisador" e "professor enquanto intelectual" terem ocorrido na década de 1960. No Reino Unido, nessa época o governo do Partido Trabalhista patrocinava várias soluções através da educação como parte da implementação ampla da educação de formação geral. Esse foi o período que Eric Hobsbawm (1994) caracterizou como "era dourada" – uma era de capitalismo social democrata em que padrões de lucro e acumulação possibilitavam graus de frouxidão na construção e reprodução social que seriam inteiramente impensáveis hoje. Logo, o estímulo aos professores enquanto pesquisadores e intelectuais como parte de um projeto mais amplo, embora parcial, social e político, foi específico ao fim da década de 1950 e à década de 1960.

> *Ivor:* Mas seria justo dizer que simplesmente voltar através da biografia e revisar, o que você realmente quer dizer em termos de por que a questão do professor enquanto pesquisador começou para você numa escola onde você estava tentando como professor construir o espaço biográfico que sempre quis?
> *Ent.:* Sim.
> *Ivor:* Você queria ser pesquisador?
> *Ent.:* Sim, com certeza.
> *Ivor:* Você queria ser um pesquisador científico, mas isso era uma discussão e você acabou sendo professor?
> *Ent.:* Sim, mas não se esqueça de que a minha pesquisa sempre foi pesquisa-ação num sentido. Como físico nuclear, eu queria –
> *Ivor:* Sim, claro.
> *Ent.:* Quebrar o átomo e disparar bombas [risos]
> *Ivor:* Sim, isso é bastante ativo.

Por esse motivo, é interessante que muitos dos entrevistados expressem opiniões similares à noção de Henry Giroux de "professores enquanto intelectuais", concepção que se origina consideravelmente, e possivelmente de modo imperceptível, das concepções anteriores do professor enquanto pesquisador – que foram pioneiras na Europa. Giroux afirma:

> Enquanto intelectuais, combinarão reflexão e ação com o interesse de permitir que os alunos adquiram habilidades e conhecimentos necessários para tratarem injustiças e serem atores críticos comprometidos em desenvolver um mundo livre de opressão e exploração (GIROUX, 1988, p. xxxiv).

Ele também define a transformação e os aspectos transcendentes dessa conceituação de individualidade e trabalho.

As condições materiais sob as quais os professores trabalham constituem a base para delimitar ou fortalecer a sua prática enquanto intelectuais. Portanto, professores e intelectuais precisarão reconsiderar e, possivelmente, transformar a natureza fundamental das condições sob as quais trabalham. Ou seja, os professores devem ser capazes de chacoalhar a forma pela qual tempo, espaço, atividade e conhecimento organizam o cotidiano nas escolas. Mais especificamente, para funcionarem como intelectuais, os professores devem criar a ideologia e as condições estruturais necessárias para escreverem, pesquisarem e trabalharem uns com os outros na produção de currículos e divisão de poder. Na análise final, os professores precisam desenvolver um discurso e uma série de crenças que lhes possibilitem funcionar mais especificamente como intelectuais transformadores (GIROUX, 1988, p. xxiv).

Uma das entrevistadas falou sobre o destaque desse conceito de ser "intelectual" e o modo pelo qual isso lhe ocorreu nos meses em que ficou na Irlanda após um divórcio. O planejamento do conceito de individualidade como intelectual desempenha um papel crucial no projeto reflexivo de autoconstrução que foi assumido e o que é descrito na entrevista.

>*Ivor:* Você acaba de usar a frase "assumir o controle com todas as ideias organizadas"; é interessante que observei, antes de assumir o controle racional/intelectual, a noção de ser acadêmico, de ser um intelectual, ligada a essa ideia de como alguém assume o controle da própria vida e biografia partindo do que foi uma infância sem raízes e fragmentada, você acha que essa questão de como alguém assume o controle através dos livros e da imaginação é parte do motivo para você?
>*Ent.:* Acho. E acho que é bem perceptível. Sim.
>*Ivor:* Então quando você fala em se tornar acadêmica, intelectual, isso deve ter um tipo de significado biográfico sobre como alguém assume o controle da vida?
>*Ent.:* Sim, tenho certeza. Tenho certeza de que é fácil ver as raízes na minha infância, mas também acho que, quando você é uma criança solitária, você recorre muito aos livros. Uma das poucas coisas que me lembro de contar ao psicanalista em Dublin pelo pouco tempo que me deitei no divã foi que eu realmente tinha vivido nos livros em parte da minha infância e de repente descobri que as pessoas eram interessantes. Acho que foi quando fiz boas amizades nos últimos dois ou três anos que eu estava naquela escola em Dublin. Sempre achei uma ideia estranha e na verdade isso se relaciona ao que penso sobre a pesquisa-ação, a ideia de que não se pode aprender com

livros é muito peculiar a mim na verdade. Eu vejo quais são os problemas, mas acho que um dos grandes problemas com muitos trabalhos de pesquisa-ação é não estarem suficientemente enraizados no conhecimento das ideias de outras pessoas. Não tenho paciência com gente que ridiculariza algo chamado conhecimento propositivo. Acho que se deseja ter todos os tipos de experiência e a leitura é uma experiência interessantíssima. E incluo a experiência imaginária, boa parte da minha infância foi trancada em lugares muito chatos, mas era possível ter experiências imaginárias tremendas através da leitura. Então uma imagem importante para mim era estar deitada naquele internato em Malvern que ficava no antigo hotel da ferrovia e ouvir os trens passando à noite. Era tão maravilhoso ouvir aqueles trens apitando e pensar neles cruzando a noite, livres. Acho que eu praticamente não tinha liberdade por toda a minha infância, então, quando finalmente fui para Trinity, fui designada para ficar num dos alojamentos femininos, mas basicamente nunca fiz uma refeição lá no período inteiro porque ficava a uns 6km de bicicleta e não valia a pena ir para casa porque eu não poderia fazer nada à noite. Então eu parti, as minhas lembranças de aluna eram andar de bicicleta por Dublin, luxuosamente, pensando que poderia ir para qualquer lugar que quisesse e fazer o que bem entendesse. Sou completamente livre.

Padrões de transcendência

Depois, ao discutir um período de transferência após os anos de ensino, a entrevistada da seção anterior referiu-se ao "evento absolutamente transformador de toda a minha carreira", certamente uma transição crucial no projeto contínuo de autoconstrução, do qual a trajetória emergia com uma clareza crescente: aconteceu enquanto ela estava no Instituto de Cambridge, numa transferência em horário integral do seu emprego de professora:

> *Ent.:* Quando estava tomando um café, alguém me disse que uma coisa ótima eram os estudos curriculares e que ele ia fazer estudos curriculares com um cara chamado John Elliott, e eu disse, "Ah, então vou junto". Então fui à primeira aula do John, mesmo sem estar matriculada como sua aluna, e disse a ele: "Posso assistir? Estou interessada". No fim da aula, saí pensando que aquilo era alucinante, porque de repente, em vez de ser apenas um ano de descanso, era a chance de algo absolutamente instigante, ir para escolas e realizar pesquisa no lugar dos professores. Foi o que ele nos falou na primeira aula, o que nos descreveu, existiam escolas onde os profes-

sores estavam com problemas. Eles queriam que os alunos fossem, trabalhassem com eles e realizassem uma pesquisa no lugar deles e os ajudassem a melhorar a sua prática. Eu achei –
Ivor: E por que isso atraiu tanto você?
Ent.: Achei que parecia a possibilidade mais excitante e interessante de – [risos]. Ah, eu acho, não sei, Ivor, de verdade. Acho que a palavra "pesquisa" significava muito, eu ainda, eu nunca achei que eu estava fazendo algo chamado, eu chamava de pesquisa-ação, mas eu não a diferenciava de pesquisa. Eu achava tão importante quanto, eu, na verdade, não ficava grilada achando que aquilo que eu fazia não era uma pesquisa apropriada. Eu me sentia afrontada quando descobria que os outros não necessariamente achavam que era.

Um dos temas recorrentes das entrevistas sobre as origens e estórias de vida das pessoas é a observação do que um entrevistado de fato chama de "transcendência", a transição de uma visão de individualidade para uma gama mais ampla de alternativas ou individualidades múltiplas. Uma das entrevistadas fala especificamente de como as noções de individualidades múltiplas começaram a emergir no seu trabalho com pesquisa-ação.

Então escrevi algo sobre as minhas individualidades múltiplas e a construção da minha individualidade para gerentes de pessoal. E o autoposicionamento, e a sua forma de ser enquanto indivíduo precisa agir politicamente. Assim, você não pode ter a noção de uma individualidade verdadeira porque você precisa ser um ator político, senão você não tem poder. Então você precisa conhecer as individualidades diferentes que pode empregar.

O desenvolvimento desse projeto reflexivo das individualidades muitas vezes poderia ser reconstruído retrospectivamente nas entrevistas, embora de modo parcial e seletivo. Um episódio, por exemplo, fala de um "momento de tirar o fôlego" em que a pessoa percebe que havia uma série de futuros alternativos que possibilitariam uma conceituação diferente de individualidade. O episódio aconteceu quando o professor que, como vimos antes, desejava uma visão de si mesmo como pesquisador científico e ornitológico envolveu-se na atividade de capturar pássaros.

Ent.: Eu me lembro de uma noite, enquanto conversávamos sobre Kenneth Allsopp e tal, de capturar as alvéolas, o que fazíamos muito, e um pequeno falcão, percebendo o que estava acontecendo, sobrevoou um tempo ao redor até aquela enorme pilha de alvéolas chegar e capturou a mais fraca. Foi um momento de tirar o fôlego, então

esses momentos aconteciam, mas estão à parte. Isso me conectou com aquele mundo, era tangencial, não parte dele e, ao mesmo tempo, pressões estavam começando a ocorrer, eu era Chefe de Ciência 4, será que eu não estava tentando chegar a chefe substituto? Algo que eu nunca me vi fazendo. Então o que isso deu, acho que na época eu não sabia, mas o que deu foi uma visão alternativa do futuro, e isso é uma frase de Stenhouse, você deve conhecer, sabe –
Ivor: Sim.
Ent.: Como sonhos, futuros possíveis e, mesmo não tendo lido Stenhouse até aquele momento, é assim que eu caracterizaria.

As visões de futuros alternativos e individualidades alternativas muitas vezes se originavam do reconhecimento de que a localização social original e o padrão de socialização eram inaceitáveis. Como disse uma entrevistada, ela vinha para "entender que certos aspectos do modo pelo qual fui criada foram péssimos". Devido a essas origens, ela continua:

Para mim era difícil ser o tipo de pessoa que eu queria ser. Ter os tipos de valores democráticos aos quais eu desejava aspirar não era algo que eu poderia fazer automaticamente. Sabe, "sempre que eu abria a boca, fazia outro inglês me desprezar". Não era apenas a minha forma de me expressar, mas as frases que usava, meu discurso. Era terrivelmente difícil desconstruir todo um sistema discursivo no qual você foi criada, ainda que racionalmente você tenha entendido que não quer ser parte dele.

Isso parece uma declaração articulada e concisa do desejo de fugir ao máximo da localização social original e da individualidade socialmente construída.

Abandonando o ensino

Além do desejo de fugir da localização social original e do padrão de socialização, existia um desejo subsequente de fugir da sala de aula, um local similarmente enraizado de socialização e definição da individualidade tão sistemático e penetrante quanto qualquer coisa vivenciada na vida familiar.

Ivor: Então você não pensou muito antes de abandonar o ensino, foi uma decisão fácil?
Ent.: Hum... Eu não queria voltar. Eu sabia que era arriscado, mas eu me sentia segura e simplesmente fui em frente.
Ivor: Quando você diz que não queria voltar, naquela fase você já estava cansada de ensinar e, em caso afirmativo, por quê?

Ent.: Acho que sim. Bem, porque eu me sentia como alguém que gradualmente descascava cada vez mais camadas protetoras por tentar fugir das rotinas, as técnicas protetoras com que os professores se cercavam. Aquela sensação originalmente quando comecei, de que a minha personalidade estava sendo agredida, eu costumava me sentir assim porque tinha de disciplinar pessoas e obrigar pessoas a fazerem coisas que não queriam. Foi muito bom para mim porque na verdade eu era insegura de várias formas quando comecei como professora. Era uma mistura curiosa, mas uma parte de mim era muito insegura e isso me fortaleceu porque eu tinha de assumir esse papel o tempo todo. Mas depois, quando comecei a fazer pesquisa-ação, a investigação sobre a interação entre os alunos e eu e a análise dos meus motivos e crenças tácitas e tudo isso, e também observar atentamente quais trabalhos de aprendizagem eu definia significavam que eu definia trabalhos cada vez mais difíceis, então eu estava perdendo parte da negociação recíproca que as pessoas fariam confortavelmente porque eu não as desafiava tanto. Então o trabalho era muito exigente e, quanto mais você descasca essas camadas protetoras e tenta se envolver com cada aluno individualmente, e depois as pessoas simplesmente dizem: "Cai fora" porque eles são adolescentes e não querem estar ali, é devastador. Comecei a me descontrolar às vezes. O meu grande dilema era sempre como se envolver numa conversa individual o bastante com as pessoas para realmente fazê-las progredirem intelectualmente. Como você as escuta, volta com uma resposta que lhes permita levar o pensamento adiante. Em outras palavras, como ter algum tipo de diálogo socrático quando você tem outras vinte e nove pessoas na sala? Bem, o único jeito de fazer isso é mudando toda a responsabilidade pela aprendizagem e criando um novo ambiente onde eles se responsabilizam pela própria aprendizagem. E tentei conseguir isso e consegui em várias turmas, mas não consegui com grupos que eram, em certo sentido –
Ivor: Como os outros profissionais da escola reagiram às suas intervenções socráticas?
Ent.: Não acho que eles sabiam muita coisa, acho que eu precisava ficar quieta sobre o que eu fazia. Embora, curiosamente, a minha dissertação de mestrado, na verdade toda a minha pesquisa de mestrado me tornou muito mais conhecida na escola no final, porque eu entrevistava as pessoas e as entrevistava despida da minha função de Chefe de Inglês. E eu as ouvia e anotava o que diziam e elas adoravam.
Ivor: Mas em termos do que você está dizendo, aqui está você, você está vivenciando exatamente esse modo de praticante reflexiva, mas

de algum modo isso levou você a concluir que seria melhor ir fazer outra coisa que não fosse ensinar, certo?
Ent.: É, eu sei, mas esse é o problema e a culpa. É por isso que, quando você começa no primeiro emprego fora do magistério, você não se sente bem em estar numa cidade durante um dia letivo. Você na verdade se sente mal quando desce para comprar um par de sapatos – por muito tempo depois de desistir do magistério, você sabe exatamente o que estão fazendo neste momento se você ainda estivesse na escola. Aí você passa pelo portão da escola, para ir de Thatcham a Redmond e, em vez de pensar, "que droga que ainda falta uma hora e quinze no trânsito antes de chegar ao trabalho", você pensa que é uma substituição maravilhosa para a correção de todos os livros de exercícios que eu costumava fazer o domingo inteiro. E acaba o sentimento de pavor aos domingos quando penso na manhã de segunda-feira. E não sei por que isso é parte integrante do magistério, mas eu nunca – provavelmente você vai dizer que é uma exceção –, mas nunca conheci um professor que não tenha admitido uma sensação de pavor na tarde de domingo.

Os problemas de fuga da sala de aula são evidenciados na experiência de um dos entrevistados. Após um período longo em projetos de pesquisa-ação localizados na universidade, ele falou dos problemas de voltar ao magistério.

Ent.: Então eu tive de confiar na autoridade e eles disseram, "tudo bem, você pode ser professor substituto aqui". E fui para uma escola em Cambridgeshire como substituto e todas as dicas que eu pensava saber sobre lidar com alunos não funcionaram. Numa escola onde eu tinha ensinado por nove anos, bastava tossir para a escola inteira se calar, sabe? Você sabe que eles me conheciam, eu os conhecia, eles sabiam quando eu estava falando sério, e mesmo assim nessa outra escola eu fiz isso e uma criança veio na minha frente e me deu uma pastilha para tosse. Bochechudinho danado... Todos os meus conhecimentos práticos tinham se perdido e foi um pesadelo, o período de verão inteiro ali, tentando sobreviver numa situação que antes você conseguia resolver com o pé nas costas, foi um pesadelo.
Ivor: É muito paradoxal, não é? Após uma imersão longa na pesquisa-ação pautada no praticante, você acabou ficando sem conhecimentos.
Ent.: Totalmente.
Ivor: E esse é o paradoxo, não é?
Ent.: É.
Ivor: Como você explica?

305

Ent.: Acho que há várias formas de explicar, é como as pessoas dizem, o cavalo não pode perceber que o cavaleiro tem medo. Não era medo que os alunos percebiam em mim, mas eles sabiam da minha falta de motivação, que eu não queria estar ali, num mundo onde eu não queria estar.
Ivor: A sua visão de si mesmo, então, realmente mudou durante esses anos?
Ent.: Ah, sim.
Ivor: De que para quê? De praticante –
Ent.: Para pesquisador, acho que seria o, o [pausa] – e no fim terminei o mestrado no processo e aí comecei a me ver naquela área de atuação. E era onde eu queria estar e estar em outro lugar era como se fosse uma falha no projeto. Hum –
Ivor: Como assim?
Ent.: No projeto de estar dentro do mundo da pesquisa. Precisar me enfiar de volta na escola. Eu não estava sendo útil aos alunos, não estava onde queria e eles sabiam. Eu sabia.

O que fica evidente nessa entrevista é o modo em que um novo sentido de individualidade havia emergido enquanto o entrevistado estava no projeto de pesquisa-ação em universidades. E foi impossível, por assim dizer, levar esse sentido de individualidade de volta para a sala de aula. Como ele diz, "comecei a me ver naquela área de atuação". E era difícil, portanto, reingressar no mundo das salas de aula.

Conclusão

O espectro de temas que emergem nas entrevistas é convincente, mas também seletivos em sua natureza. Optamos por entrevistar vários dos "agentes fundamentais" do movimento de pesquisa-ação e, como resultado, temos uma coorte de pessoas que passaram para posições de elite dentro do setor universitário. O que fica evidente, porém, é que levar a sério a noção do professor enquanto intelectual e do professor enquanto pesquisador muitas vezes gerou a conclusão lógica da transição de ser professor para, num sentido puro, ser pesquisador ou intelectual. Essa lógica foi construída dentro do paradigma desde o início e talvez não surpreenda que alguns dos agentes fundamentais no movimento tenham seguido essa área de atuação até a sua conclusão.

A natureza seletiva da amostra provoca outras questões. Em especial, temos o grande exército de professores que não abandonam as salas de aula, mas continuam a praticar noções do professor enquanto pesquisador ou intelectual nas salas de aula. Associada a isso está a questão talvez mais crítica de todas: a pesquisa-ação está institucionalizada nos cursos universitários de modo a incentivar noções de fuga e transcendência? A pesquisa-ação percebida e institucionalizada nas universidades assume uma forma particular que encoraje padrões de abstração e intelectualização que sejam convenientes ao ambiente e carreiras universitárias ali buscadas, mas inapropriados e descontextualizados para quem deseja levar a pesquisa-ação de volta às salas de aula?

Isso se relaciona a questões da relação entre vidas privadas (e projetos individuais) e trajetórias (e carreiras) profissionais. Os padrões de *status* e recursos que estruturam as carreiras profissionais influenciam os padrões até de tradições contrárias, como a pesquisa-ação, de modo a penetrar em projetos privados e públicos. Eles nos advertem que, como afirmava C. Wright Mills: "Um estudo social que não retorne aos problemas de biografia, história e suas interseções dentro de uma sociedade não concluiu a sua jornada intelectual" (WRIGHT MILLS, 1959, p. 6).

Referências

GIDDENS, A. (1991). *Modernity and Self-identity*: Self and Society in the Late Modern Age. Cambridge: Polity/Basil Blackwell.

GIROUX, H.A. (1988). *Teachers and Intellectuals*: Towards a Critical Pedagogy of Learning? South Hadley: Bergen and Garvey.

HOBSBAWM, E. (1994). *Age of Extremes*: The Short Twentieth Century, 1914-1991. Londres: Michael Joseph.

HOGGART, R. (1958). *The Uses of Literacy*. Harmondsworth: Penguin Books/Chatto and Windus.

JACKSON, B. & MARSDEN, D. (1962). *Education and the Working Class*. Londres: Routledge/Kegan Paul.

STEEDMAN, C. (1986). *Landscape for a Good Woman*. Londres: Virago.

STENHOUSE, L. (1975). *An Introduction to Curriculum Research and Development*. Londres: Heinemann.

WOLF, A. (1989). *Whose Keeper?* Social Science and Moral Obligation. Berkeley: University of California Press.

WRIGHT MILLS, C. (1959). *The Sociological Imagination*. Londres: Oxford University Press.

16
Escrutinando as estórias de vida*

O uso de estórias de vida, histórias de vida e narrativas hoje é uma área de pesquisa fortemente emergente e que tem possibilidades animadoras para a reformulação de alguns dos paradigmas existentes de estudo educacional. Há, entretanto, várias interrogações que surgem imediatamente quando escrutinamos estórias como aquelas descritas nos últimos capítulos. Uma das questões que desejo focar neste capítulo é o "roteiro prévio" no qual essas estórias se baseiam. As estórias não estão livres do roteiro prévio e das predileções que são uma característica de todos os nossos relatos e investigações sociais.

Vale observar que esse roteiro prévio funciona nas duas direções cronológicas. Sabemos que um roteiro define e atribui significados às nossas ações futuras, mas os enredos sociais também vão para trás. Como observa Schachtel, tendemos a recordar e nos lembrar do significado da ordem social à medida que "as próprias percepções e experiências importantes se desenvolvem cada vez mais, tornando-se chancelas de clichês convencionais" (SCHACHTEL, 1959, p. 288).

O poder do roteiro prévio fica mais evidente, é claro, no trabalho dos atores. Mas às vezes os próprios atores assumem a autoria da "realidade". Veja o exemplo do ator de filmes B chamado Ronald Reagan, que acabou tornando-se presidente dos Estados Unidos. Ao analisarmos a capacidade de Reagan de suspender a realidade, como menciona Shultz, ele "não acreditou que aquilo que aconteceu na verdade tinha acontecido". Em suma, Reagan desenvolveu um roteiro de vida e trabalho. Shultz diz: "ele estudava o 'roteiro' de um evento passado ou presente e, depois que o roteiro havia sido dominado, passava a ser verdade – nenhum fato, argumento, pedido de reconsideração o fariam mudar de ideia". Para Reagan, o roteiro era a realidade e, dado o seu poder, a realidade era o roteiro. Draper comenta: "De fato o ator de filmes B ainda era um ator de

---

* In: BASCIA, N.; THIESSEN, D. & GOODSON, I. (orgs.). *Making a Difference about Difference*. Toronto: Garamond, 1996, p. 123-138.

filmes B como presidente. Ele seguia um roteiro porque foi isso que ele aprendeu a fazer" (DRAPER, 1993, p. 59).

Em geral, embora a maioria das pessoas não sejam atores e contem as suas estórias de modos idiossincráticos pessoais, empregam roteiros prévios derivados do ambiente cultural geral. Assim contam a própria estória, mas também a narram de acordo com estórias mais amplas. Em resumo, é a relação entre agente e estrutura que invade o mundo das estórias e narrativas.

Para explicar essa interface, eu gostaria de começar com um exemplo. Em boa parte da vida norte-americana, a estória de vida contada, para não dizer vivida, segue uma série de estágios claros. Como você pode ver em qualquer comercial da Budweiser, a estória de vida adulta inicia com um período de diversão febril durante a nossa juventude, que começa em torno dos 14 anos e se alonga até quando consegue se sustentar. A colisão entre essa visão de vida exuberante e jovem e a aceitação indiscutível (mas muito contestada) de que morremos normalmente ocorre no episódio inventado da crise da meia-idade. *Seasons of a Man's Life*, de Levinson (1978) (que se concentra muito nos homens profissionais), narra a estória de vida desde a juventude até a articulação de um "sonho central". Os homens lutam por conquistar esse sonho e o ponto culminante – a colisão ou colapso – fica em torno dos 40 anos. Logo depois, tenha você conquistado ou não o seu sonho, surge a noção de crise da meia-idade.

O que vem após esse período na maioria das narrativas é o início de um período de declínio e deterioração, culminando no fim da vida. Em várias maneiras, essa narrativa de juventude seguida por um sonho profissional central seguido por declínio ao menos representou, de modo razoável, o espectro de vida esperado até as décadas de 1950 ou 1960. Com a transformação da medicina e o aumento da expectativa de vida, esses roteiros prévios, esses enredos, ficaram anacrônicos. Como estória cultural, essa transformação retém o poder de revestir e se sobrepor aos nossos modos mais pessoais de contar estórias.

Apenas muito recentemente a literatura começou a apresentar uma estória de vida de não declínio a quem tem entre 40 e 60 anos. Como afirmou Margaret Gullette (1988) recentemente em seu elegante estudo sobre a invenção do romance do progresso da meia-idade:

> A diferença no fim do século XX é que a visão minoritária mais otimista do curso de vida está começando a aparecer no modo reiterado e gradualmente mais autoconsciente que permite que qualquer

> visão nova se torne visível. Estamos vendo o novo paradigma – a nova ideologia – sobre a meia-idade formatando-se sob os nossos olhos leitores (p. 24).

A nova ideologia – o novo roteiro prévio – fala sobre um período de progresso, e não declínio, dos 40 aos 60 anos. Ela afirma:

> Talvez, para termos sequências do curso de vida para um tipo progressivo em quaisquer números, tivéssemos de esperar pela combinação de várias circunstâncias favoráveis na segunda metade do século XX. A literatura confessional tornou-se aceitável, enquanto o formato de romance dava a ilusão de privacidade para autores que de outro modo poderiam relutar em parecer mais confessionais até do que os poetas.

Segundo:

> Um *boom* demográfico permitiu que o público ficasse mais preparado à medida que envelhecesse para renunciar ao seu culto original à juventude e, assim preparado, para ouvir notícias melhores sobre o seu envelhecimento ansioso. De fato, como uma jamanta, uma parte da coorte de meia-idade fica feliz em esmagar antigos estereótipos de envelhecimento sob a sua carcaça que nutre o futuro. Um cartão-postal, uma camiseta e uma caneca nos exibem uma frase progressista: "Jamais confie em alguém com mais de 30, 36, 40, 45". Quando o declínio econômico teria exercido uma pressão intolerável sobre a disposição do público leitor a aceitar estórias de melhoria na meia-idade, os anos pós-guerra foram um período de *boom* econômico. As leis do divórcio e a revolução sexual expandiram as escolhas e atitudes abertas aos adultos, e a revolução feminista, aquelas abertas às mulheres.

O que Gullette sugere, portanto, é que somente agora a literatura – e a literatura normalmente está à frente de outros veículos culturais de ideologia – está apresentando um roteiro diferente para o modo pelo qual narramos a nossa vida (GULLETTE, 1988, p. 24-26).

A maneira pela qual esses enredos agora são aceitos pode ser observada adequadamente no modo em que as mulheres falam sobre a própria vida. Angela Lambert recentemente comentou a respeito na sua coluna de jornal:

> Nas últimas décadas, houve uma verdadeira revolução na vida das mulheres de meia-idade largamente deflagrada pelo feminismo. A minha mãe foi uma mulher típica da sua geração: considerada de meia-idade aos 35, velha aos 40. Ainda me lembro de como ela la-

> mentou comoventemente o seu aniversário de 40 anos – como se toda a diversão tivesse saído da sua vida. Sou velha – era o seu lamento; ninguém vai se interessar por mim, me paquerar, dançar comigo de novo.
> Nem passou pela minha cabeça pensar assim aos 40, muito menos aos 50, nem suponho que vou pensar assim aos 60. A mulher mais velha de hoje pode ter uma vida tão vigorosa e participativa no mundo e no trabalho quanto o homem mais velho. Esse papel central se reflete no seu rosto: cheio de interesse, energia, curiosidade e segurança. As minhas contemporâneas são maravilhosas. Têm muita inteligência para não parecerem ridículas tentando parecer menininhas. O que de fato têm é a beleza de um estilo seguro e o controle da própria vida (LAMBERT, 1994, p. 17).

O que estou buscando é uma forma de localizar o nosso escrutínio de estórias para mostrar que as ideologias, estruturas e formas gerais que empregamos para estruturar o nosso modo de contar as nossas estórias individuais vêm de uma cultura mais ampla. Logo, é uma ilusão pensar que captamos apenas a voz da pessoa ao captarmos uma estória pessoal. O que captamos, na verdade, é uma mediação entre a voz pessoal e os imperativos culturais mais amplos. Portanto, é necessário não somente encorajar as pessoas a *narrar*, mas encorajá-las a *colaborar* também de modo a *localizar* a narrativa e a estória no seu cenário cultural mais amplo. Em suma, precisamos de três aspectos interligados: narração, colaboração e localização.

Portanto, é parte crucial da nossa postura ética enquanto pesquisadores não "valorizarmos a subjetividade dos fracos" em nome de contar "a estória deles". Isso seria meramente registrar uma consciência restrita – postura profundamente conservadora e que sem dúvida explica a popularidade desse trabalho durante o recente renascimento político conservador. Acho que as estórias devem, quando possível, prover não somente uma *narrativa da ação*, mas também uma história da *genealogia do contexto*. Faço essa afirmação com total consciência de que isso gera riscos substanciais de mais mudanças na relação com a academia.

Gostaria de mostrar outro exemplo de um roteiro prévio que se tornou obsoleto com as mudanças nas estruturas sociais e possibilidades políticas. É o roteiro do garoto bolsista. Estranhamente, Bill Clinton, apesar de Whitewater, pode ressuscitar esse dinossauro cultural. É claro que as bolsas de estudo eram concedidas tanto a alunos e alunas, mas, considerando a política cultural e de gênero da época, o "garoto bolsista" é que era mais celebrado, narrado e descrito.

Richard Hoggart, na sua influente obra *Uses of Literacy*, foi um importante registrador do enredo do "garoto bolsista". No capítulo "Brotos Eretos: Nota sobre os Desarraigados e Ansiosos", ele começa citando Chekhov e depois George Eliot a respeito dos garotos bolsistas.

> Por favor, escrevam uma estória que conte como um jovem, filho de um servo, que foi balconista, corista, secundarista e universitário, criado para respeitar a hierarquia e beijar a mão do padre, acatar as ideias dos outros, ser grato por cada pedaço de pão, que foi surrado várias vezes, que teve de frequentar a escola particular sem galochas, que lutou contra animais brabos, que gostava de jantar na casa de conhecidos abastados e foi hipócrita tanto com Deus quanto com o homem sem nenhuma necessidade, simplesmente movido pela consciência da própria insignificância – descrevam como esse jovem espreme o escravo de si, gota a gota, e como, ao despertar numa bela manhã, não sente mais correr nas veias o sangue de um escravo, mas o sangue humano genuíno (Chekhov).
>
> Lamento muito por ele. É no mínimo desconcertante ser o que chamamos de altamente educado e não apreciar: estar presente neste grandioso espetáculo da vida e jamais estar livre de um pequeno eu trêmulo e faminto (George Eliot) (HOGGART, 1958, p. 241).

Com essas citações, Hoggart inicia a sua exploração da agonia e êxtase do garoto bolsista. Por escrever em 1957, ele deve ser situado numa época e local em que os governos socialistas britânicos estavam tentando construir uma "Nova Jerusalém" pós-guerra baseada em certas versões seletivas de igualdade e justiça social. A estória do "garoto bolsista", portanto, testemunha uma versão particular da narrativa do progresso – que agora é desvalorizada como algo reminiscente dos modelos antiquados de meritocracias, masculinismos e marxismos. Esses fatores emprestam ao texto de Hoggart um sabor estranhamente ultrapassado, apesar de ter sido escrito há menos de 40 anos:

> Será conveniente falar primeiro sobre a natureza do desarraigamento que alguns garotos bolsistas vivenciam. Penso naqueles que por vários anos, talvez por muito tempo, tenham a sensação de não pertencerem mais a grupo algum. Todos nós sabemos que muitos encontram estabilidade em suas novas situações. Há entendidos e especialistas "desclassificados" que entram nas próprias esferas depois que a longa escalada da bolsa de estudos os leva a um doutorado. Há indivíduos brilhantes que se tornam ótimos administradores e oficiais, e sentem-se totalmente em casa. Há alguns, não necessariamente tão talentosos, que conquistam uma espécie de estabilidade

que não chega a ser passividade, tampouco inconsciência, que se sentem à vontade em seu novo grupo sem nenhuma adoção ostensiva da coloração protetora desse grupo e que têm uma relação fácil com os seus parentes da classe operária, baseados não numa forma de tradição, mas em respeito justo. Quase todo garoto da classe operária que passa pelo processo de ampliar a educação através de bolsas de estudo se vê em atrito com o seu ambiente na adolescência. Ele está no ponto de fricção de duas culturas; o teste da sua verdadeira educação está na sua habilidade, ao redor dos vinte e cinco anos, de sorrir como o seu pai, com todo o rosto, respeitar a irmã mais nova distraída e o irmão mais lento. Eu me preocupo com aqueles para quem o desarraigamento é especialmente problemático, não porque desejo enfatizar as características mais depressivas da vida contemporânea, mas porque as dificuldades de algumas pessoas iluminam muito a discussão mais ampla sobre a mudança cultural. Como um rebanho transplantado, reagem a uma seca generalizada antes daqueles que foram deixados no seu solo original.

Às vezes tendo a pensar que o problema do autoajuste é, em geral, especialmente difícil para os garotos da classe operária moderadamente dotados, com talento suficiente para separá-los da maioria dos seus contemporâneos da mesma classe, mas que não vão tão longe. Não estou sugerindo uma correlação entre inteligência e falta de inquietação; os intelectuais têm os seus problemas, mas esse tipo de ansiedade muitas vezes parece afligir aqueles da classe operária que foram afastados da sua cultura original, mas não têm o equipamento intelectual que lhes permitiria integrar especialistas e profissionais "desclassificados". Num sentido, é verdade, ninguém é "desclassificado"; e é interessante ver como isso ocasionalmente irrompe (principalmente hoje, quando ex-garotos da classe operária se movimentam em todas as áreas administrativas da sociedade) – no toque da insegurança, que geralmente surge como um interesse indevido em "marcar presença" num professor de outra forma muito profissional, na simplicidade intermitentemente bruta de um importante executivo e comissário, na tendência à vertigem que denuncia um sentido sorrateiro de incerteza num jornalista bem-sucedido (HOGGART, 1958, p. 242-243).

O roteiro do garoto bolsista foi empregado por uma ampla gama de jovens em várias situações sociais. Já escrevi sobre a minha experiência com isso, mas aqui é importante me concentrar no "alcance" enorme desse roteiro prévio. A seguir apresento a estória de vida de um professor negro de 50 anos que cresceu em Belize, América Central. Além da importância da análise da criação de roteiros prévios de enredos, é um exemplo valioso da textura das narrações de estórias de vida.

Suponho que as figuras importantes que admirávamos sempre eram pessoas educadas. Não eram esportistas ou pessoas ricas em especial que tivessem se destacado acumulando vastas fortunas. Quando eu estava crescendo, tínhamos a noção do que era um bom trabalho: sempre um trabalho com o serviço público. Era a regra colonial britânica e o serviço público nos atraía muito porque é preciso vestir uma bela camisa branca limpa e gravata para ir trabalhar, ao contrário de sair todo sujo e encardido de baixo de um carro. Mas obviamente para o serviço público você no mínimo precisa do ensino médio. Mas em Belize, onde fui criado, o ensino médio não era uma conclusão predeterminada. Era preciso pagar pelo ensino médio, a menos que você ganhasse uma bolsa do governo. Não era o caso de se candidatar, todos que frequentassem o ensino fundamental fariam a prova para receber a bolsa do governo na sexta série. Não sei exatamente quais eram os critérios aplicados, mas pouquíssimos ganhavam essas bolsas. Eu me lembro bem, porque foi algo significativo na minha vida, de que éramos 33 na minha turma da sexta série, e fui o único a ganhar a bolsa. Também havia uma bolsa da igreja, mas para ganhar você precisava ser praticante. Também ganhei uma bolsa da igreja junto com outro aluno, James Roby. Aparentemente eu me saí um pouco melhor do que ele. Eu me lembro de nos reunirmos com algumas "figuras de autoridade", que me explicaram que aquela era a última chance de James porque ele era mais velho do que eu e eu tinha uma chance grande de obter uma bolsa do governo.

Quando ingressei no St. Paul's College, a escola de ensino médio anglicana que eu frequentei e funcionava de acordo com o sistema britânico, com séries, havia cerca de 25 a 30 de nós na primeira série. Foram uns cinco ganhadores da bolsa, mas eles vinham de todo o país. Eram todos anglicanos, é claro. Os outros eram custeados pelos pais. A bolsa do governo era uma coisa boa, porque a família apenas precisava providenciar o uniforme: bermuda ou calça comprida cáqui, camisa branca de mangas curtas e uma gravata verde. A escola vendia a gravata. Todos nós usávamos gravatas verdes, camisas brancas e calças cáquis. Quando me lembro, acho engraçado, mas na época foi um passo importante em nossa vida. Naquele tempo, nos sentíamos privilegiados de ir para o ensino médio porque, para muitos dos nossos colegas do ensino fundamental, a sexta série era o fim. Em Belize, os pais, independentemente do potencial acadêmico do filho, sempre achavam que o filho deveria ter algum trabalho para se sustentar. Assim, durante os meus anos no ensino fundamental, junto com todos os meus contemporâneos, eu suponho, fui aprender um ofício. Minha mãe mandou meu irmão mais novo e eu para um alfaiate. Mesmo sendo uma criança, eu sabia muito bem que não seria alfaiate. Eu não sabia o que queria ser, mas eu não ficaria sentado em alguma alfaiataria lúgubre costurando a vida toda, acabando corcunda depois de 20 anos nisso, procurando e catando linhas. Eu não faria isso, seria um embrutecimento. Suponho que naquela época eu me via como um acadêmico. E isso acabou sendo confirmado pelas minhas experiências.

Eu me saí muito bem no ensino fundamental, suponho que seja o mesmo no mundo todo, o êxito no ensino médio aumenta a sua autoestima e popularidade. Você é respeitado porque é inteligente e isso significava muito. Por exemplo, uma das coisas ditas inteligentes que eu exibia era a capacidade de memorização. A escola sempre encenava peças, e a minha memória fantástica me permitia conseguir papéis. Eu era muito respeitado – Johnson, ele é muito inteligente, tem futuro – esse tipo de elogio. Eu me lembro de que antes da quarta série me levaram para uma sala de aula com outras pessoas e tivemos de fazer uma provinha. O resultado foi que eu estava acima da quinta série e saltei da quarta para a sexta série. Eu era muito novo na sexta série. Nas primeiras férias, um colega mais velho da quarta série me insultou: "Sai daqui, Alec sabe-tudo!" É engraçado como nos lembramos dessas coisas enquanto esquecemos do que nos acontece recentemente.

As minhas experiências na escola sempre ficaram gravadas na minha mente. Sempre foram experiências estimulantes porque eu era muito animado e interessado. Os professores me adoravam. Quando me lembro hoje, era inevitável, eu me dava muito bem com eles. Na quarta série, você se apaixona pela professora e eu me lembro bem de ser apaixonado pela professora Janet Jones. Ela gostava muito de mim. A minha maior emoção era ir à casa dela aos sábados e lavar a sua bicicleta. Naquela época as bicicletas eram o nosso transporte e, como resultado, as pessoas cuidavam muito delas. Poliam e limpavam cada peça. Depois de lavar a bicicleta dela, eu podia pedalar. E lá ia eu todo orgulhoso pela cidade pedalando a bicicleta da Srta. Jones. Num ambiente diferente, seria como uma professora emprestando o carro. Nós não tínhamos bicicletas, então eu visitava colegas e amigos – eles sabiam que aquela bicicleta era da professora.

Inspetores educacionais visitavam a nossa escola e nos pareciam figuras poderosas. Eles iam além da camisa branca e gravata, usavam paletó. Muito bonito. Para nós, aqueles caras eram o auge do sucesso profissional. Nós os admirávamos. Depois, fui para o St. Paul's College.

Também foi uma experiência ótima, eu continuava animado e esforçado. O St. Paul's College tinha uma noite de palestras no fim de cada ano letivo. Havia um prêmio para cada área disciplinar. É claro que, sendo a pessoa acadêmica e muito competitiva que eu era, sempre tentei ganhar uns prêmios e sempre conseguia, pelo menos ganhava alguma coisa. Nunca me esqueço do quanto orgulhava a minha mãe, que Deus a tenha. Era o filho dela e aquele era St. Paul's College. Afinal, estamos falando de um lugar que não tinha universidades. Anos depois de concluir o ensino médio, ainda não existia uma universidade, por isso eu não entrei na universidade até deixar o país. É claro que algumas pessoas faziam de tudo para entrar na universidade, mas eu não. A noite de palestras foi muito importante porque, numa turma de 20 ou 30 garotos, dois ou três ganhavam todos os prêmios. Não era tão aberto porque era principalmente uma Escola de Artes: História, Geografia, Linguagem, Ciências da Saúde, Matemática – Álgebra e Geometria Física, não Trigonometria nem Ciências. A nossa escola não tinha um programa de ciências. Depois, quando o governo inaugurou uma escola técnica no norte da cidade, alguns de nós se animaram porque eles achavam que no meio do caminho poderíamos abandonar algumas disciplinas do nosso currículo regular. Então, por exemplo, abandonei Ciências da Saúde e Geografia e à noite eu ia para essa outra escola estudar Química e Física. Mas, de qualquer forma, esse programa não funcionou muito bem porque estávamos avançados em nossos exercícios quando tivemos de fazer o GCE. Naquela época chamava-se Certificado Escolar de Cambridge.

O ensino médio era muito agradável. Alguém proeminente na minha vida foi meu professor de inglês, Howard Robinson. Ele se tornou um dos intelectuais de maior destaque no país. Ele se formou bacharel em Inglês na UCW e cursou o doutorado na Inglaterra, com uma tese sobre o idioma crioulo falado em Belize. Foi meu mentor por todos os meus anos de ensino médio.

Quando concluí o ensino médio, comecei a ensinar. Naquela época você podia ser professor de duas maneiras. Poderia continuar após o ensino fundamental e ser monitor e depois, por meio de concurso, obter o seu primeiro certificado de professor. Isso levava uns cinco anos. Ou você poderia ser professor depois de concluir o ensino médio. Concluí o ensino médio em novembro e comecei a ensinar em janeiro. Isso faz sentido no que se refere ao conteúdo. Certamente você aprende o bastante no ensino médio para dar aulas para o ensino fundamental. Na universidade, doutores ensinam mestres. Não há tanta diferença. Quando comecei a ensinar, fiz estágio com cursos de metodologia, psicologia, métodos e administração em sala de aula. Eu ia para a capital do distrito uma ou duas vezes por semana para assistir às aulas.

Após dois anos recebi o meu primeiro certificado de professor. Naquele momento uma escola de formação de professores foi aberta, mas a maioria que ingressava lá não tinha ensino médio. Acho que existia uma certa atitude elitista sobre o ensino médio. Fui professor do ensino fundamental por três anos desde que tinha 18 anos... Fui professor do ensino fundamental por três anos em duas escolas rurais. Na segunda, eu era vice-diretor. Uma mulher mais velha era diretora e acho que ela queria que eu permanecesse e assumisse a escola. Mas acho que não era para ser; não era o que eu realmente queria fazer, mas acho que sempre tive em mente a noção de que sairia de Belize e jamais desejaria ficar lá. Sempre me incomodei por ser um lugar que acabaria me sufocando. Talvez não. Conheço muitos dos meus ex-colegas que conseguiram uma educação universitária, estão muito bem colocados e parecem adorar. Mas acho que sou o tipo de pessoa que prefere nadar numa lagoa mais extensa, ainda que seja um anônimo, a ser rei numa poça e viver num mundo claustrofóbico. Isso nunca me atraiu.

A educação é muito importante em Belize. Existe uma estação de rádio, a Rádio Belize. Como não existia universidade, qualquer pessoa que deixasse o país para estudar virava novidade. A rádio anunciava: hoje A, filho de B e C, da rua D, nº 1, está deixando o Aeroporto de Belize rumo a E para estudar R. Depois de quatro anos, quando a pessoa voltava, o evento era anunciado. O Herói Conquistador. Era algo muito importante porque, num país onde o ensino médio não era garantido, alguém com um título era uma deidade de verdade! Você poderia se formar em qualquer coisa e ser considerado superinteligente. Então imagine quando alguém voltava ao Aeroporto Internacional de Belize! Até os Certificados Escolares de Cambridge eram anunciados na rádio. Alunos de todo o país se reuniam na cidade de Belize para fazer a prova numa sala enorme, com fiscais andando de um lado para o outro. As provas eram enviadas para a Inglaterra para correção e avaliação. Vários meses depois os resultados eram anunciados na Rádio Belize, eles mencionavam a escola e a turma do certificado. Essa estação de rádio era a única do país, a educação é algo muito forte para os nascidos em Belize; eles valorizam muito a educação. Você deve ser um dos anunciados na rádio como aprovado no seu certificado escolar e, quem sabe, um dia ser anunciado porque está deixando o Aeroporto Internacional.

> Estou fazendo essa conexão agora, essa força, imaginando as pessoas pobres que não conseguiram chegar ao ensino médio. Você sabe que existe uma certa classe lá, algo definido, ou você tem o ensino médio ou não tem! Você tem uma educação universitária ou não. É assim. Mas é engraçado, assim como tiveram uma educação universitária, obviamente algo com o qual sonhei, o fato de eu não ter uma educação universitária fez isso parecer muito fora do alcance para mim. Se você quisesse entrar na universidade, existiam duas formas de conseguir: você poderia ganhar uma bolsa do governo ou os seus pais pagariam. A nossa família não tinha condições de pagar, na verdade se eu não tivesse obtido uma bolsa, não teria estudado no ensino médio (Entrevista, George Johnson, 1993).

Na narração inicial, George Johnson faz um comentário rico sobre o poder do roteiro do garoto bolsista na organização de uma estória de vida. Assim como Reagan, observamos como, num sentido real, o roteiro da narração de uma estória de vida representa a realidade de certas maneiras. Se considerarmos a individualidade e a identidade como projetos narrativos contínuos, começaremos a ver o grande poder do roteiro na organização e representação da realidade – para si e para os outros.

Mas, como já observamos, o enredo recente do garoto bolsista surgiu num ambiente social e político de meritocracia otimista após a Segunda Guerra Mundial. Os recursos eram limitados, mas crescentes, e para a minoria da classe operária existia a perspectiva de mobilidade social. Essa perspectiva, essa janela de oportunidade, foi celebrada na estória do garoto bolsista. O garoto bolsista representava uma seletividade particular de classe, gênero e raça em determinado momento histórico.

No evento, esse momento passou e, no hiato da década de 1960, foi efetivamente desconstruído. Mas para aqueles que haviam criado o roteiro da própria vida nesse enredo, a estória continuou como a sua opção de representação da realidade. Um dos fascínios da colaboração em narrações de estórias de vida é ver como "conversas fundamentadas" intensas e reflexões introspectivas se combinam de modo a permitir que os contadores *localizem* suas estórias. George Johnson falou sobre isso até o fim do processo de colaboração sobre a sua estória de vida, quando ideias históricas e sociológicas começaram a fornecer o material para que localizasse a sua estória.

> Quando me lembro, acho que traí a promessa acadêmica que demonstrei quando criança. A análise das fitas e transcrições liberou

várias memórias e sentimentos subsequentes. Na segunda-feira fiquei bem deprimido, percebi que a vida passou, fiquei perturbado com pensamentos sobre o que deveria ter sido. Neste estágio, eu deveria ser um professor ou executivo com uma casa e um carro. Para onde foram 25 anos?

Um título universitário é muito importante para mim; sempre invejei aqueles que voltavam a Belize com um título. Sei que há motivos complexos por trás disso. Parte de mim duvida da minha capacidade de estudar numa universidade. Não sei se tenho as qualidades necessárias. Porém, em algum ponto eu fiz escolhas. Evitei testar as minhas habilidades. Embora eu não tenha articulado isso naquele momento, refletindo agora, eu fugi. Escolhi um caminho diferente. Fui um mulherengo que ignorou o meu potencial intelectual. Acabei optando pelo casamento em vez dos estudos. Na minha família, o meu padrasto, que era motorista, foi um mulherengo incorrigível. No ensino médio, apesar do meu sucesso acadêmico, era rebelde e dava trabalho ao professor, em grande parte através da minha perspicácia. Evitei continuar os estudos, mas me senti frustrado. Agora percebo a minha saída do St. Paul's para Honduras como uma fuga, porque eu não queria ficar engaiolado. Eu sabia que queria um título universitário, mas não estava preparado para enfrentar o desafio, então desisti. Eu não queria ser derrotado; não queria ser um anacronismo.

Honduras parecia a escolha lógica, já que eu tinha nascido lá. Agora vejo essa viagem como uma fuga de mim mesmo ou do destino. Somente frequentando a universidade é que eu poderia ser anunciado: chegando ao aeroporto... Realmente não sei se eu queria isso, viver um roteiro provido culturalmente (Entrevista, George Johnson, 1993).

Somente após conversar e reanalisar a sua estória de vida durante muitos meses de entrevistas, conversas informais, comentários sobre as transcrições e reflexões gerais é que George começou a se concentrar nos limites do "roteiro preparado culturalmente". Nos últimos estágios, ele começou a comentar sobre o seu "absurdo" em termos de carreira, de abandonar o magistério para buscar um sonho antigo de uma carreira universitária. Considerando os cortes nas universidades canadenses, ele sabia que as suas chances de obter uma vaga na universidade eram mínimas, mas até ali a estória, o roteiro, "o haviam levado adiante". Para o garoto bolsista, o motivo é sempre "para o alto e avante", mas no fim nós o flagramos confrontando os caminhos solitários do seu roteiro.

Roteiros e enredos

Esses exemplos de narrativas de progresso na meia-idade e estórias de garotos bolsistas mostram a relação íntima entre as circunstâncias sociais e políticas e os enredos culturais. Num sentido real, as estruturas sociais empurram os enredos para certas direções e as estórias então legitimam as estruturas – e assim em diante, num círculo de autolegitimação. A relação entre estrutura social e estória é flexivelmente acoplada e as estórias podem resistir aos imperativos da estrutura ou estimulá-los. A estória do garoto bolsista é um exemplo particular disso – uma "celebração" de certo momento histórico de oportunidade para um grupo seletivo de alunos do sexo masculino, às vezes de origem operária. O enredo então privilegia alguns; de modo mais significativo, entretanto, silencia nações inteiras e grupos raciais em que tais janelas de oportunidade não existem. Com a aprovação do garoto bolsista, vemos o fim há muito atrasado de um enredo, mas, como notamos, quando os enredos de vida se tornam obsoletos no cenário cultural mais amplo, isso deixa um bom volume de reabilitação e reformulação a serem assumidas no âmbito do projeto narrativo da individualidade.

A coleta de estórias, portanto, especialmente estórias dominantes que vivem um "roteiro prévio", meramente fortalecerá padrões de dominação. Precisamos passar de estórias de vida para histórias de vida, de narrativas para genealogias do contexto em direção a uma modalidade que inclua "estórias de ação dentro de teorias do contexto". Assim, as estórias podem ser localizadas, vistas como as construções sociais que são, com total envolvimento da sua localização em estruturas de poder e ambientes sociais. As estórias, então, fornecem um ponto de partida para a colaboração ativa, "um processo de desconstrução das práticas discursivas através das quais a subjetividade de alguém foi constituída" (MIDDLETON, 1992, p. 20). Somente se tratarmos as estórias como o *ponto de partida* para a colaboração, como o *início* de um processo de vir a saber, é que entenderemos o seu significado; nós as veremos como construções sociais que nos permitem localizar e interrogar o mundo social onde estão enraizadas.

Referências

DRAPER, T. (1993). Iran-Contra: The Mystery Solved. *New York Review of Books*, XL (11), 10/jun.

GULLETTE, M. (1988). *Safe at Last in the Middle Years*. Berkeley/Londres: University of California Press.

HOGGART, R. (1958). *The Uses of Literacy*. Harmondsworth: Penguin Books/Chatto and Windus.

JOHNSON, G. (1993). Entrevista.

LAMBERT, A. (1994). A Very Dodgy Foundation. *The Independent*, 01/jun.

LEVINSON, D.J. (1978). *Seasons of a Man's Life*. Nova York: Knopf.

MIDDLETON, S. (1992). "Developing a Radical Pedagogy". In: GOODSON, I.F. (org.). *Studying Teachers' Lives*. Londres/Nova York: Routledge.

SCHACHTEL, E. (1959). "On Memory and Childhood Amnesia". In: SCHACHTEL, E. (org.). *Metamorphosis*. Nova York: Basic Books.

17
Representando os professores

Trazendo os professores de volta*

A crise representativa

O estudo educacional mais uma vez está passando por uma daquelas oscilações do pêndulo recorrentes peculiares à área. Mas, como o mundo contemporâneo e as economias globais são transformados por mudanças rápidas e aceleradas, essas oscilações nos paradigmas educacionais parecem estar alarmantemente exacerbadas.

Portanto, vemos uma série de reações a um dilema estrutural específico no qual o estudo educacional se enredou. Mas, além disso, a área vem sendo engolfada (embora mais devagar do que em muitas áreas) por uma crise de representação educacional. Um dilema estrutural específico agora passa a estar aliado a uma crise representativa mais ampla. Jameson (1984, p. viii) resume sucintamente a última crise, originária do desafio crescente a "uma epistemologia essencialmente realista que considera a representação como a produção, para a subjetividade, de uma objetividade externa a ela". Jameson escreveu isso no prefácio de *The Postmodern Condition*, de Lyotard. Para Lyotard, os modos antigos de representação não funcionam mais. Ele evoca uma incredulidade direcionada às velhas metanarrativas canônicas e diz: "a grande narrativa perdeu a sua credibilidade, independentemente de qual modo de unificação seja usado, de ser uma narrativa especulativa ou uma narrativa de emancipação" (LYOTARD, 1984, p. 37).

Voltando à área de estudo educacional, vemos que, em resposta à natureza distante, separada e desengajada dos aspectos do estudo educacional nas univer-

---

* *Teaching and Teacher Education*: An International Journal of Research and Studies, 13 (1), 1997.

sidades, alguns estudiosos reagiram acolhendo o "prático", celebrando o professor como praticante.

Aqui a minha intenção é explorar detalhadamente um destes movimentos que pretendem se concentrar no conhecimento dos professores – especialmente o gênero que se concentra nas estórias e narrativas dos professores. Esse movimento surgiu das crises de deslocamento estrutural e de representação descritos resumidamente. Logo, as razões para esse novo gênero são compreensíveis, as motivações são confiáveis. Como notamos, a crise representativa se origina do dilema central de tentar captar a experiência vivida por estudiosos e professores dentro de um texto. A experiência de outras vidas é, portanto, considerada textual por um autor. Em sua raiz, é um ato perigosamente difícil e Denzin invectivou convincentemente contra a própria aspiração:

> Quando o texto se torna o agente que registra e representa as vozes do outro, então o outro se torna a pessoa em nome de quem se fala. O outro não fala, o texto fala por ele. É o agente que interpreta as suas palavras, pensamentos, intenções e significados. Assim, ocorre uma duplicação do agente, já que, por trás do texto que atua como "agente do outro" está o autor do texto fazendo a interpretação (DENZIN, 1993, p. 17).

Denzin, portanto, está afirmando que temos um caso clássico de colonização acadêmica ou até canibalização. "O outro se torna uma extensão da voz do autor. A autoridade da sua voz "original" agora está incluída no texto maior e na sua agência dupla" (1993, p. 17).

Dada a escala dessa crise representativa, podemos ver rapidamente como o acadêmico empático pode desejar reduzir a interpretação, até a colaboração, e voltar à função de "escriba". Ao menos nessa passividade está a aspiração a reduzir a colonização. Neste momento de crise representativa, as portas se abrem ao estudioso educacional como facilitador, como condutor para o professor, para contar a sua estória ou narrativa. A voz genuína do sujeito oprimido, não contaminada pela colaboração humana ativa; professores falando sobre a sua prática, dando-nos ideias pessoais e práticas sobre o seu conhecimento.

Talvez aqui exista um santuário, um lugar sagrado interior além da crise representativa, além da colonização acadêmica. O nirvana da narrativa, o Valhalla da voz; é um projeto compreensível e atraente.

A virada da narrativa/a atenção à narrativa

A atenção às narrativas e estórias dos professores é, em certo nível, uma resposta inteiramente compreensível ao modo pelo qual os professores tendem a ser representados em muitos estudos educacionais. O professor é representado de modo a servir aos nossos objetivos de estudo.

Considerando esse deslocamento de objetivo e história do estudo educacional observado, é louvável que novos movimentos narrativos estejam se concentrando na apresentação que os professores fazem de si mesmos. É um antídoto bem-vindo a tantas representações equivocadas e representações nos estudos antigos, e abre caminhos de investigações e debates proveitosos. O movimento narrativo fornece um catalisador para a busca de entendimentos da vida e do trabalho do professor. De várias maneiras, o movimento me lembra do ponto mencionado por Molly Andrews em seu elegante estudo sobre ativistas políticos idosos. Ela resume a postura dos psicólogos que estudaram esses ativistas:

> Quando a psicologia política começou a analisar o comportamento de ativistas políticos, tendeu a fazê-lo de uma perspectiva totalmente externa. Em outras palavras, raramente os seus processos de pensamento foram descritos, muito menos analisados, do ponto de vista deles. Porém, ao menos é possível que um modo muito bom de aprender sobre a psicologia de ativistas políticos seja ouvir o que eles têm a dizer sobre a própria vida (ANDREWS, 1991, p. 20).

O que Andrews comenta pode ser visto de modo análogo a boa parte da nossa representação de estudos sobre os professores, onde estes são vistos como intercambiáveis e essencialmente despersonalizados. Em 1981, afirmei que muitos relatos apresentavam os professores como seres incumbidos de uma função atemporal e intercambiável. Mas que:

> A busca por dados pessoais e biográficos pode desafiar rapidamente a crença de intercambialidade. Do mesmo modo, ao traçar a vida do professor conforme a evolução no tempo – ao longo da carreira do professor e por várias gerações –, a crença em atemporalidade também pode ser remediada. *Ao entendermos algo tão intensamente pessoal como ensinar, é crucial que saibamos sobre a pessoa que o professor é.* A nossa escassez de conhecimento nessa área é uma indicação expressa da amplitude da nossa imaginação sociológica (GOODSON, 1981, p. 69).

O argumento para ouvirmos o professor é, portanto, substancial e há muito esperado. Narrativas, estórias, diários, pesquisa-ação e fenomenologia contribuíram para um movimento crescente que visa prover oportunidades para representações do professor. No caso de estórias e narrativas, Kathy Carter nos faz um resumo valioso desse movimento crescente *nos primeiros anos da sua encarnação educacional:*

> É cada vez mais frequente nos últimos anos que nós, enquanto membros de uma comunidade de investigadores-praticantes, tenhamos contado estórias sobre o ensino e a educação do professor em vez de simplesmente relatarmos coeficientes de correlação ou gerarmos listas de constatações. Essa tendência perturba alguns, que lamentam a perda da precisão quantitativa e, assim argumentam, do rigor científico. Para muitos de nós, entretanto, essas estórias captam – mais do que somatórios ou fórmulas matemáticas – a riqueza e indeterminação das nossas experiências enquanto professores e a complexidade dos nossos entendimentos do que vem a ser o magistério e como os outros podem se preparar para ingressar nessa profissão.
> Por isso não surpreende, de forma alguma, que essa atração pelas estórias tenha se tornado uma tentativa explícita de usar as literaturas em "estórias" ou "narrativas" para definir o método e o objeto de investigação no ensino e na educação do professor. A estória se tornou, em outras palavras, mais do que um simples recurso retórico que expressa sentimentos sobre professores ou aspirantes ao magistério. Ao contrário, agora é um foco central para conduzir a pesquisa na área (CARTER, 1993, p. 5).

Estória e história

A ênfase nas estórias e narrativas dos professores é um sinal estimulante de uma nova virada na apresentação dos professores. É uma virada que merece ser levada muito a sério, porque precisamos ter a certeza de estar virando na direção certa. Como todos os gêneros novos, estórias e narrativas têm duas caras: podem nos levar adiante rumo a novas ideias ou para trás rumo a uma consciência restrita – e às vezes simultaneamente.

Essa incerteza é evidenciada no resumo de Carter de "O lugar da estória no estudo do ensino e da educação do professor":

> Até alguém com uma familiaridade superficial com as literaturas sobre estórias logo percebe, porém, que elas são águas intelectuais muito turbulentas e rapidamente abandona a expectativa de uma passagem segura para a resolução, de uma vez por todas, dos vários enigmas e dilemas que enfrentamos ao avançarmos com o nosso co-

> nhecimento do ensino. Muito precisa ser aprendido sobre a natureza da estória e o seu valor para o nosso empreendimento comum, e sobre a ampla gama de propósitos, abordagens e afirmações feitas por quem adotou a estória como estrutura analítica central. O que a estória capta e o que despreza? Como essa noção se enquadra no sentido emergente da natureza do ensino e o que significa educar professores? Essas e outras várias perguntas críticas precisam ser enfrentadas para a estória se tornar mais do que uma metáfora frouxa para tudo, desde um paradigma ou visão de mundo até uma técnica para levar para casa um ponto de uma aula numa tarde de quinta-feira (CARTER, 1993, p. 5).

Mas qual é a natureza da turbulência nas águas intelectuais que cercam as estórias? E elas servirão para afogar o novo gênero? A turbulência é multifacetada, mas aqui o meu foco é na relação entre as estórias e o contexto social onde elas estão enraizadas. Por existirem na história, as estórias podem ser acionadas de formas distintas – de fato estão profundamente localizadas no tempo e no espaço e funcionam de modo diferente em diferentes contextos sociais e tempos históricos. As estórias, então, não devem ser somente *narradas*, mas também *localizadas*. Isso significa que devemos ir além da narração individual autorreferencial em direção a um modo colaborativo e contextualizado mais amplo. Mais uma vez, Carter comenta o apelo enorme e a preocupação subjacente com a narrativa e a estória. No momento, o apelo é substancial após longos anos de emudecimento, mas os perigos são mais obscuros. A menos que esses perigos sejam confrontados agora, a narrativa e a estória podem acabar silenciando ou ao menos marginalizando de novas maneiras as pessoas a quem parecem dar voz.

> Para muitos de nós, esses argumentos sobre a natureza pessoal e narrada do ensino e sobre voz, gênero e poder em nossa vida profissional soam muito verdadeiros. Podemos apontar imediatamente instâncias em que nos sentimos excluídos pela linguagem dos pesquisadores ou impotentes diante de decretos administrativos e instrumentos de avaliação presumivelmente sustentados por evidências científicas. E vivenciamos as indignidades de parcialidade e preconceito de gênero. Sentimos essas questões profundamente e abri-las ao escrutínio público, especialmente através da literatura em nossa área é motivo de comemoração.
> Ao mesmo tempo, devemos reconhecer que essa linha de argumento gera uma séria crise para a nossa comunidade. Pode-se imaginar facilmente que a análise resumida aqui, se levada levemente adiante, provoca diretamente uma rejeição a todas as generalizações sobre

> o ensino como distorções das estórias reais dos professores e como cumplicidade com a elite do poder, que tornaria os professores subservientes. Partindo dessa perspectiva, apenas o professor possui a própria estória e seu significado. Na qualidade de pesquisadores e educadores-professores, apenas podemos servir transmitindo essa mensagem à sociedade mais ampla e talvez ajudando os professores a conhecerem as próprias estórias. Vista sob essa luz, boa parte da atividade em que nos envolvemos como estudiosos do ensino se torna ilegítima, se não for prejudicial (CARTER, 1993, p. 8).

Carolyn Steedman, em sua maravilhosa obra *Landscape for a Good Woman*, fala sobre esse perigo. Ela afirma: "Quando uma estória é contada, deixa de narrar: torna-se uma parte da história, um elemento interpretativo" (STEEDMAN, 1986, p. 143). Nesse sentido, uma estória "funciona" quando os seus motivos são compreendidos e a sua importância histórica é captada. Como comenta Bristow (1991, p. 117): "Quanto mais nos tornamos hábeis em entender a história envolvida nessas estórias amplamente definidas, mais hábeis seremos para identificar a função ideológica das narrativas – como designam um lugar para nós dentro da sua estrutura narrativa". Ao analisar a obra de Steedman e o seu poder de entender o patriarcado e a dignidade da vida das mulheres, Bristow fala sobre a sua atenção inabalável aos:

> modos pelos quais a redação sobre a vida pode levar os seus autores ao ponto de entenderem como a sua vida já foi narrada – de acordo com um roteiro pré-figurativo, Steedman nunca perde de vista formas pelas quais os autores podem desenvolver habilidades para reescrever o roteiro de vida em que se encontram (BRISTOW, 1991, p. 114).

Isso se concentra agudamente nos perigos de uma crença de que, meramente permitindo que as pessoas "narrem", nós, de qualquer modo sério, damos voz *e* agência a elas. A narração de um roteiro pré-figurativo é a celebração de uma relação de poder existente. O mais comum, e isso é profundamente real para os professores, é que a questão seja como "reescrever o roteiro da vida". A narração, portanto, pode funcionar de muitas maneiras, mas claramente pode servir para dar voz a uma celebração de roteiros de dominação. A narração pode reforçar ou reescrever a dominação. As estórias e narrativas não são um bem inquestionável, tudo depende. E sobretudo depende de como se relacionam à história e ao contexto social.

Mais uma vez, o trabalho de Andrews sobre a vida de ativistas políticos capta a limitação de boa parte do estudo de vida de psicólogos do desenvolvimento, e isso é análogo a muitos trabalhos sobre narrativas de professores:

> Nas democracias capitalistas ocidentais, de onde se origina a maioria dos trabalhos sobre desenvolvimento, muitos pesquisadores tendem a ignorar a importância da dialética sociedade-indivíduo, optando por se concentrarem em elementos mais particularizados, sejam eles idiossincrasias da personalidade, relações parentais ou estruturas cognitivas, como se tais aspectos da composição do indivíduo pudessem ser compartimentalizados organizadamente, existindo num vácuo contextual (ANDREWS, 1991, p. 13).

A versão de "pessoal" que foi construída e trabalhada em alguns países ocidentais é uma versão particular, uma versão individualista de ser uma pessoa. É irreconhecível para o resto do mundo. Mas várias das estórias e narrativas que temos de professores funcionam, sem problemas e comentários, com essa versão de existência pessoal e conhecimento pessoal. Mascarando os limites do individualismo, esses relatos costumam apresentar "isolamento, separação e solidão... como autonomia, independência e autoconfiança" (ANDREWS, 1991, p. 13). Andrews conclui que, se ignorarmos o contexto social, privamos a nós e nossos colaboradores de significado e compreensão. Ela diz:

> parece evidente que o contexto em que as vidas humanas são vividas é crucial ao núcleo de significado dessas vidas. Os pesquisadores não devem, portanto, se sentir livres para discutir ou analisar como os indivíduos percebem o significado na sua vida e no mundo que os cerca enquanto ignoram o conteúdo e o contexto desse significado (ANDREWS, 1991, p. 13).

Isso tem sido uma resposta comum demais entre os pesquisadores educacionais que trabalham com estórias e narrativas de professores. O conteúdo foi acolhido e celebrado, o contexto não foi suficientemente desenvolvido. Cynthia Chambers resume essa postura e seus perigos ao analisar trabalhos sobre narrativas de professores:

> Esses autores nos oferecem a esperança ingênua de que, se os professores aprenderem a "contar e entender a *própria* estória", serão devolvidos ao seu lugar certo no centro do planejamento e da reforma curricular. Porém, o seu método deixa cada professor como "um melro cantando na calada da noite": isolado e ignorando tristemente que o seu canto faz parte de uma melodia muito maior do mundo. Se todos estão cantando a própria música, quem está ouvindo? Como podemos ouvir a conversa maior da humanidade na qual o nosso professor da história está enraizado e talvez oculto? (CHAMBERS, 1991, p. 354).

Ao analisar o mesmo livro, Salina Shrofel também enfatiza os perigos:

> O foco no pessoal e na prática não parece conduzir os praticantes ou pesquisadores/autores a analisarem a prática como teoria, estrutura social ou manifestação de sistemas políticos e econômicos. Essa limitação de visão implícita na abordagem narrativa serve como restrição à reforma curricular. Os professores, assim como os professores citados por Connelly e Clandnin, farão mudanças nos currículos das suas salas de aula, mas não questionarão nem desafiarão a teoria, estrutura e ideologia que levarão a uma reforma curricular radical e extensa.
>
> Pode-se argumentar que o desafio de controlar uma sala de aula ocupa totalmente os professores e que questões sobre teoria, estrutura e ideologia não afetam o cotidiano (conhecimento prático) dos professores e estão relegadas a "especialistas". Contudo, há muitos perigos quando se separa a prática dessas outras questões. Primeiro, como apontam Connelly e Clandinin, isso ignora a relação dinâmica entre teoria e prática. Segundo, ignora o fato de que as escolas são intrinsecamente e inextricavelmente parte do tecido social e do sistema político e econômico dominante. Terceiro, como a reforma curricular é implementada na sala de aula pelos professores, separá-los desses outros aspectos pode afetar negativamente uma reforma curricular radical e ampla. Para evitar esses riscos, o método narrativo precisará ser estendido ou suplementado por um processo que encoraje os professores a ir além do pessoal (SHROFEL, 1991, p. 64-65).

Em resumo, estórias e narrativas devem ser um modo de dar voz a determinado jeito de ser ou o gênero deve servir como uma introdução a formas alternativas de ser? A consciência é construída, não produzida autonomamente; logo, dar voz à consciência pode dar voz ao construtor tanto quanto ao falante, no mínimo. Se o contexto social for desprezado, é provável que isso ocorra.

A verdade é que muitas vezes um contador de uma estória de vida negligenciará o contexto estrutural da sua vida ou interpretará tais forças contextuais de um ponto de vista tendencioso. Como afirma Denzin (1989, p. 74): "Muitas vezes alguém age como se tivesse feito a própria história, quando, na verdade, foi forçado a fazer a história que viveu". Ele cita um exemplo do seu estudo sobre alcoólicos, de 1986: "Passei os últimos quatro meses sozinho. Não usei nem bebi. Estou orgulhoso de mim. Consegui" (DENZIN, 1989, p. 74-75). Ao ouvir esse relato, um amigo comentou:

> Você estava sob um mandado judicial o ano passado inteiro. Você não fez isso sozinho. Foi obrigado, queira você aceitar o fato ou não. Você

também foi ao AA e NA. Ouça, Buster, você fez o que fez porque teve ajuda e porque estava com medo, achando que não tinha outra chance. Não me venha com esse papo "eu fiz sozinho" (1989, p. 74-75).

O falante responde, "Eu sei, eu só não gosto de admitir". Denzin conclui:

> Esse ouvinte evoca duas forças estruturais, o Estado e o AA, que em parte explicam a experiência do falante. Se somente o relato do falante tivesse sido considerado, sem conhecer a sua biografia e história pessoal, teria ocorrido uma interpretação tendenciosa da sua situação (1989, p. 74-75).

A grande virtude das estórias é que elas particularizam e concretizam as nossas experiências. Esse, porém, deve ser o *ponto de partida* em nosso estudo social e educacional. As estórias podem nos conduzir ricamente ao terreno do social, a ideias sobre a natureza socialmente construída das nossas experiências. A sociologia feminista muitas vezes trata as estórias assim. Como diz Hilary Graham: "Estórias são preeminentemente formas de relacionar indivíduos e eventos a contextos sociais, formas de costurar experiências pessoais no seu tecido social" (ARMSTRONG, 1987, p. 14). Mais uma vez, Carolyn Steedman comenta esse processo de dois passos. Primeiro a estória particulariza, detalha e historia – depois, no segundo estágio, há a "necessidade urgente" de se desenvolverem teorias do contexto:

> As paisagens urbanas fixas de Northampton e Leeds que Hoggart e Seabrook descrevem mostram infinitas ruas residenciais, onde mães que não trabalham fora ordenam o dia doméstico, onde os homens são mestres e as crianças, quando crescerem, serão gratas pela disciplina rígida imposta. A primeira tarefa é particularizar essa paisagem profundamente não histórica (este livro descreve uma mãe que trabalhava e era mãe solteira, e um pai que não era um patriarca). E, depois que a paisagem é descrita e historiada assim, a necessidade urgente passa a ser encontrar um modo de teorizar o resultado de tal diferença e particularidade, não para encontrar uma descrição que possa ser universalmente aplicada (o ponto *não* é afirmar que todas as infâncias da classe operária são as mesmas, tampouco que a experiência delas produz estruturas psíquicas únicas), mas para que as pessoas no exílio, os habitantes de ruas longas, possam começar a usar o "eu" autobiográfico e contar as suas estórias de vida (STEEDMAN, 1986, p. 16).

A estória, portanto, cria um ponto de partida para o desenvolvimento de outros entendimentos da construção social da subjetividade. Se as estórias dos professores permanecerem no nível pessoal e prático, estaremos privados dessa oportunidade. Ao falar sobre o método narrativo concentrado no conhecimento pessoal e prático dos professores, Willinsky escreve: "A minha preocupação é que um processo de pesquisa que pretende recuperar (aspectos ou não?) pessoais e experimentais passe por cima desse ponto de construção na sua busca por uma unidade abrangente na narrativa do indivíduo" (WILLINSKY, 1989, p. 259).

Estórias pessoais e práticas dos professores podem, assim, servir não para aumentar os nossos entendimentos, mas meramente para celebrar as construções particulares do "professor" que tenham sido forjadas por contestações políticas e sociais. As estórias dos professores podem ser estórias de determinadas vitórias e assentamentos políticos. Devido à sua limitação de foco, as estórias dos professores – por serem estórias pessoais e práticas – provavelmente estarão limitadas dessa maneira.

Uma estória de ação dentro de uma estória de contexto

Esta seção deriva de uma frase muito usada por Lawrence Stenhouse (1975), cujo interesse em boa parte do seu trabalho era introduzir uma dimensão histórica em nossos estudos de educação e currículo. Embora um grande defensor do professor-pesquisador e pioneiro desse método, ele se preocupava com a proliferação de estórias práticas de ação, individualizadas e isoladas, únicas e idiossincráticas, como são as nossas estórias de ação e a nossa vida. Mas, como vimos, vidas e estórias se unem a roteiros sociais mais amplos – não são simplesmente produções individuais, mas também construções sociais. Precisamos garantir que estórias individuais e práticas não reduzam, seduzam nem reproduzam certas mentalidades dos professores e nos desviem de padrões mais amplos de entendimento.

Vamos tentar situar o momento narrativo no momento histórico – o próprio movimento narrativo poderia se localizar numa teoria do contexto. De algumas formas, o movimento tem analogias com o movimento existencial da década de 1940. Os existencialistas acreditavam que somente poderíamos nos definir através das nossas ações. Julgavam que a nossa função era nos inventar como indivíduos e aí, como na trilogia *Les Chemins de la Liberté*, de Sartre (1961), estaríamos "livres", especialmente das exigências da sociedade e dos "outros".

O existencialismo existiu em determinado momento histórico após o trauma maciço da Segunda Guerra Mundial, e na França, onde desenvolveu-se com mais força, após a longa ocupação alemã. George Melly considera que o existencialismo surgiu desse contexto histórico.

> A minha explicação retrospectiva é que isso possibilitava exorcizar a culpa coletiva da ocupação, reduzir a um grau aceitável as traições, a colaboração, a omissão e o acordo injustificado. Sabemos agora que o retrato pós-guerra oficial da França sob os nazistas foi uma ocultação deliberada que quase todos conheciam, mas suprimiram tal conhecimento. O existencialismo, ao insistir no completo isolamento do indivíduo como alguém livre para agir, mas livre para não fazer mais nada, como culpado ou heroico, mas *somente* naqueles limites, ajudou a absolver a noção de ignomínia corporativa e nacional (MELLY, 1993, p. 9).

Portanto, um existencialismo individualizador sobretudo libertou as pessoas da batalha de ideologias, do horror do conflito político e militar. O existencialismo individualizado possibilitou um respiro longe do poder e da política.

Mas o fim da Segunda Guerra Mundial não significou o fim da política, somente a transição da guerra quente para a guerra fria. Como sabemos, as ideologias continuaram com seus protestos da maneira mais potencialmente mortal. Nesse período, narrativas de vida pessoal começaram a brotar. Brightman (cf. SAGE, 1994) desenvolveu um retrato fascinante de como as narrativas pessoais de Mary McCarthy nasceram no período de caça às bruxas de Joe McCarthy. Suas narrativas nos deslocaram do "contágio de ideias" para o "mundo material" pessoal. Mary McCarthy "extraía ideias do seu caráter abstrato e as devolvia ao mundo social de onde tinham vindo" (apud SAGE, 1994, p. 5). Na frase memorável de Irving Howes, à medida que "a ideologia desmoronava, a personalidade florescia" (SAGE, 1994, p. 5).

Assim, com o fim da ideologia e da guerra fria, vemos a proliferação do florescimento da personalidade, não menos no movimento direcionado às estórias e narrativas pessoais. Novamente, a narrativa pessoal – a estória prática – celebra o fim do trauma da guerra fria e a necessidade de um espaço humano longe da política, do poder. É um nirvana totalmente compreensível, mas que pressupõe que o poder e a política de algum modo acabaram. Pressupõe, naquela frase desejosa, "o fim da história".

Nas burocracias educacionais, o poder continua a ser administrado hierarquicamente. Já perguntei várias vezes a administradores e burocratas da educação por que apoiam formas de conhecimento pessoais e práticas para os professores na forma de narrativas e estórias. Os seus comentários costumam ecoar aqueles dos "verdadeiros adeptos" do método narrativo. Mas sempre insisto, após uma pausa e alguma distração: "O que você faz nos seus cursos de liderança?" Sempre habilidades de gestão "políticas, como sempre", controle de qualidade, estratégias micropolíticas, treinamento de pessoal. Estórias pessoais e práticas para alguns, mapas cognitivos de poder para outros. Embora o uso de estórias e narrativas possa abrir um respiro útil longe do poder, não suspende a administração contínua do poder; de fato, poderia facilitar muito esse processo especialmente porque, com o tempo, o conhecimento dos professores ficaria cada vez mais pessoal e prático – "mentalidades" diferentes. Entendimentos completamente diferentes de poder emergiriam entre professores e gestores escolares, professores e administradores, professores e alguns estudiosos da educação, por exemplo.

As estórias individuais e práticas dos professores certamente abrem um respiro. Porém, ao mesmo tempo, reduzem o oxigênio dos entendimentos mais amplos. O respiro acaba tendo a aparência horrenda de um vácuo, onde história e construção social de algum modo são suspensas.

Assim, os professores se separam do que pode ser chamado de "vernáculo do poder", formas de falar e saber que se tornam a prerrogativa de gestores, administradores e acadêmicos. Nesse discurso, política e micropolítica são a essência e moeda da troca. Além disso e, num sentido, facilitando isso, surge um novo "vernáculo do particular, do pessoal e do prático", que é específico aos professores.

Essa forma de *apartheid* poderia emergir facilmente se as estórias e narrativas dos professores permanecessem singulares e específicas, pessoais e práticas, particulares e apolíticas. Portanto, é uma questão urgente que desenvolvamos estórias de ação dentro de teorias do contexto – contextualização de estórias, se preferir – que se oponham aos tipos de separações dos discursos facilmente imagináveis.

Carter começou a se preocupar com tal problema em seu trabalho sobre "O lugar da estória no estudo do ensino e da educação do professor":

> E para aqueles de nós que contam estórias em nosso trabalho não serviremos bem à comunidade se santificarmos o trabalho de narração de estórias e construirmos uma epistemologia sobre ele a ponto de simplesmente substituirmos uma dominação paradigmática por outra *sem desafiar a própria dominação*. Devemos, então, ser muito mais autoconscientes do que fomos antes sobre as questões envolvidas na narrativa e na estória, como interpretação, autenticidade, valor normativo e quais são os nossos objetivos ao contarmos estórias, em primeiro lugar (CARTER, 1993, p. 11).

Algumas dessas preocupações com as estórias podem ser exploradas escrutinando o modo pelo qual grupos de interesse poderosos na sociedade de fato promovem e empregam materiais narrados.

Referências

ANDREWS, M. (1991). *Lifetimes of Commitment*: Aging, Politics, Psychology. Cambridge/Nova York: Cambridge University Press.

ARMSTRONG, P.F. (1987). Qualitative Strategies in Social and Educational Research: The Life History Method in Theory and Practice. *Newland Papers*, n. 14, The University of Hill, School of Adult and Continuing Education.

BRISTOW, J. (1991). Life Stories – Carolyn Steedman's History Writing. *New Formations* (13), primavera, p. 113-130.

CARTER, K. (1993). The Place of Story in the Study of Teaching and Teacher Education. *Educational Researcher*, 22 (1) 18, p. 5-12.

CHAMBERS, C. (1991). Review of Teachers as Curriculum Planners: Narratives of Experience. *Journal of Education Policy*, 6 (3), p. 353-354.

DENZIN, N.K. (1993). *Review Essay* – On Hearing the Voices of Educational Research. Urbana: University of Illinois [Mimeo.].

_____ (1989). *Interpretive Biography*. Newbury Park/Londres/Nova Delhi: Sage [Qualitative Research Methods Series, 17].

GOODSON, I.F. (1981). Life History and the Study of Schooling. *Interchange*, II (4).

JAMESON, F. (1984). "Forward". In: LYOTARD, J.F. (org.). *The Postmodern Condition*: A Report on Knowledge. Mineápolis: University of Minnesota Press, p. vii-xxi.

LYOTARD, J.F. (org.). *The Postmodern Condition*: A Report on Knowledge. Mineápolis: University of Minnesota Press.

MELLY, G. (1993). Look Back in Angst. *The Sunday Times*, 13/jun.

SAGE, L. (1994). "How to do the Life" [Crítica de *Writing Dangerously: Mary McCarthy and Her World*, de C. Brightman]. *London Review of Books*.

SHROFEL, S. (1991). Review Essay: School Reform, Professionalism, and Control. *Journal of Educational Thought*, 25 (1), p. 58-70.

STEEDMAN, C. (1986). *Landscape for a Good Woman* Londres: Virago.

STENHOUSE, L. (1975). *An Introduction to Curriculum Research and Development*. Londres: Heinemann.

WILLINSKY, J. (1989). Getting Personal and Practical with Personal Practical Knowledge. *Curriculum Inquiry*, 19 (3), p. 247-264.

18
Patrocinando a voz do professor*

Algum tempo atrás eu estava convicto de que o estudo da vida do professor era fundamental para o estudo do currículo e da educação. Quando reflito sobre o desenvolvimento da minha convicção, dois episódios se destacam. Se isso fosse mera reminiscência de uma transformação pessoal, não interessaria, mas os dois episódios se referem a várias questões importantes no argumento a favor de um estudo mais extenso da vida do professor.

O primeiro episódio aconteceu no ano de certificação da pós-graduação, quando eu estava estudando para ser professor. Voltei para passar o dia com um professor da minha escola secundária [*secondary school*] que era uma grande inspiração para mim, um mentor. Ele era um galês radical. Academicamente brilhante, era bacharel em Economia e Doutor em História. Era aberto, bem-humorado, envolvente, estimulante – um professor incrível e popular. Mas ele me apresentou um paradoxo porque, quando a escola passou de formação acadêmica [*grammar school*] para formação geral [*comprehensive school*], foi ele que se opôs a todas as reformas curriculares que tentavam aumentar o apelo educacional da escola a grupos sociais maiores. Era implacavelmente conservador e tradicionalista com isso e, até onde sei, apenas com isso. Mas vale lembrar que era um homem que havia visitado pessoalmente a fábrica onde trabalhei depois que saí precocemente da escola, aos 15 anos. Ele havia implorado que eu voltasse à escola. Falou sobre o seu compromisso com a educação pública como um caminho para a emancipação da classe operária. Sem dúvida ele via a mim, um aluno malcomportado da classe operária, como algum tipo de cobaia. Eu sabia que ele estava profundamente preocupado em manter os alunos da classe operária na escola. Então por que se opunha a todas aquelas reformas curriculares que tinham o mesmo objetivo?

---

* *Cambridge Journal of Education*, 21 (1), 1991, p. 35-45.

No dia em que retornei à minha antiga escola, eu o sondei continuamente a respeito. Primeiro ele resistiu, dando uma série de respostas essencialmente descompromissadas, mas no fim do dia, tomando uma cerveja no bar, ele revelou. Sim, é claro que estava preocupado principalmente com os alunos desfavorecidos; sim, é claro que por isso ele foi à fábrica me arrastar de volta para a escola; sim, ele era politicamente radical e sim, ele sempre votou no Partido Trabalhista. Mas... Aqui vai a citação:

> você não entende a minha relação com a escola e o ensino. O meu centro de gravidade não é aqui. É na comunidade, no lar – é lá que existo, onde me esforço agora. Para mim a escola é um trabalho burocrático, é algo mecânico.

Em resumo, na escola ele buscava minimizar o seu compromisso, ele se opunha a qualquer reforma que lhe desse mais trabalho. O seu centro de gravidade era outro.

O que quero dizer é que para entender o desenvolvimento do professor e do currículo e desenhá-lo adequadamente precisamos saber muito mais sobre as prioridades do professor. Precisamos saber mais sobre a vida do professor.

O segundo episódio começou no fim da década de 1970. Eu estava interessado em alguns trabalhos sobre música folclórica conduzidos na Universidade de Leeds. Ao mesmo tempo, eu estava explorando alguns temas para uma conferência etnográfica que aconteceria em St Hilda's, em Oxford. O trabalho do folclorista Pegg de repente trouxe à tona novamente a linha de argumento que eu vinha ponderando desde 1970. Pegg afirma:

> O direito de selecionar não é do folclorista ("Desculpe, cara, não dá – não é música folclórica"), mas do cantor. O coletor de hoje não deve ter preconcepções. O seu trabalho é registrar a música de um povo, seja uma balada tradicional, um hino, uma canção ou o *hit pop* da semana passada!

Com essa atitude básica vem outra revelação:

> Comecei a perceber que, para mim, as pessoas que cantavam eram mais importantes do que as próprias canções. A canção é apenas uma parte pequena da vida do cantor, e a vida em geral era fascinante. Não tinha como entender as canções sem saber algo sobre a vida do cantor, o que parece não acontecer no caso da maioria dos folcloristas. Eles ficam bem satisfeitos quando encontram materiais que se enquadrem num cânone preconcebido e param por aí. Eu precisava saber o que as pessoas achavam das canções, qual era a função delas

na sua vida e na vida da comunidade (PEGG, apud GOODSON & WALKER, 1991, p. 138).

Uma ideia parecida é defendida pelo coletor de música folclórica Robin Morton:

> Acho que é *no* cantor que a canção se torna relevante. A análise em termos de motivo, estrutura das rimas ou variação de minutos torna-se estéril se aquele que transporta a canção em questão for esquecido. Todos nós conhecemos aquele estudioso que fala por horas de um jeito muito entendido sobre música folclórica e folclore em geral sem mencionar o cantor uma única vez. Já é ruim esquecer-se do contexto social, mas ignorar o contexto individual castra a canção. Quando conhecia os cantores, passava a conhecer e entender mais as suas canções (MORTON, apud GOODSON & WALKER, 1991, p. 139).

A preocupação com "o cantor, não a música" precisa ser testada seriamente em nossos estudos de currículo e educação. O que Pegg e Morton dizem sobre os folcloristas e implicitamente sobre o modo pelo qual a pesquisa deles é recebida por aqueles que pesquisam também poderia ser dito sobre a maioria das pesquisas educacionais.

O projeto que estou recomendando é essencialmente a reconceituação das pesquisas educacionais para garantir que "a voz do professor" seja ouvida, ouvida em voz alta, ouvida articuladamente. A esse respeito, o modo mais esperançoso de progresso é basear-se nas noções do "professor que se monitora", "professor enquanto pesquisador", professor enquanto "profissional estendido". Por exemplo, no início da década de 1970, no Centro de Pesquisa Aplicada em Educação da Universidade de East Anglia, Inglaterra, boa parte dos trabalhos era conduzida de modo a operacionalizar esse conceito. Talvez os desenvolvimentos mais interessantes tenham sido no Ford Teaching Project, conduzido por John Elliott e Clem Adelman de 1973 a 1975. Eles tentaram reabilitar o modo "pesquisa-ação" cujo precursor foi Kurt Lewin no período pós-guerra. No intervalo, a pesquisa-ação educacional havia caído em declínio. Carr e Kemmis, que fizeram muito para estender e popularizar o conceito, sugerem vários motivos para o ressurgimento da pesquisa-ação:

> Primeiro, existia uma demanda por uma função de pesquisa vinda de uma força docente cada vez mais profissionalizada baseada na noção do profissional estendido que investiga a própria prática. Segundo, existia uma irrelevância perceptível relativa aos interesses desses praticantes de boa parte das pesquisas educacionais contem-

porâneas. Terceiro, houve um reavivamento do interesse na "prática" no currículo que acompanhou o trabalho de Schwab e outros sobre "deliberação prática". Quarto, a pesquisa-ação foi auxiliada pelo crescimento dos métodos "new wave" na pesquisa e avaliação educacional com a sua ênfase nas perspectivas dos participantes e categorias de formatação de situações e práticas educacionais. Esses métodos posicionam o praticante no palco central do processo de pesquisa educacional e reconhecem a importância crucial dos entendimentos dos atores na formatação da ação educacional. Partindo da função de informante crítico ajudando um pesquisador "forasteiro", falta pouco para o praticante se tornar um pesquisador autocrítico em relação à própria prática. Quinto, o movimento de responsabilidade galvanizou e politizou os praticantes. Em resposta ao movimento de responsabilidade, os praticantes adotaram a função de automonitoramento como meio apropriado de justificar a prática e gerar críticas sensíveis sobre as condições de trabalho em que a sua prática é conduzida. Sexto, a solidariedade era crescente no magistério em reação às críticas públicas que acompanharam a política educacional pós-expansão das décadas de 1970 e 1980; isso também estimulou a organização de redes de apoio de profissionais envolvidos interessados nos desenvolvimentos contínuos da educação, embora a maré expansionista tenha virado. E, finalmente, há uma consciência maior da pesquisa-ação propriamente dita, que é percebida como provedora de uma abordagem compreensível e viável à melhoria da prática através da autorreflexão crítica (SCHWAB, 1969).

O foco da pesquisa-ação, porém, tende a ser muito orientado à prática. Ao apresentarem uma avaliação da pesquisa-ação, por exemplo, Carr e Kemmis observam:

> Uma série de práticas foi estudada por pesquisadores educacionais da pesquisa-ação e talvez alguns exemplos bastem para mostrar como usaram a pesquisa-ação para melhorar suas práticas, seus entendimentos dessas práticas e as situações em que funcionam (CARR & KEMMIS, 1986, p. 166-167).

Não surpreende que, com a noção de um profissional estendido em mente, os trabalhadores tenham usado "a pesquisa-ação para melhorar suas práticas". Outros desenvolvimentos na educação docente também focaram na prática. O trabalho de Clandinin e Connelly defendeu modos inovadores e interessantes que buscariam entender o *conhecimento prático pessoal* dos professores. A adição do aspecto pessoal a essa formulação é um progresso bem-vindo que alude à importância das perspectivas biográficas. Mas, novamente, o pessoal está sendo relacionado irrevogavelmente à prática. É como se o professor *fosse* a sua própria prática. Para os educadores docentes, tal especificidade de foco é compreensível, mas gostaria de mencionar que uma perspectiva mais ampla conseguirá mais: não unicamente em termos dos nossos entendimentos, mas definitivamente de modos que se convertem em mudanças no conhecimento prático.

Em suma, o que estou dizendo é que, em termos lógicos ou psicológicos, *melhorar* a prática não significa que devamos *focar* na prática inicialmente e imediatamente. Na verdade eu defendo o ponto de vista oposto.

Considerando que o "professor enquanto pesquisador" e a "pesquisa-ação" expressam posições de valor defensáveis e pontos de partida viáveis, eu gostaria de defender um sentido mais amplo de objetivo. Preocupo-me especialmente com um modo de pesquisa colaborativo que busque prover ao professor total igualdade e estatura, mas empregue como foco inicial e predominante a prática do professor. É um ponto de entrada profundamente não promissor de onde promover um empreendimento colaborativo. Para o pesquisador universitário, pode não parecer problemático desejar uma parceria colaborativa e igualitária, mas não para o professor. De fato pode parecer ao professor que o ponto de partida para a colaboração se concentra no ponto máximo de vulnerabilidade.

Devemos nos lembrar constantemente de como a maioria de nós é profundamente insegura e ansiosa com o nosso trabalho de professores, seja nas salas de aula ou em salas de conferência (bem menos contestadas). Em geral são arenas de maior ansiedade e insegurança – e também, ocasionalmente, de conquistas.

Assim, gostaria de dizer que posicionar a prática em sala de aula dos professores no centro da ação para os pesquisadores da pesquisa-ação é posicionar o aspecto mais exposto e problemático do mundo dos professores no centro do escrutínio e da negociação. Em termos de estratégia, tanto pessoalmente quanto politicamente, é um equívoco fazer isso. Afirmo ser um equívoco – o que pode parecer um paradoxo – em especial se o desejo for principalmente a busca por reflexão sobre a prática dos professores e por mudanças em tal prática.

Um ponto de entrada mais valioso e menos vulnerável seria analisar o trabalho dos professores no contexto de suas vidas. Grande parte dos estudos emergentes nessa área indica que esse foco permite um fluxo rico de diálogo e dados. Ademais, o foco pode (*pode*, enfatizo) permitir aos professores maior autoridade e controle na pesquisa colaborativa do que parece muitas vezes ser o caso em estudos orientados à prática. O que estou afirmando aqui é que, notadamente no mundo do desenvolvimento docente, o ingrediente central que faltou até agora foi a *voz do professor*. O foco tem sido principalmente a prática dos professores, quase o professor *como* prática. O necessário é um foco que ouça sobretudo a pessoa a quem o "desenvolvimento" estiver direcionado. Isso significa que estratégias devem ser desenvolvidas de modo a facilitar, maximizar e, num sentido real, legislar a captação da voz do professor.

A reunião de substância e estratégia nos aponta uma nova direção para a reconceituação do desenvolvimento e da pesquisa educacional. Na primeira seção, apresentei dois argumentos de certo modo episódicos para tentarmos entender a vida do professor como parte do empreendimento de pesquisa e desenvolvimento educacional. Na segunda seção, afirmei que os modos "professor-pesquisador" e "pesquisa-ação" eram progressos produtivos e generativos, mas que o foco inicial e imediato na prática era exagerado e indesejável. Estrategicamente, um foco maior na vida e no trabalho é recomendado. Portanto, por motivos substanciais e estratégicos, defendo uma ampliação de foco para possibilitar um escrutínio minucioso da vida e do trabalho do professor.

Ampliando o nosso banco de dados para estudar o ensino

Até agora tenho afirmado de um modo meio casual que os dados na vida do professor são um fator importante para os nossos estudos na pesquisa educacional. Argumentei que isso é desejável *estrategicamente* para envolver os professores enquanto pesquisadores e desenvolver um modo colaborativo. Mas também existe um motivo *substancial*. O motivo principal é que, nas minhas experiências de conversas com os professores sobre questões de desenvolvimento do currículo, ensino de disciplinas, administração escolar e organização escolar geral, eles constantemente importam dados da própria vida para a discussão, o que considero uma evidência *prima facie* de que os próprios professores julgam essas questões como de grande importância. Um dos motivos para que esses dados não tenham sido muito usados, porém, é que os pesquisadores os editam, considerando-os "pessoais", "idiossincráticos" ou "fracos" demais. Em suma, é outro exemplo do uso seletivo da "voz do professor". O pesquisador somente ouve o que deseja e sabe que soará bem quando reproduzido à comunidade de pesquisa.

É claro que podem existir motivos válidos para não empregar dados sobre a vida do professor em nossos estudos de pesquisa educacional, mas isso exigiria uma sequência de raciocínio para justificar por que tais dados são irrelevantes ou sem importância. A estratégia de pesquisa normal, contudo, é simplesmente purgar esses dados. Nunca me deparei com relatos que justifiquem por que esses dados não são empregados. Ao que parece, a explicação mais comum é que os dados sobre a vida do professor simplesmente não se enquadram nos paradigmas de pesquisa existentes. Se for o caso, então os paradigmas é que estão errados, não o valor e a qualidade desses tipos de dados.

Os argumentos para o emprego de dados sobre a vida do professor são substanciais, mas dada a predominância dos paradigmas existentes eles devem ser explicados claramente:

1) Nas pesquisas sobre escolas em que estive envolvido – abrangendo uma ampla gama de focos de pesquisa e matrizes conceituais diferentes –, a regularidade de professores falando sobre a própria vida no processo de explicação da sua política e prática foi surpreendente. Se fosse apenas uma observação pessoal, não valeria a pena, mas eles expuseram esse ponto várias vezes ao conversarem com outros pesquisadores. Um exemplo: David Hargreaves, ao pesquisar para *Deviance in Classrooms*, observou ao falar sobre o livro que os professores importavam repetidamente comentários autobiográficos para as próprias explicações. Ele ficou muito preocupado em retrospecto com a velocidade em que os dados haviam sido suprimidos na redação da pesquisa. A crença – a sabedoria convencional – é que tais dados eram "pessoais" demais, "idiossincráticos" demais, "fracos" demais para uma pesquisa de ciências sociais madura.

Obviamente em primeira instância (e em alguns casos em última instância) é verdade que dados pessoais podem ser irrelevantes, excêntricos e essencialmente redundantes. Mas o ponto que precisa ser entendido é que as características não são o corolário inevitável do que é pessoal. Além disso, o que é pessoal no momento da coleta pode não permanecer pessoal, afinal boa parte da ciência social está interessada na coleta de uma série de ideias e eventos muitas vezes pessoais e na elucidação de ofertas e processos mais coletivos e generalizáveis.

O respeito pelo autobiográfico, pela "vida", é apenas um lado do interesse de evocar a voz do professor. Em alguns sentidos, assim como o antropólogo, essa escola de pesquisa educacional qualitativa está interessada em ouvir o que o professor diz, respeitar e tratar seriamente os dados que o professor importa para os relatos. Isso é inverter a ponderação das provas. Convencionalmente, os dados que não servem aos interesses e focos do pesquisador são descartados. Nesse modelo, os dados que o professor fornece têm uma propriedade mais sagrada e somente são descartados após uma prova minuciosa de irrelevância e redundância.

Ouvir a voz do professor deve nos ensinar que o autobiográfico – "a vida" – tem importância substancial quando os professores falam do seu trabalho. E, no âmbito do senso comum, não acho isso de forma alguma surpreendente. O que acho surpreendente, se não for francamente irracional, é que por tanto tempo os pesquisadores tenham excluído essa parte do relato do professor, como se fossem dados irrelevantes.

2) Experiências de vida e origens obviamente são ingredientes fundamentais da pessoa que somos, do nosso sentido de individualidade. À medida que investimos a nossa "individualidade" em nosso ensino, experiências e origens moldam a nossa prática.

Uma característica comum nos relatos de muitos professores sobre as suas origens é a presença de um professor favorável que os influenciou maciçamente enquanto jovens alunos. Costumam dizer que "foi essa pessoa que me convenceu a ensinar"; "eu era sua aluna quando decidi que queria ser professora". Em resumo, essas pessoas são um "exemplo" e também provavelmente influenciam a visão subsequente de pedagogia desejável, assim como possivelmente a escolha da especialidade disciplinar.

Muitos outros ingredientes das origens são importantes na vida e prática do professor. Ser criado num ambiente da classe operária pode, por exemplo, proporcionar ideias e experiências valiosas ao ensinar alunos de origem similar. Observei um professor originário da classe operária ensinar uma turma de alunos de formação geral numa escola do East End, em Londres. Ele ensinava falando o dialeto *cockney* e a sua afinidade era um aspecto bem surpreendente do seu sucesso como professor. Na minha entrevista falei sobre essa afinidade e ele observou que "é porque eu sou de lá, né?" As origens e a experiência de vida foram, então, um aspecto importante da sua prática. Mas o mesmo aconteceria no caso de professores da classe média ensinando alunos da classe operária ou professores com origens na classe operária ensinando alunos da classe média. As origens são um ingrediente importante na dinâmica da prática (cf. HARGREAVES, 1986; LORTIE, 1975).

É claro que a classe é apenas um aspecto, assim como gênero ou etnia. As origens e experiências de vida dos professores são idiossincráticas e únicas e devem ser exploradas, portanto, na sua total complexidade. (O tratamento de questões de gênero muitas vezes é inadequado – cf. SIKES et al., 1985.) Trabalhos recentes são mais encorajadores (cf. NELSON, 1992; CASEY, 1992).

3) O *estilo de vida* do professor dentro e fora da escola, as suas identidades e culturas latentes impactam as visões de ensino e a prática. O trabalho de Bec-

ker e Geer sobre identidades e culturas latentes provê uma base teórica valiosa (BECKER & GEER, 1971). Obviamente o estilo de vida costuma ser um elemento característico em certas coortes; por exemplo, trabalhos sobre a geração de professores da década de 1960 seriam valiosos. Num estudo recente de um professor com foco no seu estilo de vida, Walker e eu afirmamos:

> As conexões entre a cultura jovem e o movimento da reforma do currículo na década de 1960 são mais complexas do que havíamos pensado. Para Ron Fisher, definitivamente existe uma conexão, ele se identifica enfaticamente com a cultura jovem e acha que isso é importante no seu ensino. Mas, apesar da sua atração pelo *rock* e estilos de vida adolescentes, é com a escola que se comprometeu quase contra o seu próprio sentido de direção. O envolvimento na inovação, ao menos para Ron, não é simplesmente uma questão de envolvimento técnico, mas algo que toca facetas significativas da sua identidade pessoal. Isso suscita a questão para o desenvolvedor de currículo: como pareceria um projeto se o seu objetivo explícito fosse mudar o professor, não o currículo? Como você elaboraria um projeto que tivesse um apelo ao professor enquanto pessoa, não ao professor enquanto educador? Quais seriam os efeitos e consequências da implementação dessa elaboração? (GOODSON & WALKER, 1991, p. 139).

Isso mostra como os trabalhos nessa área começam a forçar uma reconceituação de modelos de desenvolvimento do professor. Passamos do professor enquanto prática para o professor enquanto pessoa como o nosso ponto de partida para o desenvolvimento.

4) O foco no *ciclo de vida* gerará ideias, portanto, relativas aos elementos únicos do ensino. De fato uma característica tão única pareceria um ponto de partida óbvio para a reflexão sobre o mundo dos professores. Porém, os nossos paradigmas de pesquisa apontam tão francamente para outras direções que até hoje houve poucos trabalhos nessa área.

Felizmente trabalhos em outras áreas proveem uma estrutura valiosa. Parte do trabalho de certa forma populista de Gail Sheehy em *Passages* e *Pathfinders* é importante (SHEEHY, 1976), como também o trabalho de pesquisa de Levinson, no qual parte das suas publicações se baseia. O trabalho de Levinson, embora lamentavelmente concentrado somente em homens, apresenta algumas ideias muito frutíferas sobre como as nossas perspectivas em determinados estágios da nossa vida afetam crucialmente o nosso trabalho profissional.

Vejamos como exemplo o estudo de caso de John Barnes, biólogo universitário. Levinson escreve sobre o seu "sonho" de ser um premiado e renomado biólogo pesquisador:

> O sonho de Barnes se tornava mais urgente à medida que se aproximava dos 40 anos. Ele acreditava que os trabalhos mais criativos da ciência são realizados antes disso. Uma conversa nessa época com um antigo amigo do seu pai o impressionou muito. Esse senhor havia confidenciado que agora já aceitava a sua falha em se tornar um "astro do direito" e estava contente em ser um advogado tributarista competente e respeitado. Ele havia decidido que estrelato não é sinônimo de uma vida boa; estava "perfeitamente certo ficar em segundo lugar". Na época, porém, Barnes não estava preparado para minimizar a sua ambição. Em vez disso, decidiu deixar a presidência e dedicar-se inteiramente à sua pesquisa.
> Ele abandonou a presidência quando tinha quase 41 anos, e o seu projeto passou para a fase final. Foi um momento crucial para ele, o ápice de anos de luta. Por vários meses, uma série de distrações exigiu a sua atenção e aumentou o suspense. Ele se tornou pai de um menininho e na mesma semana recebeu a proposta de uma vaga de prestígio em Yale. Lisonjeado e animado, achou que seria a sua "última chance de receber uma grande proposta". Mas no fim Barnes recusou. Descobriu que não conseguiria mudar naquela fase do seu trabalho. Além disso, os seus vínculos com parentes e amigos, e o amor pelo seu lugar, agora eram muito mais importantes para ele e Ann. Ela disse: "Os elogios quase o convenceram, mas agora nós dois estamos felizes por termos ficado" (LEVINSON, 1979, p. 267).

Essa citação mostra que as definições da nossa localização profissional e da direção da nossa carreira somente podem ser determinadas através de um entendimento minucioso da vida das pessoas.

5) As *fases da carreira* e as *decisões da carreira* também podem ser analisadas individualmente. Trabalhos sobre a vida e a carreira do professor cada vez mais comandam a atenção em oficinas e cursos de desenvolvimento profissional. Por exemplo, a Open University, na Inglaterra, agora usa a obra *Teachers Lives and Careers* como um dos livros obrigatórios do seu curso (BALL & GOODSON, 1989). Isso é sintomático de mudanças importantes no modo pelo qual os cursos profissionais estão sendo reorganizados para permitir a concentração na perspectiva da carreira do professor.

Além do espectro de estudos sobre carreiras de *Teachers Lives and Careers*, uma série de novas pesquisas está começando a analisar esse aspecto negligenciado da vida profissional do professor. O trabalho de Sikes, Measor e Woods sugere novas ideias valiosas sobre como os professores constroem e veem as próprias carreiras de ensino e, é claro, o trabalho de Michael Huberman mencionado neste volume (SIKES et al., 1985).

6) Ademais, os novos trabalhos sobre a carreira do professor apontam para o fato de que há *incidentes críticos* na vida do professor e especificamente no seu trabalho que podem afetar crucialmente percepção e prática. Certamente trabalhos sobre professores iniciantes indicam a importância de certos incidentes para a formatação de estilos e práticas dos professores. O trabalho de Lacey aponta os efeitos nas estratégias dos professores e o trabalho de Woods, Pollard, Hargreaves e Knowles também elucida a relação com o desenvolvimento de estratégias do professor (KNOWLES, 1992).

Outros trabalhos sobre incidentes críticos na vida do professor podem confrontar temas importantes contextualizados numa perspectiva de vida plena. Por exemplo, Kathleen Casey emprega "narrativas de histórias de vida" para entender o fenômeno de desistência do professor, especificamente desistência de professoras ativistas (CASEY, 1988). O seu trabalho elucida excepcionalmente esse fenômeno que hoje vem sendo alvo de muita atenção essencialmente acrítica em vista do problema de carência de professores. Mesmo assim, poucos países que sofrem muito com a carência de professores importaram-se em financiar estudos sérios sobre a vida do professor para analisar e estender o nosso entendimento do fenômeno de desistência dos professores. Afirmo que apenas uma abordagem assim possibilita a extensão do nosso entendimento.

O mesmo acontece com muitos outros temas importantes nos trabalhos sobre professores. A questão do estresse e exaustão do professor seria estudada melhor partindo-se de perspectivas de histórias de vida, assim como a questão do ensino eficaz e da adoção de inovações e novas iniciativas administrativas. Sobretudo no estudo sobre as condições de trabalho do professor, essa abordagem tem muito a oferecer.

7) Os estudos sobre a vida do professor podem nos permitir ver o indivíduo em relação à história do seu tempo, possibilitando-nos enxergar a interseção da história de vida com a história da sociedade, assim iluminando as escolhas, contingências e opções abertas ao indivíduo. "Histórias de vida" de escolas, disciplinas e magistério proveriam uma base contextual vital. O foco inicial na vida do professor, portanto, reconceituaria os nossos estudos sobre educação e currículo de formas bastante básicas.

Essencialmente, o estudo colaborativo da vida do professor nos níveis mencionados constitui uma nova forma de ver o desenvolvimento do professor; uma forma que deve redirecionar as relações de poder que subjazem à vida do professor de maneiras significativas e generativas.

Colaboração e desenvolvimento do professor

Afirmei estrategicamente que, para promover a noção de professores enquanto pesquisadores e desenvolver uma modalidade de pesquisa-ação em que a colaboração com pesquisadores situados externamente fosse estimulada, precisamos evitar um foco imediato e predominante na prática. Também argumentei que esse foco na prática deve, ao menos parcialmente, ser substituído por um foco na vida do professor.

O que está em questão aqui parece quase antropológico: estamos procurando um ponto de "negociação" para professores (enquanto pesquisadores) e pesquisadores localizados externamente. A prática promete vulnerabilidade máxima como "ponto de negociação". É uma situação profundamente desigual na qual se começa a "negociar" – porque pode-se argumentar que o professor talvez já se sinta vulnerável e inferior diante de um pesquisador universitário.

Ao falar sobre a própria vida, o professor está, nesse sentido específico, numa situação imediatamente menos exposta; e a "exposição" pode ser controlada de modo mais cuidadoso, consciente e pessoal. (Isso não significa, vale notar, afirmar que mais uma vez a "exploração" pode não ocorrer, tampouco que não há mais questões éticas importantes relacionadas à exposição.) Mas creio que esse ponto de partida tem vantagens substanciais e estratégicas. Algumas já foram listadas, porém, em termos da "negociação" entre professor/pesquisador e pesquisador externo, esse foco parece vantajoso.

Boa parte dos trabalhos emergentes sobre a vida do professor traz à tona ideias estruturais que localizam a vida do professor dentro do ambiente profundamente estruturado e enraizado da educação (GOODSON, 1992). Isso permite um ótimo "ponto de negociação" para o pesquisador externo. Uma das características valiosas de uma colaboração entre professores enquanto pesquisadores e pesquisadores externos é que se trata de uma colaboração entre duas partes distintamente localizadas em termos estruturais. Cada uma vê o mundo através de um prisma diferente de prática e pensamento. Essa diferença valiosa pode permitir que o pesquisador externo retribua com produtos na "negociação". O professor/

pesquisador oferece dados e ideias; o pesquisador externo, ao buscar vislumbres de estrutura de maneiras diferentes, agora também pode trazer dados e ideias. Os termos da negociação, em suma, parecem favoráveis. Nessas condições, a colaboração finalmente pode começar.

Observei antes que essa rota possível para a colaboração não suspende questões de ética e exploração. Isso ocorre sobretudo porque a colaboração entre professor/pesquisador e pesquisador externo acontece num terreno ocupacional que já é desigualmente estruturado. Em termos de poder, o pesquisador externo ainda detém muitas vantagens. Ademais, as condições das carreiras universitárias exortam positivamente os pesquisadores a explorar dados de pesquisa: as exigências das publicações e críticas têm sua própria dinâmica.

Assim, sejam quais forem os aspectos favoráveis de um foco na vida do professor, devemos permanecer profundamente atentos porque, se a prática do professor é um foco vulnerável, a vida do professor é um foco profundamente íntimo e até intenso. Mais do que nunca, diretrizes de procedimentos são necessárias em relação a questões de propriedade e publicação dos dados. Essas questões devem ser concebidas em termos de uma colaboração em que cada parte tenha direitos claros e, nesse caso, o poder de veto do professor deve ser discutido antes e implementado, se necessário, depois.

Referências

BALL, S.J. & GOODSON, I. (1989). *Teachers Lives and Careers*. Londres/Nova York: Falmer/Open University.

BECKER, H.S. & GEER, B. (1971). "Latent Culture: A Note on the Theory of Latent Social Roles". In: COSIN, B.R. et al. (orgs.). *School and Society*: A Sociological Reader. Londres: Routledge/Kegan Paul, p. 56-60.

CARR, W. & KEMMIS, S. (1986). *Becoming Critical*: Education Knowledge and Action Research. Londres/Filadélfia: Falmer.

CASEY, K. (1992). "Why do Progressive Women Activists Leave Teaching? Theory, Methodology and Politics in Life History Research". In: GOODSON, I.F. (org.). *Studying Teachers' Lives*. Londres/Nova York: Routledge.

_____ (1988). *Teacher as Author*: Life History Narratives of Contemporary Women Teachers Working or Social Change. Madison: Wisconsin University [Tese de doutorado].

CASEY, K. & APPLE, M.W. (1989). "Gender and the Conditions of Teachers' Work: The Development of Understanding in America". In: ACKER, S. (org.). *Teachers, Gender and Careers*. Nova York: Falmer.

GOODSON, I.F. (org.). (1992). *Studying Teachers' Lives*. Londres/Nova York: Routledge.

GOODSON, I. & WALKER, R. (1991). *Biography, Identity and Schooling*. NovaYork/Londres: Falmer.

HARGREAVES, D.H. (1986). *Deviance in Classrooms*. Londres: Routledge.

KNOWLES, J.G. (1992). "Models for Understanding Preserving and Beginning Teachers' Biographies: Illustrations for Case Studies". In: GOODSON, I.F. (org.). *Studying Teachers' Lives*. Londres/Nova York: Routledge.

LEVINSON, D.J. (1979). *The Seasons of a Man's Life*. Nova York: Ballantine Books.

LORTIE, D. (1975). *School Teacher*. Chicago: University of Chicago Press.

NELSON, M. (1992). "Using Oral Histories to Reconstruct the Experiences of Women Teachers in Vermont, 1900-1950". In: GOODSON, I.F. (org.). *Studying Teachers' Lives*. Londres/Nova York: Routledge.

SCHWAB, J.J. (1969). The Practical: A Language for Curriculum. *School Review*, 78, p. 1-24.

SHEEHY, G. (1981). *Pathfinders*. Londres: Sidgwick and Jackson.

_____ (1976). *Passages*: Predictable Crises of Adult Life. Nova York: Dutton.

SIKES, P.; MEASOR, L. & WOODS, P. (1985). *Teachers Careers*. Londres/Filadélfia: Falmer.

19
A personalidade da mudança educacional*

Muitas reformas escolares e teorias de mudança atuais partem do pressuposto de que, como nem tudo está bem nas escolas (*verdadeiro*), reformas e mudanças podem ajudar a situação (*falso*). Pressupõe-se que a enunciação clara de objetivos, respaldada por uma bateria de provas, acompanhada de estratégias de responsabilidade e confirmada por uma série de incentivos financeiros e pagamentos por resultados, inevitavelmente elevará os padrões escolares. O professor é posicionado como parte essencial desse sistema de resultados, mas os aspectos técnicos do profissionalismo do professor são enfatizados, e não a *biografia profissional* – missões e compromissos pessoais que pautam o sentido de vocacionalismo e profissionalismo cuidadoso do professor.

Podemos enfatizar exageradamente esse elemento de crescente tecnicalização que está longe de ser universal e podemos bradar o ataque ao senso de vocação do professor. Entretanto, o que é irrefutável é que há poucos trabalhos sobre a "personalidade da mudança". Em pouquíssimas instâncias as reformas escolares ou teorias da mudança foram promulgadas de modo a posicionar o desenvolvimento pessoal e a mudança como "pilares centrais" no processo. Em vez disso, as mudanças são buscadas de maneiras que parecem insistir que isso acontecerá, *apesar* das crenças e missões pessoais do professor. É muito comum que a "personalidade da mudança" seja vista como o "obstáculo" a uma verdadeira reforma, e não como um "pilar" crucial.

Nesta seção, quero evidenciar por que tal visão é potencialmente catastrófica para a atual onda de reformas e iniciativas de mudança. Antes disso, contudo, vamos analisar um mito comum na reestruturação escolar atual. Ele tem várias incorporações, mas é algo assim: antigamente (décadas de 1960 e 1970), em vários países ocidentais, operávamos serviços sociais e estados de bem-estar social com

---

* *Professional Knowledge, Professional Lives*: Studies in Education and Change. Maidenhead: Open University Press, 2003.

organização fraca. Como as economias eram afluentes, a disciplina era casual e os professores (como outros profissionais) tinham graus incomuns de autonomia e autodireção profissional. O resultado era um senso débil de disciplina social e padrões escolares baixos.

Esses dias não existem mais, os governos agora controlam firmemente as escolas – objetivos e provas estão sendo definidos claramente, e a disciplina e os padrões escolares melhorarão continuamente.

A respeito dos professores, a estória é assim: os velhos tempos de profissionais autônomos e autodirigidos acabaram – o "profissional novo" é tecnicamente competente, cumpre novas diretrizes e decretos, e vê o ensino como um emprego em que, como os outros, ele é gerenciado e dirigido, apresentando o resultado solicitado. A mudança educacional no âmbito do ensino significa substituir assim que possível os "profissionais antigos" pelos "profissionais novos". Depois que essa tarefa for cumprida, e os "profissionais antigos" tenham sido "varridos", um sistema escolar novo, mais eficiente e melhor emergirá.

De alguma forma, essa estória é parecida com as iniciativas de reestruturação buscadas numa série de indústrias e serviços, mas quero sugerir que, especialmente na educação, ela tem se mostrado um pacote perigoso a buscar. Vejamos isso da perspectiva do professor. Do ponto de vista dos "profissionais antigos", o padrão é nítido – dizem a eles que "o jogo acabou". Ou abandonam os seus sonhos de autonomia profissional ou se aposentam mais cedo. Os resultados são previsíveis em toda parte – uma enxurrada de "aposentadorias precoces", além de um grupo de professores que "teimam" num estado de desespero e desencanto.

Para os reformistas, isso pode ser considerado um pequeno preço de transição a pagar pela substituição dos "profissionais antigos" por "profissionais novos conscientes que apresentam resultados". Mas aí precisamos parar – será tão simples assim? Até nas empresas a reestruturação mostrou-se mais complexa e contraditória do que se esperava. Nas escolas, a questão é confusamente humana e pessoal. Aqui, desespero e desencanto conduzem diretamente a um ensino sem inspiração e oportunidades de vida estragadas para os alunos.

Ignorar a "personalidade da mudança" pode ser altamente perigoso.

Ao conversar com os professores é possível ver o que acontece com os seus compromissos. Veja o que fala um professor premiado do tipo "profissional antigo":

> Eu provavelmente poderia dividir os meus 30 anos talvez em cinco ou seis blocos. Nos primeiros anos, talvez cinco, eu me atrapalhava.

> Eu estava tentando entender aquilo. Algumas coisas eu fazia muito bem e, outras vezes, eu era um total desastre. Mas naquela época eu estava acumulando experiências. Então eu era aquele tipo de pessoa atrapalhada sensível. E aí tive a minha turma de redação criativa em 1975 e depois tive a minha primeira turma de dignidade acadêmica em 1979. De 1975 até provavelmente 1985, foi uma era dourada quando os meus alunos e a minha curiosidade intelectual estavam no ápice. E eu estava vivendo de uma energia que vinha de fora e de dentro. E eu constantemente buscava coisas novas, encontrava materiais novos, construía coisas novas e testava tudo. E foi uma época ótima.
> Em 1985/1986, entrei num período de verdadeira competência em que me sentia como alguém com ferramentas que poderia usar bem e quando quisesse. Eu era um... Eu me tornei um professor muito mais rigoroso. Comecei a prescrever um trabalho final, um trabalho de 15 páginas em que os alunos precisavam ler cinco romances de certo autor, fazer pesquisa biográfica, pesquisa crítica, criar uma tese e defender essa tese. Um trabalho muito rigoroso e difícil e eu sabia como ensinar e extrair isso dos alunos. E eu era... Eu me tornei um especialista, acho, naquele período. Eu estava vivendo... provavelmente era mais divertido estar naquela turma de meio período. Mas acho que, em termos do que eu, de fato, estava ensinando ou o que os alunos de fato estavam aprendendo, e os conhecimentos que eles adquiriam, acho que aquele terceiro período provavelmente foi o melhor quando eu estava mais qualificado e dando o máximo aos alunos.
> E aí nos últimos anos eu me envolvi em TLI e várias coisas tinham mudado: a nova prova *Regents* começava a surgir; a administração começou a impor exigências mais específicas sobre o que eu deveria fazer.

O que o professor me falou é como as novas diretrizes e textos, com o tempo, quase destruíram completamente o seu compromisso e ideias. É um desastre pessoal, mas quero sugerir que essa percepção entre os "profissionais antigos" é um desastre muito maior para a ecologia complexa das escolas.

O termo "profissional antigo" precisa ser elucidado melhor. Não quero sugerir determinado profissional de certa idade e estágio, e sim uma visão de ensino em que o profissionalismo é expresso e vivenciado como mais do que um simples emprego – como um vocacionalismo cuidadoso. Essencialmente significa ver o magistério como algo que abrange mais do que recompensa material e serviço técnico, como uma forma de trabalho revestida de objetivo, paixão e significado. Pode soar ingênuo demais (não é em todas as circunstâncias, já que todos nós temos dias ruins, períodos ruins; fazemos coisas mundanas materialistas, é claro), mas significa um tipo de profissionalismo em que a "vocação" faz parte do pacote, em que "ideais" são sustentados e buscados. "Profissional antigo", então, capta uma aspiração sentida tanto por professores antigos e novos – refere-se a um tipo de profissionalismo e chama-se "antigo" simplesmente porque já foi mais comum e mais fácil buscá-lo do que nas circunstâncias atuais.

Nas escolas, o ataque ao vocacionalismo do "profissional antigo" torna-se um problema por vários motivos:

1) perda de memória;

2) perda de orientação;

3) retenção e recrutamento do professor.

Vamos analisar um de cada vez.

Perda de memória

Tenho muito interesse no que acontece quando os membros mais maduros de uma indústria ou comunidade se aposentam cedo ou são submetidos a mudanças e reformas das quais discordam, como é o caso em muitas das nossas escolas. Curiosamente, uma série de novos estudos na Grã-Bretanha está analisando o que aconteceu com outra indústria de serviços delicada – as ferrovias. Tim Strangleman, sinaleiro ferroviário, está cursando doutorado sobre a indústria ferroviária. O seu interesse particular é na identidade ocupacional que os trabalhadores ferroviários têm, além da sua habilidade e orgulho em "fazer as ferrovias funcionarem" – um trabalho complexo com uma ampla gama de habilidades e técnicas aprendidas no emprego e transmitidas de um trabalhador a outro. As ferrovias estão sendo reestruturadas e divididas em empresas regionais separadas e independentes, cada uma com orçamento próprio. A habilidade e o orgulho que os trabalhadores têm do seu emprego são um ingrediente central no antigo serviço nacional – pode-se dizer que é característica dos profissionais ferroviários antigos. Mas agora, com a reestruturação:

> Qualquer orgulho residual do emprego está sumindo, já que os novos chefes, sem nenhuma formação ferroviária, estimulam a noção de que "é um trabalho como outro qualquer, como descascar ervilhas" (NEWNHAM, 1997, p. 28).

Isso reflete uma frase similar usada várias vezes por professores mais jovens em nossos estudos, "afinal de contas, ensinar não passa de um emprego como qualquer outro". Nesse estudo sobre ferrovias, Strangleman também faz conexões. Por exemplo, ele:

> faz uma comparação surpreendente com a indústria bancária, onde o termo "perda de memória corporativa" foi cunhado para descrever o processo pelo qual camadas de conhecimento imensurável acumuladas em anos de experiência foram desprezadas na década de 1980 por uma classe gerencial excessivamente confiante sem senso de passado. No contexto bancário, esse conhecimento tácito – aquela coisa empírica, intuitiva – pode ser a diferença entre um investimento sensato e insensato. Nas ferrovias, pode ser a diferença entre vida e morte (NEWNHAM, 1997, p. 28).

Isso foi escrito em 1997. Desde então, a Grã-Bretanha testemunha vários acidentes ferroviários horrendos, culminando no acidente de Hatfield, que causou quase uma total paralisação do sistema ferroviário por semanas.

Talvez nas reformas escolares a purgação dos "profissionais antigos" ante as novas mudanças e reformas possa ser um movimento similarmente catastrófico. É óbvio que esses aspectos da "personalidade da mudança" merecem muito mais atenção.

Perda de orientação

Cada escola é uma comunidade cuidadosamente construída: quando os mais velhos da comunidade se sentem desencantados e desvalorizados, é um problema para a comunidade escolar, e então passa a ser um problema para a prestação bem-sucedida dos serviços educacionais oferecidos pela escola – em suma, um problema de desempenho escolar e padrões educacionais.

Robert Bly (1991) escreveu sobre os problemas causados a qualquer comunidade quando os "mais velhos" estão desencantados, desorientados e são desconsiderados.

Darei um exemplo específico do que se perde quando toda uma coorte ou seção de professores fica desencantada, descontente e desorientada. Em nossos estudos, testemunhamos várias escolas onde é palpável o senso de desgoverno, anarquia e falta de direção. Em uma das escolas – uma escola inovadora de referência em Toronto, fundada na década de 1960 – o ex-diretor considerou que o problema era exatamente como aquele das ferrovias.

A coorte antiga de profissionais fundadores havia se desencantado com as novas mudanças e reformas. Como resultado, eles se aposentavam cedo ou continuavam trabalhando de modo descontente e indiferente. De acordo com o ex-diretor, o problema era que por isso ninguém assumia a orientação aos professores jovens. Eles simplesmente chegavam e começavam a trabalhar; era um mero emprego e eles seguiam as instruções da direção e as políticas estatais da melhor maneira possível. Como resultado, os "profissionais antigos" (nesse caso específico, principalmente os mais velhos) guardavam o seu conhecimento profissional para si mesmos e a cadeia de transmissão profissional se rompia – as "camadas de conhecimento imensurável acumuladas em anos de experiência" não eram transmitidas à nova geração de professores. Assim, a escola sofreu uma "perda de memória corporativa".

O resultado, aparentemente, foi uma escola sem paixão nem objetivos, sem direção. As pessoas compareciam para trabalhar como em qualquer outro trabalho sem um sentido primordial de vocação ou ideais e, assim que podiam, iam para casa, para a sua outra vida onde supostamente a sua paixão e objetivos viviam e se reavivavam.

Retenção e recrutamento do professor

Nas duas primeiras seções, vimos como o vocacionalismo do "profissional antigo" decaiu no magistério, seja formalmente devido a aposentadorias precoces ou espiritualmente porque uma coorte maior de professores se tornou desinteressada e desiludida. Em determinado momento, os defensores das reformas e os teóricos das mudanças consideraram essa evasão dos "profissionais antigos" um sinal do sucesso da sua estratégia. Como resultado, argumentaram que as escolas seriam rejuvenescidas e preenchidas com defensores ávidos das novas reformas.

Isso se mostrou radicalmente otimista e equivocado. O problema da retenção (ou o não problema, aos olhos dos reformistas) logo se transformou no problema do recrutamento. O segundo é visto como problema porque até os defensores mais radicais das mudanças reconhecem que as escolas precisam de profissionais!

O que a pesquisa vem mostrando é que, de muitas maneiras, os problemas de retenção e recrutamento são relacionados e têm a mesma causa-raiz. Ao que parece, muitas das coortes mais jovens de candidatos a professores estão olhando para o trabalho e tecendo julgamentos parecidos com os dos seus "profissionais antigos" veteranos. A "purgação do antigo" caminha lado a lado com a "rejeição" aos jovens.

Para resumir os motivos, isso ocorre porque agora, no magistério, de acordo com as palavras felizes de Bob Hewitt, "iniciativa e desenvoltura foram banidas". No seu artigo de despedida "Desisto", ele afirma:

> Ver as escolas de hoje cheias apenas de bobagens burocráticas é deixar de entender a questão seriamente, contudo. Tradicionalmente a educação trata da liberdade. Porém não existe mais liberdade. Acabou. Iniciativa e desenvoltura foram banidas. Todas as escolas se tornaram parte do *gulag*. Por que, então, os inspetores marcam o horário da leitura com cronômetros? Ou um professor é demitido devido a uma parte da papelada que falta? (HEWITT, 2001, p. 3).

Embora alguns recrutados mais jovens aceitem essa forma de identidade ocupacional, muitos outros mais consideram que levarão a própria iniciativa e desenvoltura a profissões que valorizem, e não denigram, essas características. Por exemplo, Carmel Fitzsimons acaba de se formar professora, mas não acha possível realmente exercer a profissão. No artigo "Desisto", ela comenta:

> Não acho que os professores não sejam criativos – mas a sua criatividade está sendo esmagada pelas engrenagens burocráticas e administrativas.
> Por exemplo, para cada aula os professores devem preparar folhas de avaliação da aula anterior; aí devem refletir sobre os problemas que emergem na avaliação. Depois devem preparar um plano de aula – pautado em objetivos de longo, médio e curto prazo do currículo; e, após darem aula, devem redigir uma avaliação sobre como foi a aula e depois avaliar individualmente o progresso da aprendizagem de cada aluno. Isso pode significar cinco páginas escritas por aula para cada uma das cinco aulas por dia. Inclua o boletim individual de cada aluno, os registros de leitura e o recolhimento de dinheiro para o passeio escolar e você começa a se perguntar se existe algum tempo livre para vestir o casaco antes de correr para o pátio (FITZSIMONS, 2001, p. 2).

Curiosamente, o mesmo tipo de transição do "profissionalismo antigo" para o "profissionalismo novo" parece estar atuando na enfermagem. Num estudo recente com enfermeiros do sistema público de saúde, Kim Catcheside constata que os padrões de profissionalismo estão se transformando:

> Os enfermeiros modernos são um risco à saúde. Aqueles mais velhos, com formação humanizada, aposentaram-se ou abandonaram a profissão, e o novo lote, com formação ruim e pouca motivação, não se importa com nada e, na sua ignorância, pode tanto curar quanto matar (ARNOLD, 2001, p. 12).

Alistair Ross e uma equipe de pesquisadores estudam a retenção e o recrutamento de professores há três anos. As suas descobertas formam uma leitura salutar para os defensores de reformas e mudanças:

> Perguntamos àqueles que estavam partindo para outras carreiras o que os atraía em seu novo trabalho.
> Três quintos de todos os professores que estavam partindo para trabalhos fora da profissão não acham que o magistério lhes permite serem criativos e desenvoltos. Esses fatores costumavam ser um dos principais elementos definidores do magistério: as pessoas ingressavam na profissão porque ela costumava lhes oferecer autonomia, criatividade e habilidade para usar a própria iniciativa.
> O que aconteceu com a profissão a ponto de deixar esses professores no mínimo desiludidos, levando-os a procurar carreiras alternativas? Para os professores, essa pergunta é retórica. As formas pelas quais o magistério passou a ser administrado, com "prestação de contas" e submissão ao controle e à direção, contribuíram para a desmotivação (ROSS, 2001, p. 9).

Eles também perceberam que os problemas de recrutamento e retenção não eram primordialmente econômicos, como tantas vezes se argumentou:

> Também percebemos que, para os professores que abandonavam a profissão, não são altos salários alternativos que os atraem. Em nossa amostra de professores partindo para outras carreiras, apenas 27% ganhariam mais do que ganhavam como professores; 27% disseram que ganhariam o mesmo que ganhavam no seu último emprego como professores; e 45% estavam ingressando em funções que pagavam *menos* do que ganhavam no seu último emprego como professores.
> São as mudanças na natureza do ensino que estão por trás dos pontos críticos que descrevemos (ROSS, 2001, p. 9).

Conclusão

Por trás da questão da "personalidade da mudança" está o problema complexo do que constitui a ação e o conhecimento profissional; o que caracteriza o profissionalismo do professor? Em nosso livro *Teachers' Professional Lives* (GOODSON & HARGREAVES, 1996), definimos cinco tipos de profissionalismo como clássico, flexível, prático, estendido e complexo. Previmos a emergência no século XXI de um profissionalismo complexo e pós-moderno, baseado numa série de características, notadamente "a criação e o reconhecimento da alta *complexidade* das tarefas, com níveis de *status* e recompensa apropriados a tal complexidade" (GOODSON & HARGREAVES, 1996, p. 21). Argumentamos que isso ocasionaria uma noção mais personalizada de profissionalismo emergente e baseado:

> numa busca autodirigida e numa luta por *aprendizagem contínua* relativas aos conhecimentos e padrões de prática de alguém, e não no cumprimento de obrigações enervantes de *mudanças infinitas* exigidas pelos outros (GOODSON & HARGREAVES, 1996, p. 21).

Geoff Troman (1996) analisou a ascensão do que chama de "profissionais novos". Esse grupo aceita a nova distribuição e hierarquias políticas do processo de reforma, novas diretrizes governamentais, currículo e objetivos nacionais. Contudo, alguns membros do grupo adotaram aspectos da visão de mundo dos "profissionais antigos". Os "profissionais antigos" acreditavam no controle coletivo exercido pelos professores sobre o próprio trabalho, na autonomia profissional e pessoal. De algumas formas, os "profissionais novos" acharam algum modo de continuarem a ser semiautônomos e, nesse sentido, estão sendo pioneiros de um novo profissionalismo complexo que pode moderar os efeitos ruins de iniciativas de reforma excessivamente zelosas.

Mas Troman estava estudando as escolas no Reino Unido desde a década de 1980 até a década de 1990, antes que os excessos do processo de reforma mencionados começassem a incomodar. Ele comenta:

> A estratégia de resistência na acomodação é possível neste momento somente porque existem espaços dentro do trabalho do ensino e nas relações entre administração e professores (TROMAN, 1996, p. 485).

De fato, reformas recentes em vários países buscam fechar esses espaços para ações pessoais e profissionais semiautônomas. Ao fazerem isso, estão apertando demais os parafusos e ameaçando transformar o ensino numa profissão atraente apenas aos obedientes e dóceis, deixando de ser atraente aos criativos e desenvoltos. Ao forçarem demais os limites, ameaçam transformar as nossas escolas em locais de uniformidade e esterilidade – dificilmente um lugar onde os padrões crescerão e a inspiração educacional florescerá.

Uma forma de ver essas mudanças e reformas é através dos sinais claros de que são os nossos professores mais criativos e desenvoltos os mais desencantados com as novas prescrições e diretrizes. Numa pesquisa recente, os professores em geral listaram as "iniciativas governamentais" como motivo importante para o seu desejo de abandonar o magistério. É instrutivo ver qualquer profissão ou mão de

obra não como uma entidade monolítica, mas composta de vários segmentos. Ao olharmos para o magistério, podemos distinguir três segmentos:
- uma elite ou vanguarda composta pelos 10-20% melhores;
- um grupo "espinha dorsal" convencional composto de 60-70%;
- um grupo limítrofe composto de 10-20%.

O grupo de elite é aquele mais criativo e motivado e costuma ajudar a definir, articular e estender a "missão de ensinar" em geral, e de uma escola em particular. O seu compromisso em mudar e reformar é um pré-requisito básico para uma implementação bem-sucedida: o seu desencanto e indiferença tornam as mudanças e reformas uma retórica rasa. Isso se deve notadamente à sua orientação e liderança do grupo convencional de professores. Esse grupo, composto de 60-70% de profissionais honestos e trabalhadores, forma a espinha dorsal do magistério. A interação de orientação e liderança entre a elite e a espinha dorsal é recíproca e vital para motivar e definir a mão de obra do ensino. Também é fundamental na manutenção de um senso de vocação e missão.

O terceiro grupo de qualquer profissão são os 10-20% minimamente envolvidos: para eles "não passa de um trabalho" e alguns estão no limite do nível de competência. Esse grupo foi o foco de muitas reformas e estratégias de prestação de contas articuladas pelos governos ocidentais recentemente, porém sente-se que, assim como os pobres, "sempre os teremos conosco". Se houver foco nas reformas nesse grupo, pouco de fato muda a respeito do seu desempenho e motivação. Porém – e paradoxalmente – o mundo é transformado para a elite e a espinha dorsal. Ao atacarem os grupos pequenos e abaixo do padrão, que todas as profissões contêm, muitas das reformas se depararam com uma desvantagem colossal ao desmotivarem a vanguarda e a espinha dorsal. Francamente, usando o jargão empresarial, os custos e benefícios do balanço financeiro são profundamente insatisfatórios – os benefícios são mínimos e os custos são colossais. Se fosse uma simples questão de lucros e resultados financeiros, providências seriam tomadas imediatamente: as reformas seriam abortadas e iniciativas novas, mais motivadoras e sensíveis seriam tomadas. Contudo, como na educação trata-se de julgamento humano e face política, podemos prever uma longa guerra de atritos antes de chegarmos a julgamentos sensatos. Enquanto isso, o sistema continua na sua espiral descendente.

Os sinais de insatisfação crescem diariamente, não apenas problemas de recrutamento de professores, mas de insatisfação e recrutamento de alunos, e o número de alunos sendo educados em casa, não na escola, está disparando sob o currículo nacional na Inglaterra. Enquanto isso, em ambientes mais vitais e empreendedores, como Hong Kong, o governo está abandonando um currículo rígido centrado em disciplinas e definido por ementas e partindo para uma estrutura facilitadora flexível de "áreas de aprendizagem fundamentais". Cada escola define o próprio currículo dentro dessa estrutura facilitadora, e o julgamento pessoal e profissional do professor tem procedência maior. Aqui o respeito pela "personalidade da mudança" é incorporado para encorajar mais criatividade e competitividade.

As reformas sobretudo devolvem certo poder de decisão pessoal e profissional ao professor, às "camadas de conhecimento imensurável acumuladas em anos de experiência" que apenas uma administração tola tenta eliminar nas escolas (e nas ferrovias). Nas ferrovias, o resultado da busca exageradamente zelosa por reformas foi um sistema disfuncional letal. Na escola, o efeito nas oportunidades de vida dos alunos será o mesmo.

Referências

ARNOLD, S. (2001). Savage Angels. *The Observer Review*, 04/fev.

BLY, R. (1991). *Iron John*. Shaftesbury: Element Books.

FITZSIMONS, C. (2001). I Quit. *Guardian Education*, 2-3, 09/jan.

GOODSON, I.F. & HARGREAVES, A. (1996). "Teachers' Professional Lives: Aspirations and Actualities". In: GOODSON, I.F. & HARGREAVES, A. (orgs.). *Teachers' Professional Lives*. Londres/Washington: Falmer, p. 1-27.

HEWITT, B. (2001). I Quit. *Guardian Education*, 09/jan., p. 2-3.

NEWNHAM, D. (1997). Going Loco. *The Guardian Weekend*, 01/mar., p. 20-23.

ROSS, A. (2001). Heads will Roll. *Guardian Education*, 23/jan., p. 8-9.

TROMAN, G. (1996). The Rise of the New Professionals? The Restructuring of Primary Teachers' Work and Professionalism. *British Journal of Sociology of Education*, 17 (4), p. 473-487.

Lista de obras recentes

Livros

Learning Curriculum and Life Politics: Selected Works. Londres: Routledge, 2005.

Social Geographies of Educational Change. Dordrecht: Kluwer, 2004 [com F. Hernandez (orgs.)].

Life History and Professional Development: Stories of Teachers' Life and Work. Lund: Studentlitteratur, 2003 [com U. Numan].

Professional Knowledge, Professional Lives: Studies in Education and Change. Maidenhead/Filadélfia: Open University Press, 2003.

Estudio del curriculum: casos y métodos. Buenos Aires: Amorrortu, 2003.

Cyber Spaces/Social Spaces: Culture Clash in Computerized Classrooms. Nova York: Palgrave Macmillan, 2002 [com M. Knobel, C. Lankshear e M. Mangan].

Life Histories of Teachers: Understanding Life and Work. Tóquio: Koyo Shobo, 2001.

The Birth of Environmental Education. Pequim: East China Normal University Press, 2001.

O currículo em mudança: Estudos na construção social do currículo. Porto: Porto Editora, 2001.

Life History Research in Educational Settings: Learning from Lives. Buckingham/Filadélfia: Open University Press, 2001 [com P. Sikes].

Currículo: teoria e história. 4. ed. Petrópolis: Vozes, 2001.

Opetussuunnitelman Tekeminen: Esseitä opetussuunnitelman ja oppiaineen sosiaalisesta rakentumisesta. Joensuu: Joensuu University Press, 2001.

La enseñanza y los profesores. Vol. III: La reforma de la enseñanza en un mundo en transformación. Barcelona: Paidós Ibérica, 2000 [com B.J. Biddle e T.L. Good (orgs.)].

La enseñanza y los profesores. Vol. II: La enseñanza y sus contextos. Barcelona: Paidós Ibérica, 2000 [com B.J. Biddle e T.L. Good (orgs.)].

La enseñanza y los profesores. Vol. I: La profesión de enseñar. Barcelona: Paidós Ibérica, 2000 [com B.J. Biddle e T.L. Good (orgs.)].

Livshistorier – kilde til forståelse av utdanning. Bergen: Fagbokforlaget, 2000.

El Cambio en el Currículum. Barcelona: Octaedro, 2000.

Currículo: teoria e história. 3. ed. Petrópolis: Vozes, 1999.

Subject Knowledge: Readings for the Study of School Subjects. Londres/Washington: Falmer Press, 1998 [com C. Anstead e J.M. Mangan].

Currículo: teoria e história. 2. ed. Petrópolis: Vozes, 1998.

An International Handbook of Teachers and Teaching. Vol. 1. Kluwer, 1998 [com B. Biddle e T. Good (orgs.)].

An International Handbook of Teachers and Teaching. Vol. 2. Kluwer, 1998 [com B. Biddle e T. Good (orgs.)].

A construção social do currículo. Lisboa: Educa, 1997.

The Changing Curriculum: Studies in Social Construction. Nova York: Peter Lang, 1997.

Studying School Subjects: A Guide. Londres/Washington: Falmer, 1996 [com C. Marsh].

Att Stärka Lärarnas Röster: Sex essäer om lärarforskning och lärar-forskarsamarbete. Estocolmo: HLS, 1996.

Making a Difference about Difference. Toronto: Garamond, 1996 [com N. Bascia e D. Thiessen].

Teachers' Professional Lives. Londres/Nova York/Filadélfia: Falmer, 1996 [com A. Hargreaves (orgs.)].

The Making of Curriculum: Collected Essays. 2. ed. Londres/Nova York/Filadélfia: Falmer, 1995.

Currículo: teoria e história. Petrópolis: Vozes, 1995.

Historia del currículum: La construcción social de las disciplinas escolares. Barcelona: Pomares-Corredor, 1995.

Artigos em periódicos

Onderwijsvernieuwers vergeten de leerkracht. *Didaktief*, vol. 34, n. 3, mar./2004.

Changements de l'éducation et processus historiques: une perspective internationale. *Éducation et Sociétés*, n. 11/1, 2003, p. 105-118.

Hacia un desarrollo de las historias personales y profesionales de los docentes. *Revista Mexicana de Investigación Educativa*, vol. VIII, n. 19, set.-dez./2003.

Teacher's Life Worlds, Agency and Policy Contexts. *Teachers and Teaching*: Theory and Practice, vol. 8, n. 3/4, ago.-nov./2002, p. 269-277 [com U. Numan].

La personalidad de las reformas. *Cuadernos de Pedagogía*, n. 319, dez./2002, p. 34-37.

De la historia al futuro: Nuevas cadenas de cambio – Entrevista a Ivor Goodson. *Revista Páginas de la Escuela de Ciencias de la Educación U.N.C.*, vol. 2, n. 2 e 3, set./2002, p. 9-17. Córdoba.

Un curriculum para una sociedad democrática y plural – Entrevista con... Ivor Goodson. *KIKIRIKI*, 62/63, set./2001-fev./2002, p. 25-30.

Med livet som innsats (faktor). *Bedre Skole*: Norsk Lærerlags Tidsskrift for Pedagogisk Debatt, n. 1, 2001, p. 49-51.

Testing Times: A School Case Study. *Education Policy Analysis Archives*, vol. 9, n. 2, jan./2001 [com M. Foote] [Disponível em: http://epaa.asu.edu/epaa/v9n2.html].

Social Histories of Educational Change. *Journal of Educational Change*, vol. 2, n. 1, 2001, p. 45-63.

The Story of Life History: Origins of the Life History Method in Sociology. *Identity*: An International Journal of Theory and Research, vol. 1, n. 2, 2001, p. 129-142.

The Crisis of Curriculum Change. *Taboo*: The Journal of Culture and Education, vol. 4, n. 2, outono-inverno/2000, p. 109-123.

La mediación es el mensaje. *La revista del IICE*, vol. IX, n. 17, dez./2000, p. 53-61.

Developing Chains of Change. *Resources in Education*, Issue RIEDEC00, I.D: 442 718.

Recuperar el poder docente. *Cuadernos de Pedagogía*, n. 295, out./2000, p. 44-49.

The Principled Professional. *Prospects*, jan./2000, p. 198-208 (Genebra: Unesco).

Life Histories and Professional Practice. *Curriculum and Teaching*, vol. 16, n. 1, 2000, p. 11-20.

Professionalism i reformtider. *Pedagogiska Magasinet*, n. 4, dez./1999, p. 6-12.

Entrevista, Ivor Goodson. *Revista El Cardo*, Uner, 1999 [com V. Baraldi].

Møte med Ivor F. Goodson. *Norsk Pedagogisk Ttidsskrift*, vol. 82, n. 2, 1999, p. 96-102 [com R. Ådlandsvik].

The Educational Researcher as a Public Intellectual. *British Educational Research Journal*, vol. 25, n. 3, 1999, p. 277-298.

Preparing for Postmodernity: Storying the Self. *Educational Practice and Theory*, vol. 20, n. 1, 1998, p. 25-32.

Exchanging Gifts: Collaboration and Location. *Resources in Education*, fev./1998 [com C. Fliesser].

Heroic Principals and Structures of Opportunity: Conjuncture at a Vocational High School. *International Journal of Leadership in Education*, vol. 1, n. 1, jan./1998, p. 61-73 [com C. Anstead].

Action Research and the Reflective Project of Self. *Taboo, The Journal of Culture and Education*, primavera/1997.

Distinction and Destiny. *Discourse*, vol. 18, n. 2, 1997, p. 173-182 [com P. Cookson Jr. e C. Persell].

Trendy Theory and Teacher Professionalism. *Cambridge Journal*, primavera/1997, p. 7-22.

Representing Teachers. *Teaching and Teacher Education*: An International Journal of Research and Studies, vol. 13, n. 1, 1997.

Towards an Alternative Pedagogy. *Taboo*: International Journal of Culture and Education, outono/1996.

New Prospects/New Perspectives: A Reply to Wilson and Holmes. *Interchange*, vol. 27, n. 1, 1996, p. 71-77 [com J.M. Mangan].

Exploring Alternative Perspectives in Educational Research. *Interchange*, vol. 27, n. 1, 1996, p. 41-59 [com J.M. Mangan].

Talking Lives: A Conversation About Life History. *Taboo*: The Journal of Culture and Education, vol. 1, primavera/1996, p. 35-54 [com P. Sikes e B. Troyna].

Computer Literacy as Ideology. *British Journal of Sociology of Education*, vol. 17, n. 1, 1996 [com J.M. Mangan].

Curriculum Contests: Environmental Studies Versus Geography. *Environmental Education Research*, vol. 2, n. 1, 1996, p. 71-88.

Storying the Self: Life Politics and the Study of the Teacher's Life and Work. *Resources in Education*, Eric Issue Riejan96, I.D.: 386 454, 1996.

Developing a Collaborative Research Strategy with Teachers for the Study of Classroom Computing. *Journal of Information Technology for Teacher Education*, vol. 4, n. 3, 1995, p. 269-286 [com J.M. Mangan].

Subject Cultures and the Introduction of Classroom Computers. *British Educational Research Journal*, vol. 21, n. 5, dez./1995, p. 587-612 [com J.M. Mangan].

The Story So Far: Personal Knowledge and the Political. *Resources in Education*, Eric Issue Riemar95, I.D.: ED 376 160, 1995.

Developing a Collaborative Research Strategy with Teachers for the Study of Classroom Computing. *Journal of Information Technology for Teacher Education*, vol. 4, n. 3, 1995, p. 269-287 [com J.M. Mangan].

Negotiating Fair Trade: Towards Collaborative Relationships Between Researchers and Teachers in College Settings. *Peabody Journal of Education*, vol. 70, n. 3, 1995, p. 5-17 [com C. Fliesser].

Schooldays are the Happiest Days of Your Life. *Taboo*: The Journal of Culture and Education, vol. 11, outono/1995, p. 39-52 [com C. Anstead].

The Historical Study of the Curriculum. *Curriculum and Teaching*, vol. 10, n. 2, 1995, p. 33-44 [com C. Anstead].

The Story So Far: Personal Knowledge and the Political. *The International Journal of Qualitative Studies in Education*, vol. 8, n. 1, 1995, p. 89-98.

Education as a Practical Matter. *Cambridge Journal of Education*, vol. 25, n. 2, 1995, p. 137-148.

Capítulos em enciclopédias

"Curriculum History". In: LEVINSON, D.; COOKSON, P. & SADOVNIK, A. (orgs.). *Education and Sociology*: An Encyclopedia. Londres/Nova York: Routledge/Falmer, 2002, p. 133-150.

"Testing Times: A School Case Study". In: *Schooling and Standards in the U.S.*: An Encyclopedia. Londres/Nova York: Lawrence Farlbaum, 2001 [com M. Foote].

Capítulos em livros

"The Personality of Change". In: VEUGELERS, W. & BOSMAN, R. (orgs.). *De strijd om het curriculum*. Antuérpia/Apeldoorn: Garant, 2005.

"Change Processes and Historical Periods: An International Perspective". In: SUGRUE, C. (org.). *Curriculum and Ideology*: Irish Experiences International Perspectives. Dublim: The Liffey Press, 2004.

"Afterword – International Educational Research: Content, Context, and Methods". In: BRESLER, L. & ARDICHVILI, A. (orgs.). *Research in International Education*: Experience, Theory, and Practice. Vol. 180. Nova York: Peter Lang, 2002, p. 297-302.

"Basil Bernstein, F., 1925-2000". In: PALMER, J. (org.). *Fifty Modern Thinkers on Education*: From Piaget to the Present. Londres/Nova York: Routledge, 2001, p. 161-169.

"Foreword – Contextualizing the Curriculum". In: ADAMSON, B.; KWAN, T. & CHAN, K.K. (orgs.). *Changing the Curriculum*: The Impact of Reform on Primary Schooling in Hong Kong. Aberdeen: Hong Kong University Press, 2000, p. xv-xvi.

"Curriculum Contests: Environmental Studies Versus Geography". In: BALL, S. (org.). *The Sociology of Education*: Major Themes. Londres/Nova York: Routledge/Falmer, 2000.

"Professional Knowledge and the Teacher's Life and Work". In: DAY, C.; FERNANDEZ, A.; HAUGE, T.E. & MØLLER, J. (orgs.). *The Life and Work of Teachers*: International Perspectives in Changing Times. Londres/Nova York: Falmer, 2000.

"Schulfächer und ihre Geschichte als Gegenstand der Curriculumforschung im angelsächsischen Raum". In: GOODSON, I.; HOPMANN, S. & RIQUARTS, K. (orgs.). *Das Schulfach als Handlungsrahmen*: Vergleichende Untersuchung zur Geschichte und Funktion der Schulfächer. Colônia/Weimar, Viena/Böhlau: Böhlau, 1999, p. 29-46.

"Entstehung eines Schulfaches". GOODSON, I.; HOPMANN, S. & RIQUARTS, K. (orgs.). *Das Schulfach als Handlungsrahmen*: Vergleichende Untersuchung zur Geschichte und Funktion der Schulfächer. Colônia/Weimar, Viena/Böhlau: Böhlau, 1999, p. 151-176.

"A crise da mudança curricular: algumas advertências sobre iniciativas de reestruturação". In: PERETTI, L. & ORTH, E. (orgs.). *Século XXI*: Qual conhecimento? Qual currículo? Petrópolis: Vozes, 1999, p. 109-126.

"Representing Teachers". In: HAMMERSLEY, M. (org.). *Researching School Experience*: Ethnographic Studies of Teaching and Learning. Londres/Nova York: Falmer, 1999.

"Education as a Practical Matter: Some Issues and Concerns". In: SUGRUE, C. (org.). *Restructuring Initial Teacher Education*: A focus on Preservice and Induction at Primary Level. Dublim: St Patrick's College, 1998.

"Holding on Together: Conversations with Barry". In: SIKES, P. & RIZVI, F. (orgs.). *Researching Race and Social Justice Education* – Essays in Honour of Barry Troyna. Staffordshire: Trentham Books, 1997.

"Action Research and the Reflexive Project of Selves". In: HOLLINGSWORTH, S. (org.). *Action Research Reader*. Londres: Falmer, 1997.

"Towards an Alternative Pedagogy". In: KINCHELOE, J. & STEINBERG, S. (orgs.). *Unauthorized Methods: Strategies for Critical Teaching*. Nova York/Londres: Routledge, 1998.

"Trendy Theory and Teacher Professionalism". In: HARGREAVES, A. & EVANS, R. (orgs.). *Beyond Educational Reform*. Buckingham/Filadélfia: Open University Press, 1997, p. 27-41.

"New Patterns of Curriculum Change". In: HARGREAVES, A. (org.). *A Handbook of Educational Change*. Dordrecht/Boston/Londres: Kluwer, 1997.

"Storying the Self". In: PINAR, W. (org.). *New Curriculum Identities*. Nova York/Londres: Westview, 1997, p. 3-20.

"The Life and Work of Teaching". In: BIDDLE, B.; GOOD, T. & GOODSON, I. (orgs.). *A Handbook of Teachers and Teaching*, 2 vols. Dordrecht/Boston/Londres: Kluwer, 1997.

"Writing for Bjorg Gundem: On Curriculum Form". In: KARSETH, B.; GUDMUNDSDOTTIR, S. & HOPMANN, S. (orgs.). *Didaktikk*: Tradisjon og fornyelse: Festskrift til Bjorg Bradntzaeg Gundem. Oslo: Universidade de Oslo, Institute for Educational Research, 1997. p. 35-51.

"Representing Teachers: Bringing Teachers Back In". In: KOMPF, M. (org.). *Changing Research and Practice*: Teachers Professionalism, Identities and Knowledge. Londres/Nova York/Filadélfia: Falmer, 1996.

"Studying the Teacher's Life and Work". In: SMYTH, J. (org.). *Critical Discourses on Teacher Development*. Londres: Cassell, 1996, p. 56-65.

"The Personal and Political". In: TILLER, T.; SPARKES, A.; KARHUS, S. & DOWLING NAESS, F. (orgs.). *Reflections on Educational Research*: The Qualitative Challenge. Landas: Caspar, 1996, p. 55-77.

"Scrutinizing Life Stories: Storylines, Scripts and Social Contexts". In: BASCIA, N.; THIESSEN, D. & GOODSON, I. (orgs.). *Making a Difference about Difference*. Toronto: Garamond, 1996.

"Materias Excolares y la Construccion del Curriculum: Texto y contexto". In: MINGUEZ, J.G. & BEAS, M. (orgs.). *Libro de Texto y construccion de materiales curriculares*. Granada: Proyecto Sur de Ediciones, 1995, p. 183-199.

"A Nation at Rest: The Contexts for Change in Teacher Education in Canada". In: SHIMAHARA, N.K. & HOLOWINSKY, I.Z. (orgs.). *Teacher Education in Industrialized Nations*. Nova York/Londres: Garland, 1995, p. 125-153.

"Telling Tales". In: McEWAN, H. & EGAN, K. (orgs.), *Narrative in Teaching, Learning, and Research*. Nova York: Teachers College Press, p. 184-194, 1995 [com R. Walker].

"The Context of Cultural Inventions: Learning and Curriculum". In: COOKSON, P. & SCHNEIDER, B. (orgs.). *Transforming Schools*. Nova York/Londres: Garland, 1995, p. 307-327.

"Basil Bernstein and Aspects of the Sociology of the Curriculum". In: ATKINSON, P.; DAVIES, B. & DELAMONT, S. (orgs.). *Discourse and Reproduction*. Cresskill: Hampton, p. 121-136.

"A Genesis and Genealogy of British Curriculum Studies". In: SADOVNIK, A. (org.). *Knowledge and Pedagogy*: The Sociology of Basil Bernstein. Norwood: Ablex, 1995, p. 359-370.

Índice analítico

Abrahams, P. 163

Ação social como política de identidade 293

Adelman, C. 337

Aluno, autonomia do 49

Análise da política de identidade 293

Anderson, N. 245

Andrews, M. 324, 327s.
 trabalho sobre a vida de ativistas políticos 327

Anyon, J. 134

Apple, M.W. 89, 111s.

Aprendizagem e momento pedagógico 33
 limiar de 66

Aprendizagem em sala de aula 58-60
 caráter interativo da 62

Aquisição de poder específica 275

Armstrong, M. 63s., 84

Armstrong, P.F. 330

Arnold, S. 355

Aronowitz, S. 163

Associação Histórica 152

Ativistas políticos idosos, estudo de 324

Aulas de Madingley 100s.

Autobiografias de chefes nativos americanos 244

Autoconstrução
 conceituação de 268
 padrões de transcendência 301-303

Autoidentidade 267

Autodefinição, processo de 270

Autoridade e educação, padrões emergentes de 53

Autoridades educacionais locais (LEAs) 151

Autossatisfação, busca por 268

Ball, S.J. 249, 344

Bancas examinadoras universitárias 75

Banco de dados para estudar o ensino, ampliando o 340-346

Barnes, B. 113-116

Barnes, D. 68s.

Barrett School, Estado de Nova York 168s., 182, 244

Barrow, R. 72

Barton, L. 206

Bascia, N. 308

Bates, I. 125

Becker, H. 245-247, 249-252

Becker, H.S. 284-286, 343

Bell, D. 163

Ben-David, T. 132s., 137

Berg, A.S. 280

Berger, P. 252

Berger, P.L. 204s.

Bernstein, B. 39, 75, 87, 112

Bertaux, D. 211, 242, 248, 256

Bhaskar, R. 130

Bird, C. 94

Black Papers 51

Bloom, B.S. 60

Blue Mountain School, Ontário 169, 191

Blumer, H. 135, 250
  interacionismo simbólico 250

Bly, R. 353

Blythe, R. 248

Bogdan, R. 248

Bourdieu, P. 89, 112s.

Bradford School, Estado de Nova York 168, 179-181, 185

Brightman 332

Bristow, J. 327

Broder, D.S. 157

Brooks, R. 278

Bruner, J. 65

Bucher e Strauss, modelo de processo de 133

Bucher, R. 133

Bullough, R. 249

Burgess, R.G. 221

Burke, P. 163

Burocracias educacionais 332

Buruma, I. 287s.

Bush Filho, Presidente 183

Bush Pai, Presidente 183

Byrne, E.M. 77, 107, 123

Callaghan, J. 51, 142

Calvin, J. 73

Camponeses poloneses migrando para os Estados Unidos 244

Canadá 168s.
  Comitê de Metas e Objetivos da Educação nas Escolas de Ontário 172
  Comitê Hall-Dennis 172
  Lei Federal de Assistência a Treinamento Vocacional e Técnico, 1960 174
  reformas centralizadas dos currículos e avaliações 190
  cf. tb. Ontário

Capitalismo tardio, lógica cultural do 275s.

Care; cf. Centre for Applied Research in Education

Carpentier, V. 162

Carr, W. 337s.

Carson, S. 233

Carter, K. 325-327, 333

Casey, K. 249, 342, 345

Catcheside, K. 355

CBS 278s.

Centre for Applied Research in Education (Care), Universidade de East Anglia 205-207

Certificado Escolar, provas do 77, 132

Certificado Geral de Educação 77

Chambers, C. 328

Chambliss, W. 248

Chefes americanos nativos, autobiografias de 244

Chitty, C. 156

Chorley, R. 100s., 104

Chuter Ede, J. 156

Ciclo de vida do sistema tecnológico 165

Ciclos ou "ondas de Kondratiev" 166

Ciência, conflito sobre a 117-119

Clandinin, J. 338

Classe operária
criança da 46s.
cultura da 46
escolas da 82
experiência do currículo na 55

Clifford, G.J. 202

Clinton, Presidente W. 183

CNN 278

Coalizões de estabelecimento em ação 134

Colaboração 272
e desenvolvimento do professor 346s.

Colégio como comunidade, desenvolvimento do 42-46

Colégio Countesthorpe 48
objetivos 42

Collins, R. 132s., 137

Colton 233

Comissão Bryce 94

Comissão de Serviços de Mão de Obra 131

Comitê Parlamentar da Associação Britânica para o Avanço da Ciência 118

Conceituação de autoconstrução 268

Congresso Geográfico Internacional, 21º 104

Conhecimento e controle 87-90
relações entre 52s.
transmissão, estória pessoal como motivo 279

Conhecimento no local de trabalho 265

Conjuntura
conjectural 184
período de 166
em escolas do Estudo da Spencer 171

Connell, R.W. 112

Connelly, M. 338

Conselho Curricular Nacional 144

Conselho da Associação Geográfica 95, 98, 101, 103

Conselho de Avaliação e Provas Escolares 144

Conselho Escolar para Currículo e Provas 147s.
Artigo de Trabalho 90

Construção da identidade 266

Contexto da mídia do conhecimento pessoal 276-283

371

Contexto social
 face dual do conhecimento 84
 e o tempo 161

Controle estatal de currículos escolares 153

Cooke, R. 103

Cornwell, C. 245

Corrigan, P. 157

Coupland, N. 267

Cuban, L. 161s.

Cuff, E. 252

Currículo
 artigos e estudos de pesquisas 207
 central, definição de 152
 chegada ao 48
 como construção social 111, 199
 como disciplina 73, 77, 84s.
 como produto histórico-social 128
 criação do 128
 definição de 52
 desenvolvendo estudos do contexto 131s.
 em trilogia com a pedagogia e as avaliações 76-79
 estrutura e mediação 132-136
 histórias 129, 138
 mudança como processo político 137-139
 origens do currículo 84s.
 reconstrução nacional no âmbito do 151
 reformas 149

Currículo acadêmico competitivo 112

Currículo americano de Ciências Sociais 65

Currículo como prescrição (CCP) 199s.
 criação de especificações novas 144
 crítica ao 200-204
 problemas do 209
 reações ao 204-209

Currículo nacional 140, 143
 comparação com as regulamentações secundárias em 1904 149
 e identidade nacional 144-146
 e poder nacional 151-157
 e priorização social 146-151

Currículo nacional na Inglaterra 358s.

Curtis, R. 28

Custo de oportunidade da narração de estórias 276s.

Custos da cumplicidade 200

Dale, R. 91s.

Dannefer, D. 257

DeMille, W.C. 280

Denzin, N.K. 163, 226, 253, 271, 275, 286, 323, 329s.

Dewey, J. 60s., 64

Dilthey, W. 245

Dionne Jr., E.J. 280

Disciplina acadêmica 87
 conhecimento, *status* elevado do 88s., 108

Disciplinas como "coalizões" 133
 evolução 132, 138

Disciplinas fundamentais 143

Disciplinas nucleares 143

Dollard, J. 246-248

Draper, T. 308s.

Durant School, Estado de Nova York 168, 180-182, 185s.

Durkheim, É. 111

Eaglesham, E.J.R. 147

Eastside School, Ontário 169, 174-177, 189s.

Eco, U. 283

Econômica, reestruturação 275

Educação inglesa no século XX, instância histórica da 131s.

Educação pública 79
 antecedentes e alternativas 80-84
 sistema tripartido da 227

Eisner, E.W. 64

Elbaz, R. 271

Elliott, J. 337

Empreendimento de aprendizagem cooperativa 66-69

Eraut, M. 64

Erben, M. 249

Escola
 disciplinas, análise de 91s.
 faculdades de educação em universidades de pesquisas renomadas 202
 história do currículo e disciplinas 224-227
 mudança da 161s.
 teorias de reformas e mudanças 349

Escola de Chicago 249s.

Escola de formação específica 168s., 183, 185

Escola de formação geral 121
 "correntes" 122

Escola de Manchester 205

Escola dos Annales de historiadores 113, 163-165
 metodologia 191

Escola secundária moderna, certificação da 234

Escola secundária moderna inovadora 227

Escolas de formação acadêmica 120-122

Escolas de formação acadêmica, técnicas e escolas secundárias modernas na Inglaterra e País de Gales 227

Escolas secundárias modernas 120-122

Esland, G.M. 26, 91s., 135, 212

Estabelecimento acadêmico, processo de 137s.

Estados Unidos 167s.
 formação do Estado e de classes nos 158
 nova reforma baseada em padrões 185s.
 política educacional 162

Estudo de currículo reconceituado 214

Estudo educacional 322
 uso de estórias no 284

Estudo histórico do currículo 213s.
 construção social do 214
 fatores internos do 132-135
 métodos qualitativos e contexto 221
 modos de 129-131
 mudança, ondas longas da 164-167
 pesquisa em estudos de produção do 128

Estudos Ambientais 238

Estudos curriculares americanos 205

Estudos multiculturais 152

Existencialismo 331s.

Faculdade de Montaign, Paris 72s.

Faculdades de educação 204

Faraday, A. 240

Faris, R. 249

Fatores externos 135-137

Febvre, L. 164

Ferrovias 359
profissionalismo novo 355

Fine, M. 255

Fischer, D.H. 163

Fitzgerald, B.P. 104

Fitzsimons, C. 355

Fontvieille, L. 162

Ford Teaching Project 337

Forma do currículo 111s., 124
continuidades e complexidades 119-122
padrão de estruturação 123

Foucault, M. 254

Fowler, W.S. 143

Freeman, C. 165s.

Freeman, M. 255

Fullan, M. 161

Garnett, A. 93, 97, 102, 106s.

Garotos bolsistas, estórias de 298, 311-313, 319s.

Geer, B. 343

Genealogias do contexto 286s.

Geografia
Associação Geográfica 95s., 107
estabelecimento e promoção da 93-100
estágios na emergência da 105
situacional 267

Gergen, K. 254

Gibberd, K. 227

Gibbons, M. 72s.

Giddens, A. 163, 266s., 293

Gidney, R.D. 188

Gilbert, E.E. 101

Ginsburg, N. 104

Giroux, H. 163, 274, 299s.

Glasgow 73s.

Glass, D.V. 227

Glendening, V. 241

Gluck, S. 248

Goffman, E. 204

Goldwyn, S. 280

Goodson, I.F. 40, 50, 53s., 66, 119, 125, 157, 162, 210s., 214s., 221, 223, 249, 253, 256, 265, 287, 289, 308, 337, 344, 346, 356s.

Gowing, D. 99

Graham, H. 330

Grego 82

Guerra Fria 28

Gullette, M. 309s.

Guthrie, J.W. 202

Hadlow Report 96, 106

Haggett, P. 100s., 104

Hamilton, D. 72-76, 207, 222

Hanley, J.P. 65

Hansot, E. 162

Hargreaves, A. 163, 190, 205, 249, 356s.

Hargreaves, D.H. 341s., 345

Harrison, J.F.C. 81s.

Harvey, D. 36, 253, 275

Hewitt, R. 355

Hirst, P. 61, 90

Histórias de vida e história do currículo 223s.
　da Modernidade à Pós-modernidade 253-257
　em estudos sociológicos antigos, motivos para o declínio das 249-253
　estória de 244
　estudo de 211s.
　método de 244, 248s.
　norte-americanas 309
　pesquisa curricular partindo de 239

Hobsbawm, E. 182, 192, 215s., 299
　era dourada do igualitarismo 24

Hodson, D. 118

Hoggart, R. 298, 312s.

Hollingsworth, S. 292

Holmes, E.G.A. 153-156

Honeybone, R.C. 96-98

Howes, I. 332

Hoyle, E. 207

Huberman, M. 345

Hughes, E. 250

Hunt, A. 55

Idade de saída escolar compulsória 227

Ideologia e identidade 140-144

Ignatieff, M. 276s.

Iluminismo 254

Individualidade
　narração de estórias 266-272
　planejamento do conceito de individualidade como intelectual 300

Individualidade artificial 268

Individualidade autêntica 268-270

Inovações modernas 228

Institucionalização da diferenciação do currículo 75

Invenção 132s., 137s.
　da tradição 215s.

ITN 277s.

Jackson, B. 298

Jackson, P.W. 58s., 62

James, C. 62

Jameson, F. 322

Jenkins, D. 79, 91

Johnson, G.: narração 314-318

Johnson, J.M. 103

Johnson, P. 228
　história de vida 228-238

Johnson, L., Presidente 178

Jovem, cultura 45s.

Keddie, N. 58

Kemmis, S. 337s.

Kent Association of Teachers of Gardening and Rural Science Journal 233

375

Kerr, J. 148, 222

Kilpatrick, W.H. 61s.

Kincheloe, J. 57

Kliebard, H.M. 214

Klockars, C. 248

Knowles, J.C. 345

Kondratiev, N. 165-167
  conceito de conjuntura e ondas longas 191

Kridel, C. 249

Lacey, C. 205, 221, 345

Lambert, A. 205, 310s.

Latim 82

Lawn, M. 206

Layton, D. 79s., 92s.
  modelo de 80, 93

Lei da Educação
  de 1870 94
  de 1902 94, 146
  de 1944 77, 119-121, 156, 227

Leicestershire 40

Leinberger e Tucker, construção da pessoa 270

Leinberger, P. 268-270

Levinson, D.J. 309, 343s.

Lewin, K. 337
  modo "pesquisa-ação" 337

Lieberman, A. 161

Lincoln, Y. 253

Lloyd Trump, J. 179

Localização social original 303

Lord Byron School, Ontário 169, 175-177, 189

Lortie, D. 342

Louçã, F. 165s.

Luckman, T. 204s., 252

Lyotard, J.F. 163, 322

MacDonald, B. 206

MacGregor, J. 145

MacIntyre, A. 288

Mackinder, H.J. 93-95, 105s.

Magistério, três segmentos do 358

Mannheim, K. 111, 117, 211

Marchant, E.C. 99

Marsden, D. 298

Matza 250

McCarthy, M. 332

McCarthy, narrativas pessoais de 332

McCulloch, G. 164

McLaughlin, D. 248

McMullen, T. 41, 43

Mead, G.H. 204, 247

Measor, L. 345

Medway, P. 66

Meia-idade
  crise da 309
  narrativas de progresso 320

Meliorismo 209

Melly, G. 331s.

Mentalidades
conceitos de 113s.
padrão polarizado de 125
três dicotomias em 114-117

Meyer, J. 135, 162

Middleton, S. 248s., 257, 286, 288

Mídia britânica 276

Miller, R. 245

Milton Keynes 50s.

Mir 72s.

Mitificação 138

Modelos CPU (conhecimento, produção e utilização) 208

Modos de "pesquisa-ação" 337

Montgomery, M.J. 248

Moon, B. 150

Morris, M. 252

Mortimer, J. 241

Mortimore, P. 150

Morton, R. 337

Mudança educacional
ondas longas da 160, 167-191
teoria da 162

Munro, P. 248, 254s., 257

Murphy, J. 162

Musgrove, F. 87

Nacional, Projeto de Currículo 150

Nações em risco 141

Naipaul, V.S. 287

Narração 272

Narração de estórias
e estudo educacional 283-289
tradição 34

Narrando a individualidade 265-272

NBC 278s.

Nelson, M. 342

Nisbet, R.A. 221

Norwood, Relatório de 76-78, 96, 119s.

"Nova Geografia" como disciplina acadêmica 100-105

Nova Zelândia 257

Novos teóricos de Chicago 250

Nuffield, Ciência de 223

Nussbaum, J.F. 267

Olin Wright, E. 130

Ondas de ciclos econômicos 166

Ontário
escolas em 168-189
reformas centralizadas dos currículos e avaliações 190

Orais, historiadores 248

Oral, cultura 35

Organização, descendentes da 268, 270

Orientações fundamentalistas do mercado 190

Origens do currículo 84s.

Osler, A. 249

Padrão americano de narração descontextualizada de estórias

Park, R. 245

Parlett e Hamilton sobre estilos iluminadores de avaliação 222

Parlett, M. 207, 222

Passerini, L. 283s.

Passeron, J.C. 89, 113

Patai, G.T. 248

Patriarcado 327

Payne, G. 252

PDD, modelos (pesquisa, desenvolvimento, disseminação) 208

Pedagogia
 métodos não autorizados 66-69
 orientação 48
 raízes da 34-36
 trilogia com o currículo e as avaliações 76-79

Pedagogia alternativa 57
 restrições e problemas 69s.
 rumo a uma 63-66
 teorias e prática 60

Pedagógico, momento 33s.

Pegg, J. 336s.

Percepções subjetivas na sociologia 205

Perda de memória 252s.

Perda de memória corporativa 353s.

Perda de orientação 353s.

Perez, C. 166

Perigo social da ciência 117

Personalidade da mudança educacional 349

Pesquisa HATGRS 233

Pesquisa-ação e o projeto reflexivo das individualidades 292

Pesquisa-ação sobre a vida dos movimentos sociais 292

Pesquisadores feministas 248

Pessoa artificial 269s.

Pessoal, conhecimento
 e lógica cultural da Pós-modernidade 275s.
 e o político 274
 e pesquisa educacional 289s.

Peters, R. 61, 90

Phenix, P.M. 90

Pitman, A.J. 113

Plummer, K. 211, 240, 248

Poder estatal sobre o currículo 152

Pollard, A. 221, 345

Pop, música 40

Popham, W.J. 64

Pós-moderna, diáspora 34

Pós-modernidade, preparando-se para a 265

Pritchard, M. 232s.

Professor que se monitora 337

Professor/es
 argumentos para empregar dados sobre a vida de 342-347
 conhecimento pessoal e prático de 331, 339s.
 crise representativa de 322s.
 currículo de 52s.

desenvolvimento de e desenvolvimento curricular 205, 336
enquanto intelectuais 295, 298-301
enquanto pesquisadores 298s., 339-342
enquanto praticante(s) 323
episódios críticos na vida de 227-238
estórias e narrativas de 323-325
estórias individuais e práticas de 323, 332s.
estudos de estórias de 289
função de 46s.
profissionalismo atento 349
profissionalismo de 359
representando 322
retenção e recrutamento de 354-356
senso de vocacionalismo de 349
socialização de 221
voz de 337, 340s.

Professor/pesquisador, dados e ideias do 347

Profissionais antigos 357

Profissionais novos 357

Profissional, conhecimento e ação 356

Profissionalismo novo na enfermagem 355

Progressismo centrado no aluno 58, 61

Projeto do Currículo de Ciências Humanas 207

Projeto Genoma 27

Projeto Mudança ao Longo do Tempo; *cf.* Fundação Spencer

Projeto "Professores enquanto pesquisadores" da Universidade de East Anglia 293

Projeto reflexivo da individualidade 293s.

Promoção da invenção 137

Provas Regents, Canadá 168

Putnam, R. 30

Radin, I. 244

Ranger, T. 216

Raths, J.D. 65

Reagan, R. 22, 183, 282s., 308, 318

Reconstituição de um currículo tradicional baseado em disciplinas 157

Reconstrução nacional no âmbito do currículo 151

Redefinição cultural 275s.

Reeves, R. 25

Reforma escolar australiana 113

Reid, W.A. 79s., 82, 135s., 209

Reino Unido
  currículo nacional do, 1988 152
  Departamento de Educação e Ciências 121
  e a Comunidade Europeia 142
  política de classes do 157
  Programa de Ensino e Aprendizagem do Governo do 18
  reavivamento da história do 145
  sistema educacional após a Lei de 1944, educação tripartida 122

Relações dentro da disciplina 112

Relatório do Hall-Dennis 175

Relatório Provisório do Grupo de História do Currículo Nacional 145

Revolução Francesa 82

Revolução Industrial 74, 83, 164

Ricoeur, P. 129, 256

Rosenthal, A. 280

Ross, A. 356

Rota da bolsa de estudos para a escola de formação acadêmica 297

Roteiros e enredos 320

Rothblatt, S. 80s.

Rowan, B. 162

Rubinstein, D. 148

Rubinstein e Simon sobre a reforma educacional em 1972 148

Rurais, provas de estudos 232-234

Ryder, J. 147

Sage, L. 332

Sartre, J.-P. 33, 331

Schachtel, E. 308

Schuller, T. 160s.

Schumpeter, J. 166

Schutz, A. 204

Schwab, J.L. 200-202, 206, 210, 338

Schwartz, F. 46

Seabrook, J. 248

Secretário de Estado de Educação e Ciência, Reino Unido 143, 145

Secundárias, provas 75, 227

Secundárias, Regulamentações
definição de 77
em 1902 146s.
em 1904 123, 132, 147

Segunda Guerra Mundial 147

Sennett, R. 30

Shapin, S. 113-116

Shaw, C. 245s., 248

Sheehy, G. 343

Sheldon School, Estado de Nova York 168, 181s., 185-187

Shipman, M.P. 79, 91

Shotter, J. 254

Shrofel, S. 329

Shulman, L. 112

Sikes, P.J. 210s., 249, 342, 345

Silver, H. 147

Simon, B. 148

Simpson, J. 278s.

Sintagmas nos trabalhos sociológicos 254

Slaymaker, O. 101

Smelser, N. 74

Smith, A. 114s.

Social, controle 82, 275

Social, matriz 275

Social, ordem 84
relações do currículo com a 116

Socialização, padrão de 303

Socioconstrucionistas, perspectivas 26, 199, 209, 214, 217

Sociologia
da educação 111
do conhecimento 53
e currículo 111
emergência como disciplina acadêmica 250-253
perspectivas da 87

Sociólogos que estudavam desvios 248

Sorrell, D. 248

Sparkes, A. 248

Spencer, Fundação 17, 23, 160, 167-192 Projeto Mudança ao Longo do Tempo 17, 160

Stamp, R. 172-175

Stanley, L. 248

Steedman, C. 298, 327, 330

Steinberg, S. 57

Stenhouse, L. 65, 205s., 213, 303, 331

Stewart Heights School, Ontário 169

Strauss, A. 133

Sugarman, B. 39s.

Sutherland, E. 245

Talisman Park Collegiate 177, 190s.

Taunton, Relatório de 75s., 120s.

Técnicas, escolas 120s.

Teorias de contexto 330s.

"Tempo", saliência e invisibilidade do 160-164

Terkel, S. 381

Thatcher, M. 22, 142s.

Thiessen, D. 308

Thomas, W.I. 244s., 272

Thompson, E.P. 82, 84

Thompson, P. 248

Thrasher, F. 245

Tierney, W. 248

Tobin, W. 162, 164, 178s., 181

Transmissão, modelo de 57, 59

Transmissão, pedagogia do método da 61, 69s.

Trilogia da pedagogia, currículo e avaliação 76-80

Tripp, D. 284

Troman, G. 357

Tucker, B. 268-270

Tweed, E. 201

Tyack, D. 162, 164, 178s., 181

União Europeia 18

Universidade de Cambridge, Banca Examinadora Local da 75, 116

Universidade de Chicago 26

Universidade de East Anglia 205, 337

Veblen, T. 202

Verdadeiro Projeto de Lei da Educação 153

Vida americana, a mídia na 281

"Vida" e "estudo", dicotomia entre 39

Vida feminina, dignidade da 327

Vocacionalismo do "profissional antigo" 352, 354

Walford, R. 101, 103s.

Walker, D. 97, 104

Walker, R. 45s., 206, 215, 222, 287, 337, 343

Waring, M. 223
  sobre inovação curricular 225
Wayne, J. 282
Wealth of Nations 114
Weber, M. 204
Weiler, K. 248, 284
Wells, G. 283
Westbury, I. 133, 162, 209
White, W. 268
Whitty, G. 53
Williams, R. 81, 112
  sobre o estudo do conteúdo da educação 224
Williamson, B. 213s.
Willinsky, J. 331
Willis, P. 113
Wilson, P.S. 60

Wirth, L. 245
Wolf, A. 293
Wolfe, A. 265, 280
Woods, P. 345
Wooldridge, S.W. 97, 104, 106
Wright Mills, C. 128, 135, 163, 203s., 212, 307
Wrigley, E.A. 100
Wrottesley, Lord 118

Yeates, M.H. 104
Young, M.F.D. 53, 87-90, 160s., 166, 224

Znaniecki, F. 244s.
Zorbaugh, H. 245

Índice geral

Sumário, 7

Prefácio à edição brasileira, 9

Agradecimentos, 13

Introdução – Aprendizagem, currículo e política de vida, 17

Referências, 30

Parte I – Aprendizagem e currículo, 31

1 Aprendizagem e o momento pedagógico – Excerto de "o momento pedagógico", 33

   As raízes da pedagogia, 34

   Referências, 36

2 Chegada ao currículo, 37

   Excertos de um diário, 1973, 37

      A vida antes de ensinar, 38

      Ensinando em Leicestershire, 40

   Colégio Countesthorpe, 42

      Objetivos principais, 42

   Linhas gerais de desenvolvimento, 42

   Para a criança da classe operária, 46

   Chegada ao currículo, 48

   Fazendo conexões, 53

   Referências, 56

3 Rumo a uma pedagogia alternativa, 57

   Aprendizagem na sala de aula, 58

Prática e teorias alternativas, 60

Rumo a uma pedagogia alternativa, 63

Métodos não autorizados, 66

   Primeiro estágio, 66

   Segundo estágio, 67

   Terceiro estágio, 67

Algumas restrições e problemas, 69

Referências, 70

4 Carruagens de fogo – Etimologias, epistemologias e a emergência do currículo, 72

Antecedentes e alternativas, 80

Conclusão, 84

Referências, 85

5 Tornando-se uma disciplina acadêmica, 87

Perspectivas sociológicas e históricas, 87

Estabelecimento e promoção da Geografia, 93

"Nova Geografia" como disciplina acadêmica, 100

Conclusão, 105

Referências, 108

6 Sobre a forma do currículo, 111

Conceitos de "mentalidades", 113

Três dicotomias, 114

O conflito sobre a ciência, 117

Continuidades e complexidades, 119

Um padrão de estruturação, 123

Conclusão, 125

Referências, 126

7 A criação do currículo, 128

Modos de estudo histórico, 129

Desenvolvendo estudos do contexto: uma instância histórica da educação inglesa no século XX, 131

Estrutura e mediação: fatores internos e externos, 132

    Assuntos internos, 132

    Relações externas, 134

Mudança no currículo enquanto processo político: um exemplo do processo de estabelecimento acadêmico, 137

Referências, 139

8 Nações em risco e currículo nacional, 140

    Ideologia e identidade, 140

    Currículo nacional e identidade nacional, 144

    Currículo nacional e priorização social, 146

    Currículo nacional e poder nacional, 151

    Conclusão, 157

    Referências, 158

9 Ondas longas da reforma educacional – Excerto de "Relatório à Fundação Spencer", 160

    Introdução – Reafirmando o problema: saliência e invisibilidade do "tempo", 160

    Ondas longas da mudança histórica, 164

    Ondas longas da mudança educacional, 167

    Conclusão, 191

    Agradecimentos, 192

    Referências, 192

Parte II – Métodos, 197

10 Rumo a uma perspectiva socioconstrucionista, 199

    Currículo como prescrição, 199

    Pacto com o diabo: crítica e oposição, 200

    Reações recentes ao CCP, 204

    Rumo a uma perspectiva socioconstrucionista: do diagnóstico à solução, 209

Referências, 218

Fontes adicionais, 220

11 História, contexto e métodos qualitativos, 221

Histórias de vida e história do currículo, 223

Disciplinas escolares e história do currículo, 224

Episódios críticos na vida de um professor, 227

1947-1954 – A inovadora escola secundária moderna, 227

Entrando na profissão – inovações da escola secundária moderna, 228

Primeiro Emprego: Snodland (27-34 anos), 228

Escola secundária moderna em Wrotham, 229

Provas da escola secundária moderna, 232

Rumo às provas de estudos rurais, 232

1954-1958 – Certificação da escola secundária moderna (34-38 anos), 234

1958-1979 – Consultor de estudos rurais e estudos ambientais (39-59 anos), 236

A visão alternativa: uma retrospectiva, 238

Conclusão, 239

Questões críticas, 240

Referências, 242

12 A estória da história de vida, 244

Motivos para o declínio da história de vida nos estudos sociológicos antigos, 249

Da Modernidade à Pós-modernidade, 253

Conclusão, 257

Referências, 258

Parte III – Política de vida, 263

13 Preparando-se para a Pós-modernidade – Narrando a individualidade, 265

Preparando-se para a Pós-modernidade: o perigo e a promessa, 265

Narrando a individualidade, 266

Referências, 272

14 A estória até agora, 274

    Conhecimento pessoal e o fator político, 274

    Conhecimento pessoal e lógica cultural da Pós-modernidade, 275

    O contexto midiático do conhecimento pessoal, 276

    Narração de estórias e estudo educacional, 283

    Conhecimento pessoal e pesquisa educacional, 289

    Agradecimentos, 290

    Referências, 290

15 Pesquisa-ação e o projeto reflexivo das individualidades, 292

    Origens e destinos, 296

    Professores enquanto intelectuais, 298

    Padrões de transcendência, 301

    Abandonando o ensino, 303

    Conclusão, 306

    Referências, 307

16 Escrutinando as estórias de vida, 308

    Roteiros e enredos, 320

    Referências, 320

17 Representando os professores – Trazendo os professores de volta, 322

    A crise representativa, 322

    A virada da narrativa/a atenção à narrativa, 324

    Estória e história, 325

    Uma estória de ação dentro de uma estória de contexto, 331

    Referências, 334

18 Patrocinando a voz do professor, 335

    Ampliando o nosso banco de dados para estudar o ensino, 340

    Colaboração e desenvolvimento do professor, 346

    Referências, 347

19 A personalidade da mudança educacional, 349
    Perda de memória, 352
    Perda de orientação, 353
    Retenção e recrutamento do professor, 354
    Conclusão, 356
    Referências, 359
Lista de obras recentes, 361
    Livros, 361
    Artigos em periódicos, 362
    Capítulos em enciclopédias, 365
    Capítulos em livros, 365
Índice analítico, 369

CULTURAL
- Administração
- Antropologia
- Biografias
- Comunicação
- Dinâmicas e Jogos
- Ecologia e Meio Ambiente
- Educação e Pedagogia
- Filosofia
- História
- Letras e Literatura
- Obras de referência
- Política
- Psicologia
- Saúde e Nutrição
- Serviço Social e Trabalho
- Sociologia

CATEQUÉTICO PASTORAL
Catequese
- Geral
- Crisma
- Primeira Eucaristia

Pastoral
- Geral
- Sacramental
- Familiar
- Social
- Ensino Religioso Escolar

TEOLÓGICO ESPIRITUAL
- Biografias
- Devocionários
- Espiritualidade e Mística
- Espiritualidade Mariana
- Franciscanismo
- Autoconhecimento
- Liturgia
- Obras de referência
- Sagrada Escritura e Livros Apócrifos

Teologia
- Bíblica
- Histórica
- Prática
- Sistemática

REVISTAS
- Concilium
- Estudos Bíblicos
- Grande Sinal
- REB (Revista Eclesiástica Brasileira)

VOZES NOBILIS
Uma linha editorial especial, com importantes autores, alto valor agregado e qualidade superior.

VOZES DE BOLSO
Obras clássicas de Ciências Humanas em formato de bolso.

PRODUTOS SAZONAIS
- Folhinha do Sagrado Coração de Jesus
- Calendário de mesa do Sagrado Coração de Jesus
- Agenda do Sagrado Coração de Jesus
- Almanaque Santo Antônio
- Agendinha
- Diário Vozes
- Meditações para o dia a dia
- Encontro diário com Deus
- Guia Litúrgico

CADASTRE-SE
www.vozes.com.br

EDITORA VOZES LTDA.
Rua Frei Luís, 100 – Centro – Cep 25689-900 – Petrópolis, RJ
Tel.: (24) 2233-9000 – Fax: (24) 2231-4676 – E-mail: vendas@vozes.com.br

UNIDADES NO BRASIL: Belo Horizonte, MG – Brasília, DF – Campinas, SP – Cuiabá, MT
Curitiba, PR – Fortaleza, CE – Goiânia, GO – Juiz de Fora, MG
Manaus, AM – Petrópolis, RJ – Porto Alegre, RS – Recife, PE – Rio de Janeiro, RJ
Salvador, BA – São Paulo, SP